Werner Geismar

# TÖDLICHES ENDSPIEL

Brasilianischer Doppelpass beim FC

**Für Günter Hagen,**
**dessen Liebe zum FC unerschütterlich ist.**

Alle Hauptfiguren und Handlungen sind frei erfunden.
Ähnlichkeiten mit lebenden oder verstorbenen Personen sind rein zufällig.



**Alle Nutzungsrechte dieser Ausgabe bei**
Gardez! Verlag Michael Itschert
Richthofenstraße 14, 42899 Remscheid
www.gardez.de

**Lektorat und Korrektorat**
Matthias Heinrich und Michael Itschert

**Titelillustration**
Gregor Zootzky, Köln

**Satz und Umschlaggestaltung**
Roland Reischl, Köln

**Druck**
CPI. Printed in Germany.

Originalausgabe, 1. Auflage 2014



ISBN 978-3-89796-252-1

## Wie alles begann

Alles begann in einem erbärmlichen Kaff des brasilianischen Bundesstaates Paraná, nicht mehr als drei Dutzend windschiefe, schäbige Hütten aus Weidengeflecht, mit Lehm verkleistert, die halb vermoderte Dächer aus Stroh trugen, durch die am Tag die Sonne und in der Nacht die Sterne guckten. Es war ein so trostloses Kaff, dass es noch nicht einmal einen Namen hatte, keine Kirche, noch nicht einmal eine Kapelle, keine Poststation, keinen Kaufmannsladen, keine Schule, nur einen breiten Weg aus festgestampftem Lehm, der in der Regenzeit aufweichte, sodass kleine Kinder und Greise in seinem Morast stecken blieben. Die nächste asphaltierte Straße war mehr als dreißig Kilometer entfernt, es gab weder Elektrizität noch eine Wasserleitung, und es schien, als habe Gott diese Siedlung ganz und gar vergessen.

Eingebettet war dieser Ort in eine Landschaft aus Erdbuckeln, die wie die krumm gearbeiteten Rücken von Riesen aussahen, völlig ungeordnet und ohne ein wiedererkennbares Muster schienen sie voller Missmut übers Land gestreut. Manche dieser Erdbuckel überlappten einander und türmten sich zu klobigen Pusteln auf, an deren Spitzen der Wind die dünne Erdschicht weggeblasen hatte und der nackte Fels zu sehen war. Die Mehrzahl dieser Erdbuckel war mit Dornengestrüpp und Hartlaubpflanzen bewachsen, deren Astwerk ineinandergriff und undurchdringbar schien. Einige der Erdbuckel in unmittelbarer Nähe des Kaffs waren von einer lehmigen, mehrere Meter dicken Krume bedeckt. In den Kuhlen, die sie an ihrem Fuß bildeten, baute man Mais an, an ihren unteren Hängen Maniok.

Während in vielen anderen Regionen Brasiliens der Fortschritt mit Siebenmeilenstiefeln durchs Land schritt und der Hunger nach Bildung und Wissen zumindest in den Metropolen die Menschen unausrottbar erfasste und umtrieb, schien dieses Stück trockenes Land von Gott selbst ausgespuckt worden zu sein und in dumpfer Unwissenheit zu verdorren.

Am südlichen Ende des Kaffs, gut hundert Meter hinter der letzten Hütte, gab es ein kleines Tableau, halb so groß wie ein Fußballfeld, völlig eben, von allen Seiten umgeben von Dornengestrüpp, durch das ein schmaler Durchlass gehauen war. Man nannte es den Staubtisch. Seinen Namen hatte dieses einzige, winzige ebene Stück in diesem Meer aus Buckeln von der knietiefen Staubschicht, die den Platz bedeckte, ein grauer, schwerer, körniger Staub, den nur Stürme bewegen konnten.

Am vorderen und hinteren Ende dieser kleinen Ebene hatte man im Staub zwei krumme, aus knorrigen Strünken von Hartlaubgewächsen zusammengebundene Tore verankert, die so schief und unregelmäßig waren, als seien sie von den zittrigen Händen der Greise gemalt worden.

Am späten Nachmittag, wenn die Ziegen in die Ställe getrieben waren, strömte das Dutzend älterer Jungen zu der kleinen Ebene, ungewaschen, erhitzt von der harten Tagesarbeit, und barfüßig, gefolgt von den kleinen Jungs und ein paar Mädchen, die ihren Müttern entwischt waren. Der älteste der Jungen trug mit großer Feierlichkeit einen schweren, handgenähten und an zahlreichen Stellen geflickten Lederball der kleinen Prozession wie ein Priester die Monstranz voran.

Zwei Mannschaften waren schnell gewählt, der älteste Junge markierte mit seiner schwieligen Ferse den Anstoßpunkt im grobkörnigen Staub, legte den Ball in die flache Kuhle und pfiff auf zwei Fingern, das Spiel konnte beginnen.

In den ersten Minuten des Spiels zeigten die älteren Jungen des Kaffs etwas von der tänzerischen Leichtigkeit, die selbst den im Fußball ungeübten Brasilianer auszeichnet, und es gab Momente, in denen sich die ganze Schönheit des Fußballs offenbarte, was die Mädchen und die kleineren Jungen, die noch nicht mitspielen durften, zu hellen Jubelrufen veranlasste. Doch Minute um Minute stieg der schwere Staub, den die Spieler aufwirbelten, höher und machte Ball und Beine so gut wie unsichtbar. Wenn nach ungefähr zwanzig Minuten nur noch die Köpfe der größten Jungen aus dem Staub ragten, brach der Schiedsrichter das Spiel ab. Hinzu kam, dass die Nacht schnell und ohne Zögern hereinbrach und die Mütter auf die Straße liefen und die Namen ihrer Kinder riefen. Ein hastiger Aufbruch war die Folge, der noch nicht einmal Zeit ließ, die siegreiche Mannschaft zu feiern. In langer Reihe trabten Zuschauer und Spieler durch den engen Durchlass in der Dornenhecke zurück zum Kaff. Der älteste Junge, den Ball in den Händen, verließ als letzter den Platz, wobei er sich zuvor überzeugt hatte, dass niemand zurückgelassen worden war.

Der älteste Junge, der trotz seiner erst fünfzehn Jahre der beste Fährtenleser vor Ort war und schon so manche im Dornengestrüpp verirrte Ziege wiedergefunden hatte, wusste natürlich, dass er in Wahrheit nicht der Letzte war, der das Staub verhangene Spielfeld verließ. Da gab es noch die Zwillinge, vielleicht fünf Jahre alt, die mit kräftigen Waden an ihren kurzen Beinen unter einem Dornbusch lagen.

Doch die Zwillinge zählten nicht. Es schien so, als seien sie nicht wirklich im Dorf, seit jener Nacht vor ungefähr sechs Monaten, als sie an der Hand ihrer Großmutter, einer kleinwüchsigen, hageren Alten mit einer runzligen Lederhaut aufgetaucht waren und sich in einer leerstehenden Hütte niedergelassen hatten. Es sprach sich bald herum, dass die alte Frau sich mit Kräutern und Heilpflanzen gut auskannte. Als es ihr am dritten Tag nach ihrer Ankunft gelang, einem der Maniokbauern, der nur noch ein Strich in der Landschaft war, einen unendlich langen Bandwurm aus dem Hals zu ziehen, durfte die alte Frau mit ihren Zwillingsenkeln bleiben.

Die Großmutter hatte schon nach wenigen Wochen einen festen Platz im einfachen sozialen Gefüge des Dorfes gefunden und ihre Wertschätzung stieg mit jeder Heilbehandlung, die sie vornahm. Bald hatte sich ihr Ruf als Heilerin herumgesprochen, sodass auch Bauern und Hirten aus der Umgebung sie mit kleinen und großen Beschwerden aufsuchten und stets etwas Geld zurückließen.

Die Zwillinge fanden ihren Platz hingegen nicht. Sie machten sich nicht nützlich, streunten den ganzen Tag ziellos umher, wobei sie sich eine Kugel aus mit Lappen umwickeltem Stroh zu kickten. Das schien überhaupt ihre einzige Beschäftigung zu sein. Ihre Großmutter richtete sehr selten ein Wort an die beiden Jungen und begegnete ihnen stets mit einem gleichmütigen Lächeln, mit dem sie auch die bunten Falter, die sich auf den Blüten der von ihr gesammelten Heilpflanzen niedergelassen hatten, bedachte. Man hörte sie nie mit den Jungen zanken oder sie loben, auch lief sie nicht bei Anbruch der Dunkelheit auf die Straße und rief ihre Namen. Kein Wunder, dass im Dorf das Gerücht die Runde machte, die Zwillinge seien in Wahrheit gar nicht ihre Enkel, sondern seien ihr irgendwo in der Wildnis zugelaufen, wie es manchmal mit streunenden Hunden geschieht.

Wenn die letzten Rufe und das letzte Lachen der Davonziehenden verklungen und der aufgewirbelte Staub wieder zu Boden gesunken waren, verließ zuerst der Zwilling mit dem tänzelnden, geschmeidigen Gang das Versteck unter dem Dornbusch, dehnte und reckte sich, schaute hinauf zum Firmament und tastete mit seinen Blicken die Sterne ab, die hier und da schon am Himmel glitzerten. Dann trabte er so leichtfüßig über den Platz, dass er kaum Staub aufwirbelte, und glättete mit den nackten, Schmutz starrenden Füßen die Stellen, an denen beim Spiel der großen Jungen Kuhlen im schweren Staub entstanden waren.

Erst als er dieses Werk getan hatte, verließ sein Bruder, der ihm glich wie ein Ei dem anderen, das Versteck. Sein Gang war eckiger und schwerer, eher ein Stampfen als ein Gehen, sodass seinen Schritten eine kniehohe Staubspur folgte. Er trug die mit Lappen umwickelte Strohkugel unter dem Arm, legte sie in der Mitte des Platzes in den Staub und verbeugte sich danach in alle vier Himmelsrichtungen, als sei das undurchdringbare Dornengestrüpp in Wahrheit eine große Zuschauermenge.

Er wartete mit zum Himmel gehobenem Blick, bis sein Bruder zur Platzmitte getänzelt war und die Strohkugel mit dem Fuß berührte. Kaum war der Anstoß erfolgt, begann ein zähes, unerbittliches Ringen. Der Balltänzer versuchte mit vielen Tricks und Kniffen die Kugel an das nördliche Ende des Spielfeldes zu befördern. Sein Zwillingsbruder, der mit den eckigen Bewegungen, versuchte das zu verhindern. Man vernahm nur ihr Keuchen, denn der Staub verschluckte alle anderen Geräusche. Es konnte geschehen, dass die beiden Kinder nach dreißig Minuten pausenlosen Kampfes mit der Kugel keinen einzigen Meter Raum gewonnen hatten und das Spiel dort endete, wo es begonnen hatte, denn beide schienen die Aktionen des anderen schon im Voraus zu ahnen und darauf zu reagieren, und obwohl sie kein einziges Wort miteinander wechselten, schienen sie im ständigen Austausch über ihre Spielzüge zu sein, die immer neu, verblüffend und akrobatisch waren.

Jeden echten Fußballfan hätte dieses stumme Ringen der beiden Knirpse in seinen Bann gezogen, denn es gab keine Sekunde Stillstand. Da war auf der einen Seite der unstillbare Drang des Voranstürmens, der unbeugsame Wille, Raum zu gewinnen und sein Ziel zu erreichen, dem auf der anderen Seite das Beharren auf eigenen Grund, das nicht Zurückweichen und die Verteidigung standen. Und diese beiden grundverschiedenen Spielmuster waren dennoch vereint wie die beiden Seiten einer Medaille und zusammen wie ein Sinnbild des Lebens selbst.

Wenn der Staub, den der verteidigende Zwilling in seiner Mehrheit aufwirbelte, bis an ihre Hälse reichte, hielten die beiden Brüder in ihrem Spiel inne, gaben sich die Hand, der Verteidigende nahm die Strohkugel unter den Arm und trug sie zum Rand des Spielfelds, wohin der Staub noch nicht gewallt war. Dort legten sie sich auf den Rücken und starrten schweigend in den Himmel und ließen sich vom kalten Glitzern der Sterne und den drehenden Winden, die in diesen späten Abendstunden zwischen den Erdbuckeln streunten, abkühlen.

Doch dann kam die Nacht, in der das Spiel der Zwillinge zum ersten Mal eine entscheidende Wende nehmen sollte. Der Grund war ein hünenhafter Mann unbestimmten Alters, den man zuvor in dieser Gegend noch nie gesehen hatte. Er trug an breiten Gurten auf seinem Rücken einen großen Korb mit allerlei Waren, Bälle, billige Fußballschuhe aus Plastik und Fußballtrikots, Wimpel der großen Vereine und in Plastikhüllen eingeschweißte Autogrammkarten berühmter Fußballspieler des Landes. Man hätte ihn einen Devotionalienhändler des Fußballwahns nennen können, wäre da nicht sein unstetes, aufbrausendes Gebaren gewesen, eine Art unbezähmbare Wut, die regelmäßig dann zum Ausbruch kam, wenn er unvermutet bei einem Fußballspiel in einem Dorf oder in einer Kleinstadt auftauchte und lauthals die Leistungen einzelner Spieler kritisierte, was potentielle Kunden vergraulte. Manchmal waren die Beleidigungen so stark, dass sich die anderen Zuschauer zusammenrotteten und den Störenfried mit Fausthieben vertrieben.

Niemand konnte später sagen, was diesen Mann überhaupt in dieses mehr als bitterarme Kaff, das weit abseits aller Zivilisation lag, geführt und wie er es mit dem breiten Korb auf seinem Rücken durch den schmalen Durchlass zum Staubtisch geschafft hatte.

Jedenfalls verschloss in dieser sternenklaren Nacht sein breiter Rücken und der noch breitere Korb die Mündung des Durchlasses, so als hätte das dichte Dornengestrüpp sein verlorenes Terrain zurückerobert. Völlig regungslos beobachtete er das stumme, fintenreiche Ringen der beiden Knirpse, wobei die dicke, klobige, mit kleinen Narben übersäte Nase des Fremden immer heftiger zitterte, als stünde sie kurz vor einer Explosion.

Ganze zehn Minuten verstopfte er mit seiner massigen Gestalt die Mündung des Durchlasses und verfolgte mit seinen wasserklaren Augen das Spiel der Zwillinge, die trotz aller Anstrengungen keinen Meter Raum gewannen, dann hielt es ihn nicht mehr an seinem Platz. Er stürmte aufs Spielfeld, den Staubtisch, den seine schweren Schritte erschütterten, wobei der Staub rings um seine breiten Füße, die in bis zum Knie geschnürten Lederstiefeln steckten, hoch aufwallte und das schwarze Tuch, das seinen Korb abdeckte, wie die Fahne des leibhaftigen Todes hinter ihm her flatterte.

Obwohl die Zwillinge, wie die vielen Nächte zuvor, so tief in ihr Spiel versunken waren und sich wie in einer anderen Welt befanden, war ihnen nicht entgangen, dass der Boden unter ihren Füßen erzitterte und der Staub auf seltsame Weise gewalttätig zu dröhnen begonnen hatte. Als sie zum ersten Mal nach so vielen Nächten ihr Spiel unterbrachen, stand der Hüne auch schon neben den beiden Knirpsen, packte mit seinen breiten

Händen den Verteidiger unter den Achseln, hob ihn hoch und schleuderte ihn viele Meter weit weg.

„Lauf! Schieß ein Tor! Dein Weg ist frei!“, schrie er den Stürmer mit seiner Donnerstimme an, der zum ersten Mal überhaupt das schiefe, zusammengekrümmte Tor offen und frei vor sich liegen sah. Dennoch zögerte er und wollte sich zu seinem Bruder umdrehen, um sich zu überzeugen, dass seinem Alter Ego kein Leid geschehen war, doch der fremde Riese sprang hinter ihn und versperrte ihm die Sicht.

„Los! Schieß ein Tor!“, schrie der Hüne und seine Stimme war so voller Zorn, dass das Gestrüpp viele seiner Dornen verlor und zu rascheln begann, obwohl sich kein Lufthauch regte. Als der Stürmer immer noch zögerte, drückte der Hüne ihm einen Daumen in den Rücken. Ein glühender Schmerz, der dem Jungen die Tränen in die Augen trieb, durchfuhr ihn. Er konnte nicht anders, kickte die staubige Tuchkugel hoch, brachte sie auf seinem Kopf zum Tanzen, wobei er drei schnelle Trippelschritte nach vorne machte, die Stoffkugel abtropfen ließ und sie mit einem Vollspannschuss ins rechte obere Toreck beförderte. Wie ein so kleiner Kerl eine so plumpe, staubschwere Stoffkugel über eine so große Distanz und mit solch einer Wucht schießen konnte, grenzte an ein Wunder.

Mittlerweile hatte sich der andere Zwilling aus dem Staub erhoben, die Fäuste geballt, Tränen der Wut füllten seine Augen, als er mit ansehen musste, wie der Weg zum Tor für seinen Bruder plötzlich frei war und er das zuwege brachte, was er zuvor stets zu verhindern gewusst hatte: ein Tor zu schießen. Er rannte auf den Hünen zu, der gerade dabei war, den großen Korb vom Rücken zu schnallen. Der Hüne vernahm die schnellen Schritte des Knirpses im Staub und wollte ihn mit einem seiner langen Arme abwehren, doch der Junge war zu schnell für den schwerfälligen Mann und versetzte ihm mit einem seiner nackten, Schmutz starrenden Füße einen so harten Tritt vors Schienbein, dass der Hüne taumelte und in hohen Tönen zu kreischen begann. Dem folgte ein halbes Dutzend weiterer harter Tritte, die den Hünen schließlich fällten. Doch im Fallen bekam der kreischende Riese einen Arm des tretwütigen Kindes zu fassen und riss es mit von den Beinen. Sein starker Arm nagelte den Verteidiger im Staub fest und er traktierte den Jungen mit unbarmherzigen Fausthieben und hätte ihn gar totgeschlagen, wenn der Zwillingsbruder sich nicht auf den im Staub liegenden Riesen gestürzt und mit seinen kräftigen Zähnen die Hand blutig gebissen hätte.

Doch der plötzliche Schmerz ließ die Geschwindigkeit der Bewegungen des Hünen nicht erlahmen, im Gegenteil, er verdoppelte sie, und so gelang es ihm, den Nacken des Knirpses mit dem Stürmerinstinkt mit der verletzten Hand zu packen und mit der gesunden den des Verteidigers. Er presste ihre beiden Gesichter tief in den Staub und so lange, bis ihr rasselnder Atem und die Zuckungen ihrer Glieder anzeigten, dass sie kurz vorm Ersticken waren. Erst dann löste er seinen Griff, die Knirpse rollten zur Seite und rangen nach Atem, begleitet von ersticktem Husten und heftigem Würgen.

Währenddessen leckte der Hüne das Blut von seiner verletzten Hand, befreite sich danach von den breiten Gurten des großen Korbes, griff mit beiden Händen hinein und holte zuerst eine zusammengerollte Plastikplane hervor, die er auf dem Staubtisch ausbreitete. Auf die Plane legte er Plastikbälle, Fußballschuhe, Trikots, Stutzen, Wunderwerk, wie es die beiden Jungen zuvor leibhaftig noch nie gesehen hatten.

Auf dem Staubtisch, den das rötlich diffuse Licht eines vollen Mondes beleuchtete, wirkten diese Fußballutensilien so unwirklich wie eine Kreuzigung im Disneyland. Die Zwillinge rieben sich den Staub aus den Augen und starrten ungläubig auf diese Dinge, von denen sie bisher noch nicht einmal zu träumen gewagt hatten und die nun zum Greifen nahe vor ihnen lagen. Und dann geschah das für die Knirpse völlig Unwahrscheinliche: Der Hüne kullerte einen der Plastikbälle auf sie zu. Zuerst wagten sie nicht, ihn zu berühren, und warteten ab, bis der Hüne sie mit unmissverständlichen Bewegungen dazu aufforderte, dann betasteten und beschnüffelten sie ihn wie junge Hunde ein interessantes totes Tier. Der Stürmerzwilling tippte ihn mit dem Fuß an, der

Verteidiger stoppte den Ball, und bald ergötzten sich die Kinder an der, im Vergleich mit der plumpen, Stoff umwickelten Strohkugel eleganten Leichtigkeit des Plastikballes, erkundeten mit all ihren Sinnen seine Flugeigenschaften, was in einen der stummen und nicht wenig erbitterten Zweikämpfe mündete. Doch anders als mit der plumpen Strohkugel gelang es dem Stürmer ein um das andere Mal, den Verteidiger auszutricksen und den Ball ins gegenüberliegende Tor zu befördern.

Der Hüne ließ die Kinder gewähren, bis sie schließlich erschöpft in den Staub sanken. Als sie wieder zu Kräften gekommen waren, maß er den Jungen zwei Paar passende Fußballschuhe an, hieß sie, in zwei Trikots zu schlüpfen, die viel zu groß waren und ihnen bis zu den Knien reichten. Die beiden Brüder bestaunten einander ungläubig, taten ein paar ungelenke Schritte in den Fußballschuhen, kickten ein paar Mal mit dem Plastikball, doch als sie ein neues Spiel beginnen wollten, nahm ihnen der Hüne den Ball weg, hieß sie, die Fußballschuhe und die Trikots auszuziehen und stopfte all das Wunderwerk zurück in den großen Korb. Als er alles verstaut hatte, winkte er die Kinder zu sich heran, doch sie wagten sich nur so weit vor, dass sie zur Not die Flucht ergreifen konnten, wenn der Hüne sie zu packen versucht hätte. Der Hüne sprach leise mit den Kindern, wobei seine eigentlich raue, plumpe Stimme immer geschmeidiger wurde, gut geölt von der Kunst der Verführung. Manchmal unterbrach er seinen Singsang und gab den beiden Brüdern Gelegenheit, miteinander zu tuscheln. In immer süßeren, einschmeichelnden Worten versprach er ihnen ein gutes Leben, in dem sie nichts weiter zu tun hätten, als Fußball zu spielen.

Nach zwei Stunden, als seine Stimme begann, heiser zu werden, hatte er endlich die beiden Jungen überzeugt. Und sie folgten ihm, als er sich, den großen Korb auf den Rücken geschnallt, durch den engen Durchlass im Dornengestrüpp zwängte, schlichen hinter ihm her am schlafenden Kaff vorbei, bis sich ihre Spuren zwischen den Erdbuckeln verloren.

Zunächst vermisste niemand im trostlosen Dorf inmitten der zahllosen Erdbuckel die beiden Jungen, denn schließlich geschah es nicht zum ersten Mal, dass sie sich für ein paar Tage in der Gegend herumtrieben. Auch ihre Großmutter schien sich zunächst keine Sorgen über den Verbleib ihrer Schutzbefohlenen zu machen, und so zog eine ganze Woche ins Land, bis sie den Jungen, der bei den Fußballspielen den Schiedsrichter gab und zugleich der beste Fährtenleser des Dorfes war, den Auftrag gab, nach den Zwillingen zu suchen. Er fand tatsächlich ihre Spuren neben den Fußabdrücken eines Mannes, der ungewöhnlich groß sein musste, und folgte ihnen über viele Kilometer bis zur nächsten asphaltierten Straße, wo sich die Spuren verloren. Der Bericht des Fährtenlesers schien die Großmutter nicht sonderlich zu beunruhigen, denn nachdem er geendet hatte, lächelte sie bloß versonnen, so als sei sie mit dem Verlauf der Dinge sehr zufrieden.

Das weitere Schicksal der Zwillinge schien vorbestimmt: ein Leben ohne Bildung, Zuwendung und Perspektive. Doch wer die Zwillinge einmal bei ihrem stummen Spiel auf dem Staubtisch beobachtet hatte, den hätte ihr weiterer Lebensweg nicht verwundert, denn ihr Spiel war nichts anderes als ein Abbild jenes Grundmusters des *jogo bonito*, des schönen Spiels, das sich in der ganzen Menschheitsgeschichte immer den Zwängen von Herrschaft, der Hoffnungslosigkeit und Ungerechtigkeit der Zustände, der Macht des Geldes und dem Druck des Erfolges zu entziehen wusste und seine eigenen Glücksmomente auch unter den schlimmsten Bedingungen geboren hat.

Die nächsten Nachrichten über die Zwillinge erreichten das trostlose Kaff nach etwas mehr als sechs Jahren durch eben diesen Fährtenleser, der kurz nach dem Verschwinden der beiden Jungen der Spur des Geldes gefolgt war und es als Händler von Fetischen des Macumba-Kultes binnen weniger Jahre zu bescheidenem Wohlstand gebracht hatte. Bei seinem einzigen Besuch in seinem Geburtsort erzählte er der todgeweihten Großmutter, die auf ihrem Sterbebett lag, von einer zufälligen Begegnung mit den Zwillingen in der Hauptstadt des Bundesstaates Minas Gerais. Vor dem Stadion in Belo Horizonte hatte anlässlich eines vielbeachteten Fußballspiels ein Schaustellerwagen mit allerlei Fußballutensilien Station gemacht. Auf einer kleinen Bühne boten, um das Publikum, das ins Stadion zu strömen begann, anzulocken, zwei halbwüchsige Jungen in grell bunten Trikots einige erstaunliche Fußballkunststücke dar. Es handelte sich zweifelsohne um die Zwillinge, was der ehemalige Fährtenleser auf den ersten Blick erkannt hatte.

Wenige Tage später erfuhr er durch einen Bekannten, dass noch am gleichen Abend die beiden Jungen vom Fleck weg von einem Fußballtrainer für eine der Jugendmannschaften eines Vereins in Paraná engagiert worden waren.

Die Großmutter schien der Bericht des ehemaligen Fährtenlesers nicht sonderlich zu überraschen, sie lächelte bloß versonnen und hauchte ihr Leben aus.

## 1. Kapitel

Ein kalter, feuchter Frühling hatte Köln zwei Monate weich geregnet. Nun ergab sich die Stadt ohne Gegenwehr der Hitze, die übergangslos und ohne Vorwarnung auf ihr lastete und gewalttätig in den Straßen dampfte.

Bruno Böllmann hatte schlecht geschlafen und noch schlechter geträumt. Er hatte wieder diesen Traum gehabt, der sich wie eine fixe Idee seit Wochen in seinem Unterbewusstsein eingenistet hatte und im Schlaf immer wieder die gleiche unabwendbare Hoffnungslosigkeit gebar.

Dabei begann sein Traum stets so harmonisch und mit seliger Festlichkeit. Der Schimmer himmlischen Glanzes lag über dem bis auf den letzten Platz gefüllten Kölner RheinEnergieStadion. Auf der Süd-Tribüne hatten die Fans eine stimmungsvolle Choreografie mit vielen tausend Palmwedeln und Hunderten Weihrauchfässern eingeübt. Bruno Böllmann stand mitten unter ihnen und stimmte in die Jubelchöre mit ein, als der Stadionsprecher die wundersame Mannschaftsaufstellung verlas.

Endlich war es geschehen, der beim 1. FC Köln seit Generationen so heiß ersehnte Messias würde heute Einzug halten und den Rasen des Stadions heiligen. Als dann Jesus und zehn seiner Jünger ins Stadion einliefen, lagen sich die Anhänger des FC freudetrunken in den Armen. Doch wie im Zeitraffer schlug die Freude schnell in eine sich ins Maßlose steigernde Bestürzung um, als das Spiel begann. Es zeigte sich, dass Jesus und seine Jünger das Spiel weder verstanden noch mit seinen Regeln einverstanden waren. Schon mit dem Anstoß überließen sie dem Gegner kampflos den Ball und machten keinerlei Anstalten, ihn auf seinem Weg zum Tor irgendwelche Steine in den Weg zu legen. Im Gegenteil, sie applaudierten jeder gelungenen Aktion des Gegners. Der Gipfel aber war, dass der Torwart der Jesus-Mannschaft sein Tor verließ, sobald der Gegner auch nur die geringste Aussicht auf einen Torschuss hatte.

Binnen Minuten lag der FC zweistellig im Hintertreffen. Nach einer halben Stunde war die Enttäuschung der FC-Fans so groß, dass sie den Platz stürmten und ihre eigene Mannschaft lynchten. Es war ein Exzess der Gewalt, der Bruno schweißgebadet aus dem Schlaf schrecken ließ.

Er war an diesem Morgen mit einem Gefühl tiefer Ratlosigkeit aufgewacht und fühlte sich nach dem Frühstück schon so zerschlagen wie nach einem langen hektischen Arbeitstag. Das Problem war, seit Ende des Winters hatte es für Bruno Böllmann keine langen hektischen Arbeitstage mehr gegeben. Nur noch selten verlief sich ein Mandant in seine Rechtsanwaltskanzlei, es schien so, als hätte die Menschheit jede Lust auf einen Rechtsstreit verloren. Aber es lag nicht an der Lustlosigkeit der Menschheit, sondern eher daran, dass Gerda Eckes-Schwöppe die Kanzleigemeinschaft mit Bruno Böllmann aufgekündigt hatte und so gut wie aus seinem Leben verschwunden war. Die meisten seiner Mandanten waren ihr gefolgt.

Frau Winter, eine gute Freundin seiner verstorbenen Mutter und seine Sekretärin, die ihn schon seit Kindesbeinen kannte, kam nur noch halbe Tage und langweilte sich trotzdem fast zu Tode. Jetzt saß Bruno Böllmann im ausgebauten Dach hinter seinem Schreibtisch und starrte angeekelt auf den Aschenbecher. Es war erst elf Uhr, und er war schon fast bis zum Rand mit Kippen gefüllt. Er verfluchte sich, dass er wieder zu rauchen begonnen hatte, als Gerda ihn verlassen hatte. Sein Blick wanderte weiter und ruhte auf der Titelseite des *Kölner Express'*, den Frau Winter gestern rechts neben den Aschenbecher gelegt hatte. Das Aufmacherfoto zeigte das groteske Pannentor bei der jüngsten Heimniederlage des FC.

Bruno seufzte schwer. Das letzte Fußballspiel, das er sich angeschaut hatte, war ein Spiel im Franz-Kremer-Stadion gewesen. Die FC-Amateure hatten gegen einen Knüppelverein aus der Provinz ihr Heimspiel ohne große Gegenwehr verloren. Er hatte das Spiel nicht bis zu seinem schmählichen Ende angesehen. In seiner Nähe hatte ein asiatisch aussehender Typ genervt, der in einer fremden Sprache pausenlos in sein Handy gequatscht hatte. Dieses permanente Gequassel hatte Bruno fix und fertig gemacht.

Das war Mittwoch gewesen. Am Samstag davor hatte er das Heimspiel der FC-Profis im Kölner RheinEnergieStadion besucht. Er hatte seinen neongrünen alten Ford Mustang auf einem der Parkplätze abgestellt und sich von einer Gruppe Fans aus dem Bergischen Land, die aus einem Kleintransporter gestiegen war, umkreisen und bis zum Stadion spülen lassen. Die Jungs waren gut drauf, voller Optimismus, ihre Gesänge hatten ihn betäubt. Es war eine angenehme Betäubung wie ein warmer Nebel, der den Unbill des Alltags vergessen ließ.

Es war ein holpriges Spiel gewesen, nichts für Fußball-Ästheten, aber trotzdem litt die Stimmung im Stadion wenig darunter. Und als dann dem FC auch noch durch einen Glückstreffer das Siegtor gelang, hatte sich Bruno Böllmann in den allgemeinen Glückstaumel sinken lassen wie ein Schwerstarbeiter nach getaner Arbeit ins Bett. Wieder war das Wunder geschehen: Wider alle Vernunft war der FC diesmal davon gekommen. Bruno Böllmann fühlte sich vom Leben belohnt.

Doch heute gestand er sich ein, je mehr es mit seiner Kanzlei bergab gegangen war, desto häufiger hatte er Spiele des FC besucht. Das Stadion schien für ihn eine Art zweite Herzkammer geworden zu sein, die ihn am Leben hielt.

Jetzt blickte er zum Fenster, aber auch heute würde die Amsel nicht auf die Fensterbank fliegen und schimpfen, denn sie hatte den feuchten Frühling nicht überlebt.

Ehe er vollends in der Hoffnungslosigkeit zu versinken drohte, gab sich Bruno einen Ruck, drückte die gerade erst angerauchte Zigarette im überquellenden Aschenbecher aus und sagte: „Es muss sich etwas ändern, etwas Entscheidendes!“

Das Schrillen des Telefons schreckte ihn aus seinen trüben Gedanken. Es erschien Bruno zunächst wie das Zeichen aus einer anderen Welt, aber ein Blick auf das Display der Telefonanlage zeigte ihm, dass Frau Winter ihn auf der Hausleitung angeklingelt hatte. Bestimmt saß sie wieder über einem ihrer Kreuzworträtsel und wusste nicht weiter. Aufseufzend nahm er den Hörer ab und sagte: „Ich bin heute nicht in Kreuzworträtselstimmung, Sigrid.“

„Das bist du in letzter Zeit nie, Bruno“, erwiderte Frau Winter. „Man traut sich ja gar nicht mehr, dich überhaupt irgendwas zu fragen.“

„Mach *du* mir auch noch Vorwürfe!“, sagte Bruno und brauchte sich nicht sonderlich anzustrengen, damit seine Stimme einen gequälten Klang bekam.

„Wer sollte dir denn sonst noch Vorwürfe machen, Bruno!“, widersprach Frau Winter. „Wo du doch vorziehst, in deiner eigenen Gekränktheit zu schmoren und jeden Kontakt zur Außenwelt abzubrechen ...“

„Du brauchst mich nicht daran zu erinnern, dass es allein meine Schuld ist, Sigrid“, sagte Bruno. „Es gibt halt Menschen, auf die hat der liebe Gott hinabgeschaut und gesagt: Du bist schuld. Ich weiß selbst am besten, dass ich einer dieser Menschen bin.“

„Schieb nicht alles auf den lieben Gott, du weißt, dass ich das nicht mag“, erwiderte Frau Winter. Dann räusperte sie sich und fragte: „Willst du nun den Kollegen Dr. Schierle sprechen oder soll ich ihn abwimmeln?“

„Was will denn der Schierle von mir?“, fragte Bruno verblüfft.

„Das fragst du ihn am besten selbst“, erwiderte Frau Winter und stellte das Gespräch durch.

„Sie sind meine letzte Rettung! Die Frau Kollegin Ferreira, die mir in die Hand versprochen hatte, diesen für den Verein so wichtigen Termin wahrzunehmen, ist plötzlich erkrankt und bekommt morgen einen Bypass, aber in meiner Not ist mir zum Glück eingefallen, dass Sie Portugiesisch sprechen. Oder liege ich da falsch?“

„Worum geht es überhaupt?“, fragte Bruno.

„Um die Anbahnung eines Transfers, mein Lieber, eines Transfers mit ganz außerordentlichen Perspektiven“, sagte Dr. Schierle und senkte die Stimme. „Ich kann Ihnen so viel verraten, dass selbst die Bayern hinter dem Jungen her sind. Er gilt in Fachkreisen als absolutes Ausnahmetalent.“

Für Bruno passten ein absolutes Ausnahmetalent und der FC ungefähr so zusammen wie Pfefferminzsoße und Serbische Bohnensuppe, aber das verschwieg er lieber.

„Sie wissen ja, wie südamerikanische Fußballer sind", fuhr Dr. Schierle fort. „Man hatte dem Verein signalisiert, dass der wechselwillige Spieler frühestens in vierzehn Tagen zu einem Probetraining kommen könne, aber selbst das stand wegen Anfragen zweier englischer Spitzenclubs und der Bayern in den Sternen, und jetzt wird er heute Abend, von Amsterdam kommend, mit seinem Manager und einem Rechtsanwalt in Köln landen. Dort will er bei einer entfernten Verwandten in der Kölner Südstadt übernachten. Morgen wollen die Brasilianer dann um elf Uhr im Geißbockheim für ein Probetraining auf der Matte stehen. Ich konnte mit Mühe gerade noch eine portugiesische Dolmetscherin, eine junge Dame von der Sporthochschule, buchen, aber allzu großes Vertrauen setze ich nicht in sie, zumal sie eine Tennisspielerin ist und von Fußball keine Ahnung hat."

„Das kann nicht sein", widersprach Bruno Böllmann. „Von Fußball hat jeder Ahnung, jedenfalls in Köln." Bruno Böllmann verkniff es sich zu sagen, dass Rechtsanwalt Dr. Schierle ein gutes Beispiel für seine Theorie war.

Er vernahm, wie Dr. Schierle am anderen Ende der Leitung hüstelte. Wenn Dr. Schierle so trocken hüstelte, pflegte er den Kopf in den Nacken zu werfen und heftig mit den Ellbogen zu wippen, was ihn aussehen ließ wie ein krankes trinkendes Huhn.

„Ziehen Sie die Sache bitte nichts ins Lächerliche, Kollege Böllmann, schließlich könnte dieser Transfer, wenn er uns gelänge, einer der Eckpfeiler für ein neues Fundament der ganzen Mannschaft sein." Da war er wieder, dieser sakrale Ton mitten aus dem Kölner Fußballsumpf, triefend vor Sentimentalität und unbegründetem Optimismus.

Bruno Böllmann dachte an seinen Kontostand, der fast so deprimierend war wie die Lage des FC, und sagte: „Nichts liegt mir ferner, als die Lage des FC ins Lächerliche ziehen zu wollen. Aber worin genau bestünde meine Aufgabe?"

Dr. Schierle stöhnte gequält auf. „Sie sollen ausloten, ob die Chancen für einen Transfer überhaupt realistisch sind. Bis jetzt wissen wir noch gar nicht, wer seine Begleitung ist, ob der angebliche Manager und sein angeblicher Rechtsanwalt überhaupt befugt sind, rechtsverbindliche Aussagen zu treffen, die Legitimation des Heimatclubs des jungen Mannes haben und eine Freigabe des brasilianischen Fußballverbandes garantieren können. Und Sie müssten mir helfen, diese entfernte Verwandte, die angeblich einen großen Einfluss auf den jungen Sportsmann hat, für unser Vorhaben zu gewinnen. Ich habe in zwei Stunden einen Termin mit ihr in der Kölner Südstadt und bitte Sie inständig, mich dorthin zu begleiten. Sie kennen die Gepflogenheit dieser Brasilianer ja viel besser als ich und sind mir bei diesem Gespräch bestimmt eine große Hilfe."

„In zwei Stunden?", entfuhr es Bruno und er fand, dass sein gespieltes Entsetzen ziemlich echt klang. „Wie stellen Sie sich das vor, Dr. Schierle? Und was mache ich mit meinem Terminkalender?" Er verschwieg, dass darin für die nächsten drei Tage nichts eingetragen war.

„Herr Böllmann, ich appelliere an Sie als Kölner und FC-Fan, sagen Sie Ihre anderen Termine ab!"

Jetzt war es an Bruno Böllmann, gequält aufzustöhnen, was ihm ziemlich misslang, weil es zu einem missmutigen Grunzen mutierte.

„Und wenn ich das täte, was würde für mich dabei herausspringen?", fragte er.

Dr. Schierle seufzte schwer und stieß Geräusche aus, als wolle er im nächsten Moment in Tränen ausbrechen. „Kollege Böllmann, Sie kennen die finanzielle Situation des Vereins", brachte er mit tränenumflorter Stimme hervor.

„Ich habe in zwei Stunden die außerordentliche Versammlung einer Erbengemeinschaft zu leiten", flunkerte Bruno Böllmann. „Da will ich zumindest die Ausgaben erstattet bekommen, die mich eine rechtsanwaltliche Vertretung kostet."

„Und wie hoch wären die?", schrie Dr. Schierle gequält auf.

„Eine akzeptable sachkundige Vertretung bekomme ich in so kurzer Zeit nicht unter achthundert", erwiderte Bruno Böllmann und fügte schnell hinzu: „Und für den morgigen Tag brauche ich eine Pauschale von sechshundert, darunter geht gar nichts!"

Es folgte eine lange Pause, angefüllt mit schweren Atemzügen, die in der Leitung zu Radon mutierten, das aus dem Hörer sickerte und Bruno Böllmann zu Boden drückte.

„Das Maximale, wenn ich bis ans Äußerste gehe, was ich dem Verein zumuten kann, ist für beide Tage zusammen eine Pauschale von zwölfhundert“, presste Dr. Schierle schließlich hervor. Als Bruno Böllmann beharrlich schwieg, fügte Dr. Schierle nach mehr als einer Minute gequälter schwerer Atemzüge hinzu: „Na gut, sagen wir dreizehnhundert, aber das ist das absolute Ende der Fahnenstange.“

Bruno Böllmann seufzte auf. „Weil Sie es sind, Herr Kollege, und weil es um den Verein geht!“

„Das haben Sie schön gesagt, Herr Böllmann“, erwiderte Dr. Schierle.

„Bitte faxen Sie mir alles, was ich über den Fußballer wissen muss. Und Name und Adresse der Verwandten in der Kölner Südstadt.“

„Haben Sie was zum Schreiben? Dann notieren Sie bitte: Deborah Varella, Ubierring, wir treffen uns vor dem Haus.“ Dann nannte er Bruno Böllmann die Hausnummer.

Deborah, musste es ausgerechnet diese Deborah sein? Deborah, die immer nach oben gewollt hatte, aber immer tiefer in die Scheiße geraten war. Diese Sache schien unter einem schlechten Stern zu stehen wie alles, was mit dem FC in einem Zusammenhang stand.

„Ach, und die Bestätigung der Pauschale brauche ich auch. Zahlbar sofort, heute sechshundert und morgen siebenhundert. Senden Sie die Bestätigung bitte in einem gesonderten Fax zu“, sagte Bruno Böllmann. „Meine Kontoverbindung finden Sie auf meiner Internetseite.“

„Geht klar, Herr Kollege. Man sieht sich in zwei Stunden“, erwiderte Dr. Schierle geschäftsmäßig und beendete das Telefonat.

Bruno Böllmann wählte auf dem Haustelefon seine Sekretärin an. „Der Schierle hat zwei Faxe versprochen, ich brauche beide hier oben“, sagte er. „Und wenn er fragt: Ich hatte um zwei Uhr die Leitung einer außerordentlichen Erbenversammlung und am

Abend zwei Mandantentermine hier in der Kanzlei, morgen zwei Mandantentermine außerhalb und drei hier in der Kanzlei."

„Lügen haben kurze Beine", erwiderte Sigrid Winter mit all ihrer trockenen hanseatischen Säuerlichkeit.

„So kurze Beine wie mein Konto kann keine Lüge haben", entgegnete Bruno.

Dann stand er auf, ging zum Garderobenschrank, wählte ein dezentes blau-weiß gestreiftes Hemd und das leichte dunkle Sommerjackett aus. Weil es um Fußball ging, würde er keine Krawatte umbinden.

Als er sich umgezogen hatte, brachte Sigrid die beiden Faxe.

„Fußball!", sagte sie verächtlich und zog die Mundwinkel tief nach unten. „Gut, dass Gerda nichts davon weiß, sie würde dir das übel nehmen." Dann stampfte sie zornig auf. „Der Schierle hat angerufen und sich nach deinen Terminen für heute und morgen erkundigt. Ich fühle mich immer so mies nach einer Lüge. Und heute waren es gleich acht."

„Beichte sie, dann wirst du dich wieder besser fühlen", meinte Bruno.

„Wann wirst du dir merken, dass ich evangelisch bin und alles mit meinem eigenen Gewissen abmachen muss?", sagte Sigrid, die sehr gekränkt klang und als Fleisch gewordener Vorwurf das ausgebaute Dach verließ.

Bruno Böllmann überflog das Fax mit den wenigen Daten des jungen Fußballers. Er hieß mit bürgerlichem Namen Lucas Coração, war gerade mal achtzehn Jahre alt und im Fußballclub Atlético Paranaense, dem bekanntesten Verein von Curitiba, der Hauptstadt des brasilianischen Bundesstaates Paraná, als Fußballer groß geworden, hatte schon mit sechzehn Jahren in der Jugendauswahl von Paraná gespielt, war im Alter von siebzehn Jahren zum Sport Club Corinthians Paulista nach São Paulo gewechselt, hatte bei vier Einsätzen in der Jugendauswahlmannschaft des Bundesstaates São Paulo als Mittelfeldspieler sechs Tore geschossen und war bei seinem ersten Einsatz in der brasilianischen U18-Nationalmannschaft mit einem lupenreinen Hattrick in der zweiten Halbzeit erfolgreich gewesen. Er hatte in der ersten Mannschaft der Corinthians elf Einsätze, bei denen er sechs direkt verwandelte Freistoßtore, zwei Tore aus dem Spiel heraus geschossen und neun Torvorlagen zustande gebracht hatte. Sein Passspiel galt als völlig unberechenbar und geradezu genial. Er sprach bis auf ein paar Brocken Englisch keinerlei Fremdsprachen.

Auf dem Fax war zum Schluss ein schwarz-weißes Foto, das einen Jungen mit einem breiten, bäurischen, verschlossen wirkenden Gesicht und einem schmächtigen Oberkörper zeigte. Ab den Hüften abwärts schien er nur aus Muskeln zu bestehen. Es war der Mensch mit den dicksten Waden, den Bruno jemals auf einem Foto gesehen hatte.

Bruno bootete seinen Computer, suchte in seinen Adressdateien und fand die Telefonnummer des Spielervermittlers, den er vor Jahren in einem Prozess wegen Beleidigung und Körperverletzung anwaltlich vertreten hatte. Er wählte die Nummer und ließ es klingeln. Nach mehr als anderthalb Minuten wurde der Hörer abgenommen und eine aufgebrachte Stimme schrie ihn an: „Was wollen Sie? Warum rufen Sie an? Wer sind Sie überhaupt? Woher haben Sie meine Nummer?"

Bruno Böllmann erinnerte sich daran, dass der Spielervermittler schon mehrere schlimme Hörstürze gehabt hatte, und schrie, so laut er konnte, ins Telefon: „Haben Sie Ihr Hörgerät eingeschaltet?"

„Moment!", schrie der Spielervermittler mit solch einer Lautstärke zurück, dass Bruno Böllmann fast das Trommelfell geplatzt wäre. Es dauerte eine Weile, dann meldete sich die überlaute Stimme wieder: „So, das Hörgerät ist drin! Wer sind Sie?"

„Bruno Böllmann ist mein Name. Ich habe Sie mal gegen eine Ikone des deutschen Fußballs vor Gericht verteidigt, den Sie einen blöden Brezelbäcker genannt haben und dem Sie angeblich einen Arschtritt verpasst haben sollen."

„Ich erinnere mich!", schrie der Spielervermittler nach einigen Sekunden. „Ist der Arschtritt verjährt?"

„Ich denke, das ist er!", erwiderte Bruno in der gleichen Lautstärke.

„Na schön, ich gebe ihn aber trotzdem nicht zu!“, schrie der Mann und brach in gellendes Gelächter aus. Dann fragte er: „Haben wir uns nach der Gerichtsverhandlung nicht furchtbar besoffen?“

„Ja, Sie sind zum Schluss sturzbetrunken in den Brunnen im Stuttgarter Schlosspark gefallen“, half Bruno Böllmann der Erinnerung des Spielervermittlers nach.

Der Spielervermittler grunzte zufrieden. „Ja, ja, es war eine magische Nacht!“, brüllte er. Dann schwieg er eine Weile und sagte dann: „Sie heißen Bruno, oder?“

„Genau“, bestätigte Bruno.

„Gott sei Dank, und ich dachte schon, eines dieser Arschlöcher von früher wäre in der Leitung“, fuhr er fort. „Und warum rufen Sie an?“

„Ich hab da vielleicht was für Sie. Es scheint ein Supertalent zu sein.“

„Kein Interesse!“, schrie der Spielervermittler. „Ich bin nicht mehr im Geschäft.“

„Aber Sie haben noch die Lizenz vom DFB“, wandte Bruno ein.

„Und zwei steife Beine nach meinem zweiten Schlaganfall! Meine rechte Gesichtshälfte ist gelähmt, ich höre selbst mit Hörgerät schlecht und alle halten mich für ein riesengroßes Arschloch.“

„Das ist genau richtig für eine neue magische Nacht“, brüllte Bruno. „Sie schreit nach Ihnen.“

„Wenden Sie sich gefälligst an einen dieser smarten, jungen Vermittler mit schicken Büros in erstklassigen Adressen!“, schrie der Spielervermittler.

„Aber mein Bauch sagt mir, dass ich ein altes Arschloch wie Sie brauche, um nicht verloren zu sein!“, widersprach Bruno Böllmann.

Der Spielervermittler brach in ein dröhnendes Gelächter aus, das nicht viel unter dem Geräuschpegel eines Vulkanausbruchs lag. Es endete in einem erstickten Hustenanfall. „Ich bin jetzt Jahre nicht mehr im Geschäft, aber so ein Angebot hat mir bisher noch niemand gemacht“, keuchte er. „Nationalität?“

„Brasilianer, torgefährlicher Mittelfeldspieler, achtzehn Jahre alt."

„Ich mag keine Brasilianer. Von tausend Supertalenten sind neunhundertneunundneunzig schlimme Gurken", schrie der Spielervermittler. „Lassen Sie die Finger davon, Bruno!"

„Sehen Sie sich ihn wenigstens an", blieb Bruno beharrlich.

„Wo? Ich hab keinen Bock auf weite Reisen."

„Er absolviert morgen beim FC Köln um halb zwölf ein Probetraining", meinte Bruno.

„Ausgerechnet beim FC? Was soll denn das? Da hat doch keiner Ahnung", schrie der Spielervermittler.

„Deswegen möchte ich ja, dass Sie dabei sind", rief Bruno in den Hörer. „Wenn Sie mir danach sagen, ich soll die Finger davon lassen, klinke ich mich aus."

„Was macht Sie so sicher, Bruno?", brüllte der Spielervermittler ins Telefon.

„Er hat die dicksten Waden, die ich je gesehen habe", erwiderte Bruno.

Der Spielervermittler brach erneut in infernalisches Gelächter aus, das dann wieder abrupt abbrach.

„Mal sehen, vielleicht komme ich", schrie er und warf den Hörer auf.

Bruno Böllmann überlegte eine Weile. Als der Spielervermittler noch im Geschäft war, hatte er den Ruf eines unberechenbaren, cholerischen und rücksichtslosen Verhandlungspartners, den die Vereine aller Ligen fürchteten wie der Teufel das Weihwasser. Er entschied, Dr. Schierle sein Telefonat zu verschweigen.

## 2. Kapitel

Bruno Böllmann parkte seinen alten, tiefergelegten, neongrünen Ford Mustang, den Gerda Eckes-Schwöppe so sehr gehasst hatte, in einer Seitenstraße und spazierte langsam in Richtung Ubierring, wobei er seinen Gedanken nachhing. Es waren keine guten Gedanken.

Er dachte an jene Zeit, als sein junger Kollege Sven Karges, der damals in der Kanzlei Jörges, Reichert und Kollegen seine erste Anstellung gefunden hatte, mit dieser brasilianischen Schönheit an seiner Seite auf den Brasilienpartys und in den Szenelokalen aufgetaucht war.

Deborah hatte einen makellos schönen Körper, ihre Hautfarbe war von einem ganz hellen Braun, das im Winter nicht verblasste und im Sommer kaum nachdunkelte. Ihre Bewegungen waren elegant und geschmeidig, und ihr Lächeln konnte bezaubern. Doch es war dieses Lächeln, das Männer betrunken machte und Frauen für sie einnahm, das Bruno erschreckte. Er verglich es in einem Gespräch mit Gerda, die voll des Lobes über die natürliche Schönheit Deborahs war, mit dem Lächeln einer Spinne, wenn sie ein Opfer umgarnt.

„Bruno Böllmann, sei nicht albern, Spinnen lächeln nicht!", hatte ihm Gerda Eckes-Schwöppe damals entgegnet. Aber Gerda hatte keine Ahnung von Spinnen und brasilianischen Schönheiten dieses Kalibers.

Jedenfalls war man einhellig der Meinung, dieses Paar passe perfekt zusammen, denn Sven Karges war von einer etwas steifen und eckigen Schönheit, und was ihm an Anmut und Geschmeidigkeit fehle, werde von Deborah mehr als ausgeglichen. Als Gerda Eckes-Schwöppe eines Abends auf dem Geburtstag einer brasilianischen Bekannten Bruno diese Einschätzung mitteilte, entgegnete ihr Bruno, dass er hoffe, Sven würde es gelingen, wenigstens mit dem nackten Leben davonzukommen. Gerda warf ihm Blicke zu, als sei Bruno ein Wahnsinniger, und hielt ihm den Mund zu, damit er schwieg und keiner der Partygäste etwas von seinen düsteren Prognosen mitbekam.

Nur Beatriz, die Gastgeberin, die ihre Ohren überall hatte, erhaschte etwas von Brunos Einschätzung und zog ihn spät am Abend, als alle tanzten oder betrunken waren, in die Küche und schloss die Tür hinter sich.

„Du hast recht, Bruno, sie ist ein Miststück!“, begann Beatriz ohne Umschweife und obwohl sie es vermied, auch nur ein einziges Mal Deborah beim Namen zu nennen, wussten beide, von wem sie sprach. „Sie behauptet, in einem der guten Vororte von Rio aufgewachsen zu sein, dabei hört jeder, der sich auskennt, dass sie den Akzent aus Curitiba spricht“, flüsterte Beatriz. „Frag mich nicht, woher ich das weiß, aber ich weiß es. In Curitiba war sie mit einem Mann zusammen, der im Drogenhandel tätig war. Da war sie sechzehn. Er galt als besonders brutal und skrupellos. Er hat ihr ein Kind gemacht und wollte sie danach nicht mehr. Er hat sie an diesen fetten deutschen Diamantenhändler und Betrüger in Rio verkauft, der sie mit ihrem Balg genommen hat. Von ihm hat sie gelernt Deutsch zu sprechen. Er hat sie gut behandelt, aber sie hat ihn bestohlen und musste mit ihrem Kind untertauchen, denn der fette Deutsche hatte geschworen, sie umbringen zu lassen, wenn er sie in die Finger bekäme. Sie tingelte mit einer Samba-Gruppe durch die Bumslokale für Touristen und hat sich dann ihren hübschen Rechtsanwalt geangelt.“

„So ist das Leben. Jeder hat seine kleinen unguten Geheimnisse“, erwiderte Bruno.

„Sie hat ihr Kind mitgebracht. Bis jetzt hält sie es versteckt, denn es ist hässlich, ein hässliches Mädchen von vier Jahren“, fuhr Beatritz nach einer Weile fort. „Es scheint, was das Äußere betrifft, nach dem Vater zu kommen.“ Dann trat sie dicht an Bruno heran und malte mit dem Zeigefinger drei Kreuze auf Brunos Brust. „Du musst nach dem Kind und dem Rechtsanwalt schauen, Bruno. Du hast die Verantwortung, weil du verstehst, was ich sage.“

„Warum ich?“, fragte Bruno. „Warum nicht du, Beatriz?“

„Ich muss mich um Ferdie kümmern. Er trinkt immer mehr und wird es nicht mehr lange machen“, seufzte Beatriz.

Auf ihrer Hochzeit hatten Sven und Deborah das hässliche Mädchen herausgeputzt wie eine Puppe, doch alle wunderten sich, wie es möglich sei, dass eine so schöne Frau ein so hässliches Kind haben konnte. Bruno Böllmann hatte den Ubierring erreicht und schreckte aus seinen Erinnerungen. Er ließ seine Blicke schweifen, das Haus, in dem Deborahs Wohnung lag, stand kaum fünfzig Schritte entfernt auf der anderen Straßenseite. Es sah alt, grau und griesgrämig aus. Von Dr. Schierle war noch nichts zu sehen. Als er in Richtung Rheinuferstraße sah, bemerkte er im Eingang einer kleinen Weinhandlung die Spitzen rotbrauner, auf Hochglanz polierter Schuhe. Es waren teure Schuhe, die Nähte schienen Handarbeit zu sein. Bruno Böllmann hatte ein gutes Gedächtnis. Er erinnerte sich daran, dass Dr. Schierle Schuhe dieser Art zu tragen pflegte. Die Schuhspitzen zuckten hin und her und standen keine Sekunde still. Warum zappelte Dr. Schierle im Eingang einer Weinhandlung herum? Fast hatte es den Anschein, als verstecke er sich dort. Aber warum und vor wem?

Bruno Böllmann bemühte sich, kein Geräusch zu machen, und bewegte sich dicht an den Hauswänden auf den etwas tiefer gelegenen Eingang der Weinhandlung zu. Dann machte er einen letzten großen Schritt und blickte in das bleiche, schweißnasse Gesicht von Dr. Schierle, der zusammenzuckte, als stünde der Tod vor ihm, um ihn zu holen.

„Mein Gott, Böllmann, wie können Sie mich bloß so erschrecken!“, keuchte Dr. Schierle, der am ganzen Leib zu zittern begonnen hatte, in die Innentasche seines leichten Sommerjacketts tastete, ein zusammengefaltetes Taschentuch hervorholte und damit den Schweiß abtupfte.

„Stimmt etwas nicht? Sie zittern ja wie Espenlaub!“, sagte Bruno Böllmann.

„Die Hitze macht mir zu schaffen, da spielt in den ersten Tagen mein Kreislauf verrückt“, murmelte Dr. Schierle, beugte sich seitlich an Bruno vorbei und spähte links auf den Ubierring Richtung Chlodwigplatz. Dann seufzte er auf und entspannte sich etwas.

Bruno Böllmann deutete auf das graue, unwirtliche Haus auf der anderen Straßenseite und sagte: „Es ist kurz nach zwei. Gehen wir hinüber und bringen es hinter uns!“

Dr. Schierle zuckte zusammen, als hätte Bruno Böllmann ihn geschlagen. „Ich weiß nicht, ob das überhaupt so eine gute Idee war“, sagte er schließlich. „Ich meine, diese Deborah soll eine Dame mit einem ziemlich zweifelhaften Ruf sein.“

„Wollen Sie mich jetzt auf den Arm nehmen, verehrter Herr Kollege? Das wussten Sie ja wohl, bevor Sie den Termin mit ihr gemacht haben.“

Das konnte Dr. Schierle schlecht abstreiten, denn das Drama, das sich zwischen Sven Karges und seiner Deborah abgespielt hatte, war in der Kölner Anwaltschaft eine ganze Woche lang breitgetreten worden.

„Wer weiß, wer womöglich sonst noch einen Vorvertrag mit unserem Vertragsaspiranten aus der Tasche zaubern wird!“, seufzte Dr. Schierle. „Ich habe halt die Befürchtung, dass wir uns verzetteln könnten.“

„Was? Deborah hat einen Vorvertrag mit Lucas Coração? Warum erwähnen Sie das erst jetzt?“, fragte Bruno Böllmann. „Das macht die Sache kompliziert. Ich kenne Deborah. Sie ist ein Geier, nur skrupelloser. Wenn sie die Gelegenheit bekommt, sich auf diesen Lucas zu setzen, wird sie ihn aussaugen, bis er kein Geld mehr spuckt.“

„Sie kennen Deborah persönlich? Warum sagen Sie das erst jetzt?“, ereiferte sich Dr. Schierle, doch Bruno Böllmann durchschaute die Taktik des Kollegen. Irgendetwas musste vorgefallen sein, das den Kollegen veranlasste, einem Treffen mit Deborah auszuweichen oder zumindest ihn, Bruno Böllmann, alleine zu ihr loszuschicken.

Entschlossen hakte er Dr. Schierle unter und zog ihn mit sich auf die Straße. „Es gibt Dinge, die sollten nicht ungeklärt im Raum stehen“, sagte er. „Außerdem ist Angriff immer noch die beste Verteidigung.“

Als sie auf der anderen Straßenseite vor dem Haus standen, drückte Bruno Böllmann den Klingelknopf im dritten Stockwerk und wiederholte das mehrmals, aber die automatische Türentriegelung wurde nicht ausgelöst.

„Sie ist offenbar nicht zu Hause!“, sagte Dr. Schierle, was sehr erleichtert klang.

Bruno Böllmann drückte gegen die schwere Haustür, von der an einigen Stellen der rostbraune Lack abgeblättert war, und stieß sie auf.

„Vielleicht ist die Klingel defekt“, meinte Bruno Böllmann und zog Dr. Schierle, der wieder wie Espenlaub zu zittern begonnen hatte, am Arm in den schmuddeligen Hausflur und die ausgetretenen Treppenstufen in den dritten Stock hinauf.

Die Tür zu Deborahs Wohnung war nur angelehnt. Bruno Böllmann klopfte an, doch in der Wohnung rührte sich nichts. Er wartete ein paar Augenblicke, öffnete die Wohnungstür und rief: „Deborah? Ich bin's, Bruno Böllmann, und ich habe Dr. Schierle mitgebracht!“

Als auf sein Rufen auch nicht geantwortet wurde, schob er den zitternden Dr. Schierle, der sich total versteift hatte, in den Flur, in dem er an der Garderobe stehen blieb.

Bruno Böllmann schnupperte. Es roch nach *feijão*, dem Bohnengericht der Paulistaner. Bruno Böllmann ließ Dr. Schierle an der Garderobe stehen und warf einen Blick in die Küche. Auf dem Tisch standen mit Essensresten verschmierte Teller, die Spüle quoll über von schmutzigem Geschirr, in einem Aschenbecher lag eine gebrauchte Spritze. Im Wohnzimmer waren die Vorhänge halb zugezogen, Sofakissen waren auf dem Boden verstreut, in einer Ecke stand ein Wäschekorb mit zusammengeknüllten Bettlaken. Als er sich der Schlafzimmertür näherte, sog Bruno Böllmann die Luft ein. Sie roch süßlich und ekelerregend. Er stieß die Schlafzimmertür auf. Vor ihm lag Deborah, die Arme weit ausgebreitet, auf dem Rücken in einer Blutlache, die nur langsam in dem billigen Teppich versickerte. Sie starrte aus schreckgeweiteten Augen über sich, wo eine vierarmige Deckenlampe hing, bis zu deren Lampenschirmen das Blut gespritzt war. Man hatte Deborah die Kehle durchgeschnitten. Der Schnitt war ungewöhnlich tief und breit.

Dann vernahm Bruno aus dem großen Kleiderschrank ein Knacken, als habe sich darin etwas bewegt. Es war der gleiche Kleiderschrank, in dem sich Leonor, Deborahs hässliches Kind, zu verstecken pflegte, wenn ihre Mutter sie wieder mal tagelang allein gelassen hatte.

Bruno Böllmann ging schnellen Schrittes auf den Kleiderschrank zu. „Ich bin's, der Bruno!“, sagte er. „Du erinnerst dich hoffentlich noch an mich, Leonor.“

Dann öffnete er die Kleiderschranktür. Im Schrank hockte Leonor. Sie hatte einen blass-blauen Pulli an, an dem nur wenige Blutspritzer hafteten. Mit beiden Händen hielt sie ein blutbesudeltes, armlanges Fleischermesser. Tränen flossen über ihr breites, von Aknenarben übersätes Gesicht. „Ich war's nicht, Bruno, ich habe meine *mãe* nicht umgebracht“, flüsterte Leonor. Ihre Stimme klang heiser wie die eines Verdurstenden. „Ich habe das Messer aus ihrer Kehle gezogen. Ich weiß, dass ich das nicht hätte tun sollen.“

„Ich glaube dir, Leonor. Aber es ist besser, wenn du jetzt aus dem Kleiderschrank kommst“, sagte Bruno. Als Bruno Böllmann merkte, dass Leonor keine Anstalten machte, sich zu bewegen, fügte er hinzu: „Ich weiß, dass es manchmal schöner ist, sein Leben in einem Kleiderschrank zu verbringen, aber das wird die Polizei, die hier bald auftauchen wird, nicht erlauben.“

Er war nicht sicher, ob Leonor ihm überhaupt zugehört hatte. Vorsichtig fasste er unter ihre Achseln und hob sie aus dem Kleiderschrank. Sie hielt das blutbesudelte, armlange Fleischermesser noch immer in beiden Händen, und sie zitterten nicht. Bruno bückte sich, hob einen Fetzen, der aus Deborahs Kleid herausgerissen war, vom Boden auf und wickelte ihn um seine rechte Hand. Dann drückte er das Fleischermesser, das sich Leonor widerstandslos abnehmen ließ, in die klaffende Wunde in Deborahs Kehle und wischte den Griff mit dem Stofffetzen sorgfältig ab. Deborah stand stocksteif mitten im Zimmer und starrte zur Lampe an die Decke hinauf.

„Du hast das Messer nicht in den Händen gehalten, als ich die Schranktür geöffnet habe“, sagte Bruno leise. „Es stak in der Kehle deiner *mamãe*. Das ist wichtig, das Wichtigste überhaupt, was die nächsten Jahre für dich angeht. Hast du das verstanden, Leonor?"

„Ja, das habe ich verstanden", erwiderte das Mädchen leise.

„Komm, setzen wir uns in die Küche", sagte Bruno. Leonor bewegte sich wie ein Zombie. Der Schock und die Trauer machten sie noch hässlicher. Ihr Kopf war unverhältnismäßig klobig, ihre rechte Schulter länger als ihre linke, ihre Arme waren ein Stück zu kurz. Aber das Hässlichste an ihr war ihr fleischige, aufgedunsene Nase.

Bruno wartete, bis sich Leonor an den Küchentisch gesetzt hatte. Dann ging er zum Kühlschrank, nahm eine Flasche Cola hervor und goss das letzte saubere Glas voll.

„Trink einen Schluck", sagte er. „Deine Stimme klingt durstig."

Leonor trank das Glas in einem Zug leer. Dann begann sie wieder lautlos zu weinen. Ohne ihren Tränenfluss zu stoppen, flüsterte sie: „Dabei hätte es für mich ein schöner Tag werden sollen. Ich hatte heute meinen letzten Schultag und habe mein Abschlusszeugnis bekommen. Aber ich hätte es wissen müssen: Es gibt keine schönen Tage für mich."

Bruno zuckte mit den Achseln. „Selbstmitleid hilft dir jetzt auch nicht weiter", sagte er und verwünschte seine Unfähigkeit, irgendjemandem auf dieser Welt Trost spenden zu können. Deswegen fuhr er eine Spur zu hastig fort: „Hast du den Mörder deiner *mamãe* gesehen?"

Leonor schüttelte den Kopf. „Ich war im Badezimmer, Bruno. Nach der Abtreibung vorige Woche ist mir oft so schlecht. Dann muss ich mich immer übergeben."

„Du hast ein Kind abgetrieben?", fragte Bruno.

„Ja", sagte Leonor. „Es war von Fernando. Er hat mich vor drei Monaten vergewaltigt, um meine Mutter zu ärgern."

„Bist du zur Polizei gegangen?", fragte Bruno.

„Nein. Meine Mutter hat gesagt, sie würden mich in ein Heim stecken, wenn ich das täte. Ich wollte nicht in ein Heim, die Schule war schon schlimm genug."

„Du warst also im Badezimmer?", vergewisserte sich Bruno.

„Fast eine ganze Stunde“, sagte Leonor. „Ich hab gehört, wie es an der Tür geklingelt und meine Mutter geöffnet hat. Ich habe eine Männerstimme gehört, die mit meiner *mamãe* gestritten hat. Aber wer hat mit meiner Mutter nicht gestritten? Besonders, wenn sie unter Druck stand und wenig zu spritzen hatte, war sie oft unerträglich. Schließlich ist der Besucher dann aus der Wohnung gerannt. Weil es mir besser ging, habe ich nachgeschaut.“

Leonor schüttete sich ein Glas Cola ein und trank es in einem Zug leer. Dann beugte sie sich zu Bruno vor und flüsterte: „Im Flur ist jemand.“

„Ich weiß“, erwiderte Bruno. „Es ist ein Kollege von mir, der mich hierher begleitet hat.“

Dann blickte er Leonor prüfend an. „Du weißt, dass es in der nächsten Zeit nicht einfach für dich sein wird“, sagte er. „Erinnerst du dich an Gerda? Hast du etwas dagegen, wenn sie sich um dich kümmert?“

Als Gerdas Namen fiel, hellte sich Leonors Gesicht etwas auf. „Ja, ich erinnere mich an Gerda. Sie hat mir manchmal vorgelesen. Und sie hat für mich gebetet, wenn ich selbst nicht beten konnte. Das fand ich schön. Aber das ist schon lange her.“

„Erst rufe ich bei der Polizei an, dann bei Gerda. Vielleicht hat sie Zeit und kann herkommen.“

„Willst du, dass ich aus der Küche gehe, wenn du mit ihnen telefonierst?“, fragte Leonor.

„Warum sollte ich das wollen?“, fragte Bruno Böllmann.

„Weil du mir nicht glaubst, und es mir nicht sagen willst. Meine Mutter hat mir auch nie etwas geglaubt.“

„Wenn ich dir nicht glauben würde, hätte ich dir das gesagt“, erwiderte Bruno steif.

Dann zückte er sein Handy und suchte aus dem Adressbuch die Telefonnummer von Fred Hammerstein hervor, der nach der Sache mit der Sekte und den Hells Angels Pepe Rogalzkys Nachfolger bei der Mordkommission im Kölner Polizeipräsidium geworden war. Er hatte Glück und erwischte ihn an seinem Schreibtisch. Er schilderte ihm kurz und knapp das, was er in Deborahs Wohnung vorgefunden hatte. Fred Hammerstein versprach, so schnell wie möglich mit seinen Leuten zu kommen. Dann rief Bruno in Gerdas Kanzlei an. Ihr Sekretariat wollte ihn zuerst nicht durchstellen, aber Bruno ließ ausrichten, es ginge um ein Kind in Not. Kinder in Not waren Gerdas Schwachstelle.

„Mach's kurz, Bruno", sagte Gerda. Ihre Stimme klang eisig. „Ich bin mitten in einem wichtigen Mandantengespräch."

„Es geht um Leonor, Deborahs Tochter", begann Bruno. „Ich hatte heute mit Kollege Dr. Schierle einen Termin bei Deborah. Wir haben sie tot und mit durchschnittener Kehle in ihrem Schlafzimmer gefunden. Erinnerst du dich an den Eichenschrank, in dem sich Leonor als kleines Mädchen immer versteckt hat? Ich habe sie dort gefunden. Sie braucht anwaltliche Hilfe. Und auch sonst Hilfe. Moment mal ..."

Er hielt kurz das Handy zu und fragte Leonor: „Darf ich Gerda das mit der Abtreibung erzählen?" Leonor blickte auf ihre Hände, die jetzt leicht zu zittern begonnen hatten. „Du darfst es, Bruno, denn so wichtig ist das nicht."

„Hallo, Gerda, bist du noch dran? Also, Leonor hatte vorige Woche eine Abtreibung, seitdem ist ihr ständig schlecht und sie muss sich oft übergeben."

„Sie hatte eine Abtreibung? Wie alt ist Leonor jetzt?"

„Sie ist sechzehn und hatte heute ihren letzten Schultag", erwiderte Bruno. „Die Leute von der Mordkommission werden bald hier sein."

Gerda seufzte. „Gut, ich komme. Kann ich kurz mit Leonor sprechen?"

Bruno Böllmann reichte Leonor das Handy. „Versuch, Gerda zuzuhören, auch wenn's dir schwerfällt", sagte er und verließ die Küche.

Auf dem Flur stand Dr. Schierle immer noch bei der Garderobe. Er zitterte nicht mehr, schwitzte aber stark, und als Bruno auf ihn zu kam, wandte er seinen Blick ab und beobachtete eine Fliege, die über den Garderobenspiegel krabbelte.

„Sie haben es gewusst, dass Deborah tot in ihrem Schlafzimmer lag", sagte Bruno. Er war so dicht vor Dr. Schierle stehen geblieben, dass sich ihre Stirnen beinahe berührten und er seinen Schweiß riechen konnte. „Wenn ich der Polizei berichte, dass Sie die Tote nicht mal angeschaut haben, wird die aus Ihrem seltsamen Verhalten ihre Schlüsse ziehen. Und die werden nicht besonders günstig für Sie sein, verehrter Herr Kollege“, fuhr Bruno fort.

Dr. Schierle wandte seinen Blick nicht von der Fliege, die auf den Rahmen des Garderobenspiegels kletterte. „Gut, ich schaue mir die Leiche an“, flüsterte er tonlos, trat zwei Schritte zurück und ging an Bruno Böllmann vorbei und zum Schlafzimmer. Obwohl die Tür einen Spaltbreit geöffnet war, legte Dr. Schierle seine Hand auf die Klinke und drückte sie herunter, so als wolle er sichergehen, dass seine Fingerabdrücke auf der Klinke haften blieben. Er blieb vor der Blutlache stehen und starrte ein paar Sekunden auf die Leiche hinab. Bruno Böllmann beobachtete, wie Dr. Schierle wieder heftig zu zittern begann. Als er sich von der Leiche abwandte, war alles Blut aus seinem Gesicht gewichen. Er rannte an Bruno vorbei zur Toilettentür. Bruno vernahm ein Würgen und Gegurgel, dann übergab sich Dr. Schierle. Es dauerte eine Weile, dann betätigte Dr. Schierle die Wasserspülung.

Wenig später wurde gegen die Wohnungstür gewummert. Es klang gewalttätig und aggressiv. Bruno öffnete. Auf dem Treppenpodest standen neun Männer, zwei davon in Uniform, an ihrer Spitze der übergewichtige Fred Hammerstein, dessen teigiges Gesicht von Übermüdung und körperlicher Erschöpfung sprach.

„Hallo, Bruno!“, sagte er matt und hob nur ein wenig die Hand. „Die Klingelanlage ist kaputt.“ Dann drückte er Bruno mit einer matten Geste zur Seite und wartete, bis seine Leute ihre Gerätschaften in die Wohnung getragen hatten. Nun nickte er Bruno zu, als sei dies die eigentliche Begrüßung, und sagte leise: „Pepe Rogalzky hat mich vor dir gewarnt, Bruno. Er meinte, du spieltest gerne den Todesengel.“

„Es ist eine Rolle, die ich mir diesmal nicht ausgesucht habe“, erwiderte Bruno.

„Aber du kennst die Rolle gut, denn du hast sie schon mehrmals gespielt“, fuhr Fred Hammerstein fort und ließ seinen Blick durch Brunos Gesicht wandern. Dann seufzte er. „Ich bin anders, als unser gemeinsamer Freund Pepe“, sagte er. „Ich nehme es nicht hin, wenn man mir etwas verschweigt oder an mir vorbei etwas unternimmt. Hast du das verstanden, Bruno? Ich nehme es nicht hin!“

Dann stapfte er an Bruno vorbei ins Schlafzimmer.

Als Gerda Eckes-Schwöppe die Wohnung betrat, würdigte sie Bruno keines Blickes, ging auf Leonor zu, die am Küchentisch saß und auf ihr leeres Colaglas starrte, legte zuerst ihre Tasche mit ihrem Notebook und ihren Papieren auf den Küchentisch und dann ihren Arm um die Schulter des hässlichen Mädchens und sagte: „Jetzt bist du nicht mehr allein, Leonor.“ Dann nickte sie Bruno Böllmann und Dr. Schierle zu, der eine knappe Verbeugung andeutete, wandte sich wieder an Leonor und fuhr fort: „Du brauchst dich nicht von all diesen Männern anstarren zu lassen, Leonor! Hast du noch immer dein kleines Zimmer?“

Leonor nickte und stand vom Tisch auf. Als die beiden Frauen die Küche verlassen hatten, räusperte sich Dr. Schierle und sagte: „Die Kollegin hat ein energisches Auftreten.“

„Sie hat kein energisches Auftreten, sie ist durch und durch energisch“, erwiderte Bruno.

Fred Hammerstein ließ Bruno schmoren. Nachdem er mehr als eine halbe Stunde den Tatort studiert hatte, sprach er im Beisein Gerdas zuerst mit dem hässlichen Mädchen, wobei er sich unaufhörlich Notizen machte und es vermied, Leonor oder ihrer Anwältin direkt ins Gesicht zu sehen. Überhaupt blickte er kein einziges Mal von seinen Blättern auf, die er in einer sauberen, gut lesbaren Kinderschrift vollschrieb. Dann wies er Bruno aus der Küche und verhörte Dr. Schierle, was nicht mehr als zehn Minuten dauerte. Als Dr. Schierle die Küche verließ, flüsterte er Bruno zu: „Dieser Hammerstein schreibt und schreibt, so als wolle er einen Roman verfassen. Ich warte vor dem Haus auf Sie.“

Als Bruno die Küche betrat, blätterte Fred Hammerstein eine freie Seite seines linierten Schreibblocks auf und hauchte auf die Spitze seines billigen Kugelschreibers, als müsse er ihn vor dem Einfrieren bewahren. Die schmutzigen Teller waren vom Tisch geräumt und standen auf dem Arbeitsbrett der Spüle, der Tisch war sauber gewischt, soweit das möglich war. Nur der Aschenbecher mit der gebrauchten Spritze stand an seinem alten Platz.

„Deine Version, Bruno. Ich höre“, sagte Fred Hammerstein, wartete Brunos Reaktion nicht ab und begann, ohne irgendeine Pause einzulegen, das erste freie Blatt und fünf weitere zu beschreiben. Bruno berichtete schnell und präzise seine Version, ohne dass Fred Hammerstein ihn auch nur mit einer einzigen Frage unterbrach.

Als Bruno geendet hatte, ließ Fred Hammerstein den billigen Kugelschreiber sinken und massierte sein rechtes Handgelenk. Dann blätterte er eine unbeschriebene Seite seines Schreibblocks auf und fragte: „Womit hat Deborah deiner Meinung nach ihren Lebensunterhalt, den ihrer Tochter und das Geld für ihr Kokain verdient?“

„Ich weiß es nicht. Nach der Sache mit ihrem Ex-Mann Sven Karges, einem Freund und Kollegen, ist sie für zwei Jahre von der Bildfläche verschwunden. Danach hat Leonor noch ein- oder zweimal angerufen, ohne dass ich den Eindruck hatte, es sei ihr oder ihrer Mutter an einem Wiedersehen gelegen“, erwiderte Bruno.

„Glaubst du, dass ihre Einnahmen – denn sie muss ja welche gehabt haben – in irgendeinem Zusammenhang mit Fußball stehen könnten?“

„Das nehme ich nicht an“, erwiderte Bruno. „Ich denke da eher an Samba-Tänzerinnen, die sie vermittelt haben könnte. Vielleicht hat sie auch wieder, wie ganz zu Anfang, Promotionjobs von Agenturen angenommen. Schließlich war sie immer noch eine gut aussehende Frau.“

Ohne eine weitere Frage zu stellen, schrieb Fred Hammerstein noch eine ganze Weile auf seinem Block, legte dann den billigen Kugelschreiber zur Seite und fragte: „Und seit wann machst du im Fußball Geschäfte?“

„Ich mache im Fußball keine Geschäfte“, erwiderte Bruno steif. „Ich habe lediglich von meinem Anwaltskollegen Dr. Schierle heute Vormittag einen Auftrag für eine anwaltliche Beratung angenommen.“

„Aha, das ist auch ein Geschäft“, meinte Fred Hammerstein und starrte Bruno eine Weile ins Gesicht. „Anwälte und Fußball, das ist ja so eine Sache, eine riesige Grauzone, das ist dir hoffentlich klar.“

„Was willst du damit sagen, Fred? Das hört sich so an, als würdest du den Profi-Fußball unter einen Generalverdacht stellen.“

„Das hört sich nicht nur so an, für diesen Verdacht gibt es jede Menge guter Gründe“, erwiderte Fred Hammerstein. „Ich hoffe, du weißt, auf was du dich da eingelassen hast. Ich kann dir nur raten, such dir lieber ein anderes Betätigungsfeld.“

„Um ehrlich zu sein, ich habe momentan keine große Auswahl“, sagte Bruno.

„Ist Frau Winter noch bei dir im Büro?“

„Ja, sie ist das Einzige, was mir Gerda gelassen hat“, erwiderte Bruno.

„Gut, du hörst von mir. Du solltest in den nächsten vierundzwanzig Stunden unbedingt das Protokoll, das ich aufsetzen werde, gegenzeichnen.“

„Ruf an“, sagte Bruno und stand vom Tisch auf.

Er stand schon in der Küchentür, als Fred Hammerstein sagte: „Und keine Ermittlungen auf eigene Faust, Bruno. Keiner mag es, wenn jemand ihm in die Arbeit pfuscht, aber ich mag es nicht nur nicht, sondern ich nehme es nicht hin! Haben wir uns da verstanden, Bruno?“

„Ich habe dich verstanden“, entgegnete Bruno.

Er warf einen Blick in Leonors Zimmer. Auf dem schmalen Bett saßen das hässliche Mädchen und Gerda Eckes-Schwöppe, steckten die Köpfe zusammen und tuschelten. Als Gerda ihn an der Tür bemerkte, winkte sie ihn mit einer Geste tiefen Abscheus davon.

Dr. Schierle, der im Hauseingang auf Bruno gewartet hatte, schoss wie eine Laufspinne auf ihn zu und packte ihn am Arm. „Hat dieser Hammerstein bei Ihrem Verhör auch so viel geschrieben?“, fragte er. In seinen Augen stand blankes Entsetzen.

„Fünf Seiten waren es bei mir“, erwiderte Bruno.

„Mein Gott, was hat er da bloß alles zu Papier gebracht!“, stöhnte Dr. Schierle gequält auf und schob Bruno Böllmann auf die Straße. Dort setzte sich die nachmittägliche Schwüle in der Kölner Südstadt auf sie und drückte sie nieder.

Bruno Böllmann hakte sich bei Dr. Schierle unter und zog den heftig schwitzenden Mann auf die andere Straßenseite und schob ihn in den drei Stufen tiefer gelegenen Eingang der kleinen Weinhandlung. Von dort starrte er zum Schlafzimmerfenster im dritten Stock des heruntergekommenen Bürgerhauses hinauf. Er konnte zwischen den nur halb zugezogenen Vorhängen die Beamten des Spurensicherungsteams beobachten, die wie eine Fischschule im Aquarium nach einem unergründlichen Fahrplan im Raum hin und her wogten.

„Ich war zu früh und wollte eigentlich nur eine Flasche Pinot Grigio kaufen", sagte Dr. Schierle. „Aber der Laden hat geschlossen und macht erst am späten Nachmittag wieder auf."

„Und dann haben Sie von hier zum Fenster hinauf gesehen und den Mord beobachtet", ergänzte Bruno Böllmann.

„Nein, wo denken Sie hin?" Dr. Schierle zog die Schultern ein und schüttelte sich. „Ich sah, wie Deborah mit einem Mann ins Zimmer kam. Sie ging zu einer Kommode, zog einen Briefumschlag daraus hervor, öffnete ihn und hielt ihn wie ein Schutzschild vor die Brust. Dann stürmte der Mann auf sie zu. Er war einen Kopf größer als Deborah, er hatte wildes, zerzaustes schwarzes Haar. Er schlug Deborah zu Boden, wobei er ihr das Stück Papier entriss. Dann verschwand auch er aus meinem Blickfeld. Er tauchte noch einmal auf, da hielt er dieses große Messer in beiden Händen."

Dr. Schierle schwieg. Er zitterte wieder am ganzen Körper.

„Ich war in Panik. Vielleicht hatte ich mich getäuscht, und es war überhaupt kein Messer. Als ich wieder einen klaren Gedanken fassen konnte, stürmte ein Mann aus der Haustür. Er hatte dichtes, schwarzes Haar. Ich habe ihn leider nur von hinten gesehen. Er ging sehr schnell in Richtung Chlodwigplatz. Und dann tauchten Sie auf, Herr Böllmann."

„Haben Sie das Fred Hammerstein so berichtet?", fragte Bruno Böllmann.

„Nein, ich habe meine Beobachtung verschwiegen. Er hat mich auch nicht danach gefragt. Seine erste Frage lautete, was mir aufgefallen sei, als ich mit Ihnen den Wohnungsflur betreten habe.“

„Hat der Mann mit dem dichten schwarzen Haarschopf Sie vielleicht auf der anderen Straßenseite bemerkt?“, fragte Bruno Böllmann.

„Das glaube ich kaum, er schien in großer Eile zu sein“, erwiderte Dr. Schierle.

Bruno Böllmann seufzte tief, fasste Dr. Schierle unter und wechselte erneut die Straßenseite.

Als Dr. Schierle bewusst wurde, dass Bruno Böllmann das Haus ansteuerte, in dem die abscheuliche Bluttat begangen worden war, riss er sich von Bruno los und sagte mit dem Ausdruck größten Entsetzens: „Ich soll da wieder hinauf? Das können Sie nicht von mir verlangen, Herr Böllmann!“

„Hören Sie zu, verehrter Kollege, es gibt für mich nur eine plausible Erklärung, warum Sie Ihre Beobachtung Herrn Hammerstein verschwiegen haben“, sagte Bruno Böllmann. „Sie haben den Mann, der aus dem Haus gerannt ist, erkannt.“

Dr. Schierle schlug beide Hände vors Gesicht. Als ihm das Kindische seines Verhaltens bewusst wurde, ließ er die Arme ruckartig fallen und sie baumelten nutzlos an seinen Hüften. „Erkannt ist übertrieben, ich hatte eine vage Vermutung, schließlich habe ich den Mann nur von hinten gesehen“, sagte Dr. Schierle. „Und dann war da der wirre, schwarze Haarschopf, der mich irritiert hat.“

„Vielleicht trug der Mann eine Perücke“, meinte Bruno Böllmann. „Denken Sie sich den schwarzen Haarschopf einfach weg und ersetzen ihn durch die Frisur, die der Mann für gewöhnlich hat.“

Bruno Böllmann beobachtete die Veränderungen im Gesicht seines Anwaltskollegen, wobei Dr. Schierle plötzlich so zurückzuckte, als habe ihn ein Fausthieb getroffen.

„Nein, das ist nicht möglich, meine Sinne müssen mir einen Streich gespielt haben“, flüsterte er.

„Den Namen!“, sagte Bruno Böllmann, packte Dr. Schierles Handgelenk und zerrte daran.

Dr. Schierle murmelte etwas so leise, dass Bruno Böllmann nichts verstehen konnte.

„Den Namen!“, wiederholte er.

Dr. Schierle riss sich los. „Ich gebe den Namen nur preis, wenn Sie mir versprechen, die Polizei aus dem Spiel zu lassen“, sagte er.

„Das kann ich nicht versprechen“, erwiderte Bruno Böllmann. „Ich würde mich strafbar machen und Sie tun das auch! Also den Namen!“

In diesem Moment wurde die Haustür geöffnet und Fred Hammerstein, das Hemd bis zur Brust aufgeknöpft, trat ins Freie. Er wischte mit dem Handrücken Schweiß von der Stirn, schnappte nach Luft und stapfte auf die beiden Anwälte zu.

„Was machen Sie denn noch hier?“, fragte er. Dann zwinkerte er Bruno zu und fragte Dr. Schierle: „Ist Ihnen zu Ihren Aussagen noch etwas eingefallen? Möchten Sie die vielleicht ergänzen?“

In diesem Moment sackten die Beine unter Dr. Schierles Leib weg und er setzte sich auf den Hosenboden. Sein Gesicht war aschfahl und er griff sich ans Herz.

„Schnell, einen Notarzt!“, rief Bruno. Er bückte sich und konnte gerade noch verhindern, dass Dr. Schierle hintenüber kippte. Er legte ihn in eine stabile Seitenlage. Als er sich dicht über ihn beugte, riss Dr. Schierle die Augen weit auf und flüsterte einen Namen.

Bruno Böllmann zuckte zurück. Es war der Name eines Fußballspielers aus der ersten Mannschaft des FC. Dann fielen Dr. Schierle die Augen zu.

## 3. Kapitel

Der Notarzt hatte Dr. Schierle eine Sauerstoffmaske aufgesetzt und beugte sich zu Bruno Böllmann vor. „Ich kann Sie beruhigen, es ist kein Schlaganfall, aber ein akuter Kreislaufkollaps." Der Arzt sah müde und genervt aus. „Hatte Ihr Kollege akuten Stress?"

„Er ist der Justiziar des FC", erwiderte Bruno. „Einen stressigeren Job gibt es in dieser Stadt wohl kaum."

Der Sanitäter, der hinter dem Steuer des Krankenwagens saß, öffnete das Verbindungsfenster. „Das Sankt-Antonius-Krankenhaus nimmt ihn an. Aber nur, wenn er Privatpatient ist. Er ist doch Privatpatient?"

Der Notarzt blickte Bruno Böllmann fragend an. Bruno Böllmann zuckte mit den Achseln, dann schob er den Notarzt zur Seite und holte aus der Innentasche von Dr. Schierles leichtem Sommerjackett, das zusammengeknüllt in einer Ecke lag, eine Brieftasche hervor. Er stutzte. Ein Seitenfach war mit Zetteln eines Wettbüros zugestopft. Er drehte sich zur Seite, nahm die Wettzettel aus der Brieftasche und ließ sie unauffällig in sein weit aufgeknöpftes Hemd gleiten. Dann entnahm er einem Fach der Brieftasche die Krankenkassenkarte. „Privatversicherung! Sie können die Angaben gleich durchgeben!" Er reichte dem Sanitäter die Krankenkassenkarte und steckte die Brieftasche zurück in das Jackett.

„Also das Sankt-Antonius-Krankenhaus", sagte der Notarzt.

Bruno Böllmann kletterte aus dem Krankentransporter, wobei es ihm gelang, mit einer Armbewegung die Wettzettel so zu verteilen, dass sie sein Hemd nicht ausbeulten. Dann schlüpfte er in sein Sommerjackett und knöpfte es zu.

Fred Hammerstein stand mit Gerda Eckes-Schwöppe und Leonor vor dem Haus. Als Gerda ihn bemerkte, verabschiedete sie sich hastig von Fred Hammerstein und zog Leonor mit sich Richtung Rheinuferstraße.

„Dr. Schierle wird ins Sankt-Antonius-Krankenhaus eingeliefert", berichtete Bruno dem Leiter der Kölner Mordkommission. Dann seufzte er, deutete in Richtung der Weinhandlung auf der anderen Straßenseite und sagte: „Komm mit, ich möchte dir etwas zeigen."

Die beiden Männer standen im Eingang der kleinen Weinhandlung. Bruno hatte gerade berichtet, was Dr. Schierle von hier aus dort oben in der Wohnung gesehen hatte.

„Und? Kannte er den Mann?", fragte Fred Hammerstein wie aus der Pistole geschossen.

„Er war sich nicht sicher. Er hat ihn hier unten auf der Straße nur von hinten gesehen. Und der wirre schwarze Haarschopf hat ihn irritiert. Erst als ich meinte, der Mann könne eine Perücke getragen haben, war er sich plötzlich sicher. Aber er wollte mir den Namen nur verraten, wenn ich die Polizei heraushalten würde."

„Aha!", sagte Fred Hammerstein. „Das muss seinen Grund haben."

Bruno Böllmann nannte den Namen.

„Was? Der Spieler des FC?", fragte Fred Hammerstein verblüfft.

Bruno Böllmann nickte. Fred Hammerstein ließ Luft aus der Nase ab, was ein quietschendes Geräusch verursachte. „Das erklärt einiges, aber nicht alles", meinte er. „Zum Beispiel, warum Dr. Schierle eine solche Angst hatte. Das hast du doch auch bemerkt? Ich dachte schon, er würde sich vor Angst in die Hose pissen ..."

„Ja, das war offensichtlich", sagte Bruno.

Fred Hammerstein zog Bruno aus dem Eingang der kleinen Weinhandlung auf die Straße. „Als ich den Dr. Schierle gesehen habe, hab ich spontan daran gedacht, dass der Tod dieser Frau in irgendeinem Zusammenhang mit Fußball stehen könnte", sagte Fred Hammerstein. „Und jetzt stellt sich heraus, dass ihr Mörder womöglich ein Fußballprofi ist."

„Oder der Justiziar eines Fußballvereins", sagte Bruno.

„Oder ein hässliches Mädchen", fügte Fred Hammerstein hinzu, „aber das hätte mit Fußball weniger zu tun."

Bruno Böllmann entging nicht der lauernde Blick, den Fred Hammerstein ihm zuwarf. Dann zückte der Kripobeamte sein Handy und fragte: „Hast du zufällig die Nummer der Geschäftsstelle des FC?"

Bruno suchte sie im Adressverzeichnis seines Handys und gab sie Fred Hammerstein, der ein kurzes Telefonat führte. Als er es beendet hatte, wandte er sich an Bruno und sagte: „Alle Vertragsspieler nehmen am Nachmittagstraining teil. Danach ist Taktikbesprechung für alle. Ich knöpf mir unseren Mann mal vor."

„Okay, vielleicht sehen wir uns in der Geschäftsstelle", erwiderte Bruno.

„Was hast du denn da zu tun?", fragte Fred Hammerstein.

„Es geht um Kohle und eine Transferanbahnung mit einem brasilianischen Fußballer", erwiderte Bruno.

Auf der Geschäftsstelle des FC herrschte dicke Luft. Der Geschäftsstellenleiter hatte sich in sein Büro zurückgezogen, die beiden Sekretärinnen hatten hochrote Köpfe.

„Was ist denn hier los? Hat der FC die Lizenz entzogen bekommen?", fragte Bruno scheinheilig.

„Das wäre für heute die Krönung!", flüsterte die ältere der beiden Sekretärinnen.

„Scheiße! Niemand weiß, wo dieser Schierle steckt! Nicht mal sein Sekretariat. Wofür bezahlt man denn einen Justiziar, der nicht da ist, wenn man ihn braucht?", polterte der Geschäftsstellenleiter und erschien in der Bürotür. Ein Zipfel seines zerknitterten, durchgeschwitzten Hemdes hing aus seiner Hose.

„Herr Dr. Schierle ist mit einem Kreislaufkollaps vom Notarzt ins Sankt-Antonius-Krankenhaus eingeliefert worden", sagte Bruno Böllmann in das peinliche Schweigen hinein.

„Jeder weiß hier was, nur ich erfahre es immer als Letzter!", sagte der Geschäftsstellenleiter. Dann fasste er Bruno ins Auge und sagte: „Ich kenne Sie irgendwoher! Sind Sie nicht auch Anwalt?"

„Bruno Böllmann ist mein Name. Ich hatte mit Dr. Schierle einen Termin wegen des brasilianischen Fußballers, der morgen zum Probetraining kommt", sagte Bruno und legte das Fax von Dr. Schierle auf den Schreibtisch.

Der Geschäftsstellenleiter überflog das Fax und runzelte misstrauisch die Augenbrauen. „Sie sprechen Portugiesisch? Haben Sie auch Ahnung von brasilianischem Vertragsrecht? Kennen Sie sich aus mit den Tricks von brasilianischen Spielervermittlern? Warum sehe ich Sie zum ersten Mal hier in der Geschäftsstelle?“

„Weil es sich hier um ein absolutes Ausnahmetalent handelt“, erwiderte Bruno gelassen. „Ich bin Spezialist für absolute Ausnahmetalente.“

„Haben Sie irgendwelche Referenzen? Ich meine, außer diesem Fax von Dr. Schierle?“, fragte der Geschäftsstellenleiter.

In diesem Moment steckte der Zeugwart des FC den Kopf durch die Tür und sagte: „Die Bullen hausen in der Spielerkabine wie die Vandalen! Sie haben schon drei Spinde aufgebrochen!“

„Haben die überhaupt einen Hausdurchsuchungsbefehl?“, fragte Bruno Böllmann.

„Der Dicke sagte, es ging um die Sicherstellung von Beweismaterial, da brauche er keinen Hausdurchsuchungsbefehl“, sagte der Geschäftsstellenleiter.

„Ich bin Anwalt!“, sagte Bruno Böllmann in Richtung des Geschäftsstellenleiters. „Es genügt, wenn Sie mich hier unter Zeugen mündlich beauftragen. Es fällt unter die Pauschale.“ Damit klopfte er auf das Fax. „Aber ich will die Kohle sehen, wie von Dr. Schierle hier bestätigt.“

Der Geschäftsstellenleiter zögerte, dann gab er sich einen Ruck und sagte zu der älteren Sekretärin: „Mach mal eine Barauszahlung über sechshundert fertig, Linda!“

Er zog Bruno Böllmann mit sich nach draußen. „Kein Wort zur Presse!“, zischte er ihn und den Zeugwart an. „Sonst lernt ihr mich kennen, ihr Brüder!“

Bruno blieb abrupt stehen. „Mit mir nicht in diesem Ton, mein Lieber! So können Sie vielleicht mit Ihren Eisverkäufern reden, obwohl das auch schon mehr als schlechter Stil wäre!“

„Nun blasen Sie sich mal nicht so auf!“, konterte der Geschäftsstellenleiter.

„Mein Gott, warum benehmen sich beim FC alle wie die Kinder?“, stöhnte der Zeugwart und zog den widerstrebenden Bruno weiter.

In der Kabine bearbeiteten zwei Beamte ein weiteres Schließfach mit einem Brecheisen. Bruno ließ seinen Blick schweifen und bemerkte, dass drei Schließfächer schon aufgebrochen waren. Ihr Inhalt lag, zu drei Haufen aufgetürmt, davor. Fred Hammerstein hockte auf einer der Bänke und durchwühlte eine Brieftasche. Er entnahm ihr einen Packen ausgefüllter Wettscheine und legte ihn neben zwei Stapel Wettscheine, die schon auf der Bank lagen.

„Hallo, Bruno!“, sagte er, ohne den Blick zu heben.

„Warum hast du die Spinde von drei weiteren Spielern aufbrechen lassen?“, fragte Bruno. „Dafür brauchst du einen Durchsuchungsbefehl.“

„Du weißt, dass mir jeder Richter einen ausfertigen wird“, entgegnete Fred Hammerstein gelassen.

„Das mag schon sein, Fred, aber bis jetzt hast du keinen! Also zieh deine Leute ab und komm mit einem richterlichen Durchsuchungsbefehl wieder.“

„Mein Gott, Bruno, mach mir nicht solche Schwierigkeiten“, sagte Fred Hammerstein.

Bruno Böllmann stellte sich vor den Spind, den die beiden Kripobeamten mit dem Brecheisen bearbeitet hatten, und zückte sein Handy. „Wer hat heute im Präsidium Dienst als Ermittlungsrichter?“, fragte er.

„Der alte Reiferscheid“, erwiderte Fred Hammerstein.

Bruno Böllmanns Miene hellte sich schlagartig auf. Der alte Reiferscheid stand kurz vor der Pensionierung und kannte weder Freund noch Feind, wenn es um seine Rechte ging. „Willst du, dass ich ihn anrufe?“, fragte er.

Fred Hammerstein seufzte gequält und schüttelte den Kopf. Dann winkte er die beiden Beamten zu sich her und flüsterte mit ihnen. Die Beamten begannen, die Häufchen in die aufgebrochenen Spinde zurückzulegen.

Fred Hammerstein straffte sich und sagte zum Geschäftsstellenleiter des FC: „Tut mir leid, aber ich muss die Taktiksitzung der Vertragsspieler unterbrechen.“

„Wie, unterbrechen?“, fragte der Geschäftsstellenleiter empört.

„Ich möchte drei Vertragsspieler hier und jetzt verhören.“ Fred Hammerstein nannte die Namen.

„In welchem Zusammenhang?“, fragte Bruno Böllmann.

„Im Zusammenhang mit dem Tod einer Frau in der Kölner Südstadt und illegalen Fußballwetten.“

Bruno Böllmann war mit zwei Schritten bei den drei Stapeln Wettscheinen, die neben Fred Hammerstein auf der Bank lagen, und hob einen Wettschein auf. Er war von dem gleichen Wettbüro ausgestellt wie die unter seinem Hemd.

„Wenn du diese Fußballwetten meinst, Fred, die sind nicht illegal. Sie sind in einem lizensierten Wettbüro abgeschlossen worden. Jeder kann das, ohne sich strafbar zu machen.“

„Das sehe ich anders“, widersprach Fred Hammerstein. „Das Wettbüro leitet die Wetten weiter an den Jockey Club in Hongkong. Der ist quasi der Wetthalter. Solche Fußballwetten sind illegal.“

„Aber das deutsche Wettbüro garantiert die Wette, und das ist legal“, widersprach Bruno.

„Wo kämen wir denn hin, wenn jeder, der eine Fußballwette abschließt, Knall auf Fall verhört werden kann!“, ereiferte sich der Geschäftsstellenleiter.

Da bahnte sie sich wieder ihren Weg, die Kölner Konfusion, und drohte alles in ihren Strudeln zu verschlingen.

„Ich bestehe auf einem Verhör aller drei Spieler“, sagte Fred Hammerstein.

„Kann das nicht etwas diskreter ablaufen?“, fragte der Geschäftsstellenleiter. „Ich meine, ich könnte die drei unter einem Vorwand einzelnen aus der Sitzung abberufen. Sonst wird die Presse unweigerlich Wind davon bekommen, denn irgendein Idiot quatscht immer. So ist das in Köln leider.“

„Daran kann dir auch nicht gelegen sein, Fred!“, fügte Bruno Böllmann hinzu.

„Na gut, machen wir es einzeln“, lenkte Fred Hammerstein ein.

Wenig später betrat der Vertragsspieler, dessen Namen Dr. Schierle genannt hatte, das Büro des Geschäftsstellenleiters. Er war im Trainingsanzug und sah ziemlich verschwitzt aus. Er wartete, bis die Sekretärin die Tür geschlossen hatte, und blickte dann von einem zum anderen.

„Was ist los?“, fragte er dann.

Fred Hammerstein stellte sich vor und hielt dem Profi seinen Ausweis unter die Nase, auf den der Fußballer nicht mal einen Blick warf. Dann zeigte der Spieler auf Bruno: „Und wer ist der?“

„Ich bin der Vertreter von Rechtsanwalt Dr. Schierle“, antwortete Bruno, „und vertrete hier die Rechte des Vereins, dessen Angestellter Sie sind. Wenn Sie Ihren persönlichen Rechtsanwalt dabei haben wollen, ist das Ihr gutes Recht. Dann rufen Sie ihn jetzt am besten an.“

„Worum geht's denn überhaupt?“, fragte der Fußballprofi. „Immer noch um die blöde Sache, als ich besoffen Auto gefahren bin?“

„Nein, es geht um Mord“, sagte Fred Hammerstein.

Der Vertragsspieler erbleichte und beugte sich zu Fred Hammerstein vor, der hinter dem Schreibtisch auf dem Bürosessel des Geschäftsstellenleiters saß und einen Kugelschreiber in der Hand drehte.

„Hä? Mord? Und was hab ich damit zu tun?“, fragte er.

„Ein Zeuge will Sie Minuten nach dem Mord aus dem Haus, in dem die Tat verübt wurde, rennen gesehen haben“, erwiderte Fred Hammerstein.

„So ein Quatsch!“, ereiferte sich der Fußballprofi. „Wann soll denn das gewesen sein?“

„Kurz nach vierzehn Uhr“, antwortete Fred Hammerstein. „Wo waren Sie denn heute zwischen dreizehn und fünfzehn Uhr?“

„Zwischen dreizehn und fünfzehn Uhr?“, echote der Fußballprofi. „Also, um dreizehn Uhr fünfzehn hatte ich einen Termin bei unserem Physio wegen meiner Muskelverhärtung in der rechten Wade. Da habe ich Massagen bekommen. Das hat bis kurz vor vierzehn Uhr gedauert.“

„Wo liegen die Behandlungsräume des Physiotherapeuten? Hier auf dem Vereinsgelände?“, fragte Fred Hammerstein.

„Nee, ich war in seiner Privatpraxis in der Immermannstraße in Lindenthal“, erwiderte der Profi. „Danach bin ich kurz ins Subway auf der Dürener Straße, hab mir ein Salatsandwich reingezogen und bin dann ab zum Training.“

Fred Hammerstein ließ sich die Telefonnummer der Praxis geben und sprach mit der Assistentin des Physio, die alle Angaben bestätigte. Er bat die Assistentin, ihm die Bestätigung ins Präsidium zu faxen.

„Bleiben noch die illegalen Wetten“, sagte Fred Hammerstein und klopfte auf den Stapel Wettscheine, den er neben sich auf den Schreibtisch gelegt hatte.

„Darf ich mal?“, fragte Bruno Böllmann und nahm einen der Scheine vom Stapel. „Sind das Ihre Unterschrift und Ihre Kontodaten?“, fragte er den Profi, dem er den Schein hinhielt.

„Nee, das ist nicht meine Unterschrift, das ist die von meinem Manager, und meine Kontodaten sind das auch nicht“, entgegnete der Vertragsspieler.

„Und wie kommen die Wettscheine in Ihren Besitz?“, fragte Fred Hammerstein.

„Mein Manager hat sie mir geschenkt“, antwortete der Fußballprofi wie aus der Pistole geschossen und eine Spur zu schnell.

„Wie, geschenkt?“, fragte Fred Hammerstein gedehnt.

„Halt geschenkt. Andere Manager schenken vielleicht andere Sachen, meiner ausgefüllte Wettscheine.“

„Gut, ich nehme das erst mal so zur Kenntnis“, entgegnete Fred Hammerstein.

„Ist das alles?“, fragte der Profi. Als Fred Hammerstein nickte, wandte sich der Profi an Bruno Böllmann. „Und wie kommt der Bulle an die Wettscheine? Hat er die Sachen aus meinem Spind? Das fände ich nämlich echt Scheiße!“

„Ja, die Polizei hat Ihren Spind aufgebrochen und die Sachen darin durchsucht“, erwiderte Bruno. „Ich werde im Namen des Vereins dagegen Beschwerde einlegen. Soll ich das auch für Sie persönlich tun? Dann müssen Sie mich dazu beauftragen.“

„Kostet das was?“, fragte der Profi.

„Nein, nicht wirklich, außer Sie wollen eine Anzeige erstatten, die ich dann rechtsanwaltlich weiter verfolgen soll“, erwiderte Bruno.

„Nee, Beschwerde langt mir“, sagte der Profi. Dann verließ er grußlos die Geschäftsräume.

Die Befragung der anderen beiden Profis, in deren Spinden ebenfalls solche Wettscheine gefunden worden waren, ergab, dass sie denselben Manager hatten, der ihnen die Wettscheine ebenfalls geschenkt hatte.

Nachdem die Kostenübernahme für die Reparatur der aufgebrochenen Spinde durch die Polizei geklärt war, begleitete Bruno Böllmann den Leiter der Kölner Mordkommission zum Ausgang.

„Das ist der Kölner Sumpf, da greifst du immer irgendwie ins Klo", sagte Bruno gerade zu Fred Hammerstein, als der wie elektrisiert stehen blieb und auf eine Sammlung von Fotos starrte, die beim diesjährigen Karneval im Kölner Clubheim des FC aufgenommen worden waren und in einem Glaskasten an der Wand hingen.

„Sieh dir mal dies Foto an, Bruno!", sagte er und tippte gegen das Glas.

Bruno beugte sich vor. Das Foto zeigte den Fußballprofi im Ringelhemd und mit einer schwarzen Lockenperücke auf dem Kopf, wie er die jüngere Sekretärin der Geschäftsstelle abknutschte.

„Jedenfalls hat er eine schwarze Perücke. Das wirft ein völlig neues Licht auf die Sache", meinte Fred Hammerstein und machte mit seinem Smartphone ein Foto.

## 4. Kapitel

Bruno Böllmann hatte gerade das Parkhaus am Düsseldorfer Flughafen verlassen und stand vor der Ankunftshalle, als ihn Fred Hammerstein auf dem Handy anrief. „Diesmal habe ich mir vom alten Reiferscheid einen Hausdurchsuchungsbefehl für unseren Profi ausstellen lassen“, sagte Fred Hammerstein ohne Einleitung.

„Wie hast du das denn geschafft?“, fragte Bruno verblüfft.

„Er ist Hardcore-Fan von Bayer Leverkusen“, erwiderte Fred Hammerstein. „Stell dir vor, ich habe die schwarze Perücke im Kleiderschrank des Profis bei den Karnevalssachen gefunden. Sie war voller Blutspritzer. Ich hab sie zur Untersuchung ins gerichtsmedizinische Labor gegeben und es eilig gemacht. Gerade erhielt ich den Anruf, es ist das Blut dieser Deborah. Merk dir das, Bruno: Ein Fred Hammerstein greift nie ins Klo.“

Wie es seine Art war, brach Fred Hammerstein das Gespräch plötzlich und ohne jedes Abschiedswort ab. Bruno hastete durch die Halle zum Ankunftsgate der letzten Maschine aus Amsterdam, die pünktlich gelandet war. Um das Ankunftsgate drängte sich eine dichte Menschentraube, Hälse wurden gereckt, Schilder in die Höhe gehalten.

Bruno Böllmann zückte sein Schild mit den Namen des brasilianischen Fußballers und seines Managers, gab aber den Versuch auf, sich durch die erwartungsvolle Menschenmenge zu quetschen. Dann sah er, wie sich die Automatikschiebetüren zum ersten Mal öffneten und sofort wieder schlossen. Ein erster Passagier musste sie passiert haben. Wahrscheinlich hatte er nur Handgepäck dabei. Dann tat sich eine geraume Zeit gar nichts, bis die Automatiktüren mit einem Mal nicht mehr stillstanden und die Passagiere reihenweise ihre Koffer auf Gepäckwagen durch das Gate schoben.

Sekunden später steuerte ein athletisch gebauter Mann in einer billigen Nylonjacke und ausgetretenen Turnschuhen, an der Hand einen mit Aufklebern des brasilianischen Fußballclubs Corinthians beklebten, an mehreren Stellen eingedellten kleinen Aluminiumkoffer, wie er gerade noch als Handgepäck durchgehen würde, Bruno Böllmann an, blieb vor ihm stehen und klopfte gegen das Schild, das Bruno hochhielt.

„Sind Sie der Rechtsanwalt des FC Köln?“, fragte er auf Portugiesisch und warf Bruno einen düsteren Blick zu.

„Ja, der bin ich. Herzlich willkommen in Deutschland!“, sagte Bruno Böllmann, streckte eine Hand aus und lächelte zuvorkommend.

Der Fremde warf ihm einen düsteren Blick zu, schob Brunos Hand zur Seite, stellte den Aluminiumkoffer neben Bruno, murmelte: „Ich hole die anderen“, und verschwand wieder in der Menge.

Bruno Böllmann kam dieses Verhalten zumindest merkwürdig vor. Er entdeckte den Mann später in der Nähe des Gates, denn so langsam begann sich die Menschenmenge vor dem Gate zu lichten. Als einer der letzten verließen es ein älterer Mann mit silberweißem Haar, eine Raubvogelnase im Gesicht und buschigen, tiefschwarzen Augenbrauen, und ein junger, schmalschultriger Mann, die zwei mit Koffern und Sporttaschen beladene Gepäckwagen schoben. Der Mann, der Bruno auf Portugiesisch angesprochen hatte, rief ihnen etwas zu und deutete in Brunos Richtung.

Zweifelsohne war der jüngere der beiden Neuankömmlinge der Fußballer Lucas Coração. Bruno Böllmann erkannte ihn trotz der schlechten Qualität des gefaxten Fotos auf den ersten Blick. Als die drei Männer näher kamen, wobei sich der Mann, der Bruno zuerst angesprochen hatte, im Hintergrund hielt, studierte Bruno die offenen, freundlich wirkenden Gesichtszüge des Jungen, der seinen überladenen Gepäckwagen mit solch einer Leichtigkeit und Eleganz schob, als dirigiere er eine Tänzerin in Brunos Richtung. Der Junge war von dieser seltsamen Mischung, wie sie in Paraná auf dem Lande häufig vorkommt, und hatte zweifelsohne ebensoviel Indianerblut wie das eines Afrikaners, wobei sich auch unverkennbar besonders im Gesicht das bäurische Element von Portugiesen bemerkbar machte.

Als Lucas Coração das Schild bemerkte, das Bruno Böllmann immer noch vor der Brust hielt, löste er beide Hände von seinem Gepäckwagen, tänzelte um ihn herum und bewegte sich mit einer solchen Geschmeidigkeit auf Bruno zu, dass der Mühe hatte, den Weg des Jungen zu verfolgen. Die nun folgende Umarmung war so plötzlich, ungestüm und herzlich, dass Bruno das Schild aus den Händen glitt und zu Boden fiel, wobei Lucas Coração mit einer Jungenstimme, die wohl erst gerade den Stimmbruch hinter sich hatte, redete wie jemand, der wochenlang schweigen musste. Die Worte sprudelten nur so aus ihm heraus. Er danke Gott, dass er nicht allein und ohne Schutz in diesem so fremden Europa sei, dass man ihm einen Ratgeber und Betreuer geschickt habe, dass er nicht alleine in der Fremde sich unter diesen abweisenden Menschen, deren Sprache er nicht verstehe, seinen Weg suchen müsse.

Bruno Böllmann beobachtete aus den Augenwinkeln, wie der Mann, der ihn zuerst angesprochen hatte, das Schild aufhob, es zusammenfaltete und in Richtung eines Papierkorbs warf, neben dem es erneut auf dem Boden zu liegen kam.

Dann zogen zwei schmalgliedrige, unendlich lange Hände, an deren dünnen Fingern ein ganzes Dutzend Ringe blitzten, die Schultern des Jungen zur Seite und das Raubvogelgesicht des Silberhaarigen schob sich eng an Brunos Gesicht heran, der unwillkürlich etwas zurückwich, aus Furcht, die spitze Nase könne ihn verletzten.

Die Stimme passte so ganz und gar nicht zu dem Raubvogelgesicht, sie war weich und melodiös und endete nach jedem Satz in einem hohen, weibisch klingenden Gelächter, das Bruno an das Bellen eines Hundewelpen erinnerte.

„Ich bin José Hernandez Bento de Moralez, der Rechtsberater der Corinthians“, jubilierte der Raubvogel und klopfte Bruno mit einer Hand so intensiv den Rücken, als wolle er bei Bruno einen Erstickungsanfall bekämpfen, während die andere Hand Bruno an der Schulter zu sich heranzog.

Auch er dankte wortreich Gott, dass man sie in der Fremde nicht allein gelassen und einen so sympathischen Führer durch die Unwägbarkeiten dieser europäischen Nacht geschickt habe. Dann blickte er sich um, zog Bruno am Revers seines leichten Sommerjacketts nahe an sich heran und flüsterte dicht an seinem Ohr: „Man hat uns vor den Neonazis gewarnt, die hier Jagd auf Fremde machen sollen. Aber ich sehe hier keine Leute, die sich wie Hitler kleiden und benehmen. Warten die vielleicht draußen auf uns?“

Bruno Böllmann beruhigte den Mann und sagte, ihm seien hier keine Neonazis aufgefallen. José Hernandez Bento de Moralez zog Bruno erneut an den Schultern ganz dicht an sich heran. „Und ich vermisse Deborah, die Tante von Lucas. Sie hat versprochen, ihn am Flughafen abzuholen.“ Er blickte sich um, dann zuckte er ratlos die Schultern. „Sie kennen ja solche brasilianischen Verabredungen“, fuhr er fort. „Was meinen Sie, lohnt es sich, dass wir auf Deborah warten?“

„Definitiv nicht, sie ist leider verhindert“, sagte Bruno.

„Kennen Sie den Grund?“, fragte Bento de Moralez.

Diesmal war es an Bruno, sich zum Ohr des Raubvogels zu beugen und zu flüstern: „Sie ist heute plötzlich verstorben.“

Bruno Böllmann beobachtete verblüfft die Verwandlung, die das Gesicht des brasilianischen Rechtsanwalts durchlief, alle Verbindlichkeit und aller freundlicher Überschwang fielen wie welkes Laub im Herbst von einer Sekunde zur anderen von ihm ab, die Haut über den Backenknochen spannte sich, die Lippen wurden schmal und rissig und der vertrauliche Schimmer in seinen Augen wich einem kalten Glitzern, das Bruno Angst machte. Er sah aus wie eine Harpyie, die sich im nächsten Moment auf Bruno stürzen und ihn zerfetzen würde.

„Kein Wort zu dem Jungen!“, zischte Bento de Moralez, aus dessen Stimme alle betörende Melodik verschwunden war.

Dann wandte er sich abrupt um, tänzelte auf den Jungen zu und ließ aus dem Stehgreif eine so wortreiche und überzeugend vorgetragene Lügengeschichte über eine plötzliche Erkrankung der Tante Deborah vom Stapel, die mit so mannigfachen Details ausgeschmückt war, dass es Bruno die Sprache verschlug.

Der Junge hing an den Lippen des Lügners und seine Blicke verrieten, dass er ihm jedes Wort glaubte. Der Manager des Jungen hingegen wandte sich ab und starrte mit einem so düsteren Blick zu Bruno hinüber, als wolle er ihn mit tiefer Nacht umhüllen. Während der brasilianische Rechtsanwalt den Jungen umarmte und ihn an sich presste, kam der düstere Kerl schleppenden Schrittes auf Bruno zu, blieb einen Meter vor ihm stehen und warf Bruno einen ganz merkwürdigen Blick zu, der ihn total geistesabwesend wirken ließ und murmelte: „Lucas ist durch und durch Familienmensch. Tun Sie so, als wüssten Sie nichts von Deborah, nur, dass sie nicht kommen kann.“ Sein Portugiesisch war roh und voller Fehler, sodass Bruno Mühe hatte, den Mann zu verstehen. Dann trat er noch näher an Bruno heran und sagte: „Ich bin Pedro da Silva, aber man nennt mich nur *Garra* – die Klaue.“ Dabei hob er seine rechte Hand, die er bisher stets in der Tasche gehalten hat. Sie war riesig, aber wie ein Kralle gekrümmt, die Fingerkuppen waren abgehackt und schlecht vernarbt bis auf die des Daumen, der merkwürdig, wie verkehrt angewachsen, nach außen stand.

Im Parkhaus konnte sich Lucas Coração an Bruno Böllmanns altem neongrünen Ford Mustang nicht sattsehen. Alle Sorgen um die kranke Tante schienen vergessen, er küsste das neongrüne Blech und Bruno Böllmann musste sogar die Motorhaube öffnen, damit Lucas am Motor riechen konnte. „Eine geile Karre hast du, *conselheiro*!“, rief er ein um das andere Mal.

Bruno Böllmann erschien der Fußballer in diesem Moment naiv wie ein vertrauensseliges Kind, so ganz ohne Falsch, das sich ohne Verstellung ganz dem Glück des Augenblicks hingibt. Aber es belastete ihn auch, dass ihn dieses Kind *conselheiro*, Ratgeber, nannte, denn seine Aufgabe war es nicht, dem Jungen zu dessen Wohl zu raten, sondern für den Verein das Beste herauszuholen.

Auf der Fahrt nach Köln stellte Lucas Coração noch ein paar belanglose Fragen, aber sein Interesse an Brunos altem Ford Mustang war ebenso schnell erloschen, wie es aufgeflammt war. Gleichmäßige Atemzüge verrieten Bruno, dass der Junge auf der Rückbank offensichtlich eingenickt war.

Als Bruno Böllmann in Köln-Klettenberg die Autobahn verließ und an der ersten roten Ampel halten musste, fiel sein Blick zufällig auf das rechte Bein des Mannes, der sich *Garra* nannte, neben ihm auf dem Beifahrersitz hockte, beharrlich schwieg und seine düsteren Blicke in die Nacht schickte. Der billige Nylonstoff seiner Jogginghose spannte an den Waden. Bruno stutzte. *Garra* hatte etwas, das ein Messer in einer Scheide hätte sein können, an der Wade festgebunden. Er kannte diesen Anblick, denn Pepe Rogalzky, Fred Hammersteins Vorgänger bei der Kölner Kripo, trug stets ein Messer an seiner Wade mit sich. Sekunden später richtete sich *Garra* auf dem Beifahrersitz so auf, dass die weite Jogginghose nicht mehr spannte.

Bruno Böllmann glaubte, seine Augen, die von der Nachtfahrt strapaziert waren, hätten ihm einen Streich gespielt, denn wie hätte *Garra* ein Messer durch den Sicherheitsscheck am Flughafen Schiphol schleusen können?

Als sie das kleine Hotel auf der Dürener Straße erreicht hatten, in dem Bruno drei Zimmer reserviert hatte, murmelte Lucas Coração schlaftrunken ein paar Abschiedsworte und verschwand auf seinem Zimmer. Die Verabschiedung von Bento de Moralez hingegen war wortgewaltig und langwierig, immer wieder zögerte der brasilianische Rechtsanwalt seinen Abgang hinaus, notierte Adresse und Ansprechpartner des FC, ließ sich das Trainingsgelände beschreiben und pries seinen Jungstar, aus dem mal ein ganz Großer seines Sports werden würde, in den höchsten Tönen.

Während der ganzen Dauer dieser wortreichen brasilianischen Verabschiedung hatte sich *Garra* unsichtbar gemacht, aber sobald der brasilianische Rechtsanwalt im Lift zu seinem Zimmer verschwunden war, tauchte *Garra* hinter einer Säule auf, in seiner gesunden Hand zwei Flaschen Bier, und wies mit dem Kinn zu einer Sitzecke in der Halle.

Als sie sich gegenübersaßen, warf *Garra* Bruno einen düsteren Blick zu, setzte die Bierflasche an den Mund und trank sie in einem Zug leer. Dann legte er die leere Flasche auf den kleinen Beistelltisch, versetzte sie in kreiselnde Bewegung und wartete ab. Als die leere Bierflasche zur Ruhe kam, zeigte ihre Öffnung wie die Mündung einer Pistole auf Bruno.

Der Anflug eines Lächelns zog über das Gesicht seines Gegenübers, aber es war ein Lächeln, das Bruno beunruhigte.

„Der Kleine nennt dich *conselheiro*, also enttäusch den Jungen nicht“, sagte *Garra* mit einer Stimme, die unangenehm knarrte wie trockenes Hartholz, das an einem anderen trockenen Holz reibt. Dann beugte er sich über den kleinen Beistelltisch zu Bruno vor und legte seine verkrüppelte Hand auf Brunos Arm, der das ungute Gefühl hatte, sein Arm sei soeben auf der Tischplatte festgenagelt worden.

„Sie werden morgen sehen, was der Junge drauf hat. Es gibt nicht viele Fußballer seines Alters in Brasilien, die so gut sind wie er. Spätestens dann wirst du dich fragen, warum wir ihn deinem FC anbieten.“

„Das frage ich mich schon die ganze Zeit, *Garra*“, erwiderte Bruno. „Mein Verein gehört ja wohl nicht zu den ersten Adressen, weder im deutschen noch europäischen Fußball. Und unsere Finanzen sind ziemlich limitiert.“

„Das wissen wir“, sagte *Garra* und warf Bruno wieder einen seiner düsteren Blicke zu. „Wir wollen den Jungen hier für zwei Saisons parken. Warum hier? Hier wird ihm nichts verbaut, er ist so gut, dass er nicht auf der Ersatzbank schmoren wird. Und man wird in Brasilien wenig von ihm hören. Niemand interessiert sich in unserem Land ernsthaft für deinen Verein. Daran ist uns gelegen.“

„Wem ist daran gelegen?“, fragte Bruno. „Wen genau meinst du mit *uns*?“

„Die Leute, die Anteile an dem Jungen halten“, erwiderte *Garra*.

„Und wer ist das genau?“, fragte Bruno.

*Garra* machte eine wegwerfende Bewegung mit seiner gesunden Hand, wobei er den Druck seiner Klaue auf Brunos Arm verstärkte. „Das brauchst du nicht so genau zu wissen, *conselheiro*!“, sagte er mit Nachdruck.

„Vertreten du und der Rechtsanwalt die Anteilseigner?“, fragte Bruno.

„Der Rechtsanwalt nicht“, sagte *Garra* und spuckte verächtlich auf den Boden, was Bruno zumindest irritierte. „Der Rechtsanwalt vertritt allein die Corinthians, für die er zwanzig Prozent der Transfersumme kassiert. Aber er hat null Rechte an Lucas.“

„Okay, aber der Verein muss die Freigabe erteilen. Ist Bento de Moralez dazu befugt?" Als Bruno die Verständnislosigkeit im Gesicht seines Gegenübers bemerkte, fügte er hinzu: „Kann er die Freigabe erteilen? Genügt seine Unterschrift oder muss er erst den Präsidenten der Corinthians anrufen?"

*Garra* nagte eine schier endlose Weile an seiner Unterlippe. „Wenn er was dagegen hätte, was wir ausmachen, würd ich ihm alle Knochen brechen. Verstehst du, *conselheiro*?", sagte er schließlich.

„Weiß das Bento de Moralez? Und wird er sich daran halten?", fragte Bruno.

„Er weiß es und er wird keine Schwierigkeiten machen."

„Und wer kann einen rechtsgültigen Vertrag unterschreiben?"

„Dafür brauchst du meine Unterschrift und die von Moralez", erwiderte *Garra*.

„Hast du eine Legitimation?", fragte Bruno. Wieder warf ihm *Garra* einen seiner düsteren Blicke zu. „Ich meine, gibt es einen Vertrag zwischen dir, den Leuten, die Anteile an Lucas halten und Lucas, in dem steht, dass du in seinem Namen Verträge mit Dritten abschließen kannst?"

„Du meinst, dass ich ihn verkaufen kann?", fragte *Garra*.

Bruno nickte.

„Ich habe so ein Papier. Es ist von einem Notar beglaubigt. Es sind fünf Seiten. Du kannst sie morgen überprüfen."

Die beiden Männer sahen eine Weile schweigend aneinander vorbei, wobei ihre Blicke sich einander näherten. Als sie aufeinandertrafen, las Bruno im düsteren Blick seines Gegenübers: *Stell mir keine weiteren Fragen, wenn du mich nicht wütend machen willst.*

„Es ist schon spät. Lass uns morgen weiter reden", schlug Bruno vor.

„Du hast dein Bier nicht getrunken und ich sehe noch viele Fragen in deinen Augen", erwiderte *Garra*.

Bruno nahm einen Schluck aus der Bierflasche, wischte mit dem Handrücken über den Mund und sagte: „Gut, dann noch zwei Fragen. Die erste: Warum soll der Junge hier geparkt werden? Ich meine, ihr könntet einen viel höheren Preis erzielen, wenn ihr ihn bei den Corinthians noch ein Jahr spielen lassen würdet und er noch ein paar Einsätze in der Jugendauswahl bekäme. Es muss Gründe geben, warum ihr auf so viel Geld verzichtet."

*Garra* löste seine Klaue von Brunos Arm und zog sie in einer schnellen Bewegung zurück. „Es gibt Gründe", sagte er nach einer Weile, wobei er es vermied, Bruno ins Gesicht zu sehen.

„Hat der Junge Ärger mit der brasilianischen Polizei, dem Finanzamt oder anderen staatlichen Behörden?", hakte Bruno nach.

Die Klaue schoss in einer blitzschnellen Bewegung vor und nagelte Brunos Arm auf dem Tisch fest.

„Der Junge hat einen Fehler gemacht", sagte *Garra*. „Das hat mit der Polizei nichts zu tun, eine private Dummheit. Mehr brauchst du nicht zu wissen. Und deine zweite Frage?"

Bruno richtete seine Blicke an die Decke, als wolle er nachdenken. Als *Garra* seinen Blicken folgte, war Bruno schneller, riss die Klaue hoch und befreite sich aus ihrem eisernen Griff. Dann erhob er sich vom Tisch.

„Meine zweite Frage hat mit dem Jungen nichts zu tun", sagte er. „Es ist eine Frage, die ich mir selbst stelle und auf die ich von dir keine Antwort erwarte." Er beugte sich plötzlich über den kleinen Beistelltisch vor und starrte *Garra* ins Gesicht. „Ich frage mich die ganze Zeit, wie ein Mann, der ein Messer in einer Scheide um die Wade gebunden hat, es geschafft haben könnte, damit durch die Personenkontrolle im Amsterdamer Flughafen zu kommen."

Bruno sah das Funkeln in den dunklen Augen seines Gegenübers und las in dessen Blick: *Wenn du diese Frage noch einmal stellst, werde ich dich töten.*

## 5. Kapitel

Es hatte sich in der Nacht kaum abgekühlt, die Hitze wälzte sich durch die Straßen Kölns und fiel im Kölner Grüngürtel wie reife Früchte aus dem Blattwerk der Bäume, das kein Lufthauch bewegte. Der Geschäftsstellenleiter des FC hatte im Besprechungsraum alle Fenster geschlossen und die Klimaanlage voll aufgedreht. Die neuen Gläser mit kalten Getränken, die Linda, die ältere der beiden Sekretärinnen, hereingetragen hatte, nachdem die Brasilianer den Sitzungsraum verlassen hatten, beschlugen sofort. Jetzt waren nur noch Bruno Böllmann, der Sportdirektor, der Geschäftsstellenleiter, die portugiesische Dolmetscherin und der Trainer des FC im Raum, in dem noch die Wortkaskaden, die Bento de Moralez hervorgesprudelt hatte, wie die Rückstände eines Betäubungsmittels im Raum waberten und den Anwesenden die Lust am Gespräch nahm.

Schließlich raffte sich der Geschäftsstellenleiter auf und seufzte: „Ich werde aus diesen Brasilianern nicht schlau! Ein Teil ist stumm wie die Fische, der andere redet ohne Punkt und Komma, ohne wirklich etwas zu sagen."

„Ich weiß nicht, dieser Spieler macht einen recht kindlichen Eindruck auf mich, und ich frage mich, ob es da nicht ein Kommunikationsproblem geben wird. Ich meine, solche halben Kinder brauchen eine direkte Ansprache", meinte der Sportdirektor.

Alle blickten nun auf den Trainer. „Er ist zu klein. Ein so kleiner Spieler passt nicht in unser Mittelfeld", sagte der Trainer. Es war bekannt, dass er keine kleinen Spieler mochte.

„Messi ist auch klein und passt in jedes Mittelfeld", widersprach der Sportdirektor. „Und ein bisschen mehr Kreativität stünde unserem Mittelfeld gut zu Gesicht."

Da war es wieder, dieses unausrottbare Streitthema zwischen Sportdirektor und Trainer.

Der Trainer winkte ab und als er vom Tisch aufstand, hatte sein Gesicht im Gegenlicht etwas von einem verwitterten Stein. In der Tür wandte er sich noch einmal um und sagte: „Warten wir das erste Training und die Ergebnisse der medizinischen Tests ab."

Als Bruno Böllmann die Unterlagen in den Aktenkoffer legte, beugte sich die junge Dolmetscherin zu Bruno hinab und sagte leise: „Dieser Lucas spricht ein grauenhaftes Portugiesisch! Haben Sie immer verstanden, was er gesagt hat?"

Bruno schüttelte den Kopf und entgegnete: „Am besten, Sie holen ihn am Kabinenausgang ab. Und versuchen Sie, den Jungen etwas zu beruhigen. Er schien mir ziemlich nervös."

„Eigentlich bin ich ja Dolmetscherin und kein Kindermädchen", entgegnete die junge Frau schnippisch und eilte aus dem Sitzungssaal.

Bruno Böllmann blickte auf die Uhr und checkte die Nachrichten auf seinem Handy. Das Training würde in wenigen Minuten beginnen, und der Spielervermittler hatte bis jetzt noch nichts von sich hören lassen. Vielleicht hatte er es sich überlegt und wirklich kein Interesse.

„Wenn Sie nichts dagegen haben, schaue ich dem Training ein wenig zu", sagte Bruno in Richtung des Sportdirektors, der mit dem Geschäftsstellenleiter an den geschlossenen Fenstern stand und tuschelte.

„Konnten Sie gestern, als Sie die Brasilianer vom Flughafen abgeholt haben, schon mal vorfühlen, welche Vorstellungen sie bezüglich ihres Spielers haben? Ich habe nämlich absolut keine Lust, mich mit irgendwelchen utopischen Forderungen auseinanderzusetzen", sagte der Sportdirektor.

„Wenn der Junge einigermaßen hält, was das Videomaterial, das uns sein schweigsamer Manager vorgeführt hat, verspricht, erscheinen mir die Forderungen nicht utopisch", entgegnete Bruno.

Als der Geschäftsstellenleiter den Raum verlassen hatte, winkte der Sportdirektor Bruno zu sich ans Fenster.

„Schauen Sie mal, wer da vorgefahren ist", sagte er und wies mit dem Kinn nach draußen.

Bruno beugte sich vor. Auf dem mit weißem Rheinkiesel bedeckten Vorplatz hatte ein intensiv türkisfarbener Porsche Cayenne gehalten. Ein athletisch gebauter Mann in schwarzen Jeans und einem ebenfalls intensiv türkisfarbenen Muscleshirt stieg auf der Fahrerseite aus, spurtete um den Wagen herum und riss die Beifahrertür auf. Ein untersetzter, breitschultriger Mann, kaum älter als fünfunddreißig Jahre, das tiefschwarze Haar in den Stiernacken gegelt, stieg aus, ein Handy am Ohr, in der anderen Hand ein leichtes Sommerjackett, das er lässig über die Schulter warf.

„Als ob dieser Yüce riechen würde, wenn ein Spieler zum Probetraining antritt“, schnaubte der Sportdirektor. Dann schüttelte er unwillig den Kopf. „Voriges Jahr war noch kein Spieler unserer Mannschaft bei ihm unter Vertrag, jetzt sind es schon fünf. In Mönchengladbach hat er sich drei geangelt, in Leverkusen zwei, in Stuttgart einen und aus der dritten Liga gleich ein ganzes Dutzend. Dabei war er vor zwei Jahren in der Szene noch völlig unbekannt. Sein Geld hat er bis dahin angeblich als Veranstalter von K-1- und Kickbox-Kämpfen in den Niederlanden gemacht.“

„Und wie ist er an die Lizenz vom DFB gekommen?“, fragte Bruno.

„Das wüsste ich auch gerne“, erwiderte der Sportdirektor sarkastisch. Dann straffte er sich. „Aber man kann sich seine Verhandlungspartner nicht malen, zumal ich keinen Grund habe, mich über ihn zu beklagen. Bisher waren seine Forderungen immer moderat. Das ist schon fast die Ausnahme. Nun schauen Sie nicht so ungläubig, Herr Böllmann. Heute Morgen hatte ich zum Beispiel ein Gespräch mit dem Berater einer unserer Jungprofis. Ich bin zwar kein Jurist, aber wenn ich auf alle seine Forderungen und Angebote eingegangen wäre, hätte ich mich der aktiven und passiven Bestechung, der Beihilfe zur Steuerhinterziehung und der Geldwäsche schuldig gemacht. Das ist die Normalität im Profi-Fußball, mein Lieber.“

„Moderat sind die Forderungen von Lucas Coraçãos Management, soweit ich das beurteilen kann, eigentlich auch“, knüpfte Bruno Böllmann an ihr eigentliches Gesprächsthema an.

„Dann lassen Sie mal hören“, meinte der Sportdirektor, was in Brunos Ohren ziemlich gönnerhaft klang.

„Die Eckpfeiler sind: Zweijahresvertrag, Ablösesumme von einer Million Euro, Jahresgehalt von vierhunderttausend Euro im ersten, und sechshundertfünfzigtausend im zweiten Jahr, bei Weiterverkauf nach einem Jahr Beteiligung von 50 Prozent an allem, was über eine Million Euro erzielt wird. Dann ein paar Kleinigkeiten wie freie Wohnung, kostenloser Sprachkurs, kostenloser Dolmetscher“, zählte Bruno auf.

„Die Ablösesumme ist zu hoch, das kann ich bei unserem Etat nicht stemmen“, widersprach der Sportdirektor. „Nicht bei einem Zweijahresvertrag.“ Dann zog er Bruno mit sich zur Tür. „Schauen wir uns erst mal an, was der Junge so drauf hat.“

Auf dem Trainingsgelände schoss Yüce wie eine Laufspinne auf den Sportdirektor zu und verwickelte ihn gestenreich in ein Gespräch, wobei seine Augen nie stillstanden und seine Blicke Lucas Coração umkreisten, der als erster Spieler das Trainingsgelände betreten hatte.

„Du liebes Bisschen, hat der Junge stramme Stampfer!“, entfuhr es einem der Rentner, die als Stammgäste jedes Training verfolgten und mit Kommentaren nie geizten.

Bruno beobachtete, wie Lucas ein paar Dehnübungen machte und dann aus dem Stand einen Spurt anzog und auf den ersten zwanzig Metern mächtig Raum gewann. Dann schlug er unter Beibehaltung der Geschwindigkeit ein paar Haken, die auf Bruno so unberechenbar wirkten, als habe Lucas einen eingebauten Zufallsgenerator.

Der Zeugwart, der zwei große Netze mit Bällen auf den Platz trug und dort ausschüttete, stieß einen Pfiff aus und sagte zu Bruno: „Wahnsinn, der hat ja eine enorme Grundschnelligkeit.“

Einer der Rentner rief: „Hässte jesinn? Dä schlöch Hake wie e Kning!“

„Was ist ein *Kning*?“, fragte die portugiesische Dolmetscherin, die sich zu Bruno gesellt hatte. „Hat das was mit Fußball zu tun?“

„Nein, das ist das kölsche Wort für Kaninchen“, erwiderte Bruno.

Als der Trainer mit den anderen Spielern kam, rief *Garra* Lucas Coração zu: „Zeig den Holzbeinen mal deinen Kreisel, Lucas!“

Bruno beobachtete, wie Lucas sich einen der Bälle schnappte und ihn hoch hinaus in die Luft warf. Er stoppte den niederfallenden Ball mit der Hacke und ließ ihn auf ihr tanzen, wobei er mit dem anderen Bein Schwung holte und sein ganzer Körper eine immer schneller werdende Pirouette drehte. Dabei führte er den Ball mit der Hacke so, dass er seinen Leib wie ein Planet umkreiste, ohne den Boden zu berühren. Die Vorführung war absolut zirkusreif und keiner der Zuschauer und Spieler hatte etwas Ähnliches bisher zu Gesicht bekommen.

„Wahnsinn! Der absolute Wahnsinn!", entfuhr es dem Rechtsaußen des FC, der als guter Techniker galt und immer für ein Kabinettstückchen mit dem Ball zu haben war.

„Lur'ens, wat dat Dilledöppchen mit däm Ball mäht!", schrie einer der Rentner und klatschte begeistert in die Hände.

„Was ist, bitte sehr, ein Dilledöppchen?", fragte die portugiesische Übersetzerin.

„Das kölsche Wort für einen Drehkreisel", gab der Zeugwart Auskunft.

Bruno beobachtete, wie der Trainer verächtlich mit den Mundwinkeln zuckte. „Wir sind doch hier nicht im Zirkus!", sagte er und pfiff auf zwei Fingern. Die Spieler versammelten sich um ihn.

Wie von Zauberhand gebremst, verlangsamte sich die Pirouette, und aus der letzten Drehung hinaus fiel Lucas in eine Art Zuckeltrab in Richtung des Spielerkreises, wobei er den Ball auf dem rechten Fuß so tanzen ließ, dass er den Boden nicht berührte.

Der Trainer hielt eine kurze Ansprache, in der er den neuen Spieler mit keinem Wort erwähnte, und befahl dann ein leichtes Aufwärmtraining. Einige Spieler trabten über den Platz, andere machten Dehnübungen, nur Lucas stand unentschlossen und ziemlich verloren herum. Dann kam der Rechtsaußen des FC auf ihn zu, zupfte ihn am Trikot, und wenig später trabten die beiden nebeneinander über den Rasen.

Der Trainer nahm einen Schluck Mineralwasser und spülte den Mund aus. Dann spuckte er das Wasser in hohem Bogen auf den Rasen, stapfte auf den Sportdirektor zu und sagte ohne Einleitung: „Damit wir uns nicht missverstehen: Ich will keinen ballverliebten Rastelli! Wir brauchen für unser Mittelfeld einen durchschlagskräftigen, torgefährlichen, kopfballstarken Dauerläufer, der dem Gegner das Leben schwer macht. Ich bleibe dabei, dieser Junge hat für dieses Anforderungsprofil nicht die Statur, er ist zu klein.“

Der Sportdirektor verdrehte die Augen und hatte sichtlich Mühe, sich eine patzige Antwort zu verkneifen.

„Die beiden schließen in diesem Leben auch keine Blutsbrüderschaft mehr“, flüsterte der Geschäftsstellenleiter, der zu ihnen gestoßen war, Bruno zu.

Da köchelte er wieder, der blubbernde Intrigenpudding, der beim FC aus einem unerschöpflichen Kessel tagein, tagaus gelöffelt wurde.

Nach einer Weile pfiff der Trainer auf zwei Fingern und teilte die Vertragsspieler in vier Gruppen auf, denen er je eine andere Trainingseinheit vorschrieb. Nur Lucas Coração und der erste Torwart des FC wurden keiner dieser Gruppen zugeteilt.

„Der Kleine soll den Torwart warm schießen“, rief der Trainer der portugiesischen Übersetzerin zu.

„Du sollst auf den Torwart schießen!“, übersetzte sie.

„Auf den Torwart?“, fragte Lucas. „So, dass er den Ball halten kann?“

„Nein, nein, du sollst schon ins Tor schießen, und zwar so, dass der Torwart vor Wut anfängt zu schwitzen!“, mischte sich Bruno Böllmann auf Portugiesisch ein.

„Mach den Fänger nass, schieß ihn tot und durchs Netz“, ergänzte *Garra* und warf einen seiner düsteren Blicke auf den Trainer, der dadurch so irritiert war, dass er *Garra* den Rücken zukehrte.

Der Torwarttrainer holte ein neues Netz Bälle und legte ein halbes Dutzend in eine Reihe auf der Strafraumlinie aus.

„Jeden Ball mit Anlauf“, sagte er zu Lucas.

„Übersetz du, *conselheiro*!“, sagte Lucas und deutete auf die portugiesische Übersetzerin. „Diese Giraffe hat keine Ahnung von Fußball. Sie macht mich bloß nervös!“

Bruno übersetzte. Dann trabte Lucas zum Strafraum. Der Stammtorwart des FC hob eine Hand zum Gruß, duckte sich leicht und wartete den ersten Schuss ab.

Lucas stand drei Schritte seitlich vom ersten Ball entfernt, das Gesicht und die Schultern zur Außenlinie gedreht.

„Hat der Junge überhaupt kapiert, was er machen soll? Wenn er so anläuft, wird der Ball höchstens zur Eckfahne kullern", sagte der Trainer zu Bruno.

Im gleichen Augenblick machte Lucas drei schnelle Schritte seitwärts und drosch den Ball mit großer Wucht und jeder Menge Effet in den rechten oberen Torwinkel.

Der Stammtorwart des FC guckte ziemlich verdutzt und machte keine Abwehrbewegung.

„Glückstreffer!", kommentierte der Trainer trocken.

Lucas nahm wieder drei Schritte vor dem nächsten Ball Aufstellung und zeigte, bevor er Gesicht und Schultern zur anderen Außenlinie drehte, in den linken oberen Torwinkel.

„Okay, versuch's, Kunstschütze!", rief der Torwart.

Obwohl der Torwart sich lang machte und in die linke obere Torecke übergriff, schlug der scharf und wieder mit viel Effet geschossene Ball ins Tor ein.

„Unhaltbar!", kommentierte der Sportdirektor.

Beim dritten Ball nahm Lucas überhaupt keinen Anlauf. Er lupfte den Ball mit dem rechten Fuß hoch und schoss ihn volley und mit dem Spann aus dem Stand flach und unter dem Torwart durch ins Netz.

„Noch so ein Linksfuß!", knurrte der Trainer. „Wir haben schon drei auf der Ersatzbank."

Den nächsten Ball lupfte Lucas mit links und schoss ihn mit rechts volley unter die Latte.

„Das bekommt nur einer hin, der beidfüßig ist!", kommentierte der Sportdirektor.

Jetzt lag nur noch ein Ball auf der Strafraumlinie. Was nun folgte, war einer der merkwürdigsten Torschüsse, den Bruno Böllmann je gesehen hatte. Lucas lupfte den Ball mit dem linken Fuß auf den Kopf, ließ ihn nach rechts abtropfen, sprang nach links ab, lag beinahe waagerecht in der Luft und schoss ihn vollspann in die linke obere Torecke.

„Das ist irre, absolut irre!", rief der Zeugwart.

„Ich kenne keinen Spieler, der das nachmachen könnte“, sagte der Sportdirektor. „Diese Schusstechnik ist einmalig.“

Bruno Böllmann fiel ein Mann auf, der mit einer Videokamera jede Bewegung des brasilianischen Spielers filmte. Auch Yüce hatte den Mann bemerkt und schob sich dicht an Bruno heran. „Ist der Mann mit der Kamera vom Verein?“, fragte er Bruno.

Bruno zuckte ratlos mit den Schultern. In diesem Moment trabte Lucas auf Bruno zu und fragte: „Hab ich was falsch gemacht? Warum sehen mich die Leute so komisch an?“

„Nein, du hast alles richtig gemacht. Die Leute staunen bloß über deine Schusstechnik“, antwortete Bruno.

„Wenn ich ein Team von Zirkusakrobaten zu betreuen hätte, würde ich den Jungen sofort engagieren. Aber ich habe eine Fußballmannschaft zu betreuen!“, meckerte der Trainer.

„Der Junge will bloß zeigen, was er drauf hat. Ist das eine Fehler?“, widersprach der Sportdirektor.

Dann ließ der Trainer Hütchen aufstellen und die Spieler mit dem Ball durch die Hütchenreihen dribbeln. Lucas überzeugte zwar nicht durch besondere Schnelligkeit, aber durch eine enge Ballführung. Der Ball schien geradezu an seinen Füßen zu kleben.

Während dieser und der folgenden Übungen wich der Spielervermittler Yüce nicht von Brunos Seite. „Sie scheinen einen guten Draht zu dem Jungen zu haben, das merkt man sofort“, sagte er und lächelte zuvorkommend wie ein Hai, der einen Makrelenschwarm begrüßt. „Seit wann kennen Sie den Coração schon?“

„Seit gestern Abend“, erwiderte Bruno.

„Wie ich gehört habe, soll er noch keinen deutschen Berater haben“, fuhr Yüce fort. „Liege ich da falsch?“

„Ich vertrete nur die Interessen des FC“, erwiderte Bruno ausweichend.

„Da bin ich ja beruhigt“, meinte Yüce. „Ich finde bloß komisch, dass der *Pate* sich das Probetraining anschaut. Das hat er seit Jahren bei keinem Spieler mehr getan.“

„Der *Pate*? Wen meinen Sie damit?“, fragte Bruno.

„Sehen Sie die beiden Muskelmänner in den blauen Overalls? Hinter ihnen steht ein Rollstuhl. Und in dem sitzt der *Pate*.“

Bruno musste zweimal hinschauen, um den Spielerberater zu erkennen, so gut hatte der sich getarnt.

„Wenn er sich den Jungen krallt, hat der FC keine Chance“, sagte Yüce.

„Und wenn Sie den Jungen unter Vertrag nehmen könnten?“, fragte Bruno.

„*Wir* würden uns sicher einigen“, erwiderte Yüce und zwinkerte Bruno zu. Dann rückte er noch näher an Bruno heran und senkte seine Stimme. „Gibt es schon irgendwelche Eckdaten? Ablöseforderung? Gehaltsvorstellungen? Ich meine, ist da schon ein Rahmen gesteckt?“

Bruno nickte. „Ja, die gibt es, aber Sie haben sicher Verständnis dafür, dass diese Zahlen streng vertraulich sind, und ich werde den Teufel tun, Sie Ihnen zu verraten“, sagte er mit erhobener Stimme so laut, dass die Umherstehenden zu ihnen blickten.

„Das war nicht nett von Ihnen“, flüsterte Yüce nach einer Weile. „Machen Sie so was nie wieder mit mir!“ Dann drehte er sich abrupt um, stellte sich ein Stück abseits an die Absperrung und beobachtete das Spiel Abwehr gegen Verteidigung, das der Trainer anberaumt hatte.

Es war offensichtlich, dass Lucas von seinen Mitspielern im Angriffsteam geschnitten wurde. Selbst der Rechtsaußen passte keinen einzigen Ball zu ihm. Aber Lucas ließ sich dadurch nicht entmutigen. Er jagte dem linken Verteidiger des FC, der in der Mannschaft zu den gesetzten Stammspielern zählte, zweimal den Ball ab, passte einmal mit einer Bogenlampe zum Mittelstürmer und legte ihm den Ball so butterweich vor, dass er nur noch einzunetzen brauchte, und dribbelte beim zweiten Mal die ganze Verteidigung schwindelig und schob den Ball entgegen der Laufrichtung des Torwarts über die Linie.

Bruno beobachtete, wie der Sportdirektor und der Geschäftsstellenleiter die Köpfe zusammensteckten und tuschelten. Dann verließ der Geschäftsstellenleiter eiligen Schrittes das Trainingsgelände.

Nach weiteren fünf Minuten, in denen Lucas nur noch ein einziges Mal durch einen Distanzschuss aus gut dreißig Metern quer durch die ganze Abwehr ins rechte obere Toreck glänzte, folgte ein kurzes Trainingsspiel erste gegen zweite Mannschaft. Lucas wurde der zweiten Mannschaft zugeteilt. Auf der ganzen Platzlänge ließ er ein paarmal sein großes Potenzial als Mittelfeldspieler aufblitzen, schlug einige Traumpässe und schloss zwei Angriffe mit zwei flach und mit großer Präzision und Härte geschossenen Toren ab.

Als der Co-Trainer das Spiel beendete, brachte *Garra* seinem Schützling eine Flasche Wasser und schirmte ihn vor den neugierigen Blicken seiner Mitspieler ab.

Dann näherten sich ihm der Sportdirektor und die portugiesische Übersetzerin, die Lucas bat, ihr zu der sportmedizinischen Untersuchung zu folgen.

Als *Garra*, der seinen Schützling nicht aus den Augen ließ, an Bruno vorbeikam, legte er seine Klaue um Brunos Arm und zog ihn ein Stück mit sich.

„Wenn dein Verein Lucas haben will, muss die Ablösesumme morgen in voller Höhe überwiesen werden", flüsterte er. „Es gibt keine Verhandlungen über die Höhe. Das ist dein Zeitfenster, *conselheiro*. Wenn du das nicht schaffst, fliegen wir morgen weiter nach England."

Dann blieb er abrupt stehen. Er hatte die ganze Zeit über vermieden, Bruno ins Gesicht zu sehen, aber jetzt warf er ihm einen seiner düsteren Blicke zu und sagte: „Der Junge ist nicht einfach, das kannst du mir glauben, *conselheiro*. Er kann nicht anders, er muss seine Tore schießen. Es steckt in seinen Genen, es ist eine Art Automatik."

Das klang so, als bedaure *Garra* das zutiefst.

„Ist er deswegen bei den Corinthians in Schwierigkeiten geraten?", fragte Bruno.

„Es gibt Fragen, die solltest du besser ganz schnell wieder vergessen", erwiderte *Garra*.

Auf dem Weg zum Clubhaus nahm der Sportdirektor Bruno zur Seite. „Der Yüce will sich irgendwie in den Deal hineindrehen", sagte er. „Jemand muss ihm gesteckt haben, dass der Junge heute zum Probetraining kommt."

„Das ist ganz offensichtlich“, erwiderte Bruno.

„Ich hab unseren Geschäftsstellenleiter mit dem Präsidenten telefonieren lassen. Wenn wir die Ablösesumme auf siebenhunderttausend und das Gehalt fürs erste Jahr auf dreihundertfünfzigtausend drücken können, habe ich sein Okay. Aber die Ablösesumme muss in zwei Tranchen zahlbar sein, die erste in zwei Wochen, die zweite in einem halben Jahr. Was meinen Sie, kriegen Sie das mit den Brasilianern hin?“

„Ich denke, mit den Bedingungen haben wir keine Chance. Dann fliegen sie morgen weiter nach England“, erwiderte Bruno. „Sie wollen die Million, und zwar sofort. Sie sind sicher, dass sie die Summe in England durchsetzen können.“

„Gut, ich lasse Ihre Einschätzung den Präsidenten wissen, aber wenn kein Wunder passiert, dann geht uns der Junge durch die Lappen. Es sei denn, der Präsident organisiert auf die Schnelle private Geldgeber.“ Er zögerte, dann sah er Bruno einen Augenblick direkt ins Gesicht. „Oder Sie versuchen es mit dem *Paten*. Ich meine, er verfügt über die nötigen Mittel. Und ich denke, Sie haben ihn nicht ohne Grund hergelotst. Wenn Sie mit ihm telefonieren wollen, tun Sie es am besten in meinem Büro. Das ist einigermaßen abhörsicher.“

„Und der Yüce? Wäre der auch eine Möglichkeit?“, fragte Bruno.

„Für mich nicht, aber wenn Sie das anders sehen ...“, erwiderte der Sportdirektor.

Fünf Minuten später schloss Bruno Böllmann die dick gepolsterte Tür zum Büro des Sportdirektors hinter sich und wählte auf seinem Handy die Telefonnummer des Spielervermittlers, den alle nur den *Paten* nannten. Er meldete sich sofort und begann ohne ein Wort der Begrüßung oder einer Einleitung: „Er kann ein ganz Großer in seinem Sport werden, ein internationaler Star, das ist die eine Seite. Die andere Seite ist: Der Junge steckt in Schwierigkeiten. Ich habe fünfunddreißig Jahre lang Fußballer betreut, und ich habe es jedem angesehen, der in Schwierigkeiten war.“

„Ich denke, es sind Geldschwierigkeiten“, erwiderte Bruno. „Jedenfalls müssen eine Million Euro fließen, und zwar morgen, sonst reisen sie weiter nach England. Sie sind sicher, dass sie dort diese Summe bekommen. Der FC könnte dreihundertfünfzigtausend sofort legen.“

Der Spielervermittler schwieg eine Weile. „Wenn, dann übernehme ich alles“, sagte er schließlich. „Bringen Sie die Brasilianer heute Abend zur mir. Ich lasse euch abholen. Sie sollen sehen, mit wem sie es zu tun haben.“

„Und was hat der FC davon?“, fragte Bruno.

„Eine Saison einen so guten Spieler, wie der Verein ihn noch nie hatte“, erwiderte der *Pate*. „Ablösefrei und mit zehn Prozent am Weiterverkauf. Das Gehalt muss der Verein aber übernehmen.“

„Okay. Darf ich an den Sportdirektor weitergeben, dass Sie sich so engagieren wollen?“, fragte Bruno.

„Nur, wenn von seiner Seite gar nichts mehr geht und der Deal ohne mich nicht zustande kommt“, sagte der *Pate*. „Rufen Sie mich an, wenn die Gespräche festgefahren sind.“ Der Spielervermittler räusperte sich. „Wenn Sie nicht von allen guten Geistern verlassen sind, halten Sie den Yüce da raus.“

„Meinen Sie damit, dass Yüce das Geld bis morgen auftreiben könnte?“, fragte Bruno.

„Es ist für Sie keine Frage des Geldes, sondern für Sie persönlich eine Frage des Überlebens, Böllmann“, sagte der *Pate* und unterbrach die Verbindung.

Bruno zuckte die Achseln und steckte das Handy ein. In seinem Fall hatte der *Pate* unrecht. Geld war für Bruno nie eine Sache des Lebens, sondern immer eine Sache des *Überlebens* gewesen.

Als Bruno das Büro des Sportdirektors verließ, bemerkte er am Ende des Ganges eine Gestalt, die an der Wand lehnte und ihr iPhone checkte. Linda, die Sekretärin steckte den Kopf durch die Verbindungstür und rief: „Herr Böllmann, wo bleiben Sie denn? Die anderen warten auf Sie!“

Als Bruno näher kam, steckte Yüce sein iPhone ein und stellte sich Bruno in den Weg.

„Was machen Sie denn hier?“, fragte Bruno.

„Das wollte ich gerade *Sie* fragen, mein Lieber!“, erwiderte Yüce. „Ich bin hier fast so gut wie zu Hause. Schließlich vertrete ich vier Spieler des FC, und es sind nicht die schlechtesten. Es könnten bald fünf sein, wenn Sie und die Brasilianer mitspielen.“

„Auf mich kommt es dabei am wenigsten an. Ich bin nur ein kleiner Honoraranwalt“, widersprach Bruno.

„Nun machen Sie sich nicht unwichtiger als Sie sind, Herr Böllmann. Der Sportdirektor scheint einigen Wert auf Ihre Meinung zu legen und der Manager dieses Jungen nennt Sie *conselheiro*, was soviel wie *Ratgeber* heißt, habe ich mir sagen lassen.“

„Lassen Sie uns nicht über ungelegte Eier reden“, sagte Bruno. „Es hat ganz den Anschein, als ob der Trainer von dem Jungen nicht gerade begeistert ist.“

„Wenn Sie mich mit ins Boot holten, hätten Sie diese Sorge nicht mehr“, erwiderte Yüce und setzte ein ausgesprochen hinterlistiges Lächeln auf.

Bruno starrte Yüce, der seinem prüfenden Blick lächelnd standhielt, eine Weile an. Vielleicht war es nicht so schlecht, wenn man einen Yüce, dem man nachsagte, Zugang zu sprudelnden Geldquellen zu haben, in der Hinterhand hatte.

„Ich denke, es werden zähflüssige Verhandlungen werden, denn der Anwalt der Corinthians hört sich gerne reden“, meinte Bruno. „Wo kann ich Sie notfalls finden?“

„Ich habe um siebzehn Uhr einen Termin im Restaurant des Clubhauses. Sie können jederzeit stören“, erwiderte Yüce und gab den Weg frei.

Als Bruno den Besprechungsraum betrat, beharkten sich der Sportdirektor und der Trainer gerade erneut.

„Ich frage Sie: Wie viele Tore hat der FC in der vergangenen Saison nach ruhenden Bällen gemacht? Ganze fünf Stück. Und in der laufenden Saison? Ganze zwei Stück. Und dieser Lucas haute die Bälle von der Strafraumgrenze so ins Tor, dass unser Torwart nicht den Hauch einer Chance hatte!“, ereiferte sich der Sportdirektor.

„Wer weiß, wie das aussieht, wenn sich eine Mauer vor ihn postiert!“, wandte der Trainer ein. „Ich denke, der Junge ist ein talentierter Angriffsspieler, aber kein Stabilisator unseres Mittelfeldes!“

„Aber wir haben schon zwei Staubsauger, die nach hinten arbeiten und Deckungsaufgaben übernehmen. Hat das der Mannschaft entscheidend weitergeholfen?“, stellte der Sportdirektor die Frage in den Raum.

Jetzt blickten alle Anwesenden auf Bruno. Sogar Bento de Moralez, der seine randlose Lesebrille bis auf die Nasenspitze geschoben hatte, hob seinen silberhaarigen Raubvogelkopf und sah Bruno erwartungsvoll an.

„Meine Herren, ich bin zwar kein ausgewiesener Fachmann, doch ich schließe mich der Meinung der Zaungäste an, die in einem übereinstimmten: Der Junge hat es drauf!“, begann Bruno. „Er ist torgefährlich, er hat eine ganz extraordinäre Schusstechnik, wie ich sie zuvor noch nie gesehen habe, schlägt punktgenaue gescheite Pässe, hat eine hohe Grundschnelligkeit und ein Höchstmaß an Beweglichkeit. Alles, was ich gerade aufgezählt habe, war offensichtlich.“

Der Trainer starrte Bruno nachdenklich an. „Das stelle ich alles nicht in Abrede“, sagte er schließlich. „Ich bin ja nicht blind.“

Bruno blickte in die Runde. Als sich kein Widerstand regte, sagte er: „Gut, auf Basis dieser gemeinsam vertretenen Auffassung möchte ich erst einmal ausloten, was denn überhaupt machbar ist und wo für beide Verhandlungsparteien die Schmerzgrenzen liegen.“

Nun begann das Geschacher, das eigentlich kein Geschacher war. Bento de Moralez lehnte keines der Angebote, das Bruno unterbreitete, rundweg ab, sondern erging sich in endlosen Klagen über die Schlechtigkeit der Welt, pries im nächsten Dutzend Sätze den Reichtum Europas, die hohen Einnahmen der europäischen Fußballclubs, beklagte sich bitter über ihren Geiz, erging sich in endlosen Tiraden über die Schnittstellen einer globalen Fußballkultur und verließ danach den Beratungsraum, ging zum sportmedizinischen Zentrum, wo Lucas Coração seinen sportmedizinischen Test absolvierte, und kam mit einem dürren Nein von *Garra*, der offensichtlich das Sagen hatte, an den Verhandlungstisch zurück.

Auch der Sportdirektor verließ mehrmals den Raum, um mit dem Schatzmeister, dem Präsidenten und dem Hauptsponsor des Vereins zu telefonieren.

Kurz vor siebzehn Uhr brachte der Sportmediziner, den der Vereinsarzt von der Sporthochschule Köln hinzugezogen hatte, die ersten Ergebnisse der Tests: „Lucas Coração ist gut austrainiert, seine Blutwerte sind sehr gut, seine Ausdauerwerte sind hervorragend, das Belastungs-EKG zeigt keine Störungen. Der Junge ist voll belastbar. Die Röntgenaufnahmen zeigen keine Knochenbrüche, er scheint sich gut ernährt zu haben, die Muskelmasse an den Waden ist selbst für einen Profifußballer außergewöhnlich."

Der Vereinsarzt klopfte auf den Tisch. „Aus sportmedizinischer Sicht kann man diesen Spieler nur empfehlen", sagte er.

Bruno blickte in die Runde. „Gut, ich schlage eine Pause von dreißig Minuten vor, dann sollten wir zur Abschlussbesprechung wieder hier zusammenkommen."

Der Sportdirektor machte Bruno Zeichen, doch Bruno war bewusst, dass dieser Mann außer Hoffnungsläufen voll heißer Luft nichts Konkretes zu bieten hatte. Er winkte ab, verließ fluchtartig die Geschäftsstelle und betrat das Clubhaus-Restaurant.

Yüce, zwei seiner Mitarbeiter und der Rechtsaußen des FC saßen an einem der Tische und steckten die Köpfe zusammen. Als Yüce Bruno bemerkte, winkte er ihn zu sich heran. Es war dieses herrische Winken, das Bruno zutiefst verabscheute und in dem sich soviel menschenverachtende Brutalität offenbarte, dass Bruno unwillkürlich zurückzuckte.

Als Bruno sich dem Tisch näherte, schickte Yüce den Spieler und seine beiden Mitarbeiter einfach weg, als wären es dumme Jungen. Er stand zur Begrüßung nicht einmal auf, sondern machte nur eine Geste in Richtung eines der freien Sessel.

„Ich wusste, dass Sie kommen würden, Böllmann", begann Yüce. „Und nicht, weil Sie mich mögen, sondern weil Sie keine andere Wahl haben."

„Sind Sie sich da so sicher?", fragte Bruno.

„Ah, Sie meinen, Sie hätten noch den *Paten* in der Hinterhand?" Yüce beugte sich über den Tisch vor und tippte Bruno mit dem ausgestreckten Daumen gegen die Brust, auf der er den Finger drehte, als wolle er ein Insekt zerquetschen.

„Der *Pate* war vielleicht früher mal eine große Nummer in unserem Geschäft. Aber heute ist er bloß noch ein alter, böser Mann, der an Verfolgungswahn leidet, nicht mehr gut hört und auf seinem Geld sitzt wie ein Geier auf seinem Aas. Von dem werden Sie keinen einzigen Cent sehen, Böllmann. Wenn Sie auch nur ein bisschen Verstand haben, brechen Sie jeden Kontakt zu ihm ab."

„Danke für Ihre Einschätzung, ich weiß sie zu würdigen", sagte Bruno steif. Dann trommelte er mit den Fingern auf den Tisch und sagte: „Ich höre Ihr Angebot, Herr Yüce."

Wieder beugte sich der Spielerberater über den Tisch, aber als sich seine Hand mit dem abgespreizten Daumen Brunos Brust näherte, schob Brune die Hand zur Seite und ließ sie an seiner Schulter abtropfen.

„Sie verkennen Ihre Position, mein Lieber!", sagte Yüce. „Sie tun so, als sei dies eine Art Versteigerung! Aber da täuschen Sie sich. Es gibt hier nur einen, der das Sagen hat, und das bin ich. So langsam müssten Sie das doch kapiert haben!"

„Also kein Angebot", sagte Bruno gelassen und wollte aufstehen. Doch der Spielerberater zog Bruno auf seinen Sessel zurück.

„Kein Anwalt hat das Recht, persönlich beleidigt zu sein!", meinte Yüce. „Nicht bei mir! Das akzeptiere ich nicht." Er machte eine Pause und strich sich das gegelte Haar zurück. Dann wischte er die Hände an einem Zipfel des frisch gestärkten, weißen Tischtuchs ab. „Der FC legt die dreihundertfünfzigtausend, ich lege sechhundertfünfzigtausend. Ich zahle dem Jungen ein Jahresgehalt von vierhunderttausend, und lease den Jungen für fünfzigtausend im Monat dem Verein."

„Was ist mit den zweihunderttausend, die bei Ihnen kleben bleiben?"

„Ich bin ganz offen, hunderttausend sind schon mal Rückführung und Verzinsung meines eingesetzten Kapitals. Der Trainer ist mit fünfzigtausend dabei, damit er den Jungen auch aufstellt, Sie sind mit zwanzigtausend dabei, dass Sie das alles schön in die Wege leiten, und achtzigtausend stecke ich in die Betreuung des Jungen."

„Und der Sportdirektor?“, fragte Bruno.

Yüce kicherte. Diesmal war er schneller und bohrte wieder mit seinem Daumen auf Brunos Brust.

„Den habe ich in der Tasche. Und den Präsidenten auch“, sagte er.

Jetzt drehte sich der Daumen mit soviel Kraft auf Brunos Brust, dass ihn ein heißer Schmerz durchzuckte und ihn lähmte. Er spannte alle Kräfte an und wollte Yüces Hand von sich stoßen, als eine Klaue um Brunos Schulter herumgriff, sich um Yüces Handgelenk schloss und es auf die Tischplatte nagelte.

„Sag dem Mann, wenn er das noch mal macht, reiß ich ihm den Daumen ab und verfüttere ihn an die Fische draußen im Teich“, sagte *Garra* und ließ sich auf dem Sessel neben Bruno nieder. „Bestell für mich ein Bier, *conselheiro*!“, sagte er und warf Yüce einen seiner düsteren Blicke zu.

„Was hat der Mann gesagt?“, fragte Yüce, der sein schmerzendes Handgelenk rieb.

„Ich soll ihm ein Bier bestellen“, erwiderte Bruno. „Und dass er beim nächsten Mal Ihren Daumen abreißen wird.“

„Sagen Sie dem Kerl, dass er sich nicht aufspielen soll“, zischte Yüce. „Sagen Sie diesem Fettsack, dass er in São Paulo vielleicht eine große Nummer ist, aber hier gar nichts zu melden hat.“

„Das übersetze ich lieber nicht“, meinte Bruno. „Noch gehört Lucas Coração ihm und den Anteilseignern, die er vertritt. Ohne die Zustimmung dieses Mannes läuft gar nichts.“

„Für die Zustimmung eines solchen Arschlochs zahle ich keinen Cent. Den soll der Sportdirektor aus seiner schwarzen Kasse abfinden. Das können Sie ihm wortwörtlich bestellen.“

Bruno erhob sich, bestellte an der Theke ein Kölsch und brachte es *Garra*, der es in einem Zug leer trank, rülpste und sich den Schaum von den Lippen wischte. Dann versank er wieder in seiner düsteren Welt des dumpfen Brütens.

„Ich übermittle Ihr Angebot“, sagte Bruno. „Aber wie ich das sehe, wird eine Entscheidung erst morgen Vormittag um elf getroffen.“

„Ich bin ab zehn Uhr hier auf dem Gelände“, sagte Yüce. „Und damit wir uns nicht missverstehen, Anwalt: Ich bin auf diesen

Deal nicht angewiesen, der FC schon, wenn er aus dem Mittelmaß heraus will."

„Das mit dem Mittelmaß sehe ich genauso", erwiderte Bruno und stand auf. „Wir sehen uns morgen."

In *Garra*, der wie ein großer toter Käfer neben ihm gesessen hatte, kam Bewegung. Er wuchtete sich von seinem Sessel, schüttelte seine verkrüppelte Hand aus und ließ sie einen Augenblick zu lange über Yüces Kopf schweben, sodass der sich zur Seite abduckte.

„Das war's dann, du hast es versucht, *conselheiro*, aber nicht geschafft", sagte *Garra*, als sie zur Geschäftsstelle gingen. „Der Junge will ins Hotel zurück, und ich will ungestört mit unseren englischen Freunden telefonieren."

„Das Spiel geht heute Abend in die Verlängerung", erwiderte Bruno Böllmann. „Wir werden abgeholt. Sagen wir um neunzehn Uhr bei euch im Hotel?"

„Aber der Türke spielt nicht mit", sagte *Garra* und warf Bruno seinen düstersten Blick zu. Es war ein Todesblick, der Bruno erstarren ließ. „Wenn du den Türken mitspielen lässt, wird es Tote geben. Frag mich nicht, wieso, aber es wird so sein."

Bruno Böllmann checkte den Parkplatz vor dem Clubheim. Die teuren Wagen der Profis waren verschwunden. Außer Brunos altem Ford Mustang parkten nur noch drei unauffällige Mittelklassewagen nahe dem Fahrweg. Als Bruno frische Luft in den Wagen ließ, erreichte ihn Fred Hammerstein auf dem Handy.

„Hast du deine Brasilianer vom Flughafen abgeholt? Waren sie alle zusammen?", fragte der Leiter der Mordkommission ohne Einleitung.

„Ja, das waren sie", bestätigte Bruno. „Der Junge ist ein toller Fußballer. Er wird seinen Weg machen."

„Beim FC?", fragte Fred Hammerstein und konnte den spöttischen Unterton in seiner Stimme nicht verbergen.

„Die Gespräche sind noch nicht beendet", entgegnete Bruno ausweichend. „Und wie geht es meinem Kollegen Dr. Schierle? Ich wollte mal kurz auf einen Sprung zu ihm ins Krankenhaus."

„Die Ärzte wollen ihn noch zwei Tage dabehalten", erwiderte Hammerstein. „Ich war heute Vormittag bei ihm. Er wäre vor lauter Nervosität beinahe aus dem Bett gefallen." Fred Hammerstein räusperte sich. „Der Mann verschweigt mir was, Bruno. Da bin ich sicher. Er müsste als Anwalt eigentlich wissen, wohin das führen kann."

„Wie meinst du das?", fragte Bruno.

„Er hat für die Tatzeit kein Alibi", sagte Fred Hammerstein. „Er hätte die Frau umbringen und dann im Eingang der Weinhandlung auf dich warten können."

„Den Gedanken hatte ich auch schon, Fred", entgegnete Bruno. „Aber Deborahs Blut ist bis an die Zimmerdecke gespritzt. Und Kollege Schierles Hemd war blütenweiß."

„Du hast auch kein echtes Alibi", sagte Fred Hammerstein nach einer Weile. „Vielleicht deckt ihr zwei windigen Anwälte einer den anderen."

„Jetzt willst du mich provozieren", sagte Bruno.

„Wenn ich dich provozieren wollte, würde ich dich fragen, ob dich dieser Yüce zu erpressen versucht hat. Oder worüber habt ihr beide heute gesprochen?"

„Du lässt mich beschatten?", fragte Bruno und blickte zu den drei unauffälligen Mittelklassewagen nahe der Fahrstraße, konnte in ihnen aber niemanden entdecken.

„Wir haben in einem von Deborahs Schränken mehr als fünftausend Scheine eines Wettbüros gefunden. Es ging bei manchen Scheinen um ziemlich hohe Summen. Sie stammen alle aus dem gleichen Wettbüro. Es heißt, ein Strohmann würde es für den Yüce betreiben", fuhr Fred Hammerstein fort. „Hast du in der letzten Zeit Fußballwetten abgeschlossen?"

„Wenn es dich beruhigt: das habe ich nicht", antwortete Bruno. „Ich weiß gar nicht, wie das funktioniert. Du müsstest mich eigentlich so gut kennen, um zu wissen, dass ich kein Zocker bin."

„Ich habe heute mal gewettet", sagte Fred Hammerstein. „Hundert Euro auf einen Eckball der Heimmannschaft in der sechsten Minute bei einem Spiel der dritten italienischen Liga."

„Du bist verrückt", sagte Bruno.

„Manchmal muss man seine eigene Spuren legen“, erwiderte Fred Hammerstein.

Bruno ließ den Motor an und beobachtete, wie einer der Männer auf der Bank nahe der Fahrstraße seine Zeitung zusammenfaltete und seine dunkle Sonnenbrille von der Stirn über die Augen schob.

„Hat der Beamte, der mich beschatten soll, zufällig ein blaues kurzärmliges Hemd an und trägt eine schwarze Sonnenbrille?“

„Nein, das ist einer von Yüces Leuten“, entgegnete Fred Hammerstein.

„Tu mir einen Gefallen, Fred, halt ihn mir vom Leib! Dein Mann findet mich im Sankt-Antonius-Krankenhaus“, sagte Bruno Böllmann, legte den Rückwärtsgang ein und scherte aus der Parklücke. Als er auf die Fahrstraße bog, beobachtete er im Rückspiegel, wie der Mann mit der schwarzen Sonnenbrille in einen blauen Opel Astra stieg und losfuhr. Dann stellte sich ein schwarzer Golf im schmalen Durchgang zur Fahrstraße quer und verlegte dem Opel den Weg. Fred Hammerstein tat niemandem einen Gefallen umsonst. Bruno würde ihn dreifach zurückzahlen müssen ...

Als Bruno Böllmann das Krankenzimmer betrat, telefonierte Dr. Schierle auf seinem Handy. Er unterbrach sein Telefonat nicht, nickte Bruno nur kurz zu, drehte sich im Bett zur Seite und senkte seine Stimme. Bruno blickte sich im Krankenzimmer um. Ihm fielen sofort drei große Blumensträuße auf, die in bauchigen Vasen auf einem Rollwagen standen. Einer der Blumensträuße bestand aus zwanzig weißen langstieligen Rosen, in deren Mitte eine rot blühende Distel gesteckt war. Sein Anblick hatte für Bruno etwas Bedrohliches an sich, ohne dass er hätte sagen können, warum. Als er diesen Blumenstrauß genauer betrachtete, entdeckte er darin eine Visitenkarte und darauf handschriftliche Genesungswünsche.

Dr. Schierle hatte sein Gespräch beendet, richtete sich in seinem Bett auf, blickte sich im spärlich möblierten Krankenzimmer hektisch um, als habe er den Verdacht, jemand würde in einer der Ecken lauern, und winkte Bruno zu sich. „Man hat mich über den Fortgang der Verhandlungen unterrichtet“, sagte er und zwinkerte nervös. „Mit eigenen Mitteln wird das der Verein kaum stemmen können.“

„Das ist nicht der Grund meines Besuchs“, erwiderte Bruno, zog einen der Sessel ans Bett heran und setzte sich. „Ich wollte mich persönlich davon überzeugen, dass es Ihnen gut geht. Was sagen die Ärzte?“

„Ich hatte heute ein längeres Gespräch mit dem Oberarzt. Er meinte, ich sei haarscharf an einem Herzinfarkt entlang geschrammt. Dann kam das übliche Blabla: gesündere Lebensführung, weniger Arbeit, und alles, was Ärzte in solchen Situationen sonst noch raten.“

„Und? Werden Sie den Rat der Ärzte befolgen und Ihr Leben umstellen?“, fragte Bruno.

„Wenn das so einfach wäre!“, erwiderte Dr. Schierle. „Schließlich hat man Verpflichtungen. Ich meine, auch finanzieller Art. So habe ich vor zehn Jahren dieses schöne Haus in Köln-Lindenthal in bester Wohnlage gekauft. Schon deswegen muss ich mindestens noch fünf Jahre dieses geschäftliche Niveau halten.“ Dr. Schierle seufzte. „Selbstverständlich habe ich schon mal mit dem Gedanken gespielt, mein Amt als erster Justiziar des FC niederzulegen. Aber ich brauche Ihnen ja nicht zu erklären, wie in Köln der Hase läuft, Herr Böllmann. Wenn ich ehrlich bin, habe ich ein gutes Drittel meiner Klientel allein wegen dieses Amtes, und es ist das zahlungskräftigste Drittel, auf das ich unmöglich verzichten kann.“ Er strich sich eine Haarsträhne aus dem Gesicht, beugte sich vor und machte einen langen Hals, um über Bruno Böllmanns Schulter hinter ihn zu blicken, als glaube er, hinter Bruno könne sich jemand versteckt haben. „Wissen Sie, welches das erste Fußballspiel war, zu dem mich mein Vater mitgenommen hat? FC gegen Schalke. Damals war ich vier Jahre alt. Der Verein ist ein Stück meines Lebens.“

„Gehört zu dieser Klientel vielleicht auch Herr Yüce mit seiner Sportmanagement-Firma?“, fragte Bruno. „Ich meine, umsonst lässt er Ihnen ja wohl kaum einen solch außergewöhnlichen Blumenstrauß ins Krankenhaus bringen.“

„Wo denken Sie hin!“, entgegnete Dr. Schierle, aber die Entrüstung, die aus seinen Gebärden und seinem Tonfall sprach, schien Bruno etwas zu dick aufgetragen. „Ich würde automatisch in eine Interessenkollision geraten, wenn ich ihn persönlich oder eine seiner Firmen als Kunden hätte, denn schließlich hat er vier Spieler des FC unter Vertrag, ist also praktisch die Gegenseite.“ Dr. Schierle schüttelte betrübt den Kopf. „Ich kann mich ja wohl schlecht dagegen wehren, wer mir alles Blumen und Genesungswünsche ins Krankenhaus schickt.“

„Vor allem gegen einen so vielsagenden Blumenstrauß“, erwiderte Bruno Böllmann.

„Vielsagend? Wie meinen Sie das?“, fragte Dr. Schierle und zwinkerte nervös.

„Ich zum Beispiel würde jemandem einen Strauß weißer Rosen mit einer roten Distel darin schicken, wenn ich ihm drohen wollte.“

Dr. Schierle öffnete den Mund mit seinen ausgefransten Lippen so weit, als wolle er um Hilfe schreien, doch es entwich ihm nur eine Art heiseres, trockenes Bellen.

„Sie würden das, Kollege Böllmann, weil Sie ein feinsinniger, empfindsamer Mensch sind!“, keuchte Dr. Schierle.

Bruno Böllmann konnte sich ein Grinsen nicht verkneifen. „Danke, Sie sind der Erste, der mich so charakterisiert“, sagte er.

Es entstand eine kurze Pause, in der Dr. Schierle eine SMS auf seinem Handy checkte. Dann schüttelte er betrübt den Kopf und sagte: „Auch dieser fette Kriminalbeamte, der mich heute unangemeldet hier am Krankenbett überfallen hat, stellte mir die Frage nach privaten Geschäftsbeziehungen mit Yüce und ob ich vielleicht Fußballwetten über Wettbüros abschließen würde, an denen Yüce beteiligt ist.“

„Und? Was haben Sie Fred Hammerstein geantwortet?“, fragte Bruno obenhin und in einem Tonfall, als sei er nicht wirklich an der Beantwortung seiner Frage interessiert.

„Ich habe geantwortet, dass außer den geschäftlichen Beziehungen als Justiziar des FC keinerlei andere Kontakte zu Herrn Yüce bestünden und dass ich grundsätzlich keine Fußballwetten abschließen würde, weil ich kein Zocker bin.“

Bruno nickte, dann griff er in die Innentasche seines Jacketts, zog das mit einem Gummiband zusammengehaltene Bündel Wettscheine hervor und legte es vor Dr. Schierle auf das Bettlaken. „Die habe ich gestern in Ihrer Brieftasche gefunden, als mich der Notarzt nach Ihrer Krankenkassenkarte gefragt hat.“

Dr. Schierle starrte aus schreckgeweiteten Augen auf das Bündel Wettscheine. Dann schob er es langsam weit von sich weg, als sei es mit einem tödlichen Virus infiziert. „Und jetzt verlangen Sie etwas für diesen Fund, Böllmann“, sagte er leise und mit brüchiger Stimme.

„Dann hätte ich Ihnen die Wettscheine wohl kaum zurückgegeben“, erwiderte Bruno. „Ich würde es Ihnen auch nicht verübeln, wenn Sie mir die Vollmacht, als Ihr Vertreter die Verhandlungen mit den Brasilianern zu führen und vertraglich zu regeln, entziehen möchten. Wir können ein entsprechendes Schriftstück hier und jetzt aufsetzen.“

Dr. Schierle hob die Augenbrauen und stellte, ohne zu zögern, die Gegenfrage: „Warum sollte ich? Der Sportdirektor ist mit Ihrer Verhandlungsführung sehr zufrieden, das hat er in einem Telefonat mit mir ausdrücklich betont.“

„Wird Ihnen der Yüce irgendwelche Schwierigkeiten machen, wenn ich ihn aus der Sache mit Lucas Coração heraushalte?“, fragte Bruno.

„Ich habe ihm klipp und klar zu verstehen gegeben, dass ich alle meine Verantwortlichkeiten bezüglich einer Verpflichtung dieses Spielers an Sie abgetreten habe“, erwiderte Dr. Schierle. „Sollte er irgendwelche Schwierigkeiten machen, wird es Sie treffen, Kollege Böllmann. Es ist Ihr Risiko, nicht meines.“

Als Bruno Böllmann sich erhob, um sich zu verabschieden, tastete Dr. Schierle nach Brunos Hand und umklammerte sie wie einen Rettungsanker. „Bleiben Sie doch noch ein wenig!“, flüsterte er und warf ängstliche Blicke zur Tür.

„Ich muss noch einen wichtigen Termin wahrnehmen“, erwiderte Bruno und machte sich von der verschwitzten Hand los, deren Berührung ihm unangenehm war. Als er sich in der Tür umdrehte und Dr. Schierle aufmunternd zuwinkte, warf ihm der einen Blick zu wie ein sterbenskranker Hund, der weiß, dass er die nächsten Stunden nicht überleben wird.

„Kopf hoch, es wird schon wieder!“, sagte Bruno und schloss die Tür des Krankenzimmers hinter sich. Dann ging er schnellen Schrittes über den Stationsflur, bog ab in einen kleinen, freundlichen Aufenthaltsraum, zückte sein Handy und wählte Fred Hammersteins Nummer. Er erwischte ihn in seinem Wagen, die Fahrgeräusche waren nicht zu überhören.

„Ich habe gerade Dr. Schierle im Krankenhaus einen Besuch abgestattet“, sagte Bruno. „Der Mann steht regelrechte Todesängste aus.“

„Das ist sein Problem“, erwiderte Fred Hammerstein ziemlich einsilbig.

„Der Yüce hat ihm weiße Rosen mit einer blutroten Distel in der Mitte ins Krankenhaus geschickt“, fuhr Bruno fort.

„Wie aufmerksam“, meinte Fred Hammerstein sarkastisch.

„Dieser Strauß spricht eine eindeutige Sprache. Er ist eine Todesdrohung“, sagte Bruno Böllmann.

„Was erwartest du von mir, Bruno?“, fragte Fred Hammerstein.

„Du solltest den Mann bewachen lassen, Fred“, antwortete Bruno.

„Sei nicht kindisch, Bruno!“, erwiderte Fred Hammerstein. „Wenn ich jeden, der sich in Köln bedroht fühlt, bewachen lassen wollte, wäre die Polizei allein damit und mit nichts anderem beschäftigt.“

„Ich möchte nicht in deiner Haut stecken, wenn dem Mann etwas passiert“, machte Bruno Böllmann einen letzten Versuch.

„Wenn es stichfeste Gründe gibt, warum er sich bedroht fühlt, soll er mich anrufen und es sagen. Er hat meine Nummer“, entgegnete Fred Hammerstein ungerührt und unterbrach die Verbindung.

Bruno Böllmann starrte eine Weile nachdenklich sein Handy an, als die Tür zum Besucherraum geöffnet wurde. Ein breitschultriger Krankenpfleger in einem blütenweißen, frisch gestärkten Kittel, das Gesicht schlecht rasiert, steckte seinen Kopf durch die Tür. „Kann ich Ihnen weiterhelfen?“, fragte er, wobei er Bruno einen abschätzenden, lauernden Blick zuwarf.

Als Bruno die Tätowierung am Hals des Mannes auffiel, schoss er aus der Hüfte mit seinem Handy ein Foto des Mannes und war froh, dass die Kamera nicht den automatischen Blitz ausgelöst hatte. Dann steckte er das Handy ein.

„Danke, ich komme allein zurecht", entgegnete Bruno kühl und starrte den Pfleger herausfordernd an.

Der nickte ihm zu und schloss die Tür des Besucherzimmers. Bruno Böllmann wartete ein paar Sekunden, dann spähte er hinaus auf den Gang. Er sah, wie der Pfleger die Milchglastür der Station öffnete und auf dem Treppenabsatz Richtung Aufzug ging. Bruno Böllmann klopfte an der Tür zum Zimmer der Stationsschwester und trat ein. Die Stationsschwester, eine Nonne mittleren Alters, das Gesicht grau vor Müdigkeit und Gottesfurcht, blickte von einem Dutzend Karteikarten auf, die sie wie ein Kartenspiel vor sich ausgebreitet hatte, und sagte: „Ja, bitte?"

Bruno klickte auf seinem Handy das Foto an, das er von dem Krankenpfleger aus der Hüfte geschossen hatte. Es war gar nicht so schlecht geworden. Jedenfalls waren die Gesichtszüge des Mannes gut zu erkennen.

„Kennen Sie diesen Pfleger?", fragte Bruno und reichte der Stationsschwester das Handy. Die Schwester runzelte gottesfürchtig die Stirn und schüttelte betrübt den Kopf.

„Nein, diesen Herrn habe ich noch nie gesehen", sagte sie. Dann gab sie Bruno das Handy zurück und fügte hinzu: „Unsere Pfleger tragen Kittel mit doppelten Armbündchen. Dieser Mann hat einen Kittel an mit einfachem Armbund. Außerdem wäre mir ein Mann mit einer so heidnischen Tätowierung am Hals sicher im Gedächtnis geblieben."

„Danke, Sie haben mir sehr geholfen", sagte Bruno und steckte sein Handy ein. „Ich schaue noch einmal kurz bei Ihrem Patienten Dr. Schierle vorbei, wenn's recht ist. Übrigens fände ich es toll, wenn Sie ein Gebet für ihn sprechen könnten, ich glaube, er hat es nötig."

Er nickte der Ordensschwester zu, die ihn entgeistert anstarrte, und verließ das Stationszimmer. Er klopfte an die Krankenzimmertür, bekam aber keine Antwort. Als er eintrat, war das zerwühlte Bett leer. Bruno Böllmann machte ein paar schnelle Schritte quer durch den Raum und wollte schon die Tür zur kleinen Duschkabine öffnen, als er den Zipfel eines Bademantels bemerkte, der in der Schiebetür des schmalen Garderobenschranks eingeklemmt war. Er öffnete die Schiebetür. Dr. Schierle, den Mund zum Schrei geöffnet, stand stocksteif in der hintersten Ecke des Schrankes, beide Arme an den Körper gepresst.

„So geht das nicht weiter, verehrter Herr Kollege“, sagte Bruno Böllmann und half Dr. Schierle, der am ganzen Leib zitterte und beschämt die Augen niederschlug, aus dem Schrank.

„Ich habe nur ...“, stammelte er, drehte sich mehrmals um die eigene Achse und wäre zu Boden getaumelt, wenn ihn Bruno Böllmann nicht aufgefangen und zu seinem Bett geführt hätte. Dort hockte Dr. Schierle wie ein Häufchen Elend und knetete ohne Unterlass seine schweißnassen Finger.

Bruno ließ seinem Kollegen Zeit, während er die vergeblichen und quälenden Anläufe beobachtete, die Dr. Schierle unternahm, sich ihm zu öffnen. Schließlich hörte der Anwaltskollege auf, seine Finger zu kneten, verschränkte sie ineinander und begann stockend: „Sie kennen dieses typisch kölsche, unentwirrbare Geflecht gegenseitiger Abhängigkeiten, diese Rutschbahn von Gefälligkeiten mit stets wechselnden Fronten, diese bewusst ungeklärten Strukturen von Zuständigkeiten, diese großmäulige Traumtänzerei, gepaart mit rheinischer Klüngelsucht, diese obskure Gerüchteschneiderei zum eigenen Vorteil, diese rheinische Pöstchenjägerei, gepaart mit erfindungsreicher Hinterlist, dieses Intrigenspiel, das alles im Obskuren belassen will, um für sich und seine Leute irgendetwas herauszuholen.

Das ist die Lage unseres Vereins, Kollege Böllmann, ein fragiles Gebilde aus Eifersüchteleien und zugleich ein Wirtschaftsunternehmen mit Millionenumsätzen und Millionenausgaben. Diese Strukturen instrumentalisierter Eifersüchteleien schaffen ein Klima, in dem niemand offen ausspricht, was er denkt und was er will, es bildet den Nährboden für Gerüchte und für Anschuldigungen, die selten offen, sondern zumeist hinter der vorgehaltenen Hand weiter geflüstert werden. Und wenn dann jemand, der über genug kriminelle Energie verfügt, sich in diese Struktur einnistet und ihre bloß verwaltete Machtlosigkeit überwältigt, dann fällt ihm der ganze Verein wie eine überreife Frucht für seine kriminellen Geschäfte in den Schoß."

Dr. Schierle hatte hastig und ohne Atem zu holen wie im Fieber gesprochen, doch er hatte keine Namen genannt, sondern brach an der entscheidenden Stelle abrupt ab und begann wieder, seine Finger zu kneten.

Bruno Böllmann beobachtete eine Weile den stummen Kampf, den sein Kollege mit sich selbst austrug, seufzte und trat an das schmale, Schießscharten große Fenster des Krankenzimmers und starrte auf den schmalen Ausschnitt der Welt hinab, der sich ihm bot.

Erst nach einer Weile fiel ihm dort unten der breitschultrige, schwarzhaarige Mann im weißen T-Shirt auf, der eine Plastiktüte in der Hand hielt, aus der die Ränder eines zusammengefalteten weißen Kittels hervor blitzten. Der Mann stand neben einem eisernen qualmenden Standaschenbecher und rauchte eine Zigarette. Als er den Kopf hob und sein Blick einen Augenblick das Fenster streifte, hinter dem Bruno Böllmann stand, wandte er sich abrupt ab und verschwand aus diesem engen Segment einer bedrohlichen Wirklichkeit.

„Da unten vor dem Krankenhaus stand der Mann, den man geschickt hat, um Ihnen etwas anzutun", sagte Bruno Böllmann. „Vor ein paar Minuten war er, als Krankenpfleger getarnt, hier oben auf der Station und hat die Lage gecheckt."

Als sich Bruno Böllmann zum Bett umwandte, war Dr. Schierle aufgesprungen und hatte seine Kehle mit beiden Händen umfasst. Er würgte und zitterte am ganzen Leib. Als Bruno näher kam, klammerte sich Dr. Schierle wie ein kleines Kind an ihn und bettelte mit einer hohen, sich überschlagenden Stimme: „Sie müssen mich hier wegbringen, Herr Kollege, hier bin ich nicht sicher."

„Nun beruhigen Sie sich erst mal", erwiderte Bruno kalt und löste Dr. Schierles schweißnasse Hände von seinem Arm. „Ich sehe zwei Möglichkeiten, wie wir grundsätzlich weiter verfahren können“, fuhr er fort, nachdem sich Dr. Schierle wieder aufs Bett gesetzt hatte. „Wir können Fred Hammerstein von der Kölner Kripo anrufen und Sie bequemen sich zu einer neuen Aussage, die ihn veranlasst, Sie unter Personenschutz zu stellen. Der Mann versteht was von seinem Handwerk. Wenn er für Ihre Sicherheit garantiert, sind Sie hier sicher.“

Dr. Schierle reagierte so, als habe Bruno Böllmann ihm mit einem bösartigen Gespenst gedroht. Er raufte sich die verschwitzten Haare und schnitt dabei erbärmliche Grimassen. Als er seine Gesichtszüge wieder unter Kontrolle hatte, keuchte er: „Damit wäre meine bürgerliche Existenz zerstört, verstehen Sie, Herr Kollege? Ich habe nur diese eine, für einen Neuanfang ist es zu spät, dazu habe ich nicht mehr die Kraft.“

Bruno Böllmann seufzte. Da stand er wieder vor einer dieser bröckelnden Kölner Fassaden, die nur noch von der Tünche vorgespielter Bürgerlichkeit zusammengehalten wurden. „Dann machen wir es auf meine Weise, aber das wird Sie etwas kosten, denn ich bin nicht Sankt Martin, wenn Sie verstehen, was ich meine.“

Das erste Mal an diesem Abend begann ein zarter Hoffnungsschimmer das zerstörte Gesicht des Justiziars zu heilen. „Bitte, ich höre, Herr Kollege“, flüsterte er.

„Sie unterschreiben mir eine formlose anwaltliche Vertretungsvollmacht. Ich verlange für die ersten sechs Tage eine Tagespauschale von sechshundert Euro. Danach sehen wir weiter. Unter diese Pauschale fallen keine Fremdkosten wie die für den Abtransport und die Unterbringung für eine Woche an einem sicheren Ort und die Kosten für eine Warnung an die Leute, die Ihnen ans Leder wollen.“

„Wie hoch wären diese Kosten?“, fragte Dr. Schierle.

„Für Ihren Abtransport und Ihre Unterbringung zweitausend, für die Warnung an den Mann und seine Hintermänner, in Zukunft die Finger von Ihnen zu lassen, ebenfalls zweitausend. Das sind sehr moderate Summen.“

Dr. Schierle schlug die Hände vors Gesicht, spreizte nach einer Weile zwei Finger ab, schielte mit einem Blick, aus dem ein Gemisch aus Furcht und Hoffnung sprach, zu seinem Anwaltskollegen hinüber und flüsterte: „Einverstanden. Jetzt liegt mein Leben in Ihrer Hand, Herr Kollege.“

„Ich garantiere eine Woche für Ihr Leben“, sagte Bruno Böllmann. „Nicht länger, Herr Kollege, damit wir uns da nicht missverstehen.“

Dr. Schierle rieb sich die Hände. „Uns wird in dieser Woche schon etwas einfallen, wie ich den Kopf aus der Schlinge ziehen kann“, sagte er.

Da war er wieder, dieser unausrottbare, durch keine Fakten begründete, sentimentale Kölner Optimismus, der das Leben einer ganzen Stadt als eine einzige große Illusion am Laufen hielt.

„Ist heute Abend noch Visite?“, fragte Bruno Böllmann.

„Ja, das hat man mir angekündigt. Sie wird in ein paar Minuten beginnen“, erwiderte Dr. Schierle. „Danach bringt man das Abendessen, hat man mir gesagt.“

„Gut. Dann sollte Ihr Abtransport in spätestens zwei Stunden beginnen. Ihr Vertreter sollte schon etwas früher hier eintreffen.“

„Mein Vertreter?“, fragte Dr. Schierle irritiert.

„Der Mann, der sich für Sie ins Bett legen und Ihrem nächtlichen Besucher, wenn er sich dann blicken lässt, einen gebührenden Empfang bereiten wird“, erklärte Bruno Böllmann. Er holte aus seinem leichten Sommerjackett ein Notizbuch hervor, riss eine freie Seite heraus und reichte sie Dr. Schierle. „Bitte setzen Sie schon mal die Vertretungsvollmacht mit den besprochenen Konditionen auf, Herr Kollege, denn ich muss jetzt noch ein paar Telefonate in Ihrer Sache führen.“

## 6. Kapitel

Als Bruno Böllmann das Hotel in Köln-Lindenthal erreichte, fielen ihm auf dem Parkplatz sofort die beiden schwarzen Chrysler-Vans auf, die breite Schluffen und verspiegelte Scheiben hatten. In einer der hinteren Reihen parkte eine schwarze Corvette, zwei Männer hatten eine Karte auf der Motorhaube entfaltet und beugten sich über sie. Im schummrigen Licht der untergehenden Sonne, die ihre letzten Strahlen vor der einbrechenden Dunkelheit zurückzog, konnte Bruno erkennen, wie einer der Männer unter dem abgewinkelten Arm hindurch zu ihm herüber schielte.

In der Lobby saßen in einer Ecke fünf schwarz gekleidete Männer. Bruno erkannte an ihren muskulösen Staturen, dass es sich um die Leute der Security-Firma handeln musste, die der *Pate* genannte Spielvermittler geschickt hatte, um ihn und die Brasilianer abzuholen.

Einer der Männer, ein Mann wie ein Baum, den massigen Schädel kahl rasiert, erhob sich und winkte Bruno zu. Er kam gemessenen Schrittes Bruno entgegen, bequemte sich zu einem flüchtigen Lächeln, das sofort wieder aus seinem Gesicht verschwand.

„Herr Böllmann? Ich bin von der RST-Security und soll Sie und Ihre brasilianischen Freunde abholen“, sagte er. Seine Stimme klang sanft und hatte ein einschmeichelndes Timbre, das man einem Kerl von solch einem bedrohlichen Aussehen gar nicht zugetraut hätte.

„Gut, ich rufe meine brasilianischen Freunde an, sie sollen in die Halle kommen“, erwiderte Bruno, trat ein paar Schritte zurück und telefonierte mit *Garra*. Dann wandte er sich an den Chef der Security-Leute und fragte: „Gehört die schwarze Corvette da draußen auf dem Parkplatz auch zu Ihnen?“

„Eine schwarze Corvette? Nein. Wieso fragen Sie?“

„Nun, ich bin sicher, dass die beiden Jungs, die zu der Corvette gehören, mich und meine brasilianischen Freunde beschatten sollen“, erwiderte Bruno. „Und ich glaube kaum, dass dies Ihrem Auftraggeber Recht sein dürfte.“

Der Chef der Security-Leute nagte an seiner Unterlippe. „Und Sie sind sicher, dass die Leute Sie beschatten sollen?“, vergewisserte er sich.

„Ja, es sind Jungs von Herrn Yüce. Ich habe sie heute Vormittag auf dem Trainingsgelände des FC gesehen“, erwiderte Bruno.

„Moment bitte, ich frage mal nach“, sagte der Chef der Security, entfernte sich ein paar Meter und telefonierte leise auf seinem Handy. Nach ein paar Augenblicken kehrte er zu Bruno zurück, tätschelte ihm die Schulter und zwinkerte ihm zu.

„Viele Grüße vom *Paten*“, sagte er. „Wir werden uns jetzt um die beiden Jungs kümmern. Wo genau parkt die Corvette denn?“

„Hintere Reihe rechts außen“, antwortete Bruno. „Am besten, drei von Ihnen nehmen den Hinterausgang. Von dort führt ein schmaler Weg, der gegen den Parkplatz mit einer dichten Hecke abgeschirmt ist, bis zum hinteren Ende des Parkplatzes. Ein paar Meter von der Corvette entfernt gibt es einen Durchgang.“

„Perfekt!“, sagte der Security-Mann und lächelte verbindlich. „Bitte seien Sie so freundlich und zeigen meinen Kollegen den Hinterausgang.“

„Und Sie?“, fragte Bruno.

„Es ist nicht meine Art, mich zu verstecken“, entgegnete der Security-Chef. „Ich gehe zu den bösen Jungs und red mal ein paar Takte mit ihnen.“

„Der kleinere der beiden hat was um die rechte Wade geschnallt“, sagte Bruno. „Es könnte eine Pistole sein.“

„Sie scheinen mir ein guter Beobachter zu sein“, sagte der Security-Mann, ging zu seinen Kollegen hinüber und sprach leise mit ihnen. Dann winkte er Bruno zu sich. „Wenn Sie jetzt so freundlich wären, meinen Kollegen den Hinterausgang zu zeigen“, sagte er.

Als Bruno in die Lobby zurückkam, wartete *Garra* in der Nähe der Aufzüge und starrte mit seinem düsteren Blick zu dem letzten im Saal verbliebenen Security-Mann. Als er Bruno bemerkte, kam er zu ihm herüber und fragte: „Wer ist dieses große Arschloch da hinten am Tisch? Ist er ein Hooligan, den der Verein geschickt hat?“

„Kein Hooligan“, erwiderte Bruno. „Es ist einer der Security-Leute, die uns abholen sollen.“

In diesem Moment öffnete sich die Aufzugtür. Lucas Coração und der Anwalt trugen zwei Sporttaschen. *Garra* bedachte den Jungen mit einem seiner düsteren Blicke und schüttelte seufzend den massigen Schädel. „Du kannst den Jungen mitten in der Nacht wecken und sagen: Gleich wird gespielt! Er hat seine Sporttasche immer gepackt und wird bereit sein. Es steckt in seinen Genen, daran kannst du nichts ändern.“ Dann blickte sich *Garra* in der Lobby um. „Gibt es noch andere Security-Leute? Oder hat man nur diesen Burschen geschickt?“

„Es sind noch vier andere gekommen. Ich nehme an, sie machen da draußen zwei Männer fertig, die dieser Türke geschickt hat“, erwiderte Bruno und beobachtete interessiert die Wandlung, die mit *Garra* innerhalb von Sekundenbruchteilen geschah. Seine hängenden Schultern strafften sich, Muskelpakete traten aus seinen Oberarmen hervor, sein trüber Blick wurde hellwach, der phlegmatische Gesichtsausdruck veränderte sich schlagartig, und er fletschte die Zähne, sodass Bruno unwillkürlich einen Schritt zurückwich. „Soll ich helfen?“, zischte *Garra*.

„Nicht nötig, das sind Profis, die können solche Situationen handeln“, erwiderte Bruno.

Als der Chef der Security die Lobby betrat, nickte er Bruno zu und hob den Daumen. Dann winkte er seinem Kollegen, der sich aus seinem Sessel wuchtete, sich die Sporttaschen schnappte und sie wortlos aus der Halle trug.

„Gehen wir“, sagte Bruno zu dem Jungen und dem brasilianischen Anwalt, der ihn mit einer Wortkaskade überschüttete, die in dem Vorwurf gipfelte: „Es gibt in diesem erbärmlichen Provinzhotel keine einzige frische Ananas!“

Als Bruno auf seinen alten Ford Mustang zu schritt, verlegte ihm der Chef der Security den Weg. „Sie steigen bei uns ein!“, sagte er, und obwohl seine Stimme sanft und einschmeichelnd war, klang das gar nicht nett.

„Das werde ich nicht tun“, widersprach Bruno. „Ich werde meinen Ford Mustang nicht auf diesem Parkplatz zurücklassen, denn ich liebe ihn und will ihn nicht als Haufen verschmorten Blechs wiederfinden."

„Ihre alte Rostlaube interessiert mich nicht", widersprach der Security-Chef und knackte unüberhörbar mit den Fingern.

„Würden Sie Ihre Harley unbewacht auf einem Parkplatz im Revier der Bandidos zurücklassen?", fragte Bruno.

Der Chef der Security kniff die Augen zusammen und runzelte die Stirn. „Wie kommen Sie darauf, dass ich eine Harley habe?", fragte er mit einer Stimme, die gar nicht mehr einschmeichelnd klang.

„Ihre Tätowierung am Handgelenk. 81, die Zahlen stehen für den achten und den ersten Buchstaben des Alphabets, also für HA, die Abkürzung für Hells Angels", sagte Bruno.

„Meine Tätowierungen gehen Sie einen Scheißdreck an, Sie kleiner Wichtigtuer", sagte der Security-Chef. „Ich habe den Auftrag, Sie und Ihre Brasilianer in unseren Fahrzeugen abzuliefern, und daran halte ich mich. Und nun steigen Sie bei uns ein, sonst falte ich Sie zusammen und lege Sie in den Kofferraum."

Bruno Böllmann zog die Signalpistole, die er zum Starkwindsurfen aufs Brett mitzunehmen pflegte, aus dem Hosenbund und richtete sie auf den Security-Chef.

„Das ist eine Signalpistole", sagte er. „Sie ist geladen mit einer marokkanischen Signalrakete. Die Marokkaner verwenden so eine komische Pulvermischung, die sich im Fleisch unheimlich schnell vorfrisst. Wenn ich in Ihr Bein schieße, muss es amputiert werden, oder Sie sind hinüber."

„Machen Sie keinen Scheiß und stecken Sie das Ding weg!", sagte der Security-Chef.

„Erst, wenn ich und meine brasilianischen Freunde in meinem Ford Mustang sitzen", entgegnete Bruno.

„Der *Pate* hat nichts davon gesagt, dass wir es mit einem durchgeknallten Schießhund zu tun haben", zischte der Security-Chef.

„Hier geht's um Fußball und viel Geld", sagte Bruno gelassen. „Haben Sie allen Ernstes geglaubt, da hätten Sie es mit Kommunionkindern zu tun?"

„Ach, machen Sie doch, was Sie wollen“, gab der Security-Mann klein bei. Als er sich umdrehte, blickte er in *Garras* Raubtiergesicht.

„Soll ich dem Arschloch das Genick brechen?“, fragte *Garra* auf Portugiesisch.

„Lass ihn in Ruhe“, meinte Bruno.

„Was will der fette Wichser von mir?“, fragte der Security-Chef.

„Er hat nur gefragt, ob er Ihnen das Genick brechen soll“, erwiderte Bruno.

Das Flutlicht leuchtete den Nebenplatz auf dem Trainingsgelände von Borussia Mönchengladbach taghell aus. Der *Pate* saß in seinem Rollstuhl und flüsterte mit dem Chef der Security, dann setzte er seinen Rollstuhl in Bewegung und steuerte ihn auf Bruno Böllmann zu. „Es wäre besser, wenn Sie in Zukunft den Anweisungen meiner Security folgen würden“, sagte er ohne Einleitung. „Das ist einer der Eckpunkte einer möglichen Zusammenarbeit, ich bestehe darauf.“

„Abgelehnt“, sagte Bruno. „Die Sicherheit meines alten Ford Mustangs ist nicht verhandelbar und die Sicherheit des Jungen auch nicht.“

„Und Ihre Sicherheit?“, fragte der *Pate*. „Sie sollten nicht so unachtsam mit ihr umgehen.“

„Was mich persönlich betrifft: Ich habe vor einiger Zeit beschlossen, mich von niemandem mehr herumschubsen zu lassen“, sagte Bruno. Er dachte dabei an Gerda und wie viele Jahre er gebraucht hatte, um zu erkennen, dass sie ihn die ganze Zeit herumgeschubst hatte. Nein, nicht körperlich, sie hatte ihn seelisch mit ihren Vorstellungen von Erfolg, gutem Geschmack und einer gediegenen Kanzlei herumgeschubst, bis seine Seele ganz wund geworden war. „Und wenn ich Sie wäre, würde ich meine Sicherheit auch nicht in die Hände eines ehemaligen *Sergeant in Arms* der Hells Angels legen.“

Der *Pate* runzelte die Stirn und warf Bruno Böllmann einen flüchtigen Blick zu, der nicht der eines Sportkameraden war, sondern einer Giftschlange auf Beutefang gut zu Gesicht gestanden hätte. Dann hüstelte er. „Sie erstaunen mich“, sagte er schließlich. „Ich hatte es bisher in meinem Geschäft noch nie mit einem Anwalt zu tun, der mit einer geladenen Signalpistole Menschen bedroht.“

„Ich eigne mich halt nicht zum Opferlamm wie mein verehrter Kollege Dr. Schierle“, erwiderte Bruno. Dann beugte er sich zum *Paten* im Rollstuhl hinab und starrte ihm ins Gesicht. „Wissen Sie, wie mich der Chef der Kölner Mordkommission nennt? Er nennt mich den *Todesengel*“, fuhr Bruno fort. „Und er hat gute Gründe für diesen Namen.“

Der Spielervermittler schob Bruno mit einer Armbewegung von sich weg und kicherte. „Benehmen wir uns nicht wie zwei pubertierende Schuljungen“, sagte er obenhin. Dann warf er einen Blick auf seine Armbanduhr. „Mögen die Spiele beginnen!“, kreischte er auf und klatschte in die Hände. In diesem Moment erschien er Bruno wie ein übergeschnappter römischer Imperator.

Aus den Containern am Rand des Platzes liefen einundzwanzig Fußballspieler hervor und reihten sich in der Mitte des Platzes auf. Dann betrat ein Schiedsrichtertrio das Spielfeld.

„Zwei komplette Regionalligamannschaften“, sagte der *Pate* und nickte Bruno voller Stolz zu. „Der Spaß kostet mich zwanzigtausend. Sie sehen, ich investiere in den Jungen.“

Zum Schluss betrat Lucas Coração den Platz und blickte sich unsicher um. Als er Bruno entdeckte, trabte er quer über das Spielfeld auf ihn zu.

„Es ist zehn Uhr in der Nacht. Was soll der Scheiß, *conselheiro*?“, fragte er.

Bruno zeigte auf den *Paten* im Rollstuhl. „Wenn du gut bist, wird dieser Mann zwei Millionen Dollar in dich investieren“, sagte Bruno. „Also beweise ihm, dass du es wert bist.“

„Zwei Millionen Dollar? Das ist ein Haufen Geld“, sagte der Junge. Dann blickte er den *Paten* an. „Frag den Lahmen, worauf es ihm ankommt: dass ich schön spiele oder dass ich Tore schieße.“

Bruno übersetzte die Frage. Der *Pate* riss die Augen weit auf. „Was für eine dumme Frage!“, kreischte er. „Schön spielen können viele, aber Tore zu machen, steckt in den Genen von nur wenigen."

„Du sollst Tore schießen", übersetzte Bruno. „Du sollst sie schießen wie ein Heiliger und wie ein Teufel."

„Dann sag dem Lahmen, dass er Tore sehen wird", sagte der Junge, trabte zum Anstoßpunkt und reihte sich in die Mannschaft in den weißen Trikots ein.

„Er kann nicht anders, er schießt Tore, weil es in seinen Genen steckt", sagte *Garra*, als der Schiedsrichter das Spiel anpfiff.

Die Jungs von der gegnerischen Regionalmannschaft gingen Lucas Coração hart an. Bruno glaubte, sie hätten sich verabredet, ihm die Knochen zu brechen, und sie hörten erst auf damit, als der *Pate* lautstark damit drohte, ihnen die Gage zu streichen.

Das war eines der merkwürdigsten Geisterspiele, die Bruno je gesehen hatte. Und schuld daran war nicht die unheimliche, gespannte Atmosphäre, die durch den feinen Nebel, der aus den nahen Wiesen kroch, noch verstärkt wurde, sondern die ganz unerhörten Tore, die Lucas Coração dem gegnerischen Torwart ins Netz legte. Am Ende der ersten fünfundvierzig Minuten waren es sieben Stück, und jedes war ein Unikat.

„Aus! Schluss! Ich habe genug gesehen!", kreischte der *Pate* und trommelte sich voller Lust gegen die Brust. Dann tastete er nach Brunos Hand und drückte sie. „Danke!", sagte er. „Es ist schon eine Weile her, dass ich mich so lebendig gefühlt habe."

Ein frischer Nachtwind jagte Nebelschwaden ins flache Land hinaus, als sich die Autokarawane dem Anwesen des *Paten* näherte. Es lag auf einem künstlich aufgeworfenen Hügel, der von einem zweifachen Mauerring umgeben war, dessen Krone von mannshohem, nach innen gebogenem Stacheldraht überragt wurde. Überall waren Kameras angebracht, große und kleine. Durch die Mauerringe führten zwei Rolltore aus matt poliertem Edelstahl, die sich vor der Fahrzeugkolonne wie von Geisterhand lautlos öffneten und wieder schlossen. Dann durchquerten die Autos einen Park mit alten hohen Eichen und Buchen, Blumenrabatten und Wiesenstücken, die vom kalten LED-Licht einer großen Zahl Lampen ausgeleuchtet wurde. Bruno bemerkte auch hier überall Kameras. An einem der Seitenpfade, die in den weitläufigen Park hineinführten, stand ein Wachmann, an einer Leine zwei Rottweiler, die sich wie wild gebärdeten und laut anschlugen.

In der Mitte eines künstlich angelegten Sees lag das Wohnhaus des Paten, zu dem eine von allen Seiten mit Stacheldraht gesicherte, befahrbare Brücke führte. Bruno schloss aus den großen Hydraulikhebeln, dass man ihr Mittelteil ausschwenken konnte, sodass die Verbindung zum Haus unterbrochen wurde. Die merkwürdigen Kästen, die über der Brücke angebracht waren, hielt er für geschickt getarnte Selbstschussanlagen.

Das Wohnhaus glich mit seinem nackten, dicken Beton und seinen kleinen, Schießscharten großen Fenstern einer Festung. Der einzige Zugang zu ihr bildete eine doppelte Stahltür, die auf einen Innenhof führte. Der Mittelteil des Wohnhauses wurde von einer Kuppel überragt, aus der mehrere verschieden große Antennen ragten.

„Ist der Mann ein Drogenboss?“, fragte *Garra*, als Bruno den alten Ford Mustang im Schatten eines niedrigen Geräteschuppens geparkt hatte.

„Ich denke, dass er das nicht ist“, entgegnete Bruno. „Aber sicher weiß ich das nicht. Wie kommst du darauf?“

„So eingemauert lebt nur ein Mann, der zu allem entschlossene Feinde hat“, erwiderte *Garra*.

„Jedenfalls scheint er mir jemand zu sein, der alles dafür tut, sich bestmöglich zu schützen“, meinte Bruno. *Oder jemand, der unter hochgradigem Verfolgungswahn leidet,* ergänzte er im Stillen.

Der Chef der Security führte Bruno und seine drei Begleiter durch eine schmale, doppelte Stahltür, danach durch einen niedrigen, mit Kameras gesicherten Flur in einen fensterlosen Konferenzraum, der von einem ovalen, mit Einlegearbeiten verzierten Konferenztisch aus matt poliertem Mahagoni beherrscht wurde, den zwei Dutzend, mit dunkelrotem argentinischem Rindsleder gepolsterte Bürosessel umstanden. In der

Mitte des Konferenztisches lag eine Batterie Telefone, an der türlosen Stirnseite des Raumes war unter einem Dutzend Computern eine Leinwand mit einem Beamer-Gerät angebracht. Licht fiel aus Punktstrahlern an der Decke.

Bento de Moralez war am Eingang stehen geblieben und betrachtete eine Weile kopfschüttelnd den Konferenzraum und flüsterte Bruno dann zu: „Wenn ich Gefängnisdirektor wäre, würde ich mir solch ein Büro einrichten."

Als Bruno und seine beiden Begleiter am großen Konferenztisch Platz genommen hatten, öffnete sich eine schmale Tapetentür an einer der Längsseiten des Raumes, und einer der Security-Leute schob den Rollstuhl mit dem *Paten* herein, gefolgt von einer stattlichen Erscheinung, einem älteren Herrn mit einer schlohweißen Löwenmähne, die er beim Eintreten dekorativ schüttelte, und einem rundlichen, unscheinbaren Mann in einem schwarzen Cord-Jackett, einen Aktenkoffer an der Hand. Hinter ihm her schritt eine aufgetakelte Blondine, deren verlebte Gesichtszüge sorgfältig mit Schichten aus Mascara und Puder restauriert waren und die auf einem Servierwagen kalte und warme Getränke, Sandwiches und Gebäck an den Tisch schob und in der Mitte verteilte, nachdem der Security-Mann den *Paten* an die rechte Stirnseite des Konferenztischs gerollt hatte. Dann nahmen die beiden Security-Männer, die Hände über den Bäuchen verschränkt, links und rechts neben der schmalen Tapetentür breitbeinig Aufstellung.

„Sind das vielleicht Neonazis?", flüsterte Bento de Moralez Bruno zu und deutete mit dem Kinn auf die beiden Security-Leute.

Bruno zuckte mit den Achseln. Lucas Coração schien ganz und gar unbeeindruckt von dem martialischen Auftritt des *Paten*, der sich in völliger Stille abgespielt hatte, rückte seinen Bürostuhl vom Tisch ab, beugte sich weit vor und zog Getränke und eine Platte mit Sandwiches zu sich heran. Als er eine Flasche Coca Cola öffnen wollte, nagelte *Garras* Klaue das Handgelenk des Jungen auf die Tischplatte.

„Keine Cola, sie macht dich fett!", zischte *Garra*.

„Nichts ist hier wie zu Hause, nur die Cola!“, protestierte der Junge.

„Reiß dich zusammen! Was macht das für einen Eindruck, wenn du vor dem Mann, der vielleicht dein neuer Boss sein wird, wie ein Mädchen Cola trinkst?“, flüsterte *Garra* und verstärkte den Druck auf das Handgelenk des Jungen.

Lucas verdrehte die Augen und griff nach einer Flasche stillen Wassers, nachdem *Garra* seinen Griff gelockert hatte. „Er ist schlimmer als meine Großmutter, bei der ich zuerst aufgewachsen bin, und die war schon schlimm genug“, flüsterte der Junge Bruno zu.

Jetzt trat Stille eine. Der *Pate* blickte von einem zum anderen und klopfte plötzlich mit seiner behaarten Faust so hart auf die Tischplatte, dass Getränkeflaschen und Gläser klirrten. Dann schrie er, wie es manche Schwerhörige zu tun pflegen, die ihre eigene Lautstärke nicht einschätzen können, in die Runde. „Das Trainingsspiel war verdammt gut, weil der Junge gezeigt hat, was er kann!“

Lucas Coração war aufgesprungen und presste beide Fäuste gegen die Ohren, Bento de Moralez duckte sich halb hinter Brunos Rücken und *Garra* hob beide Fäuste zu einer Art Doppeldeckung.

„Er brüllt wie ein Neonazi“, flüsterte Bento de Moralez hinter Brunos Rücken in die folgende Stille.

Die Leute des *Paten* zeigten keine Reaktion.

„War ich zu laut?“, schrie der *Pate* in Richtung des silberhaarigen Mannes, der sich augenblicklich wie ein Vogel, der sich bedroht fühlt, aufplusterte, den Hintern ein Stück von seinem Stuhl lüftete, sich in Richtung des *Paten* verbeugte und heftig nickte, was seine Silbermähne in Wallung versetzte. Der *Pate* nestelte an seinem Hörgerät herum und brüllte nach einer Weile: „Ist es so besser?“

„Es ist zwar immer noch laut, aber es besteht keine Verletzungsgefahr mehr“, erwiderte Bruno Böllmann.

Der *Pate* beugte sich vor und starrte Bruno eine Weile ausdruckslos an. „Machen Sie ruhig Scherze auf meine Kosten!“, schrie er. „Darauf kommt es bei dem Geld, was mich der heutige Abend bisher gekostet hat, auch nicht mehr an.“

Wieder breitete sich diese bleierne Stille aus, die in den Ecken des Raumes bereitstand und sich auf die Anwesenden stürzte. Ehe sie alle Anwesenden verschlingen konnte, ergriff Bruno das Wort und rief dem *Paten* zu: „Soll ich alles übersetzen oder nur Ihre Anfangsworte?“

Der silberhaarige Mann lüftete seinen Hintern von seinem Sessel und beugte sich so weit über den Tisch in Brunos Richtung vor, dass dieser glaubte, der Mann würde im nächsten Moment mit dem Gesicht auf die Tischplatte fallen, und quäkte mit einer sich überschlagenden Stimme, so als sei er böse beleidigt worden: „Ich habe hier die Übersetzungshoheit!“

Der *Pate* hämmerte wieder seine Faust auf die Tischplatte. Dann zeigte er mit einem seiner welken, extrem behaarten Finger auf den silberhaarigen Mann. „Das ist Rechtsanwalt Teixeira. Der Mann wird von mir bezahlt. Also lassen Sie ihn seine Arbeit machen!“

Teixeira, der im Begriff gewesen war, sich wieder zu setzen, dehnte im letzten Moment seinen langen, fleischlosen Körper und drehte eine seiner farblosen Gummihände so über dem Kopf, als wolle er sein Gegenüber mit dem Lasso einfangen.

„Alle Beglaubigungsschreiben auf den Tisch und her zu mir!“, kreischte er, senkte dann seine Stimme und übersetzte ins Portugiesische.

Nun erhob sich Bento de Moralez von seinem Platz, faltete die Hände wie zum Gebet und setzte zu einer seiner schier endlosen, nichtssagenden Wortkaskaden an, doch er kam nicht über den zweiten Satz hinaus, dann verlor er den Halt und sackte auf seinen Bürosessel zurück, weil ihm *Garra* unter dem Tisch die Füße weggetreten hatte. „Halt’s Maul, du Schwätzer! Gib dem Rechtsverdreher die Papiere!“, zischte *Garra* böse.

Teixeira beugte sich wieder extrem weit über den Tisch, raffte mit einer Hand die Papiere zusammen und schob sie vor seinen Platz, während er mit den Fingernägeln seiner anderen Hand ein enervierendes Stakkato auf die Tischplatte klopfte. Dann ließ er sich auf seinen Sitz fallen, krümmte den Rücken zu einem extremen Buckel, senkte den Kopf und schnüffelte sich wie ein Schwein auf Nahrungssuche durch die Schriftstücke. Es folgten ein paar Minuten des Schweigens und Starrens, nur unterbrochen vom Rascheln des Papiers und dem Schnüffeln Teixeiras.

Der *Pate* schien wie ein Autist immer tiefer in seiner Gehörlosigkeit zu versinken. Umso überraschender für alle Anwesenden war seine plötzliche Rückkehr in die Wirklichkeit, die er mit einem matten Händeklatschen anzeigte.

„Hat sich an den Konditionen irgendetwas geändert?“, fragte er Bruno.

Bruno Böllmann übersetzte die Frage, worauf *Garra* mit stoischem Gleichmut den Kopf schüttelte.

Der *Pate* registrierte das Kopfschütteln mit einem wohlgefälligen Grunzen. „Nun gut. Für mich gibt es noch eine offene Frage. In welchen Schwierigkeiten steckt der Junge, sodass er Hals über Kopf Brasilien verlassen musste?“

Als Bruno die Frage übersetzt hatte, erhob sich Bento de Moralez von seinem Sessel, richtete den Blick zur niedrigen Decke und setzte an zu einer seiner überbordenden Wortkaskaden, kam aber über den ersten, inhaltslosen Satz nicht hinaus, denn *Garra* erwischte mit seiner Klaue einen der gestikulierenden Arme und riss Bento de Moralez auf seinen Sessel zurück.

„Der Junge hat zur falschen Zeit Tore geschossen, die so nicht vorgesehen waren“, antwortete *Garra*. „Er kann nicht anders. Tore schießen steckt in seinen Genen.“

Als Bruno übersetzt hatte, lehnte sich der *Pate* in seinem Rollstuhl zurück und nagte gedankenverloren an seiner ausgefransten Unterlippe. „Er hat also bei einem Spiel, das von einer Wettmafia gekauft worden ist, Tore geschossen, die so nicht hätten fallen dürfen. Korrekt?“, fasste der *Pate* zusammen.

*Garra* nickte. „Die Leute, die Anteile an Lucas halten, konnten sich mit den Buchmachern einigen. Eine ihrer Bedingungen war, dass der Junge ins Ausland geht. Deswegen sitzt er an diesem Tisch“, übersetzte Bruno *Garras* Antwort.

„Die Wettmafia hat den Jungen also freigegeben? Es kommt nichts mehr nach?“, vergewisserte sich der *Pate*. „Und wer garantiert mir das?“

Nachdem Bruno die Frage übersetzt hatte, bohrten sich die Blicke des *Paten* in *Garras* Gesicht und glitten danach über die zahlreichen Narben, die *Garras* Kinn und die freien Stellen auf seinen Armen und Händen bedeckten.

„Ich!“, erwiderte *Garra*. „Es sind Zeichen gesetzt, die auch diese Leute nicht übersehen werden.“

In diesem Moment schnellte Teixeira aus seiner gekrümmten Haltung und beugte den Oberkörper in Richtung des *Paten* vor, wobei seine Silbermähne dekorativ aufwallte. „Alles scheint mir seine Ordnung zu haben!“, verkündete er.

„Gut!“, meinte der *Pate* nach einer Weile völliger Regungslosigkeit. „Der Vertrag, den ich habe aufsetzen lassen, tritt in Kraft, wenn die Freigabe des Vereins und des brasilianischen Fußballverbandes vorliegen.

Eine weitere Bedingung ist, dass der Junge ab sofort auf meinem Anwesen lebt. Alle weiteren Verhandlungen mit in- und ausländischen Vereinen werden allein von mir geführt. Gibt es von Ihrer Seite noch irgendwelche Einwände?“ Er blickte Bruno herausfordernd an.

Bruno übersetzte die Worte des *Paten.*

„Ich möchte die nächsten vierzehn Tage an der Seite des Jungen bleiben“, sagte *Garra*. „Das habe ich ihm versprochen.“

Als Bruno übersetzt hatte, nickte der *Pate*. Dann schrie er Teixeira an: „Sprechen Sie mit Ihrem Kollegen die Verträge durch. Meine Unterschrift ist schon darunter. Die brasilianischen Herren sind ab heute meine Gäste. Es ist alles vorbereitet. Ihre Sachen werden morgen aus dem Kölner Hotel abgeholt.“ Dann winkte er einen der Security-Männer heran, der den Rollstuhl in Richtung der schmalen Tapetentür schob.

„Auf ein Wort, Herr Böllmann!“, schrie der *Pate*, ohne sich umzuwenden in den Raum.

Bruno erhob sich und folgte dem *Paten* durch einen engen, videoüberwachten Flur hinaus auf einen großen Balkon, von dem man einen schönen Blick über den weitläufigen nächtlichen Park hatte, den zahlreiche LED-Lampen wie kleine, vom Himmel gefallene Sterne mit ihrem kalten Glitzern erhellten.

„Wen haben Sie mir denn da in mein Haus gebracht?“, begann der *Pate* ohne Einleitung. „Diebe, Mörder und ein Fußballgenie!“, gab er selbst die Antwort und brach in gellendes Gelächter aus, das von der feuchten Nachtschwüle ohne Widerhall verschluckt wurde. Dann stieß er seinen welken, stark behaarten Zeigefinger in Brunos Richtung und fuhr fort: „Der Yüce wird das nicht ohne Reaktion hinnehmen, mein Lieber. Das dürfte Ihnen doch klar sein! Schließlich sind Sie es gewesen, der mir die Tür in sein Revier geöffnet hat.“

Bruno zuckte die Achseln. „Berufsrisiko“, murmelte er, was nicht besonders überzeugend klang.

Der *Pate* hatte Brunos Einwurf nicht gehört. „Kommen Sie morgen um vierzehn Uhr zum Clubhaus des FC. Dort weicht Ihnen meine Security nicht von der Seite. Danach wird sich der Yüce hüten, gegen Sie vorzugehen“, sagte der *Pate*.

„Ich glaube, wenn es um sein Revier geht, wird der Yüce nicht so schnell klein beigeben“, erwiderte Bruno.

Der *Pate* starrte Bruno mehr als eine Minute ausdruckslos an. Dann schnellte sein behaarter, welker Zeigefinger wieder gegen Bruno vor. „Sie haben außer mit diesem brasilianischen Kind noch ein Problem mit Yüce“, sagte er.

„Ja, aber darüber möchte ich momentan nicht sprechen“, erwiderte Bruno.

Der *Pate* klopfte sich auf die Schenkel und schielte zu seinem Bodyguard hinauf, wobei er ihm belustigt zuzwinkerte. „Er möchte nicht darüber sprechen“, kreischte der *Pate*. Dann brach er in schallendes Gelächter aus, als habe Bruno Böllmann einen guten Witz erzählt. So plötzlich, wie sein Gelächter eingesetzt hatte, hörte es auf. „Ich kenne Menschen, für die ist Fußball Religionsersatz, weil sie so sehr ohne Hoffnung sind, dass ihnen nur der Fußball bleibt. Das andere Extrem sind Menschen, für die Fußball eine Gelddruckmaschine ist. Was ist Fußball für Sie, mein Lieber?“, fragte der *Pate*.

„Ein Spiel und ein Abbild des Lebens“, erwiderte Bruno.

Der *Pate* hob resigniert die Hände, als handele es sich bei Bruno um einen hoffnungslosen Fall. „Ich erwarte Sie morgen im Clubheim des FC.“ Es klang nicht wie ein Befehl, sondern eher wie eine Drohung.

In diesem Moment vernahm Bruno das Zischen einer Hydraulik. Über ihren Köpfen öffnete sich die Kuppel zur Hälfte, drei Parabolantennen wurden ausgefahren und richteten sich auf den Himmel in verschiedene Richtungen aus.

„Und was ist das?“, fragte Bruno und deutete nach oben.

„Das ist mein privates Observatorium, mit dessen Hilfe ich mir schon manchen erhebenden Blick in den Himmel gegönnt habe“, erwiderte der *Pate*.

„Ich bin zwar kein Experte, aber die Observatorien, die ich besucht habe, sahen anders aus“, entgegnete Bruno.

„Mag sein, aber vielleicht definiere ich den Himmel auch anders“, meinte der *Pate*. Dann gab er dem Bodyguard ein Zeichen und ließ sich vom Balkon rollen.

Der Security-Chef führte Bruno wenig später schweigend in den Hof hinab und wartete, bis Bruno in seinen alten Ford Mustang gestiegen war. Dann beugte er sich vor und sagte in Richtung des Fahrerfensters: „Wenn Sie die Brücke passiert haben, bleiben Sie auf dem Fahrweg. Halten Sie auf dem Gelände nicht an.“

Dann trat er zurück und starrte dem Mustang nach, bis er in der Nacht verschwunden war.

## 7. Kapitel

Bruno hatte das Anwesen des *Paten* verlassen, hielt an der Einmündung eines Feldwegs an und checkte die Meldungen auf seinem Handy. Die Jungs von der Spezialtransporte-Firma hatten eine SMS geschickt. „Paket wie vereinbart abgeholt und an Adressaten ausgeliefert", las er. Er atmete erleichtert auf. Dr. Schierle war vorerst in Sicherheit. Wie vereinbart, hatte ihm auch Jules eine SMS geschickt. „Bin auf Station und auf dem Wege der Besserung. Warte auf Besuch." Bruno schrieb eine Antwort an Jules. „Ich bin in einer guten Stunde bei dir. Melde mich noch mal. Gute Besserung." Dann checkte er die eingegangenen Anrufe. Der Sportdirektor des FC hatte ihm vier Mal auf die Mailbox gesprochen und um Rückruf gebeten.

Bruno zögerte, aber dann beschloss er, den Sportdirektor bis morgen zappeln zu lassen. Er hatte entschieden keine Lust auf die hoffnungslosen Hoffnungsläufe und die heiße Luft dieses Schönredners.

Er startete den Motor, schaltete das Fahrlicht ein, und als er den alten Ford Mustang rückwärts setzte, streifte das Scheinwerferlicht den Rand des hohen Grases einer ungemähten Wiese links des Feldwegs. Bruno stutzte, als er in den Augenwinkeln eine Bewegung wahrnahm. Etwas lag in der Wiese und hatte vor dem Licht den Kopf zurückgezogen. Zuerst hielt er die Gestalt für einen großen Hund, der den Kopf auf die Pfoten gelegt hatte, aber als er ein zweites Mal hinschaute, lag der mit grauschwarzem Haar bedeckte Kopf auf Händen. Nun hielt die Gestalt die Augen geschlossen, denn das Weiße in den Augen blitzte im Scheinwerferlicht nicht mehr auf.

Wenn es ein Hund gewesen wäre, hätte Bruno nicht gezögert und ihn mitgenommen. Er war tierlieb und allein der Gedanke, ein ausgesetztes Tier in all seiner Hilflosigkeit zurückzulassen, hätte er nicht ertragen. Aber ein Mensch war etwas anderes, man konnte ihn nicht einfach streicheln, man musste sich mit Menschen auseinandersetzen. Und Menschen konnten gefährlicher sein als ausgesetzte Hunde.

Bruno Böllmann murmelte: „Das hat mir heute gerade noch gefehlt.“ Dann überwand er sich, zog bei laufendem Motor die Handbremse an, öffnete die Tür und richtete sich auf. Er behielt ein Bein im Innern des Wagens, um sofort weiter fahren zu können.

„Was machen Sie da?“, rief er zur Wiese hinüber. Er bemerkte, wie die Gestalt den Kopf hob. Jetzt erkannte er auch wieder das Weiße in den Augen, das ihm nun aber ziemlich gelb erschien.

„Und Sie?“, antwortete eine schwache, brüchige Stimme.

„Geht es Ihnen gut? Brauchen Sie Hilfe?“, fragte Bruno.

„Mir geht's schlecht, und helfen kann mir keiner“, antwortete die heisere Stimme.

„Haben Sie Hunger? Haben Sie Durst?“, fragte Bruno.

„Beides“, antwortete die Stimme. „Aber das Problem ist, wenn ich jetzt was esse, würde ich es sofort wieder auskotzen.“

„Ich habe eine Flasche Wasser im Wagen. Hilft Ihnen das weiter?“, fragte Bruno.

„Ich denke, es wäre schön, etwas Wasser zu trinken“, sagte die Stimme.

Bruno beugte sich in den Fahrraum hinein, nahm die Flasche Wasser von der Rückbank und rief: „Ich bringe Ihnen jetzt das Wasser. Ist das in Ordnung?“

Die Gestalt hatte sich aufrecht gesetzt. Sie trug eine schwarze Regenjacke aus billigem, glänzendem Kunststoff, die an der linken Schulter eingerissen war. Bruno schlenderte zum Wiesenrain, wobei er seine Blicke schweifen ließ. Vielleicht war es ja eine Falle ...

Er hielt Abstand zu der Gestalt, streckte den Arm aus und reichte ihr die Flasche. Der Mann startete zwei Versuche, sie aufzuschrauben, doch es gelang ihm nicht.

Bruno ging in die Hocke. „Geben Sie her!“, sagte er, nahm die Flasche und schraubte sie auf. Dann beobachtete er, wie der Mann in kleinen Schlucken trank.

Bruno hatte noch nie zuvor ein so graues Gesicht gesehen. Es war regelrecht verwelkt, über den Wangenknochen zogen sich breite Risse bis zum Kinn hinab.

Die Flasche war halb leer, als der Mann sie absetzte. „Lecker", sagte er und fügte nachdenklich hinzu: „Der Mensch braucht Wasser." Seine Hände begannen, ganz erbärmlich zu zittern.

„Sind Sie auf Drogen?", fragte Bruno und erschrak über die sachliche Kälte seiner Stimme.

„Nein, ich bin auf Krebs", entgegnete der Mann. „Im Endstadium, nehme ich schwer an."

Dann setzte er die Flasche wieder an Mund, wobei seine Hände nicht aufhörten, heftig zu zittern, und trank sie in kleinen Schlucken leer.

„Sind Sie denn nicht in Behandlung?", fragte Bruno.

„Nein", sagte der Mann. „Der Arzt hat die Diagnose gestellt, dass überall schon Metastasen sind, in der Lunge, im Darm, im Magen. Er hat mir die Überweisung in ein Krankenhaus in die Hand gedrückt. Ich bin nicht mehr in meine Wohnung zurück. Das war vor vierzehn Tagen. Seitdem vegetiere ich auf der Straße." Er schwieg, seine Hände verkrampften sich und er würgte etwas rosa Schleim hervor, den er neben sich ins Gras tropfen ließ.

„Ich gebe zu, ich habe es mir einfacher vorgestellt, zu sterben", röchelte der Mann.

„Haben Sie denn keine Familie, Verwandte, Kinder, Freunde, die sich um Sie kümmern könnten?", fragte Bruno.

„Ich habe einen Sohn. Aber der sitzt in Australien wegen Raubüberfällen im Knast", erwiderte der Mann.

Bruno überlegte eine Weile. Dann fragte er: „Welchen Beruf hatten Sie denn?"

„Ich war Lkw-Fahrer, mein ganzes Leben lang." Er würgte wieder rosa Schaum hervor und spuckte ihn neben sich ins Gras. „Ich habe den Zeitpunkt verpasst, im Auto zu sterben. Das war immer mein Wunsch gewesen, wenn es mit mir zu Ende geht. Mich in ein Auto zu setzen und an einer guten Stelle einen Abflug zu machen."

Der Mann hatte stockend und mit vielen Pausen geredet, das Sprechen fiel ihm sichtlich schwer.

„Und? Kennen Sie eine gute Stelle?", fragte Bruno.

Der Mann nickte müde. Dann sank er seitlich hinab ins Gras. Bruno beugte sich über ihn. „Vielleicht kann ich das möglich machen“, sagte Bruno. „Aber dafür müssen Sie mir vorher bei einer Sache helfen.“

Der Mann riss seine Augen weit auf und starrte Bruno ungläubig an. „Sie erwarten von *mir* Hilfe? Soll das ein Witz sein?“, röchelte er.

„Es ist nur eine Kleinigkeit“, erwiderte Bruno. Dann beschrieb er dem Mann die Aufgabe. „Was glauben Sie, reicht dafür Ihre Kraft?“, fragte er.

„Wenn ich noch etwas Wasser bekomme, denke ich, dass ich es schaffen könnte“, sagte der Mann. „Weil ich jetzt ein Ziel habe!“

Bruno half dem Mann auf, griff ihm unter die Achseln und führte ihn zu seinem alten Ford Mustang.

Es war kurz nach Mitternacht. Bruno hatte Jules eine SMS geschickt, dass er ihn in wenigen Minuten besuchen werde. Er stand im Schatten eines Kleintransporters und beobachtete, wie der sterbenskranke Mann sich abmühte, die Tür zur Eingangshalle des Sankt Antonius-Krankenhauses zu öffnen. Als er merkte, dass der Mann es nicht schaffen würde, trat er hinter dem Wagen hervor und schritt auf das alte, rostbraune Backsteingebäude zu.

„Ich helfe Ihnen“, sagte er. „Aber wieder hinaus müssen Sie es allein schaffen.“

„Das werde ich“, röchelte der Mann. „Ich werde meine letzte Chance auf einen guten Tod nicht vermasseln.“

Bruno öffnete die Tür einen Spaltbreit und schaute in die Empfangshalle. Der Pförtner saß hinter seiner Theke und scrollte irgendetwas auf dem Bildschirm seines Computers hinunter.

„Jetzt!“, flüsterte Bruno, riss die Tür auf und stieß den Mann in die Halle. Er sah, wie der Mann wie ein Betrunkener lostorkelte, wobei er sich kaum auf den Beinen halten konnte, und Bruno befürchtete, er würde der Länge nach hinschlagen. Aber wie durch ein Wunder hielt er sich auf den Beinen, drehte eine enge Kurve und schwankte auf den Tresen zu. „Gibt’s hier nix zu saufen?“, lallte der Mann.

Der Mann spielte seine Rolle für einen Sterbenskranken verdammt gut, fand Bruno. Besonders effektvoll war, wie er die anderthalb Liter Wasser, die er getrunken hatte, gemischt mit rosa Schaum, kurz vor dem Tresen auf den Boden erbrach. „Blöder Penner! Untersteh dich und kotz noch mal!“, schrie der Pförtner und stürzte hinter dem Tresen hervor.

Die nächste Aktion des Sterbenskranken war unter diesen besonderen Umständen mehr als gekonnt. Er legte sich mit seinem ganzen Gewicht auf den einen Kopf kleineren beleibten Pförtner und umfing ihn mit beiden Armen.

Bruno schlüpfte durch die Tür und spurtete in Richtung der Aufzüge.

„Nur ein kleines Kölsch, ein einziges kleines Kölsch!“, hörte er den Sterbenskranken kreischen, dann war er in einem der Aufzüge verschwunden.

Im Vorraum der kardiologischen Station verließ Bruno den Lift, lehnte sich an die Wand und ließ seine Blicke kreisen. Er entdeckte die knopfgroße Webcam erst nach einer ganzen Weile. Sie saß in dem fingerbreiten Spalt zwischen zwei Hinweistafeln. So viel Zeit, um sie entdecken zu können, würde sich der andere nächtliche Besucher nicht gönnen.

Bruno hob den Daumen in Richtung der Webcam. Dann zog er seine Schuhe aus, knotete die Schnürriemen zusammen und hing sich die Schuhe um den Hals. Wie Jules ihm geschrieben hatte, war die Stationstür so präpariert, dass er den unteren Verriegelungsknopf kurz zweimal nach links drehen musste, dann konnte er die Tür öffnen.

Bruno schlüpfte durch die Tür und schloss sie geräuschlos. Dann ließ er sich auf alle viere nieder und kroch in Windeseile am Schwesternzimmer vorbei, aus deren Milchglasfenster ein matter Lichtschein ein Viereck in das tiefe Dämmerlicht schnitt, bis zur Zimmertür von Dr. Schierle. Sie wurde geräuschlos geöffnet.

Er erkannte im schwachen Schimmer des Mondlichts, das durchs Fenster fiel, die hoch aufgeschossene Gestalt von Jules. „Sei gegrüßt, Meister der nachtschwarzen Intrigen!“, flüsterte

Jules, nachdem er die Krankenzimmertür wieder geschlossen hatte.

Bruno richtete sich auf und sog die Luft ein. „Hier stinkt's nach Bier!“, sagte er.

„Nach Paderborner in der Büchse!“, erwiderte Jules. „Hab ich im allerletzten Moment dran gedacht. Kostet bei der Jet-Tanke nur neunundachtzig Cent. Willst du eins?“

Bruno schüttelte den Kopf. „Wenn ich jetzt ein Bier trinke, schlafe ich auf der Stelle ein“, seufzte er und setzte sich auf die Bettkante.

„Wo ist das Problem?“, flüsterte Jules. „Ich wecke dich, wenn die Arbeit getan ist.“

„Das Problem ist, dass es hier nicht nur nach Bier stinkt, sondern du auch noch geraucht hast!“, flüsterte Bruno. „Wenn die Nachtschwester ihren Kontrollgang macht und das riecht, fliegt die ganze Sache auf.“

„Die Nachtschwester wird keine Probleme machen“, kicherte Jules. „Ich hab ihr zwei Portionen K.O.-Tropfen in den süßen Milchkaffee geschüttet. Das langt für Tiefschlaf bis zum Morgengrauen.“

„Das war so nicht abgesprochen!“, protestierte Bruno schwach und fügte dann hinzu: „Wenn ich der Auftragskiller wäre, würde ich sofort Verdacht schöpfen, wenn es ich Zigarettenqualm und Bierdunst riechen würde.“

„Du warst schon immer ein voreiliger Querulant“, erwiderte Jules, ging zum Wandschrank, holte eine Sporttasche heraus und aus ihr eine kleine Sprayflasche. Er betätigte den Sprühknopf und Sekunden später erfüllte ein intensiver Pfefferminzgeruch das Zimmer. „Noch Probleme?“, flüsterte Jules triumphierend.

Bruno hielt sich die Nase zu, drückte sich an der Wand entlang und stellte das Fenster auf Kipp.

„Du bist ein total misanthropischer Aroma-Ignorant“, beschwerte sich Jules. Bruno ging zum Bett, auf dem ein aufgeklappter Laptop stand. Das Display zeigte ein zweigeteiltes Bild des Stationsvorraums und des Flurs.

„Darauf kannst du starren, wie du willst, Verräter der Kölschtrinker, aber deswegen kommt unser Besucher nicht früher als drei Uhr“, meinte Jules.

„Woher willst du das wissen?“, fragte Bruno.

„Weil drei Uhr die beste Zeit zum Sterben ist“, sagte Jules. „Diese Uhrzeit hat unter Killern eine große Tradition. Das kannst du in jedem alten amerikanischen Krimi nachlesen.“

„Heutzutage scheißen Killer auf irgendwelche Traditionen, denke ich“, erwiderte Bruno. „Und wie, glaubst du, wird er vorgehen?“

„Sein Opfer liegt auf einer Herzstation, die Chance wird er sich nicht entgehen lassen“, meinte Jules und setzte sich aufs Bett. „Ich denke, er wird seinem Opfer ein starkes Medikament spritzen, das zum Herzstillstand führt. Er hat sogar gute Chancen, dass der Tod seines Opfers als normaler Herzinfarkt festgestellt wird, wenn er sich einigermaßen geschickt anstellt.“

„Und wenn er den Auftrag hat, es gar nicht wie einen natürlichen Tod aussehen zu lassen? Wenn dieser Mord zugleich als Warnung an andere gemeint ist?“, wandte Bruno ein.

„Dann setzt er einen Puster mit Schalldämpfer auf die Bettdecke und macht an den richtigen Stellen plopp, plopp, plopp!“, sagte Jules.

„Und wie gehen wir vor?“, fragte Bruno.

„Ich leg mich in die Kiste“, meinte Jules. „Und zwar mit dem Ding!“ Er holte einen Elektroschocker aus der Hosentasche. „Wenn der Typ die Bettdecke zurückschlägt, um mir eine Spritze zu verpassen, hämmere ich ihm den Schocker vor die Stirn. Der hebt sogar Elefantenbullen aus den Schuhen.“

„Und wenn er den Puster auf die Bettdecke drückt?“, fragte Bruno.

„Dann kommst du ins Spiel, Meister der nächtlichen Niedertracht. Du liegst unter dem Bett, und zwar mit einem zweiten Schocker. Den hämmerst du ihm dann ans Bein!“

„Und woher weiß ich, was er vorhat, wenn ich unter dem Bett liege?“, fragte Bruno.

Jules tippte auf dem Keyboard seines Laptops ein paar Zahlen ein. Auf dem Display wurde zusätzlich ein Video des Krankenzimmers eingeblendet.

„Dann gib mir mal meinen Schocker und zeig mir, wie er funktioniert“, sagte Bruno.

Es war kurz nach ein Uhr in der Nacht, als Bruno auf dem Display des Laptops bemerkte, wie ein Lämpchen am Schaltbrett des Aufzugs zu blinken begann. Sekunden später glitt die Aufzugstür zur Seite und der schlecht rasierte Krankenpfleger, der ihn im Besucherzimmer angesprochen hatte, trat aus dem Aufzug.

„Mist, er ist schon da!“, flüsterte Bruno.

„Traditionsloser Ignorant!“, schimpfte Jules und schlüpfte unter die Bettdecke. Sie war viel zu kurz. Seine Beine und Füße guckten hervor.

„Zieh die Beine an den Leib!“, zischte Bruno und kroch mit dem Laptop unter das Bett. Dort holte er den Elektroschocker aus der Tasche und schaltete ihn ein, wie es Jules ihm gezeigt hatte, und dimmte das Display, bis es keinen verdächtigen Schimmer mehr unter dem Bett hervorwarf.

Der falsche Krankenpfleger hatte sich eine Weile im Vorraum umgeschaut, dann war er schnurstracks zur Stationstür gegangen und steckte eine hauchdünne Nadel und ein winziges Plättchen in das Schloss. Es dauerte keine zehn Sekunden, dann hatte er das Türschloss geöffnet. Er machte sich nicht die Mühe, sich zu ducken, sondern ging schnellen Schrittes auf die Zimmertür zu. Als er die Krankenzimmertür geräuschlos hinter sich geschlossen hatte, trat er ans Bett und zog aus der rechten Tasche seines frisch gestärkten Kittels eine Spritze hervor. Dann beugte er sich zum Bett herab und packte mit der linken Hand eine Ecke der Bettdecke, die Jules über seinen Kopf gezogen hatte. Gleichzeitig hob er die rechte Hand, in der er die Spritze hielt.

Als der Mann die Bettdecke zurückriss, schnellte Jules hoch und hämmerte dem falschen Krankenpfleger den Elektroschocker gegen die Stirn. Gleichzeitig schnappte sich Bruno die Beine des Mannes und riss sie so schwungvoll zur Seite, dass der Mann umkippte. Die Spritze flog aus seiner Hand und knallte gegen das Fenster. Dann war Bruno unter dem Bett hervor und drückte dem falschen Krankenpfleger, der auf dem Gesicht zu liegen gekommen war, den Elektroschocker in den Nacken. Der Kerl zuckte und zappelte, aber es gelang ihm nicht, sich auf den Rücken zu wälzen.

Jules kniete sich auf den Rücken des zappelnden Kerls, umwickelte zuerst Kopf, Augen und Mund mit Klebeband, dann verschnürte er Arm und Beine des Auftragskillers.

Dann packten sie den Mann und legten ihn aufs Bett. Jules durchsuchte die Taschen der weißen Krankenpflegerhose, holte einen Autoschlüssel, ein Portemonnaie und ein Handy hervor. Bruno nahm den Autoschlüssel und das Handy an sich. Jules öffnete das Portemonnaie, holte vier Fünfziger hervor und hielt sie vor Brunos Augen.

„Trinkgeld. Ist das okay?“, flüsterte er.

Bruno nickte. Dann verstauten sie Jules Sporttasche auf dem Bett. Bruno klaubte mit spitzen Fingern die Spritze vom Boden auf und wickelte sie in ein Handtuch, das er ans Fußende des Bettes legte. Dann zog er die blutrote Distel aus dem Blumenstrauß und befestigte sie mit Klebeband auf der Brust des falschen Krankenpflegers. Jules löste die Webcam, die er neben das kleine Bronzekreuz an der Stirnseite des Krankenzimmers geklebt hatte. Dann öffnete er die Krankenzimmertür und kam mit der Webcam wieder, die im Stationsflur angebracht gewesen war.

Sie deckten die Bettdecke über den falschen Krankenpfleger und rollten das Bett auf den Flur. Mit dem Personalaufzug fuhren sie hinab in den Keller. Dort legten sie den Killer in einen Müllcontainer und schoben ihn hinter einen Pfeiler.

Dann nahmen sie die Personaltreppe zum Hinterausgang und standen wenig später auf der Straße. Bruno zog den Autoschlüssel des falschen Krankenpflegers aus der Hosentasche. „Es ist ein Fünfer-BMW“, sagte Bruno. „Pass auf, ob du irgendwo ein Lichtsignal siehst.“

Bruno drückte auf den Automatikknopf des Schlüssels.

„Da drüben, circa achtzig Meter von hier, hat was aufgeblinkt“, sagte Jules und zeigte die Richtung an.

„Ich hab noch was zu erledigen. Es dauert nicht lange. Setz dich inzwischen in meinen Mustang. Er steht hinter der nächsten Straßenecke“, sagte Bruno und gab Jules den Schlüssel des Mustangs.

Er fand den Fünfer-BMW, ein bequemer, schneller Wagen mit Automatik.

Er setzte sich ans Steuer und lenkte den Wagen zu den beiden Müllcontainern, hielt an und stellte den Motor ab. Er fand den sterbenskranken Mann hinter den Containern. Er lag in einer Lache aus Erbrochenem. Zuerst glaubte Bruno, der Mann sei tot, doch als er ihn an der Schulter berührte, schlug der Mann die Augen auf.

„Haben Sie das Auto organisiert?“, krächzte er.

Bruno nickte und half dem Mann auf. Als er ihn hinter das Steuer gesetzt hatte, fragte er: „Glauben Sie, Sie schaffen es noch bis zu der guten Stelle?“

Der Mann nickte. „Ich werde es schaffen“, flüsterte er.

„Sollten Sie vorher Probleme haben oder die Landung nicht so verlaufen, wie Sie es erhoffen, in dem Handtuch auf dem Beifahrersitz ist eine Spritze eingewickelt. Ich denke, sie wirkt schnell und tödlich.“

„Und ich kann dieses schöne Auto wirklich zerstören?“, vergewisserte sich der Mann.

Bruno nickte. „Ich hätte es sonst abgefackelt“, erwiderte er. „Wie heißen Sie?“

„Meine Freunde haben mich früher Jimmy genannt.“

Bruno beugte sich in das Wageninnere vor und umarmte den Mann so vorsichtig, als wären dessen Knochen aus Glas.

„Gute Reise, Jimmy“, sagte er. Dann drehte er sich um und ging in Richtung des Krankenhauses zurück.

Als er in seinem Ford Mustang saß, trank Jules seine letzte Büchse Paderborner leer. „Alles in allem war das eine gelungene Veranstaltung“, sagte er und rülpste zufrieden.

Bruno holte das Handy des Krankenpflegers hervor und kramte dann in seinem Portemonnaie die Visitenkarte hervor, die ihm Yüce gegeben hatte. Es war ein billiges Handy mit einer Prepaid-Karte, das nicht gesichert war. Er aktivierte das Handy und legte die Visitenkarte vor Jules auf die Ablage.

„Ruf bitte diesen Kerl an und sag ihm, wo er seinen Killer abholen lassen kann“, sagte Bruno.

„Warum machst du das nicht selbst, Meister der Niedertracht?“, fragte Jules.

„Weil der Kerl meine Stimme kennt“, erwiderte Bruno.

„Wie soll ich ihn anreden?“, fragte Jules.

„Das ist mir egal“, erwiderte Bruno.

„Gefällt dir Pussy oder Arschloch besser?“, fragte Jules. Als er von Bruno keine Reaktion bekam, stellte er das Handy auf laut und wählte die Nummer. Nach einer Weile fragte eine verschlafene Stimme. „Hat alles geklappt?“

„Hör zu, du Pussy-Arschloch!“, sagte Jules. „Du kannst die Witzfigur, die du geschickt hast, im Keller des Sankt-Antonius-Krankenhauses abholen. Sie liegt im Müllcontainer hinter dem Pfeiler links. Der nächste, den du schickst, wird es nicht überleben. Und du auch nicht.“

Jules drückte das Gespräch weg und reichte Bruno das Handy. Der warf es mit so viel Schwung aus dem Fenster, dass es auf dem Asphalt zerbrach.

„Kannst du mir einen deiner Elektroschocker für ein paar Tage leihen?“, fragte Bruno.

„Ich geb dir das Ladegerät mit dazu“, erwiderte Jules und kramte beides aus seiner Sporttasche hervor.

Dann fuhren sie schweigend durch das nächtliche Köln. Als Bruno in Köln-Nippes die Neusser Straße erreicht hatte, fragte er: „Wann hast du das letzte Mal gebetet?“

„Das ist eine richtige Gute-Nacht-Frage“, kreischte Jules auf und wippte begeistert mit seinen unendlich langen Armen. „Ich weiß es genau. Damals war ich sechs Jahre alt und meine Tante war mit mir ins Kino gegangen. Wir schauten einen lustigen Trickfilm an, und ich musste bei einer Szene so sehr lachen, dass ich mir in die Hosen gemacht habe. Alles war nass und warm, und ich schämte mich furchtbar. Ich habe gebetet, dass niemand meine nasse Hose bemerkt, wenn der Film zu Ende war.“

„Und? Hat das Gebet etwas genutzt?“, fragte Bruno.

Jules schüttelte begeistert den Kopf. „Natürlich nicht! Das erste, was meine Tante sagte, als das Licht anging, war: Du Ferkel hast dir in die Hose gepisst! Es war nicht der Vorwurf in ihrer Stimme, der mich umhaute, sondern die Lautstärke, denn alle Leute um mich herum starrten mich angeekelt an.“

Bruno hatte in der Nähe der Einmündung des Niehler Kirchwegs gehalten. Jules nahm seine Sporttasche vom Rücksitz. „Und du? Wann hast du das letzte Mal gebetet?“, fragte er.

„Eben, während der Fahrt“, sagte Bruno. „Es war ein anwaltliches Gebet. Ich wollte Gott von etwas überzeugen, von dem ich wusste, dass es nicht wahr ist.“

„Ich denke, dieses Gebet war noch vergeblicher als meines wegen der bepissten Hose!“, krähte Jules vergnügt.

## 8. Kapitel

Bruno hatte sich geduscht, stand auf der Terrasse, blickte in das nasse, vom bleigrauen Himmel über Köln düster bespiegelte Antlitz der Kölner Rennbahn, als ein nerviges Dauerklingeln an seiner Wohnungstür ihn zusammenzucken ließ. Er rührte sich nicht und hoffte, dass der nervige Klingelton von selbst aufhören würde. Aber die Hoffnung trog, und nachdem er bis hundertzwanzig gezählt hatte und der Dauerton noch immer schrillte, schlurfte er zur Wohnungstür und öffnete.

Fred Hammerstein hielt ihm eine Tüte vors Gesicht, aus der es nach frischen Brötchen roch. Dann schob er Bruno zur Seite, ging in die Küche und begann, frischen Kaffee aufzubrühen.

Als sie am Tisch saßen und Fred Hammerstein alle Brötchen, bis auf eines, verputzt und drei Tassen Kaffee getrunken hatte, rülpste er, senkte den Kopf fast bis auf die Tischplatte und schielte zu Bruno tückisch hinauf.

„Ich sage dir wohl nichts Neues, wenn ich dir verrate, dass Dr. Schierle heute Nacht aus dem Sankt-Antonius-Krankenhaus verschwunden ist", begann er. „Man hat sein leeres Bett unten im Keller gefunden, wie mir der Hausmeister des Krankenhauses berichtet hat. Hast du mir dazu was zu sagen?"

Bruno zuckte mit den Achseln.

Jetzt schnellte Fred Hammersteins teigige Fetthand vor und umfasste Brunos Oberarm. „Und erzähl mir jetzt nicht, dass du gestern noch einen Termin bei dem *Paten* hattest und dass es spät geworden ist", fuhr Fred Hammerstein fort. „Aber so spät hast du sein Anwesen wiederum auch nicht verlassen, es war erst kurz nach halb elf." Fred Hammerstein drückte Bruno mit einer plötzlichen Bewegung gegen die Stuhllehne und herrschte ihn an: „Iss ein Brötchen, Junge, denn du siehst schrecklich aus!"

„Ich bekomme morgens kein Brötchen herunter", sagte Bruno. Dann seufzte er und starrte Fred Hammerstein ins Gesicht. „Du hast mich also beschatten lassen!"

„Na klar habe ich das!", schrie Fred Hammerstein. Der übergewichtige Mann stemmte sich von seinem Küchenstuhl, watschelte zur Kaffeemaschine und goss sich noch eine Tasse ein. „Und weißt du, von wem? Von dem Mann, der dir den Sterbenskranken vorgespielt hat!“

Fred Hammerstein lachte gutmütig auf, ließ sich zurück auf den Küchenstuhl plumpsen und schielte auf das letzte Brötchen im Korb.

„Du willst das letzte Brötchen also wirklich nicht?“, fragte er, wartete Brunos Antwort erst gar nicht ab, sondern schnitt es auf und belegte es mit einer doppelten Scheibe gekochtem Schinkens.

„Der Mann ist wirklich gut. Er wollte eigentlich mal Schauspieler werden, ist aber irgendwie im Polizeidienst kleben geblieben“, sagte er mit vollem Mund und zwischen zwei Bissen. Dann wischte er mit dem Handrücken über den Mund. „Wir haben den Mann, den du und Jules in Dr. Schierles Bett in den Keller geschoben haben, festgenommen. An der Spritze, die du unserem Schauspieler auf den Beifahrersitz gelegt hast, waren seines Fingerabdrücke. Das Mittel in der Spritze hätte nach dreißig Sekunden zum Herzstillstand geführt, wie die Laboranalyse ergeben hat. Der Fünfer-BMW, den er gefahren hat, gehört übrigens einem deiner neuen Geschäftsfreunde.“

„Ich mache mit dem Yüce keine Geschäfte“, protestierte Bruno.

„Ich rede ja auch nicht von Yüce“, erwiderte Fred Hammerstein. „Der BMW ist auf die Frau des Sportdirektors des FC zugelassen.“

„Das kann ich nicht glauben!“, rief Bruno aus, stand vom Tisch auf und ging in der Küche hin und her.

„Gib mal ein Blatt Papier und was zu schreiben“, meinte Fred Hammerstein ungerührt.

Bruno sah zu, wie Fred Hammerstein in der Mitte des Papiers einen Kreis malte, in den er *Deborah* schrieb. Vor ihr malte er zwei Vierecke, in die er *Schierle* und *Bruno* schrieb. Dann folgten zwei große Dreiecke, die mit den Spitzen gegeneinander gerichtet waren, in die er *der Pate* und *Yüce* kritzelte. Dann verband er die Namen mit Strichen und einer Anzahl von Pfeilen, und es waren diese Pfeile, die Bruno verwirrten.

„Vielleicht herrscht Krieg zwischen dem Yüce und dem *Paten*, vielleicht haben sie aber das Fell des Bären längst schon verteilt, und es gehört zu ihrem Versteckspiel", sagte Fred Hammerstein und kratzte sich etwas Schorf von seinem Haaransatz. „Die Spielervermittlung ist bloß Deckung, Tarnung, Ansatzpunkt für Manipulation und Bestechung. Der Yüce ist ganz dick mit den Hongkong-Chinesen im Geschäft, der *Pate* mit den Triaden der japanischen Wettmafia, die einen breiten Fuß nach Südchina gesetzt haben, wie mir mein Spezialist von der ‚Soko Glücksspiel' beim BKA berichtet hat.

Verstehst du jetzt, Bruno? Das ist nicht gesund, wenn sich ein glückloser Kölner Anwalt, ein hoffnungsloser Einzelkämpfer, da hinein drehen will! Es ist ein Milliardenspiel mit allen faulen Tricks, die man sich vorstellen kann. Sie werden dich benutzen und dann abtropfen lassen, Bruno Böllmann, sie werden dich in den toten Winkel und auf null stellen! Ich denke, du solltest dir diese Deborah und den Dr. Schierle als abschreckende Beispiele dienen lassen."

Bruno nickte. „Du hast ja recht, das scheint mir auch eine Nummer zu groß", sagte er. „Ich wickle noch die Sache mit dem brasilianischen Fußballer ab, dann halte ich mich aus allem raus."

„Versprochen?", fragte Fred Hammerstein und streckte seine Hand aus.

Bruno schlug ein und erwiderte: „Versprochen!"

Als Bruno seine Kanzleiräume betrat, hörte er aus dem Büro seiner Sekretärin Gelächter. Er öffnete die Tür und steckte den Kopf in ihr Zimmer. Er fand Frau Winter, die wie immer hinter ihrem Schreibtisch saß, im Gespräch mit einer attraktiven Frau im schwarzen Kostüm, die eine schmale Aktenmappe unter dem Arm hielt.

„Guten Morgen, Bruno!", sagte Frau Winter und erhob sich von ihrem Schreibtischstuhl.

Bruno konnte sich nicht daran erinnern, wann Sigrid das letzte Mal zu seiner Begrüßung aufgestanden war. Sie machte sogar zwei Schritte auf die Tür zu. „Darf ich vorstellen? Das ist Frau Dr. Andrea Schneider, die Assistentin des Herrn Dr. Schierle", fuhr Sigrid Winter fort.

„Bruno Böllmann“, sagte Bruno und reichte der Besucherin die Hand. Sie zeigte ihr schönstes Haifischlächeln, als sie Brunos Hand flüchtig berührte.

Es war dieses gnadenlos schuldlose Haifischlächeln, das Bruno eine völlig neue Perspektive auf die bürgerliche Fassade des Dr. Schierle verschaffte und ihn die Fallhöhe seiner bürgerlichen Existenz völlig neu berechnen ließ.

„Ich soll Ihnen die besten Grüße von Dr. Schierle ausrichten und seinen aufrichtigen Dank dafür, dass Sie ihn in diesem privaten Sanatorium untergebracht haben“, sagte Frau Dr. Schneider mit einer ausdrucksvollen und angestrengt herzlichen Stimme, wobei sie aber nicht die tiefgefrorenen Schwingungen unterdrücken konnten, die etwas in der Art von sich gaben wie: *Ich reiß dich in Stücke, wenn du mir irgendwelche Schwierigkeiten machst.*

Als sie Brunos erstauntes Stirnrunzeln bemerkte, fügte sie, eine Spur zu schnell und zu selbstsicher, hinzu: „Er hat mich heute in aller Herrgottsfrühe angerufen.“

Bruno fand, dass der Ausdruck *Herrgottsfrühe* von ihren Lippen wie eine Gotteslästerung klang. Er folgte Sigrids Blick, der an Frau Dr. Schneiders wohlgeformten Beinen hinabglitt und sich an ihre Schuhe heftete. Man sah ihnen an, dass sie sündhaft teuer waren. Diese Frau musste einen ungeheuren Kostendruck auf Dr. Schierle ausüben.

„Es freut mich, dass es dem Kollegen gut geht“, erwiderte Bruno.

„Dr. Schierle bittet Sie, in der Zeit seiner Abwesenheit einige Termine für ihn wahrzunehmen, für die ich durch andere Termine leider blockiert bin“, sagte Frau Dr. Schneider und schwenkte unternehmungslustig ihre schmale Aktenmappe aus hauchdünnem, anthrazitfarben gegerbtem Rindsleder, das zu ihrem schwarzen Kostüm einen Kontrast bildete, den Gerda *dezent* genannt hätte. „Weil er irgendwie geahnt haben muss, dass er in gesundheitliche Schwierigkeiten kommen könnte, hatte er vorsorglich eine Vertretungsvollmacht in seinem Schreibtisch deponiert“, meinte Frau Dr. Schneider und die Dreistigkeit, mit der sie diese offensichtliche Lüge vorbrachte, ließ selbst Frau Winter die Stirn runzeln.

Bruno war sicher, dass diese Frau Dr. Schierle heute schon persönlich gesprochen und ihr Vorgehen mit ihm verabredet hatte. Jetzt kannte außer ihm und den Leuten von der Spezial-Transport-Firma, auf die er sich hundertprozentig verlassen konnte, noch jemand Dr. Schierles Aufenthaltsort. Das war nicht gut für Dr. Schierle.

„Haben Sie vielleicht zehn Minuten für mich? Länger brauche ich nicht, um mit Ihnen die Termine durchzugehen“, sagte Frau Dr. Schneider.

Bruno bat Dr. Schierles Assistentin in das Büro, das Gerda geräumt hatte, als sie ihm die Kanzlei- und die Lebensgemeinschaft aufgekündigt hatte. Irgendetwas sträubte sich in ihm dagegen, diese Frau in sein Büro im ausgebauten Dach zu führen. Die Vorstellung war ihm so unangenehm wie die, sich vor dieser Frau nackt auszuziehen.

Frau Dr. Schneiders Erklärungen zu den vier Terminen, die Bruno für den Kollegen wahrnehmen sollte, waren kurz, präzise und sachlich, nur ihr Haifischlächeln, das diese Erklärungen begleitete, war ganz anders. Es sagte immer das Gleiche: *Egal wie es ausgeht, zum Schluss werde ich dich in Stücke reißen!*

Frau Dr. Schneiders Erklärungen wurden nur ein einziges Mal durch ein leichtes Vibrieren ihres Smartphones, das sie neben sich auf den Schreibtisch gelegt hatte, unterbrochen. Sie warf, ohne in ihrem gerade begonnenen Satz innezuhalten, einen Blick auf das Display, wobei ihre großen, ausdrucksvollen Augen sich für einen Moment verengten und gefährlich glitzerten. Danach schien sie in noch größerer Eile als zuvor, sprach nur noch das Nötigste, schob Bruno ihre Visitenkarte zu und verabschiedete sich mit einem doppelten Haifischlächeln.

Es dauerte keine Minute, bis Frau Winter Gerdas ehemaliges Büro betrat. Sie stakste mit ihrem eckigen, norddeutschen Gang zum Fenster und öffnete es. „Ich mag ihr Parfüm nicht“, sagte sie. Dann blickte sie Bruno herausfordernd an. „Ich mag überhaupt nichts an ihr und kann dir nur raten, dich von dieser Dame fernzuhalten.“

„Wie kommst du darauf, dass ich ihre Nähe suchen könnte?“, fragte Bruno.

„Weil sie genau in dein Beuteschema passt", erwiderte Frau Winter. In der Tür drehte sie sich zu Bruno um. „Übrigens hat Herr Frank von der Sparkasse heute Morgen angerufen."

„Mein Gott, der soll sich nicht so anstellen!", stöhnte Bruno.

„Er hat sich nicht angestellt, ganz im Gegenteil. Er hat mich beglückwünscht, dass es nun mit der Kanzlei wieder aufwärtsgehe", sagte Frau Winter. „Ich habe danach mal unser Firmenkonto gecheckt. Jemand hat dreißigtausend überwiesen. Die Summe war mit dem Vermerk versehen: Provision. Du müsstest mir bei Gelegenheit noch verraten, wie ich diesen Eingang verbuchen soll." Sie hatte schon die Hand auf die Türklinke gelegt, als sie hinzufügte: „Ich hoffe, du machst jetzt nicht auch noch Geschäfte mit der Mafia, denn wer sonst sollte uns dreißigtausend aufs Konto schicken?"

Als sie die Tür schon hinter sich geschlossen hatte, rief Bruno ihr nach: „Weißt du, warum ich dich mag, Sigrid? Weil du kriminalistischen Scharfsinn hast!"

Dann schnupperte er den entschwindenden Ausdünstungen von Dr. Andrea Schneider nach und ging die Treppe hinauf in sein Büro im ausgebauten Dach. Wie immer galt sein erster Blick dem Fenster, vor dem die letzten Jahre so oft die Amsel gesessen und mit ihm geschimpft hatte. Zum ersten Mal seit dem strengen Winter, den die Amsel nicht überlebt hatte, hockte wieder ein schwarzer Vogel auf der Fensterbank, plusterte sich auf, legte den Kopf schief und schimpfte mit Bruno. In diesem Moment wünschte Bruno sich sehr, dass es so etwas wie Seelenwanderung unter den Vögeln gäbe.

Er hörte den Anrufbeantworter ab, auf den drei ihm unbekannte Anrufer und viermal der Sportdirektor des FC gesprochen hatten. Einer der Anrufer war ein Mitglied des Aufsichtsrates des FC, von dem Bruno noch nie zuvor gehört hatte. Der Mann tat so, als seien sie schon seit Jahren dicke Freunde, und betonte mehrmals, dass Bruno ihm als Anwalt von namhaften Persönlichkeiten des Vereins wärmstens empfohlen worden sei und er sich freuen würde, ihn möglichst bald in seinen Geschäftsräumen begrüßen zu dürfen, zumal er in einer nicht ganz einfachen Rechtsangelegenheit dringenden Beratungsbedarf habe. Der Anrufer einer Sportwerbefirma war da schon deutlicher. „Ich würde gerne mit Ihnen als einem im Verein hochgeschätzten Berater ins Gespräch kommen“, hatte er gesagt. Der dritte Anruf stammte von einem anonymen Fan des FC. Er hatte folgende Botschaft hinterlassen. „Wir Fans beobachten Ihr Treiben ganz genau und haben Sie auf dem Schirm.“

Offensichtlich war die undurchschaubare Gemengelage des FC mal wieder auf eine ihrer zahllosen schiefen Ebenen geraten und hatte begonnen, in seinen Anrufbeantworter zu tröpfeln.

Bruno hatte gerade den Anrufbeantworter abgeschaltet, als ihn Frau Winter auf der Hausleitung anbimmelte. „Ich habe *diesen* Fred Hammerstein für dich unter dem Knöpfchen“, sagte sie und betonte dabei *diesen* auf eine ganz perfide Art.

„Du hast was gegen *diesen* Mann“, erwiderte Bruno, bekam aber *diesen* viel weniger perfide hin als seine Sekretärin.

„Das stimmt“, sagte Frau Winter. „Ich mag seinen Zynismus nicht. Er wird ihm mal den Hals brechen, wünsche ich ihm jedenfalls von ganzem Herzen.“

„Dieser fromme Wunsch ist auch Zynismus“, sagte Bruno. „Und überhaupt, wenn es nach dir ginge, Sigrid, dürfte ich nur noch mit deinem Gewissen telefonieren.“

„Das wäre auf jeden Fall auch besser für dich“, entgegnete Frau Winter schnippisch und stellte das Gespräch durch.

„Die Frau des Sportdirektors hat vor einer Stunde ihren Fünfer-BMW auf der Wache in Köln-Lindenthal als gestohlen gemeldet“, sagte Fred Hammerstein ohne jede Einleitung. „Es ist einer jener zahllosen Versuche beim FC, sich gegenseitig etwas in die Schuhe zu schieben. Vielleicht lagst du mit *deinem* Yüce doch nicht so verkehrt, obwohl ich eher annehme, dass der *Pate* den Mann mit der Spritze geschickt hat.“ Wie es seine Art war, beendete Fred Hammerstein seinen Anruf abrupt und ohne jedes Abschiedswort.

Als Bruno Böllmann seinen neongrünen alten Ford Mustang auf dem Parkplatz des Clubheims abstellte, kam ein Gebirge von einem Mann, korrekt in einen dunkelblauen leichten Sommeranzug gekleidet, ohne zu zögern auf seinen Wagen zu. Es war ihm nicht gegeben, wenigstens ein neutrales, unbeteiligtes Gesicht zu ziehen, die buschigen Augenbrauen waren zusammengezogen, die riesigen Hände zu Fäusten geballt.

Bruno beugte sich nach rechts, griff in die Ablage, holte den Elektroschocker hervor und ließ ihn in die Außentasche seines Jacketts gleiten. Dann war das Gebirge von einem Mann heran und verdunkelte die Sonne. Es war ihm wohl auch nicht gegeben, irgendetwas behutsam und mit Zartgefühl zu tun, denn er wummerte mit großer Wucht gegen das Fahrerfenster, was die ganze Karosse des alten Autos in Schwingung versetzte.

Bruno ließ das Fahrerfenster herunter. „He, gehen Sie nicht so grob mit dieser alten Dame um!", sagte Bruno.

„War keine Absicht, ist so meine Art", brummte der Mann. Dann legte er seine gewaltigen Hände auf die heruntergelassene Seitenscheibe und fuhr fort: „Ich soll Sie ins Clubhaus begleiten. Sonst nichts. Es ist zu Ihrer eigenen Sicherheit."

„Ich sag's Ihnen lieber gleich: Es ist mir nicht recht", erwiderte Bruno. „Jeder weiß hier, dass Sie zum Personal des *Paten* gehören, und ich will meine Neutralität nicht aufs Spiel setzen."

„Ihre Neutralität ist mir egal", erwiderte der Mann. „Ich habe meinen Auftrag."

„Schon gut. Ich wollte Ihnen nur meine Position verdeutlichen, damit sich später niemand beklagt. Wenn Sie nun die Freundlichkeit hätten, etwas zurückzutreten, damit ich aussteigen kann", sagte Bruno.

Der Mann wuchtete seine Massen erstaunlich behände drei Schritte zurück. Bruno stieg aus, legte seine Aktentasche auf das Wagendach und bückte sich mit dem Autoschlüssel zum Türschloss. Doch anstatt abzuschließen, griff er in die Seitentasche seines Jacketts und wirbelte gleichzeitig auf dem Absatz herum. Als der Elektroschocker den Abgesandten des *Paten* traf, beobachtete Bruno, wie zuerst leichte Schockwellen die Gesichtsmuskeln des Mannes zum Beben brachten, dann zappelten seine Hände wie zwei auffliegende Greifvögel durch die Luft. Bruno holte ein zweites Mal Schwung und hämmerte dem Mann den

Elektroschocker gegen die Stirn. Es sah aus wie ein Erdrutsch, als der Mann zu Boden ging.

„Ich hoffe, ich habe Ihnen meine Position verdeutlichen können", sagte Bruno in einem verbindlichen Tonfall, nahm seine Aktenmappe vom Autodach und ging auf das Clubhaus zu. In den Augenwinkeln bemerkte er einen von Yüces Männern in einem schwarzen Cayenne, der hektisch auf seinem Handy telefonierte.

Als Bruno die Geschäftsstelle betrat, drehte sich der Zeugwart des FC, der an der Theke gestanden hatte, um und sah Bruno verblüfft an. „Wie, Sie sind allein gekommen?", fragte er.

„Was haben Sie denn erwartet? Ein paar Engelchen, die vor mir Rosenblätter streuen?", meinte Bruno.

In diesem Moment wurde die Tür zum Büro des Geschäftsstellenleiters aufgerissen und der Sportdirektor stürmte heraus. Als er Bruno bemerkte, blieb er stehen und stieß den Kopf vor, als wolle er einen Ball ins Tor köpfen. „Mein Gott, Herr Böllmann, da sind Sie ja endlich! Ich habe die halbe Nacht versucht, Sie zu erreichen, und Ihnen mehrmals auf die Mailbox gesprochen!", polterte er los.

„Entschuldigung, aber ich dachte, das sei nicht so wichtig", entgegnete Bruno.

Der Sportdirektor war mit zwei schnellen Schritten an der Theke und beugte sich über sie zu Bruno vor. „Nicht so wichtig? Auf wessen Seite stehen Sie überhaupt? Fangen Sie jetzt auch schon an, meine Position im Verein untergraben zu wollen?", ereiferte er sich.

„Nichts liegt mir ferner", entgegnete Bruno gelassen. „Ich wollte nur ein Zeichen meiner absoluten Neutralität setzen."

„Neutralität? Sie sind hier in Köln und nicht in der Schweiz!", ereiferte sich der Sportdirektor. „In Köln ist jede Form von Neutralität absolut illusorisch!"

Die ältere der beiden Sekretärinnen zupfte ihn am Ärmel und hielt ihm einen Telefonhörer hin. „Da ist ein Mann von der Polizei. Es ist wegen des gestohlenen Wagens Ihrer Frau", sagte sie.

„Während Sie sich hinter Ihrer Neutralität verstecken, stiehlt man den Fünfer-BMW meiner Frau! So sieht's nämlich aus!", ereiferte sich der Sportdirektor, ergriff das schnurlose Telefon, stürmte ins Büro des Geschäftsstellenleiters und schmetterte hinter sich die Tür zu.

In das betretene Schweigen hinein sagte Bruno: „Er tut gerade so, als hätte *ich* das Auto seiner Frau geklaut."

„Ich weiß auch nicht, was der wieder hat!", flüsterte ihm die ältere der beiden Sekretärinnen zu. „Der ist heute völlig durch den Wind."

Die jüngere der beiden Sekretärinnen hielt mit einer Hand den Hörer eines Telefons zu und sagte: „Ich habe einen Redakteur vom *Express* in der Leitung. Er will wissen, was mit dem geklauten Auto des Sportdirektors los ist. Was soll ich dem denn sagen?"

„Sie wissen von nichts!", entgegnete Bruno.

„Aber der Typ lässt nicht locker! Er hat schon zum vierten Mal angerufen", stöhnte die Sekretärin.

„Geben Sie ihn mir mal!", sagte Bruno.

Als er den Telefonhörer in der Hand hielt, stürmte der Sportdirektor aus dem Büro des Geschäftsstellenleiters und rief: „Die Polizei hat das Auto meiner Frau sichergestellt. Es ist in der Nähe des Sankt-Antonius-Krankenhauses gefunden worden. Es fehlt nichts!"

„Haben Sie das mitgehört?", fragte Bruno in das Telefon hinein. „Hier spricht Bruno Böllmann, Rechtsanwalt und Vertretung des Justiziars des FC. Sollte heute eine Fliege hier in der Geschäftsstelle herumsurren, rufen wir Sie an und lassen Sie dieses Ereignis wissen." Dann drückte Bruno das Gespräch weg.

„Das Komische ist nur, dass die Polizei meine Frau und mich zu einem Verhör aufs Präsidium bestellt hat. In drei Stunden!", sagte der Sportdirektor. Dann wandte er sich an Bruno.

„Kommen Sie mit in mein Büro, Herr Böllmann, und berichten Sie mir, was Sie wegen des brasilianischen Spielers erreichen konnten."

Als Bruno dem Sportdirektor gegenübersaß, bemerkte er hektische rote Flecke, die von dessen Stirn bis zum Adamsapfel reichten.

„Ich wollte Sie heute Nacht von einer ganz neuen Entwicklung unterrichten, Herr Böllmann", begann der Sportdirektor. „Der

Trainer hat seine Meinung total gedreht. Er ist hellauf von dem Jungen begeistert und drängt auf seine Verpflichtung. Und plötzlich ist auch unser Präsident Feuer und Flamme."

„Ich habe den Jungen untergebracht", sagte Bruno, öffnete die Aktenmappe und entnahm ihr zwei Exemplare des Vertrags, den der *Pate* hatte aufsetzen lassen. „Jetzt liegt es am Verein, ob er den Jungen nimmt oder nicht."

„Untergebracht? Bei *wem*?", fragte der Sportdirektor.

Bruno schob dem Sportdirektor die beiden Vertragsexemplare zu. Der Sportdirektor warf einen flüchtigen Blick auf den Briefkopf und erbleichte. „Bei dem *Paten*? Mein Gott, Herr Böllmann, das war so nicht abgesprochen!"

„Gar nichts war abgesprochen", erwiderte Bruno. „Und sein Angebot ist für den Verein weit besser als das von Yüce!"

„Aber der Yüce vertritt vier Vertragsspieler von uns", stöhnte der Sportdirektor auf.

„Sollte sich Ihrer Meinung nach der Verein noch abhängiger von ihm machen?", fragte Bruno.

Der Sportdirektor hob abwehrend beide Hände. „Das wollte ich damit nicht sagen", meinte er. „Aber es ist eine andere Sache, ihn so vor den Kopf zu stoßen! Man hätte zumindest versuchen sollen, ihn irgendwie in diesen Deal mit einzubeziehen."

„Den Yüce an einem Deal mit dem *Paten* zu beteiligen? Das klingt nach der Quadratur des Kreises", erwiderte Bruno und zog die beiden Vertragsexemplare zu sich herüber. „Aber wenn Sie die Option auf den Jungen, die in diesem Vertrag festgeschrieben ist, nicht wahrnehmen wollen, bitte, der *Pate* hat damit kein Problem. Er bringt ihn mit weit besseren Konditionen auch bei Gladbach oder Leverkusen unter."

„Seien Sie doch nicht gleich so eingeschnappt, Herr Böllmann!", meinte der Sportdirektor, beugte sich vor, nahm ein Vertragsexemplar und begann, es durchzublättern. Nach einer Weile blickte er auf und sagte: „Ich kann und will das nicht auf meine Kappe nehmen. Der Präsident soll das entscheiden. Und wie ich den kenne, holt der sich erst mal Rückendeckung beim Aufsichtsrat. Jedenfalls möchte ich mit ihm deswegen jetzt telefonieren."

„Gut. Ich warte im Konferenzsaal auf die Entscheidung“, sagte Bruno.

Auf dem Flur wäre Bruno beinahe mit dem Zeugwart zusammengestoßen. Er hatte eine mit Trikots in Klarsichthüllen beladene Sackkarre abgestellt und hielt sich die Hüfte.

„Es ist die Bandscheibe“, sagte er eine Spur zu hastig. „Wenn mich der Physio des FC nicht zweimal pro Woche massieren würde, hätte ich schon längst unters Messer gemusst.“

Bruno machte zwei schnelle Schritte auf die Sackkarre zu und zog an einem Ohrstöpsel, der zwischen den beiden obersten Paketen ein Stück hervorschaute, ein Stethoskop hervor. Bruno zerriss es in mehrere Stücke, die er dem Zeugwart vor die Füße warf.

„Sie sollten sich schämen, mit einem Stethoskop an der Tür zu lauschen!“, sagte Bruno.

Als Bruno den Konferenzsaal betrat, stand der Spieler, dem die mit Spritzern von Deborahs Blut befleckte Karnevalsperücke gehörte, an einem der auf Kipp gestellten Fenster und starrte nach draußen.

„Hallo, ich bin Bruno Böllmann, der Vertreter von Dr. Schierle“, sagte Bruno Böllmann und nickte dem Spieler zu.

„Hat der Trainer Sie geschickt?“, fragte der Spieler.

„Nein, sollte er das?“, fragte Bruno Böllmann und ließ sich auf einem der freien Stühle nieder.

„Hätte ja sein können“, sagte der Spieler. Als er näher kam, bemerkte Bruno, dass das rechte Augenlid des Mannes nervös zuckte. Er stützte sich mit beiden Händen auf der Tischplatte ab und beugte sich weit zu Bruno vor. „Wenn Sie die Vertretung von Dr. Schierle sind, müssten Sie doch eigentlich wissen, wo der steckt.“

„Warum wollen Sie das wissen?“, fragte Bruno Böllmann.

„Weil ich mir Sorgen mache“, sagte der Spieler.

„Machen Sie sich Sorgen oder haben Sie Sorgen?“, fragte Bruno.

Der Spieler zog einen der Bürosessel vom Tisch weg, setzte sich und starrte Bruno eine Weile forschend ins Gesicht. „Beides“, sagte er schließlich. Seine Stimme klang bedrückt.

Bruno schaute auf seine Armbanduhr. „Eigentlich ist doch jetzt Training“, sagte er. „Warum nehmen Sie nicht daran teil?“

„Der Trainer hat mir vor einer Stunde mitgeteilt, dass ich mit sofortiger Wirkung vom Training suspendiert bin“, erwiderte der Spieler.

„Hat er auch einen Grund genannt?“, fragte Bruno.

„Angeblich wegen schlechter Trainingsleistungen. Dabei trainiere ich wie sonst auch.“

„Hat der Trainer Sie denn früher schon mal vom Training suspendiert?“, fragte Bruno.

Der Spieler schüttelte den Kopf. „Warum sollte er? Ich habe immer meine Leistung gebracht und war in der abgelaufenen Saison der einzige Spieler der ersten Mannschaft, der immer in der Startelf gestanden hat.“ Der Spieler schwieg eine Weile, sein rechtes Augenlid zuckte nervös. „Dabei kann ich es mir ausgerechnet jetzt finanziell nicht leisten, aus der Mannschaft zu fliegen“, fuhr er fort.

„Sie haben doch bestimmt einen Berater“, sagte Bruno Böllmann. „Haben Sie schon mit ihm telefoniert?“

„Klar, sofort!“, erwiderte der Spieler. „Der meinte, ich solle mich fügen und erst mal abwarten. Ich war sehr enttäuscht von seiner Reaktion. Und dann ist da noch die Sache mit der Polizei und dem Mord an dieser Deborah. Auf meiner Perücke sind Blutspritzer von ihr gefunden worden. Dabei habe ich das Ding seit dem letzten Karneval kein einziges Mal mehr angerührt. Und für die Tatzeit habe ich ein Alibi, weil ich da zur Massage bei unserem Physio war. Es ist so, als ob sich alles gegen mich verschworen hätte.“

„Haben Sie denn eine Vermutung, warum Sie der Trainer vom Training ausgeschlossen haben könnte?“, fragte Bruno und beobachtete, wie der Mann zusammenzuckte, als habe er einen Schlag in die Magengrube bekommen.

„Ja, die habe ich“, antwortete der Spieler. Es fiel ihm sichtlich schwer, weiterzusprechen. „Ich habe über meine Vermutung mit Dr. Schierle gesprochen. Deswegen mache ich mir jetzt auch Sorgen, dass niemand weiß, wo er steckt.“

„Dr. Schierle geht es gut, da können Sie ganz beruhigt sein“, sagte Bruno. „Wie ich sehe, ist Ihre Lage ziemlich, sagen wir mal:

unübersichtlich und verzwickt. Sie sollten mal mit Ihrem Anwalt ganz offen darüber reden. Sie haben doch einen Anwalt?“

„Ja, über meinen Berater. Aber der tut eh nur, was mein Berater sagt.“

„Sie wollen also in diesem ganz besonderen Fall einen anderen Anwalt“, folgerte Bruno.

„Ja, einen, der ganz allein meine Interessen vertritt und nicht die meines Beraters“, sagte der Spieler.

„Gut“, erwiderte Bruno. „Ich bin Anwalt. Wenn heute ein bestimmter Vertrag unterschrieben wird, wie ich hoffe, bin ich nicht mehr Partei und könnte Sie vertreten. Was halten Sie davon?“

„Einverstanden“, sagte der Spieler, beugte sich vor und hielt Bruno die Hand hin. Bruno schlug ein.

„Wir sollten uns noch heute sehen“, sagte Bruno. „Am besten, Sie geben mir Ihre Handynummer. Ich schicke Ihnen eine SMS.“

Nachdem der Spieler sich verabschiedet hatte, dauerte es keine zwei Minuten, dann betrat der Sportdirektor das Konferenzzimmer. Er knöpfte sich den zweiten Hemdenknopf auf und fächelte sich Luft zu. „Stellen Sie sich vor, Herr Böllmann, der Präsident wusste schon über alle Details Bescheid“, sagte er und ließ sich auf einen der Konferenzsessel fallen. „Jeder hier im Verein weiß alles schneller als ich! Das ist wirklich unerträglich.“

„Von mir hat er das nicht!“, beteuerte Bruno Böllmann.

„Angeblich hat der *Pate* ihn angerufen, was dem überhaupt nicht ähnlich sieht, und vielleicht hat der Präsident das auch nur vorgeschoben, um seine wahre Quelle zu verschleiern“, stöhnte der Sportdirektor auf. Dann drückte er beide Handballen in die Augenhöhlen und verharrte so eine Weile. „Der Präsident hat grundsätzlich keine Einwände. Aber wie immer, wenn er nicht in die Schusslinie geraten will, schickt er den Vizepräsidenten vor. Der soll unterschreiben.“

„Also hat der Präsident die Sache entschieden oder nicht?“, fragte Bruno Böllmann.

Der Sportdirektor ließ beide Hände auf die Tischplatte fallen. „Im juristischen Sinn wohl eher nicht“, entgegnete er kleinlaut.

Bruno runzelte die Stirn und schaute auf seine Armbanduhr. „In spätestens einer halbe Stunde muss ich den *Paten* anrufen und ihm Bescheid geben. Ich stehe im Wort“, sagte Bruno Böllmann.

„Verstehen Sie jetzt, wenn ich sage: das ist kein Verein, sondern eine Schlangengrube?“, rief der Sportdirektor und hob in einer pathetischen Geste beide Hände zum Himmel.

In diesem Moment flog die Tür zum Konferenzsaal auf und ein übergewichtiger Mann, trotz der großen Hitze in einen eleganten Zweireiher gekleidet, die Krawatte korrekt gebunden, nicht die Spur von Schweiß im Gesicht, tänzelte herein, hielt neben dem Sportdirektor einen Augenblick an und sagte, wobei er mit seiner fleischigen Hand die Schulter des Sportdirektors knetete: „Bleiben Sie sitzen, mein Bester, Sie haben es schwer genug!“

Dann wandte er sich an Bruno. „Sie müssen der Herr Böllmann sein! Schön, dass wir uns endlich persönlich sehen. Ich habe Ihnen auf die Mailbox gesprochen. Der Präsident war voll des Lobes über Ihre Verhandlungsführung mit einem – sagen wir mal – der schwierigsten und eigenwilligsten Verhandlungspartner der gesamten Sportbranche. Und ich stehe voll hinter dem Verhandlungsergebnis und möchte als Vertreter des Aufsichtsrates persönlich alles dafür tun, dass dieser Transfer auch zustande kommt.“

Der Sportdirektor verdrehte hinter dem Rücken des Aufsichtsrates die Augen und hob die Hände erneut flehend zur Zimmerdecke.

Bruno reichte dem Aufsichtsrat die Hand, und der ergriff direkt seinen ganzen Arm, zog ihn in die Ecke des Konferenzzimmers und flüsterte: „Drücken Sie aufs Tempo! Ziehen Sie das Ding durch! Lassen Sie sich von diesen Zauderern den Fisch nicht vom Haken verscheuchen!“ Dann zog er Bruno zum Konferenztisch zurück und ließ sich aufseufzend auf einen der Sessel plumpsen, der verdächtig knarrte und bebte, aber den Massen standhielt. Dann griff einer seiner Krakenarme nach Bruno und zog ihn zu sich in Augenhöhe herunter: „Wann passt es Ihnen, Herr Böllmann? Sagen wir morgen Mittag? Wir essen zusammen einen Happen! Sie können mir das nicht abschlagen, mein Bester!“, flüsterte er so laut, dass der Sportdirektor jedes Wort verstehen konnte. Dann zwinkerte er Bruno verschwörerisch zu, grabschte dessen Hand und tätschelte sie.

In diesem Moment schob der Vizepräsident den Trainer ins Konferenzzimmer und nickte den Anwesenden zu, wobei seine frisch ondulierte Kraushaarfrisur unternehmungslustig wippte. Dann zeigte er mit seinem berühmten spitzbübischen Lächeln mit dem Zeigefinger auf jeden der Anwesenden, krümmte den Zeigefinger und sagte: „Bumm!"

Er setzte sich an das Stirnende des Konferenztisches und rückte für den Trainer den Sessel neben sich zurecht.

„Ich bin der König. Aber ohne die Zustimmung des Trainers geht gar nichts", sagte er. Dann tippte er dem Trainer auf die Brust. „Also los: Gurke oder As?"

Ehe der Trainer antworten konnte, klopfte der Aufsichtsrat mit den Fingerknöcheln machtvoll auf die Tischplatte. „Damit hier kein Missverständnis aufkommt: Als Vertreter des Aufsichtsrats bin ich entschieden für einen Vertrag mit einem Spieler von solch einer Extra-Klasse zu solch moderaten Konditionen!", sagte er und starrte den Trainer drohend an.

Jetzt hatten sich alle Augen auf den Trainer gerichtet. Der räusperte sich und sagte: „Nun ja, ich habe zwar eher an einen Spieler gedacht, der unser Mittelfeld stabilisieren könnte, aber ich muss zugeben, der Brasilianer hat beste Torschusstechniken drauf und das beidfüßig, was heutzutage selten ist."

„Ha, also ein Goalgetter!", schlussfolgerte der Vizepräsident.

„Das würde ich so nicht sagen", widersprach der Sportdirektor. „Der Junge kann ein Spiel lesen und schlägt ganz präzise Zauberpässe aus dem Fußgelenk."

„Also eher doch ein Mittelfeldstratege?", hakte der Vizepräsident nach.

„Meiner unwesentlichen Meinung nach ist er beides", mischte sich Bruno ein. „Ich habe Lucas Coração gestern Abend fünfundvierzig Minuten spielen gesehen. Der *Pate* hatte ein Spiel zweier Regionalligamannschaften gegeneinander arrangiert. Lucas hat die gegnerische Mannschaft schwindelig gespielt und sieben Tore geschossen, obwohl ihm permanent drei gegnerische Abwehrspieler auf den Füßen standen."

„Regionalliga ist kein Maßstab", wandte der Trainer ein.

„Aber auch gegen die wollen sieben Tore erst mal geschossen sein!", rief der Sportdirektor.

„Jedenfalls hatte ich den Eindruck, der *Pate* hätte ihn auch unter Vertrag genommen, wenn Lucas ihn zehn Millionen gekostet hätte", sagte Bruno mit Nachdruck.

„Zehn Millionen?" Der Vizepräsident brach in sein berühmtes unbekümmert jungenhaftes Lachen aus. „Hat der überhaupt noch soviel auf dem Konto? Ich meine, der ist doch schon seit zwei Generationen nicht mehr im Geschäft!"

„Waren Sie schon mal beim *Paten* zu Hause?", fragte Bruno. „Durch sein Anwesen können Sie zehn Minuten mit fünfzig durchfahren. Wenn Sie das gesehen hätten, würden Sie solch eine Frage nicht in den Raum stellen."

Das Lachen erstarb auf dem Gesicht des Vizepräsidenten und er warf Bruno einen wütenden Blick zu. Doch das schien Bruno nicht zu stören. Er blickte unübersehbar auf seine Armbanduhr und erhob sich. „Ich habe versucht, im Interesse des Vereins das Beste herauszuholen", sagte er. „Ich habe mit dem *Paten* vereinbart, ihm die Entscheidung des Vereins in genau zehn Minuten telefonisch mitzuteilen. Wenn Sie bis dahin keine Entscheidung gefunden haben, ist dies auch eine Entscheidung. Ich will Sie auch nicht weiter beeinflussen. Ich vertrete mir bis dahin draußen in der Sonne die Beine. Zum Wohl des Vereins, dessen Fan ich seit Kindesbeinen bin, wünsche ich, dass Sie sich für dieses Supertalent entscheiden."

Bruno klopfte auf die Tischplatte, nickte in die Runde und verließ das Konferenzzimmer. Als er an der Geschäftsstelle vorbeikam, sprang die ältere der beiden Sekretärinnen auf und rief ihm nach: „Herr Böllmann, Sie wollen uns doch nicht schon verlassen, oder?"

Bruno blieb an der Eingangstür stehen und winkte ab. „Ich vertrete mir draußen nur ein wenig die Beine. Sie wissen, wo Sie mich finden, wenn jemand nach mir fragt."

Vor dem Clubheim sprang ihn die Hitze an und ließ ihn taumeln. Bruno zündete sich eine Zigarette an, zog sein Jackett aus und hängte es sich über die Schulter. Dann warf er einen Blick zu den Parkplätzen. Im flirrenden Licht der Mittagssonne bemerkte er das Gebirge von einem Mann, den er mit dem Elektroschocker zu Boden geschickt hatte. Er lehnte mit dem Rücken an einem Jeep und redete mit zwei Männern, die auf den Frontsitzen saßen. Dann wanderten Brunos Blicke weiter und er bemerkte die beiden Vans aus dem Fuhrpark von Yüce, die in der Nähe des Clubrestaurants vorgefahren waren.

Bruno seufzte, holte sein Handy aus der Hosentasche und wählte Jules Nummer. „Ich grüße dich, König des Nippeser Bermuda-Dreiecks", sagte Bruno. „Ich brauche deinen Geleitschutz. Es wäre schön, wenn du die Flinte dabei hättest, mit der dein Opa immer auf die Tontauben geschossen hat."

„Da muss ich dich leider enttäuschen, *big spender!*", krähte Jules. „Ich habe schon zwanzig Kölsch gekippt und kann jetzt nicht damit aufhören. Wenn du mir sagst, wo du bist, schicke ich dir den Ilja vorbei. Geht das in Ordnung?"

„Er soll sich in ein Taxi schwingen und zum Clubheim des FC kommen. Wenn ich nicht davor warte, bin ich nebenan im Restaurant", sagte Bruno. „Es eilt!"

„Geht klar. Ich setze unseren Kosaken in Marsch."

Ilja war ein paar Jahre als Bass mit dem Don-Kosaken-Chor durch Deutschland getingelt, ehe er sich einer italienischen Catchertruppe angeschlossen hatte. Obwohl er schon über fünfzig war, hatte seine Erscheinung noch immer etwas sehr Imposantes an sich: Bud Spencer in seinen besten Zeiten hätte neben ihm geradezu schmächtig gewirkt.

Bruno hatte gerade die Zigarette zu Ende geraucht, als das Aufsichtsratsmitglied seine Massen durch die Eingangstür bewegte. Obwohl auch ihn die unerträgliche Hitze treffen musste, bildete sich kein einziger Schweißtropfen auf seiner Stirn. Er stürmte auf Bruno zu, der schon befürchtete, von dem Mann niedergewalzt zu werden, bekam aber seine Massen unter Kontrolle und presste Bruno mit seinen gewaltigen Tentakeln an sich.

„*Victory!*“, schmetterte er über den Parkplatz. Dann drückte er Bruno von sich weg und hielt ihn wie eine Puppe vor sich. „Oder wie der Lateiner zu sagen pflegt: *alea iacta est!*“ Er hielt den Oberarm von Bruno umklammert und zog ihn mit sich Richtung Clubhaus.

„Die Unterschrift des Vizepräsidenten und des Sportdirektors sind auf den Verträgen“, fuhr der übergewichtige Mann in seinem enthusiastischen Tonfall fort. Dann senkte er die Stimme. „Sie könnten mir einen riesigen Gefallen tun, wenn Sie mir die *connection* mit dem *Paten* vermitteln würden!“, flüsterte er.

Als er Bruno durch den Eingang geschoben und an dem Tresen der Geschäftsstelle vorbei dirigierte, ohne ihn aus seinem Klammergriff zu entlassen, posaunte er mit seiner enthusiastischen Stentorstimme: „Ich habe noch Großes mit Ihnen vor, Herr Böllmann!“

In den Augenwinkeln bemerkte Bruno, wie die beiden Sekretärinnen die Köpfe zusammensteckten und tuschelten.

Als sie das Konferenzzimmer betraten, standen die Herren um den Trainer herum. Das Gespräch brach plötzlich ab. „Sie haben unsere Unterschriften!“, sagte der Vizepräsident und zeigte auf die beiden Vertragsexemplare an der Stirnseite des Konferenztisches. „Bevor Sie Ihren Herrn und Meister davon in Kenntnis setzen, möchte ich Ihnen noch sagen, dass Sie dem Yüce das Ergebnis bitte selbst mitteilen. Obwohl ich annehme, dass diese Unterredung nicht vergnügungssteuerpflichtig ist, wünsche ich Ihnen viel Spaß dabei.“ Sein jungenhaftes Lachen gelang dem Vizepräsidenten diesmal nicht unbekümmert, es klang dafür eine Spur zu gehässig.

„Ich weiß“, entgegnete Bruno. „Wer schweres Geschütz auffährt, gerät selbst ins Kreuzfeuer. Das gilt auch für Sie, Herr Vizepräsident.“

Der Vizepräsident zuckte mit den Schultern und lachte.

Diesmal war die Unbekümmertheit zu dick aufgetragen und drohte, in Wut umzukippen. „Ich gebe nichts auf schlaue Sprüche. Und vor allem nicht auf die von Anwälten“, sagte er und wandte sich zur Tür.

„Der Spruch stammt nicht von mir, sondern von von Clausewitz“, sagte Bruno.

„Dadurch wird er auch nicht besser“, sagte der Vizepräsident und zog Trainer und Sportdirektor mit sich auf den Flur.

„Wer ist eigentlich dieser Klaus Witz?“, hörte er den Vizepräsidenten auf dem Flur fragen.

Jetzt war Bruno mit dem Aufsichtsratsmitglied allein, der mit dem Ausdruck größten Abscheus im Gesicht auf den Konferenztisch deutete und meinte: „Es gibt in Köln keinen Tisch, unter dem mehr getreten wurde, als dieser.“ Dann knetete er mit einer raschen Bewegung Brunos rechte Schulter durch. „Vergessen Sie unser Meeting nicht! Morgen Mittag! Ich rufe Sie an!“, trompetete er, schob seine Massen durch die Tür und schloss sie hinter sich.

Bruno wählte die Handynummer des *Paten*. Er meldete sich nicht einmal mit Namen, sondern sagte mit seiner immer gleich aufbrausend und beleidigt klingenden Stimme: „Halten Sie sich nicht mit dem Ergebnis auf, Anwaltchen, ich kenne es schon. Ich beglückwünsche Sie dazu auch nicht, denn ich habe Ihnen dafür dreißigtausend überwiesen, was für das bisschen Arbeit mehr als genug ist. Was ich Ihnen aber übel nehme, ist der Empfang meines Angestellten heute auf dem Parkplatz.“

„Den nehme ich Ihnen auch übel. Also sind wir in dieser Sache quitt“, entgegnete Bruno. „In einer anderen Sache sind wir das nicht. Ich schulde Ihnen noch eine magische Nacht mit einem großen Besäufnis.“

„Für einen Mann im Rollstuhl wie mich zählen keine magischen Nächte mit einem großen Besäufnis“, sagte der *Pate*.

„Mein Angebot steht jedenfalls“, erwiderte Bruno.

„Behandeln Sie meine Leute nie wieder in dieser Art!“, kreischte der *Pate* ins Telefon und beendete das Gespräch.

Als Bruno am Tresen der Geschäftsstelle vorbeikam, blickte die ältere der beiden Sekretärinnen vom Keyboard ihres Computers auf und rief Bruno hinterher: „Schönen Tag noch, Herr Böllmann!“ Dabei schnitt sie ein Gesicht, als hätte sie gerade eine weiße Rose auf Brunos Grab gelegt.

Vor dem Eingang zum Club-Lokal standen drei von Yüces Männern, in schwarze T-Shirts und schwarze Jeans gezwängt, die von ihren Testosteron geschwängerten Muskelpaketen zu platzen drohten. Sie wichen erst im letzten Moment auseinander, aber die Lücke zwischen ihnen war so eng, dass Bruno ihr Aftershave riechen konnte. Sie hatten alle die gleiche Marke aufgelegt.

Yüce saß mit einer falschen Blondine, deren natürlich dunkler Teint so krass gegen ihre strohgelbe Haarfärbung abstach, dass es schon peinlich war, am hinteren Ecktisch. Bruno wollte ihm keine Gelegenheit geben, ihn in dieser demütigenden Pascha-Art heranzuwinken, sondern steuerte schnellen Schrittes den Tisch an.

„Ich fühle mich nicht als Angeklagter, also setze ich mich", sagte Bruno, rückte vom Nachbartisch einen Stuhl ab und ließ sich darauf nieder.

„Vergeuden Sie keine Zeit und sparen sich Ihre Ausflüchte, denn ich kenne das Ergebnis", sagte Yüce, aber Bruno verstand den drohenden Unterton, der ganz anderes sprach: *Ich werde dir eine Lehre erteilen, die du Wicht nie vergessen wirst.* „Was ich aber nicht verstehe, mein Lieber, ist: Wieso behandeln Sie die Leute des *Paten* wie den letzten Dreck? Auf wessen Seite stehen Sie eigentlich?"

„Ich stehe auf meiner Seite", erwiderte Bruno. „Ich bin zu klug, um unter die Rockschöße von Leuten wie dem *Paten* oder Ihnen zu kriechen, denn in der Luft bleibt einem nur das Ersticken."

„Ziemlich große Worte für einen so kleinen Anwalt", erwiderte Yüce. „Glauben Sie wirklich, Sie wären von so einem wie dem *Paten* frei, wenn Sie einen seiner Leute umhauen?" Yüce beugte sich vor und starrte Bruno von Nahem ins Gesicht. Irgendetwas schien mit dem Blutdruck dieses Mannes nicht zu stimmen, denn plötzlich wölbten sich seine Augen unnatürlich weit vor. „Den beeindruckt das nicht. Mich übrigens auch nicht. Was mich betrifft, ich werde Sie das spüren lassen. Und nun verschwinden Sie von hier, hauen Sie ab."

Bruno stand auf. „Ich bleibe lieber noch ein bisschen, aber keine Sorge, nicht an Ihrem Tisch, denn die Gegenwart Ihres blond gefärbten Transvestiten irritiert mich zutiefst", sagte Bruno, machte auf dem Absatz kehrt und war sicher, wenn Yüce ein Messer dabei hatte, es im nächsten Moment in seinem Rücken zu spüren.

Yüce hatte kein Messer dabei und Bruno erreichte bei guter Gesundheit einen der Stehtische. Er bestellte ein Wasser und dachte über die Wahrheit des Satzes von Martin Walser nach, der lautete: *Wer Geld verdienen will, muss sich beleidigen lassen.* Aber er hatte seine Zweifel, ob ein Yüce sich mit dieser tiefen Einsicht in das, was das Wirtschaftsleben im Innersten zusammenhielt, abfinden würde.

Bruno musste nicht länger als fünf Minuten warten, dann hatte Ilja seinen großen Auftritt. Die Augen aller im Restaurant Anwesenden richteten sich auf den Hünen, an dem alles schwarz war, bis auf die unnatürliche blutleere Blässe seines Gesichts und einem gelben Fleck darin.

Er trug das dichte, pechschwarze Haar, mit einem schwarzen Lederband zum Pferdeschwanz gebunden, straff zurückgekämmt, was seine unmenschlich breite Stirn noch gewalttätiger wirken ließ, seiner breiten Nase sah man an, dass sie mehr Brüche erlebt hatte als jede andere, aber das eigentlich Beeindruckende an seinem Gesicht war auch nicht das weit ausladende Kinn, das fast halb so groß wie seine Stirn war, sondern, dass die Hälfte seiner rechten Wange fehlte. Diese Hälfte war einfach weg, zwar waren die Ränder gut vernarbt, aber sie gaben doch den Blick frei auf eine Reihe übernatürlich großer, tief gelber Zähne. Er trug ein schwarzes, offenstehendes Jackett, darunter nicht etwa ein Hemd, sondern ein schwarzes Muscleshirt, unter dem sich die Rippen seines gewaltigen Brustkorbs abzeichneten. Und dann kam der Hammer: Im Bund seiner schwarzen, weiten Hosen steckten die Griffe zweier Pistolen.

Ilja war einer der wenigen Männer, den niemand vorschnell gefragt hätte, ob das in Ordnung ginge, im Hosenbund zwei Pistolen mit sich zu führen. Bei ihm wirkten sie wie zwei natürliche Teile seines Körpers. Dass niemand seinen Auftritt verpasste, mochte auch daran liegen, dass seine schwarzen Schnürschuhe reichlich mit Eisen beschlagen waren und den natürlichen Lärm seiner schweren Schritte beträchtlich verstärkten.

Am Stehtisch angekommen, machte er eine knappe Verbeugung in Brunos Richtung und sagte mit seiner unmenschlich tiefen Bassstimme, die das ganze Lokal wie Donnergrollen durchzog: „Där Junge schickt mech, ech soll se secher nach Hause brengen.“ Er sagte das in seinem breiten ostpreußischen Dialekt, den er von seiner Großmutter gelernt hatte, die als junges Mädchen als russische Zwangsarbeiterin auf einem ostpreußischen Rittergut gearbeitet hatte.

Als sie das Restaurant verließen, hatten sich die drei Männer von Yüce respektvoll ein paar Meter weiter rechts postiert. Ilja fasste sie ins Auge, legte beide Daumen auf die Griffe seiner Pistolen und sagte mit seinem ostpreußischen Bass: „En meinem Balg haben schon veele Kugeln gesteckt, aber nich genug, damit ech nech zurückballern konnte.“

Diesen Satz ließ er so als eine unwiderlegbare Wahrheit in der drückenden Hitze stehen. Die Männer des *Paten* blieben ganz und gar unsichtbar.

Als Bruno den alten Ford Mustang durch Lindenthal lenkte, sagte Ilja: „Bruchst nech so ze gucken, Bruno, ech pass auf, dass kein nemand folgt.“

Auf der Inneren Kanalstraße entspannte sich der Hüne, stellte seinen Sitz in Liegestellung, kreuzte die Arme hinter seinem breiten Schädel und meinte: „Es nemand henter uns.“ Dann räusperte er sich. „Ech mecht nu sengen. *Steht ein Soldat am Wolgastrand, hält Wache für sein Vaterland* ... Es est en böses Lied, aber ech mag es trotzdem särr.“

„Untersteh dich!“, sagte Bruno. „Sing lieber: *Lache, Bajazzo!*, das passt besser zu meiner Stimmung.“

## 9. Kapitel

Wie immer hatte Frau Winter nicht angeklopft, als sie plötzlich in Brunos Büro im ausgebauten Dach stand. „Ich geh jetzt mal, es ist gleich fünf", sagte sie und warf Bruno einen dieser Blicke zu, der signalisierte, dass er hier der Eindringling war, und nicht sie. „Außerdem hast du diesen Zyniker von Hammerstein immer noch nicht zurückgerufen. Mach das gefälligst, bevor du gehst, ich hab's versprochen."

„Ich geh noch nicht", sagte Bruno. „Es kommt noch jemand. Ein neuer Klient."

„Womöglich jemand von der Mafia und will für die überwiesenen dreißigtausend Euro eine ungesetzliche Gegenleistung?", fragte Sigrid schnippisch.

„Nein, ein Profifußballer", sagte Bruno.

„Jetzt gibst du dich schon mit Fußballern ab!", entrüstete sich Sigrid. „Gut, dass Gerda das nicht mehr miterleben muss! Früher kamen Doktoren, Universitätsprofessoren, Ladenlokalbesitzer, Lehrer und Manager in die Kanzlei. Heutzutage schleppst du Freaks mit halben Gesichtern und Fußballer hier herein."

„Vor der Rechtsanwaltsgebührenordnung sind alle gleich", erwiderte Bruno gelassen. „Ich weiß, früher war alles besser. Ich hätte halt im Früher bleiben sollen, aber das Früher hat mich gnadenlos überrollt."

„Sprich nicht so mit mir, Bruno. Jetzt hast du dir schon den Zynismus von diesem Hammerstein abgeguckt", sagte Sigrid, machte auf dem Absatz kehrt und knallte hinter sich die Tür zu. So hatte sich Gerda in den letzten Wochen ihrer zerbröselnden Gemeinsamkeiten auch immer verabschiedet. Wenigstens das war gleich geblieben.

Als es klingelte, betätigte Bruno die Gegensprechanlage und sagte: „Ich schließe Ihnen auf."

Der Vertragsspieler war schweißüberströmt. Sein verschwitztes Trikot klebte ihm am Körper, die Sporthose sah aus, als sei er damit geschwommen. Er holte eine Wasserflasche aus der Halterung an seinem Gürtel und trank den letzten Schluck.

„Sagen Sie bloß, Sie sind den ganzen Weg gejoggt?“, fragte Bruno.

„Klar. Eine Strecke sind zwölf Kilometer, die jogge ich auch noch zurück“, meinte der Fußballer. „Und wenn mich der Trainer die ganze Spielzeit auf die Tribüne verbannt, ich halte mich in Form, das schwöre ich Ihnen.“

„Nun kommen Sie erst mal herein“, sagte Bruno. Im Flur zeigte er auf die Türe rechts an der Stirnseite. „Dort ist eine Dusche. Wenn Sie möchten, können Sie sich erst mal frisch machen. Ich hole schnell ein paar Handtücher. Oben habe ich auch noch einen Jogginganzug. Ich warte dann im Büro auf Sie. Bitte die Treppe hinauf, da sind wir ungestört.“

„Perfekt! Das nenne ich einen Service!“, freute sich der Profi.

Während der Fußballer duschte, legte Bruno Diktiergerät, Notizblock und Kugelschreiber bereit. Dann telefonierte er mit Fred Hammerstein. Er erwischte ihn zu Hause.

„Deine Stimme klingt so komisch, Fred. Sitzt du im Kühlschrank?“, fragte Bruno.

„Nein, ich liege in der kalten Badewanne und entspanne“, erwiderte Fred Hammerstein. „Was macht denn dein brasilianisches Wunderkind?“

„Ich hab es an den *Paten* verkauft, und der hat es für den Rest der Spielzeit an den FC ausgeliehen“, erwiderte Bruno.

„Du hast von dem *Paten* Geld genommen?“, fragte Fred Hammerstein, dessen Stimme mit einem Mal überhaupt nicht mehr entspannt klang.

„Nur das, was mir zustand“, sagte Bruno.

„Jetzt verstehe ich, warum du dir so eine Figur wie den Ilja angeheuert hast“, sagte Fred Hammerstein. „Damit kommst du vielleicht beim ersten Mal durch, aber schon beim zweiten Mal kann das entsetzlich schiefgehen.“

„Du lässt mich also immer noch beschatten, Fred“, sagte Bruno.

„Weil du mir was verschweigst, Bruno. Und weil du mir nicht sagst, wo dieser Schierle steckt. Und weil du auf eigene Faust ermittelst.“

„Komm mir nicht mit Dr. Schierle", sagte Bruno. „Wenn ich mich so verhalten hätte wie du, wäre dieser Mann jetzt eine Leiche!"

„Bruno, dieser Dr. Schierle weiß, wer Deborah hingerichtet hat, da verwette ich meinen Arsch", sagte Fred Hammerstein. „Und du weißt auch, dass dieser Dr. Schierle da tief mit drinsteckt. Und trotzdem versteckst du diesen Kerl? Mein Gott, wie schlecht müssen deine Geschäfte eigentlich laufen, dass du dich auf so was einlässt! Aber offensichtlich wirst du in diesen Kreisen ja weiter gereicht. Jetzt hast du ja auch noch diesen Perücken-Fußballer als neuen Kunden."

Fred Hammerstein hatte das Gespräch einfach weggedrückt. *Wenn man Verachtung sehen könnte, würde sie jetzt aus dem schnurlosen Telefon gucken und Grimassen schneiden,* dachte Bruno, holte aus seinem Schreibtisch eine kleine Videokamera und rannte die Treppe hinunter. Im Flur hielt er kurz inne, lauschte auf das Prasseln der Dusche und lief dann weiter in die kleine Küche. Von hier aus hatte er den besten Blick auf die Straße. Ihm fiel der silberne VW Touran auf den ersten Blick auf. Den hatte er hier noch nie parken sehen. Auf dem Fahrersitz saß ein Mann, dessen Gesichtszüge er nicht genau erkennen konnte, und blätterte in einer Zeitung, die er auf das Steuerrad gelegt hatte.

*Wer setzt sich bei so einer Affenhitze in sein Auto und liest Zeitung?* Bruno schätzte die Entfernung. Es waren keine zwanzig Meter vom Eingang seiner Kanzlei. Er würde den Bullen überraschen.

Bruno stellte die Videokamera an, ging durch den Flur, schloss die Eingangstür auf und rannte los. Der Mann sah ihn kommen, warf die Zeitung auf den Beifahrersitz und drehte den Zündschlüssel. Aber die Parklücke war zu eng, um den Touran in einem Zug aus ihr heraus zu lenken. Als der Wagen zurückgesetzt hatte, war Bruno heran und hielt die Videokamera in Richtung des Fahrers.

„Wer sind Sie? Warum spionieren Sie hinter mir her?", schrie Bruno. Der Mann versuchte, mit einer Hand sein Gesicht zu verdecken, und drehte mit der anderen am Steuerrad.

„Ich setze dies Video auf *YouTube*, damit jeder Ihre blöde Fresse bewundern kann!“, schrie Bruno.

Jetzt gab der Mann Gas und zwischen den VW Touran und Bruno passte kein *Kölner Stadt-Anzeiger* mehr, als der Wagen an ihm vorbei auf die Straße kurvte.

Als Bruno sein Büro im ausgebauten Dach betrat, stand der Fußballprofi, frisch geduscht und in Brunos Jogginganzug, am Fenster und deutete in den Garten hinab. „Ziemlich verwildert, aber ich mag das, wenn Gärten so dornröschenmäßig sind.“ Dann kam er zum Schreibtisch und setzte sich unaufgefordert auf den Besucherstuhl davor.

Bruno gefiel die selbstsichere Art dieses Mannes. Er nahm den Aufzeichnungschip aus der Videokamera und steckte ihn in seinen Computer ein. „Entschuldigung, aber ich möchte noch schnell ein Video auf *YouTube* stellen. Habe ich vorhin gefilmt, als Sie unter der Dusche waren.“

„Darf ich mal sehen?“, fragte der Profi.

Bruno nickte, und der Profi kam um den Schreibtisch herum und sah auf den Monitor. Bruno drehte den Ton klar, als die Bilder über den Bildschirm flimmerten.

„Und Sie haben keine Ahnung, wer der Kerl im Auto ist?“, fragte sein Gegenüber.

„Eine Ahnung habe ich schon“, erwiderte Bruno. „Ich schätze, es ist ein Zivilfahnder. Seit dem Mord an Deborah lässt man mich beschatten.“

„Was haben Sie denn mit dem Mord an Deborah zu tun?“, fragte der Profi.

„Dr. Schierle und ich haben sie tot in ihrer Wohnung gefunden“, erzählte Bruno. „Und jetzt glauben die Bullen, ich würde ihnen etwas verschweigen.“

„Und? Verschweigen Sie ihnen etwas?“

Bruno ging auf seinen *YouTube-Account* und schickte das Video ins Netz. Der Profi hatte sich wieder auf den Besucherstuhl vor den Schreibtisch gesetzt.

„Darauf möchte ich Ihnen lieber keine Antwort geben“, erwiderte Bruno.

„Wenn Sie nicht alles gesagt haben, was Sie wissen, geht es Ihnen ähnlich wie mir“, sagte der Profi, verschränkte die Hände hinter dem Kopf, massierte mit den Daumen seinen Nacken und runzelte die Stirn, wobei er so an die Decke starrte, als wolle er sich über etwas klar werden.

Bruno ließ seinem Gegenüber Zeit, aber als er bemerkte, dass der Mann sich nicht entscheiden konnte, sagte er: „Damit kein Missverständnis aufkommt: Ich bin Rechtsanwalt, kein Ermittler und kein Personenschützer. Wenn Sie Schutz brauchen, kann ich Ihnen einen zwar ziemlich unkonventionellen, dafür aber umso wirksameren Personenschutz empfehlen. Wenn es Ihnen um Ermittlungen geht, müssten Sie sich an einen Privatdetektiv oder an die Polizei wenden. Wenn Sie Probleme haben, kann ich die rechtlich beurteilen und Sie im rechtlichen Sinn beraten. Dafür müsste ich Ihre Probleme aber kennen.“

„Mein momentanes Problem ist: Wie kann ich wissen, dass alles das, was ich Ihnen zu sagen habe, diese vier Wände nicht verlässt?“, fragte der Profi und warf Bruno einen prüfenden Blick zu.

„Ich bin von Berufs wegen zur Verschwiegenheit verpflichtet“, entgegnete Bruno. „Hinzu kommt, dass ich von Natur aus nicht besonders redselig bin.“

„Das sagt mein Steuerberater auch immer. Und wenn ich aus seinem Büro bin, ruft er meinen Berater an und berichtet ihm alles brühwarm.“ Der Profi löste die Hände hinter dem Kopf und legte sie auf die Knie. Dann gab er sich einen Ruck und streckte eine Hand aus. „Geben Sie mir die Hand drauf!“

Bruno schlug in die ausgestreckte Hand ein und fragte sich in diesem Moment, warum er ausgerechnet einen Beruf ergriffen hatte, in dem er mit dem Lebensscheiß anderer sein Geld verdienen musste.

„Also gut, ich fange mal von vorne an“, sagte der Fußballer, lehnte sich auf dem Besucherstuhl weit zurück und schob seine Füße unter den Schreibtisch. „Ich bin nun seit zwei Jahren im Verein und mein Vertrag läuft noch zwei weitere Jahre. Der Verein hat mich ablösefrei bekommen. Er wollte mich, weil ich als

Abwehrspieler ein Rackerer bin und eine Abwehr zusammenhalten kann. Wie das in diesem Verein so üblich ist, hatte ich so meine Anlaufschwierigkeiten, bis ich mich in diesem speziellen System zurechtgefunden habe."

„Was meinen Sie genau mit dem speziellen System?", fragte Bruno. „Das taktische Konzept?"

Der Spieler stand auf und begann, im Büro auf und ab zu wandern. „Nein, ich rede nicht von der Taktik", sagte er. „Vieles ist in diesem Verein nicht klar geregelt, man weiß nie genau, wer denn nun das Sagen hat. Jeder, der glaubt, was zu sagen zu haben, mischt sich auch ein." Der Profi machte vor Brunos Schreibtisch Halt. „Ich kenne das auch von den anderen beiden Vereinen, bei denen ich früher unter Vertrag war, aber da war es nicht so ausgeprägt wie hier. Ich brauchte eine Zeit, um zu kapieren, dass dies auch seine Auswirkungen auf die Spieler hatte. Keiner war ganz offen zu dem anderen, da gab es rivalisierende Cliquen unter den Spielern. Gut, die gab es in den anderen Vereinen auch, aber hier änderten sich diese Cliquen ständig, sodass man nie sicher sein konnte, zu welcher Clique welcher Spieler im Moment tatsächlich gehörte."

Er kam vom Fenster zurück und stützte beide Hände auf den Schreibtisch. „Ich sage Ihnen das nur, damit Sie verstehen, warum ich so misstrauisch bin." Der Profi nahm seine Wanderung durch den Raum wieder auf. „So richtig schlimm geworden ist es aber erst, seit der Yüce auf einen Schlag drei seiner Spieler im Verein untergebracht hat. Ich meine, das ist nicht die Regel, dass ein Spielerberater drei seiner Leute bei einem Verein auf einen Schlag unterbringt. Und nach einem halben Jahr folgte dann sogar ein vierter Spieler. Die vier glucken immer zusammen, die lassen keinen der anderen so richtig an sich ran."

Der Fußballer hielt plötzlich inne und machte zwei Kniebeugen. Bruno war sich nicht sicher, ob dem Mann überhaupt bewusst war, was er da tat. Der Profi holte tief Luft und fuhr fort: „Und dann passierte die Sache mit Pascal. Er spielte neben mir in der Innenverteidigung. Es war im letzten Winter. Da ist er morgens aus dem Haus, um mit seinem Auto zum Training zu fahren. Es war saukalt, aber trocken. Aber auf der Treppe zu seinem Haus lag eine dünne, spiegelglatte Eisschicht. Weil es noch nicht so richtig hell war, hat er sie gar nicht bemerkt, ist darauf ausgerutscht und hat sich das Bein gebrochen. Ich meine, er hat mit mir darüber geredet, dass nur auf der blöden Marmortreppe Eis war, sonst nirgendwo. Er hat sogar Anzeige erstattet, denn das Eis kann da ja nicht vom Himmel gefallen sein. Die Polizei hat auch ermittelt, aber nichts herausgefunden. Die Bullen glauben, dass es sich um einen dummen Jungenstreich gehandelt haben könnte."

Der Fußballer hatte vor Brunos Schreibtisch Halt gemacht. „Stört es Sie eigentlich, wenn ich hier im Raum herumtigere?"

„Nein, nicht wirklich", erwiderte Bruno.

„Ich kann in der letzten Zeit schlecht still sitzen. Ich glaube, es liegt an dieser inneren Unruhe", meinte der Spieler und setzte seine Wanderung fort. „Als der Pascal ausfiel, musste der Frank ran, er war bis dahin immer nur Ergänzungsspieler gewesen. Ich meine, der Frank ist kein Schlechter und im ersten Spiel in der Startelf hat er seine Sache auch richtig gut gemacht. Aber im zweiten Spiel ist ihm dann dieses völlig unnötige Foul passiert. Das war bei dem Pokalspiel gegen eine Drittligamannschaft. Ich kapier's immer noch nicht, wie wir so viele Chancen versieben konnten, die ganze Mannschaft hatte halt einen schlechten Tag. Bis zehn Minuten vor Schluss stand es eins zu null für uns, dann passiert das: Der gegnerische Rechtsaußen umdribbelt den Frank, aber vor dem Stürmer stehen noch fünf von uns und von seiner eigenen Mannschaft war keiner da, also kein Grund zur Panik. Ich bin am nächsten und sehe, wie der gegnerische Rechtsaußen sich den Ball zu weit vorlegt. Ich brauche nur zwei Schritte zu machen, dann habe ich den Ball sicher. Der Frank hatte auch freie Sicht darauf, trotzdem kommt der Frank von hinten rangerauscht und säbelt den Rechtsaußen einfach um. Also, ein blöderes und unnötigeres Foul kann man sich im Strafraum gar nicht vorstellen. Es gab Elfmeter gegen uns. Die Krönung war dann noch: Der Elfer war so schlecht geschossen, den hätte meine Oma noch mit dem Küchenbrettchen von der Torlinie gepatscht, aber unser Torwart hechtet drüber weg, was die reinste Lachnummer war."

Der Profi war sehr erregt und schlug mehrmals mit der Faust in die offene Hand. Dann beugte er sich zu Bruno über den Schreibtisch vor und sagte: „Damals hatte ich zum ersten Mal den Verdacht, dass ein Teil der Mannschaft dieses Spiel gar nicht gewinnen wollte. Ich hab mich so aufgeregt, dass ich das später in der Kabine auch so gesagt habe. Da ist der Trainer auf mich sauer geworden und vom Verein habe ich eine Vertragsstrafe von zehntausend Euro aufgebrummt bekommen. Das war mir eine Lehre, also hab ich beim nächsten Vorfall mein Maul gehalten."

Der erste große Druck schien von dem Spieler gewichen und er ließ sich auf den Besucherstuhl fallen, begann aber nach wenigen Worten, mit den Hacken aufs Parkett zu trommeln, was Bruno zumindest irritierte.

„Der nächste Blackout von Frank ließ auch nicht lange auf sich warten. Beim übernächsten Ligaspiel hat er siebzig Minuten ein ordentliches Spiel abgeliefert, dann säbelt er völlig unbedrängt so über den Ball, dass ein gegnerischer Stürmer alleine aufs Tor laufen kann und nur noch einzuschießen braucht. Klar hat der Trainer den Frank nach dem Spiel zusammengefaltet, aber weiter aufgestellt hat er ihn doch. Das war mir unbegreiflich."

„Wenn ich Sie richtig verstehe, wollen Sie damit sagen, dass Frank keine Aussetzer hatte, sondern ganz bewusst und absichtlich diese Schnitzer fabriziert hat", fasste Bruno zusammen.

„Davon bin ich felsenfest überzeugt", sagte der Profi und sprang von seinem Stuhl auf. „Absichtlich ja, aber nicht freiwillig! Der Frank ließ nach diesen Vorfällen keinen mehr an sich ran, war völlig unzugänglich und reagierte auf alles wie ein bissiger Köter. Nach zwei Monaten, als der Pascal wieder spielen konnte, flog der Frank aus der Mannschaft. Und am Saisonende hat der Verein sich von ihm getrennt. Er konnte mit Ach und Krach bei einem Drittligisten unterkommen, aber da hat er auch nur Patzer der allerübelsten Sorte produziert, sodass ihn sein neuer Verein nach einem halben Jahr gefeuert hat."

Der Profi holte tief Luft, dann brach es aus ihm hervor: „Den Frank hat man ganz bewusst kaputtgemacht!“ Er hatte diesen Satz fast geschrien, aber Bruno war sicher, dass dem Mann, der vor ihm durchs Büro wanderte, seine plötzliche Lautstärke gar nicht bewusst war.

„Aber was sie mit dem Pascal gemacht haben, war noch schlimmer“, fuhr der Profi hastig fort, und während er wie im Fieber weiter sprach, ging er immer schneller von einer Ecke des Zimmers zur anderen, bis er in eine Art Zuckeltrab fiel, was es Bruno nicht gerade leicht machte, den Worten zu folgen.

„Der Pascal war ja bekannt wegen seines Ehrgeizes, er hat den Trainer bedrängt, ihn nach seinem Beinbruch so schnell wie möglich wieder aufzustellen. Aber der Trainer hätte es besser wissen müssen, denn es konnte jeder sehen, dass der Pascal noch viel Trainingsrückstand hatte.

Das erklärte zumindest zu Anfang auch die Patzer, die dem Pascal passierten, aber sie gaben sich nicht, im Gegenteil, sie wurden immer schlimmer: unnötige, völlig unmotivierte Fouls, rote Karten, über den Ball schlagen, Handspiel im Strafraum, es war eine einzige Katastrophe.

Aber Pascals Patzer waren nicht die einzigen komischen Dinger, die in unseren Spielen passierten, da gab es jede Menge anderer Ungereimtheiten. Um nur ein Beispiel zu nennen: Ich hab dem Gegner an unserem Strafraum den Ball abgeknöpft und will das Spiel durch einen Zwanzig-Meter-Pass zum nächsten Mittelfeldspieler eröffnen, da kommt einer von Yüces Spielern angerauscht, nimmt mir den Ball vom Fuß und drischt ihn völlig unmotiviert bis nahe vor die Torauslinie des Gegners. Und was macht der gegnerische Verteidiger? Anstatt ihn ins Aus gehen zu lassen, reckt er sich noch und köpft ihn ins Aus, obwohl weit und breit keiner von uns auch nur in der Nähe war.“

„Was genau finden Sie daran so merkwürdig?“, fragte Bruno.

„Das war ganz klar eine abgekartete Sache“, ereiferte sich der Profi. „Jemand hatte darauf gewettet, dass wir in genau dieser Minute einen Eckball zugesprochen bekämen, und hat sich daran eine goldene Nase verdient.“

„Aber dann hätte der gegnerische Verteidiger, der den Ball völlig unnötigerweise ins Toraus geköpft hat, auch ganz bewusst manipuliert“, wandte Bruno ein.

„Was anderes will ich damit ja auch nicht sagen!“, rief der Profi und hüpfte auf der Stelle.

„Aber was bringt denn einen Profi dazu, bei solchen Manipulationen mitzumachen?“, fragte Bruno. „Ich mein, ihr Jungs verdient doch mit eurem Sport genug Geld.“

„Bei den meisten, nehme ich an, ist Erpressung im Spiel, bei den wenigstens die reine Raffgier“, sagte der Spieler. „Bei dem Pascal waren es jedenfalls Wettschulden. Als er ganz unten war, tauchte er eines Abends spät bei mir auf und hat mir erzählt, wie bei ihm der Hase gelaufen ist. Nachdem er die Reha wegen seines Beinbruchs hinter sich hatte, besuchte ihn eines Tages diese Deborah. Sie präsentierte ihm ein paar hundert Wettscheine, die Pascals Unterschrift trugen, und zeigte ihm die Ausdrucke von Accounts auf seinen Namen von Websites, auf denen er Wetten im Gesamtbetrag von mehr als anderthalb Millionen platziert hatte.

Pascal fiel aus allen Wolken. Er hat mir gegenüber geschworen, nie einen Fuß in eines dieser Wettbüros gesetzt zu haben und nie auf einer dieser obskuren Sportwetten-Internetseiten gewesen zu sein. Doch Deborah zeigte ihm sogar Videos, die ihn beim Ausfüllen von Wettscheinen in einem Wettbüro zeigten. Dann hat sie ihn bedroht, die Leute, bei denen er diese Schulden hätte, würden keinen Spaß verstehen, aber sie könnten die Leute ruhig halten, wenn er für ein paar Gefälligkeiten zur Verfügung stehen würde. Und er hat mitgemacht, weil seine Wettschulden lawinenartig anwuchsen, sie wucherten aus allen Ecken und türmten sich immer höher. An diesem Abend, als er mir alles erzählt hat, sprach er von mehr als zwanzig Millionen. Das müssen Sie sich mal reinziehen: zwanzig Millionen Wettschulden, obwohl man nie eine Wette abgeschlossen hat!“

„Ja, das ist dreist!“, sagte Bruno, der sich Notizen machte. „Und was haben Sie Ihrem Kollegen an jenem Abend geraten?“

„Was jeder vernünftige Mensch ihm geraten hätte: Zur Polizei zu gehen und alle Fakten auf den Tisch zu packen“, sagte der Profi.

„Ich habe ihm angeboten, ihn zur Polizei zu begleiten, und wir hatten uns für den nächsten Morgen dazu verabredet. Aber dann ist es dazu ja nicht mehr gekommen."

„War Pascal nicht der Spieler, der einen tödlichen Autounfall hatte? War da nicht auch Alkohol im Spiel?", fragte Bruno.

„Pascal war ein richtig guter Autofahrer und wollte nach seiner Fußballkarriere in den Rallyesport einsteigen. Und Alkohol hat er sowieso nie angerührt, keinen einzigen Tropfen!", sagte der Profi entschieden. „Und wie soll ich den Anruf erklären, den ich noch in der gleichen Nacht bekam, dass mir das Gleiche wie Pascal passieren würde, wenn ich nicht mein Maul hielte? Den Anruf hab ich nachts um drei Uhr bekommen, aber der Unfall ist der Polizei erst um halb vier gemeldet worden. Als ich am nächsten Morgen von Pascals tödlichem Unfall hörte, war mir klar, dass diese Leute vor nichts zurückschrecken."

„Pascal war also tot. Und wie ist die Sache bei Ihnen weiter gelaufen? Warum sind Sie nicht allein zur Polizei?", fragte Bruno.

„Ich bin am nächsten Morgen zum Training, da habe ich dann auf der Geschäftsstelle von Pascals tödlichem Unfall gehört. Nach dem Training gab es noch eine Mannschaftsbesprechung. Ich habe im Clubheim noch einen Happen gegessen, bin dann in meinen Wagen und wollte zum Polizeipräsidium. Auf der Abfahrt von der Zoobrücke hat mich dann ein Kleinlaster gerammt. Mein Wagen hat sich überschlagen, aber außer ein paar Prellungen an der Schulter ist mir nichts passiert. Ich hing noch in den Gurten fest, als dieser Kerl am Seitenfenster auftauchte und in den Wagen reinschrie: Denk an deinen Freund Pascal! Den nächsten Unfall überlebst du nicht!"

Der Profi brach seine Wanderung ab und setzte sich auf den Besucherstuhl. Er schien Bruno plötzlich erschöpft und ausgelaugt.

„Ich hab mich erst mal losgegurtet, aber die Fahrertür war eingedellt und klemmte. Als ich endlich aussteigen konnte, war der Kerl, der seine Drohung ins Auto gebrüllt hatte, spurlos verschwunden. Dann kamen auch schon die Bullen und haben den Unfall aufgenommen. Als ich das alles erledigt hatte und mein

Auto abgeschleppt worden war, hat die Polizei mir ein Taxi gerufen. Mit dem hab ich mich dann zum Polizeipräsidium fahren lassen. Ich bin also aus dem Taxi raus und wollte die paar Meter bis zum Eingang, als mir plötzlich drei Typen den Weg verlegten. Der eine sagte: *Wer da reingeht, muss auch wieder rauskommen. Der nächste sagte: Dann legen wir dich um. Und der dritte sagte: Denk an Pascal! Mit uns kann man nicht spaßen.* Dann hielt so ein schwarzer Van mit verspiegelten Scheiben, und die drei Männer haben mich da reingezerrt. Ich habe die Kerle wüst beschimpft, aber das hat denen nichts ausgemacht. Als es ihnen zu bunt wurde, hat mir einer aufs Maul gehauen. Meine Lippen sind aufgeplatzt und ich hab geblutet wie Sau. Sie haben mich bis vor meine Haustür gefahren, mich dort aus dem Wagen gezerrt, mir einen Arschtritt verpasst und mich einfach liegen lassen."

„Nach dieser Erfahrung sind Sie also nicht mehr zur Polizei", vermutete Bruno.

„Genau. Ich hatte die Hoffnung, dass mich diese Leute in Ruhe lassen würden, wenn ich mich still verhielte. Aber das war eine trügerische Hoffnung. Denn vor drei Tagen tauchte dann abends spät diese Deborah auf. Ich wollte sie zunächst nicht reinlassen, aber sie veranstaltete einen Höllenlärm und schrie herum, dass ich ein verdammter Hurensohn sei und ihr viel Geld schulde. Da hab ich sie reingelassen.

Sie präsentierte mir zunächst ein Bündel Wettscheine, die alle aus den letzten vier Wochen stammten, und meine Unterschrift trugen. Aber die hatte ich zwei Monate zuvor mit einem zusätzlichen Kringel geändert und diese Änderung von einem Notar beglaubigen lassen, weil mir ein ehemaliger Mitspieler von einem anderen Verein von Wettscheinen mit gefälschten Unterschriften erzählt hatte.

Ich sagte dieser Deborah auf den Kopf zu, dass die Unterschriften unter den Wettscheinen gefälscht seien und ich sie wegen Betrugs anzeigen würde. Da holte sie eine CD raus und meinte, die sollte ich mir erst mal ansehen, bevor ich so groß herumtönen würde. Ich schob die CD in meinen Laptop und schaute mir die Bilder und Videos an. Sie zeigten mich in Schwulenkneipen und in eindeutigen Posen mit Schwulen. Ich bin nicht schwul und war mein Lebtag noch nie in einer Schwulenkneipe. Doch dieser Typ auf den Fotos und Videos sah mir zum Verwechseln ähnlich. Da müssen Profis als Maskenbildner am Werk gewesen sein. Doch als ich mir die Fotos ganz genau ansah, stellte ich fest, dass sie ein entscheidendes Detail übersehen hatten: mein rechtes Ohrläppchen! Da hat mir als Kind mal der Hund vom Nachbarn reingebissen und es ziemlich zerfleddert. Das hat sich bis heute nicht ganz ausgewachsen. Hier, sehen Sie!"

Der Profi beugte sich zu Bruno vor und wandte ihm sein rechtes Ohrläppchen zu. Es war so gut wie abgebissen und ziemlich gezackt.

„Das Ohrläppchen des Mannes auf den Fotos und auf den Videos war ganz und ohne jede Ausbuchtung!", fuhr der Spieler fort und richtete sich wieder auf. „Der Mann war ein gut zurechtgemachtes Double. Doch mir war sofort klar, dass ich meine Spielerkarriere an den Nagel hängen könnte, wenn diese Fotos und Videos ins Netz gestellt würden. Andererseits wollte ich auch nicht in diese Spirale von schlimmen Gefälligkeiten geraten, die mich nach unten ziehen, meine Karriere zerstören und mich moralisch völlig fertigmachen würde. Ich gab also zunächst mal klein bei und fragte Deborah, was ich tun sollte, damit das kompromittierende Material nicht ins Netz gestellt würde.

Ich musste mehrmals beteuern, dass ich von nun an kooperativ sein würde, danach erst bequemte sie sich dazu mir zu sagen, dass mich jemand mit dem Decknamen *Igel* kontaktieren werde, der mir sagen würde, welche Gefälligkeit man von mir erwartet. Als Deborah endlich gegangen war, dachte ich eine Weile nach und beschloss, Dr. Schierle, den Justiziar des Vereins, ins Vertrauen zu ziehen. Ich rief ihn an und bat ihn, ob ich noch heute zu ihm kommen könne, ich hätte ihm ein paar wichtige Mitteilungen zu machen. Er stimmte sofort zu. Als ich das Haus verließ, fiel mir ein Mann in einem Mietwagen von Europcar auf, der den Wagen anließ, als ich aus dem Haus trat. Ich dachte zuerst, dieser Kerl sollte mich überwachen, doch als ich losfuhr, klemmte er sich nur zwei Straßen lang hinter mich und bog dann nach rechts ab."

„Vielleicht ist er zu Ihrer Wohnung zurückgefahren und hat dort in aller Ruhe Ihre Karnevalsperücke geklaut, weil er ziemlich sicher war, dass sie ihn dabei nicht überraschen würden", meinte Bruno.

„Auf die Idee bin ich noch gar nicht gekommen", sagte der Profi. „Jedenfalls habe ich Dr. Schierle eingeweiht. Der Mann hat ziemlich panisch reagiert. Er hat mir die Konsequenzen für den Verein dargestellt, wenn diese Sachen an die Öffentlichkeit gerieten. Ich meine, Sie wissen ja, wie die Saison bisher sportlich gelaufen ist, eine ziemliche Katastrophe. Und womöglich würde dann die halbe Mannschaft gesperrt!

Ich hatte den Eindruck, dass ihn meine Probleme dabei am wenigsten interessierten. Jedenfalls hat er mich gebeten, zunächst gar nichts zu unternehmen. Er selbst wolle als Erstes schon am nächsten Tag Kontakt mit dieser Deborah aufnehmen und alles Nötige tun, damit ich aus der Schusslinie dieser Leute käme. Den Rest kennen Sie ja."

Bruno hatte die Schreibtischlampe angeknipst, ihr Lichtkegel erhellte das große Büro nur zur Hälfte. Der Profi blieb an der Grenze stehen, an der sich Licht und Zwielicht mischten, krümmte den Rücken, zog den Kopf zwischen die Schultern und erschien Bruno wie das Sinnbild einer niederschmetternden Niederlage.

„Ich weiß jedenfalls nicht mehr weiter", sagte der Profi. „Was denken Sie?"

„Erst mal finde ich es ziemlich traurig, dass der Fußball neben einem freudestrahlenden Gesicht auch so eine finstere Fratze hat", sagte Bruno und drehte den Kugelschreiber, mit dem er Notizen geschrieben hatte, in den Fingern. „Diese finstere und bedrohliche Fratze hat Sie ins Visier genommen und droht Sie zu verschlingen. Um es weniger pathetisch auszudrücken: Ich glaube, Ihr Leben ist in Gefahr. Alles andere ist erst mal zweitrangig. Sehen Sie das genauso?"

Der Profi straffte sich, drehte sich zu Bruno um und zuckte mit den Schultern. „Ich weiß nicht, ob man das so dramatisch sehen muss." Er schlurfte zum Schreibtisch, schob ein paar Papiere zur

Seite und setzte sich auf die Kante. „Ich bin doch für diese Leute nur ein kleines Licht. Es kann auch sein, dass sie es bei einem anderen versuchen, wenn sie merken, dass sie bei mir nicht weiterkommen. Es gibt doch genug, die dafür infrage kommen."

„Es kann auch sein, diese Leute denken, dass Sie zu viel wissen und Sie allein schon deswegen aus dem Weg räumen wollen", widersprach Bruno. „Vielleicht glauben diese Leute aber auch, dass Sie es waren, der Deborah getötet hat, und wollen das so nicht hinnehmen." Bruno öffnete eine seiner Schreibtischschubladen und legte eine der beiden Signalpistolen, die er zum Starkwindsurfen aufs Brett mitzunehmen pflegte, neben sich auf den Schreibtisch. Der Profi machte große Augen und sprang von der Schreibtischkante.

„Es ist nur eine Vorsichtsmaßnahme", beruhigte Bruno ihn. „Wenn einer auf die Idee kommen sollte, hier mit bösen Absichten einzudringen."

Als der Profi seine Wanderung durch das Büro wieder aufnahm, fügte Bruno schnell hinzu: „Mir wäre es lieber, wenn Sie nicht so nah ans Fenster gingen, das Glas ist nicht schussfest."

Der Profi blieb abrupt stehen. „Ich kann nicht in einem Käfig leben, dann gehe ich kaputt", sagte er. Seine Stimme klang echt verzweifelt.

„Es hat Tote gegeben. Und ich verrate Ihnen nicht zu viel, wenn ich Ihnen sage, dass nicht viel gefehlt hat, und Dr. Schierle läge auch im Leichenschauhaus. Ich will nicht, dass Sie der nächste Tote sind." Bruno trommelte mit dem Kugelschreiber ein paar Synkopen auf den Schreibtisch, dann warf er den Kugelschreiber hoch hinaus in die Luft und fing ihn wieder auf. „Sie waren die ganze Zeit in der Defensive", sagte er. „Dafür habe ich Verständnis, denn Sie fühlen sich in der Abwehr zu Hause. Aber jetzt ist es an der Zeit, die Taktik auf den Kopf zu stellen und in die Offensive zu wechseln."

„Für eine gute Offensive fehlen mir das nötige Talent und die spielerischen Mittel", sagte der Profi.

„Deswegen müssen das andere für Sie übernehmen", meinte Bruno. „Wir müssen die Wettmafia ständig unter Druck halten und sie zu Fehlern zwingen. Aber zunächst machen wir hinten die Räume eng und stabilisieren die Abwehr."

„Wie meinen Sie das?", fragte der Profi, der zurück in den Lichtkegel gekommen war.

„Wir müssen den Fred Hammerstein von der Kölner Kripo davon überzeugen, Sie Tag und Nacht unter Personenschutz zu stellen, und zwar so, dass jeder es mitbekommt. Diese Leute werden nicht so dumm sein, etwas gegen die Polizei zu unternehmen."

„Sie sprechen von diesem fetten Kerl, der mich verhört hat?", vergewisserte sich der Profi. „Ich weiß nicht, bei dem hatte ich nie das Gefühl, dass er mit offenen Karten spielt, und ich nehme an, er glaubt immer noch, dass ich diese Deborah getötet habe, obwohl ich es gar nicht gewesen sein kann."

„Mag sein, aber der gesunde Menschenverstand sagt mir, dass wir bei ihm noch eine Chance haben, wenn Sie ihm jetzt die ganze Wahrheit sagen", meinte Bruno.

„Trotzdem, mir wäre ein privater Personenschutz lieber", sagte der Profi.

„Ihnen ist klar, welche Kosten da auf Sie zukämen? Eine einigermaßen wirkungsvolle Rundumbewachung würde im Monat mindestens auf fünfzehntausend kommen, Spesen für Reisen zu Auswärtsspielen nicht eingerechnet. Und wie lange soll das gehen? Ein Jahr? Zwei Jahre? Und es ändert an Ihrer Situation grundsätzlich nichts. Sie bleiben in der Defensive und in der Schusslinie dieser Leute."

Der Profi zupfte hektisch an seinem zerfransten Ohrläppchen. „Das habe ich mir nicht so teuer vorgestellt!", stöhnte er. Dann setzte er sich auf den Besucherstuhl, stützte beide Ellbogen auf die Knie, bettete den Kopf in beide Hände und versank für eine Minute in dumpfem Brüten. „Das kann ich mir momentan gar nicht leisten, denn mir kleben die vier Eigentumswohnungen an den Hacken, die mir mein Berater aufgeschwatzt hat. Die Darlehensverträge fressen mich auf."

„Also noch eine Baustelle", meinte Bruno. „Wie lange läuft denn der Vertrag, den Sie mit Ihrem Berater haben?"

„Sprechen Sie jetzt von den Bankverträgen?“, fragte der Profi.

„Nein. Sie haben doch einen Vertrag mit Ihrem Berater. Wie lange sind Sie denn noch an den gebunden?“

„Wenn ich bis in einer Woche nicht schriftlich kündige, verlängert sich der Vertrag automatisch um zwei weitere Jahre“, sagte der Spieler. „Sonst läuft er am Ende des Monats aus.“

„Wie ich das sehe, ohne die Verträge über die Eigentumswohnungen zu kennen, müssen Sie weg von Ihrem Berater.“

„Wie stellen Sie sich das vor? Ohne Berater läuft im Profisport nichts. Da werden Sie gnadenlos über den Tisch gezogen. Und ausgerechnet jetzt, wo mich der Trainer aus der Mannschaft geworfen und vom Training suspendiert hat, brauche ich einen Berater, der mit dem Verein verhandelt, wie es weitergehen kann, und der das Beste in einer so verfahrenen Situation für mich herausholt.“

„Und das trauen Sie Ihrem jetzigen Berater zu?“, fragte Bruno.

„Haben Sie eine Alternative?“, fragte der Profi. Er schien Bruno jetzt echt verzweifelt.

Statt einer Antwort suchte Bruno die Handynummer des *Paten* und wählte sie. Es dauerte eine Weile, dann nahm der *Pate* das Gespräch an.

„Wissen Sie, was eine der großartigsten Erfindungen für Gehörgeschädigte ist?“, schrie der *Pate* ins Telefon und gab sofort selbst die Antwort. „Der Vibrationsalarm!“ Dann brach er in gellendes Gelächter aus, das nach einer Weile abrupt abbrach. „Sie haben Glück, Böllmann, dass ich so glücklich bin. Und warum ich heute Abend so glücklich bin? Sie wüssten das, wenn Sie miterlebt hätten, wie der Junge heute trainiert hat. Stattdessen führen Sie Ihre beschissenen anwaltlichen Kriege um irgendwelche Peanuts und verpassen es, glücklich zu sein.“

„Da ist was Wahres dran“, schrie Bruno ins Telefon. „Aber wissen Sie, was eine noch tollere Erfindung für Gehörgeschädigte ist? Die Gebärdensprache! Ich kenne da eine Dame, die ist eine perfekte Lehrerin und Dolmetscherin.“

„Das scheiß Gezappel macht mich bloß nervös!“, schrie der *Pate*.

„Jetzt sind Sie wieder im Geschäft, jetzt können Sie sich Ihre Schwerhörigkeit nicht mehr leisten!“, brüllte Bruno.

„Macht die Frau was her?“, schrie der *Pate*.

„Eine klassische Schönheit“, brüllte Bruno.

„Gut. Simsen Sie mir die Adresse. Aber das ist ja wohl nicht der Grund Ihres Anrufs.“

„Ich habe einen Spieler für Sie. Der Vertrag mit seinem Berater läuft am Ende des Monats aus, wenn er ihn jetzt kündigt.“

„In welchen Schwierigkeiten steckt der Junge? Ich meine, umsonst sitzt der nicht abends noch bei einem Rechtsverdreher.“

„Sein Trainer hat ihn heute wegen angeblich schlechter Trainingsleistungen vom Training suspendiert und aus der Mannschaft geworfen“, sagte Bruno.

„Verein, Name, Alter!“, schrie der *Pate*.

Bruno nannte den Namen des Profis.

„Spinnt der Trainer? Will er den FC zugrunde richten? Der Junge hat das, was von der FC-Abwehr noch übrig ist, zusammengehalten!“

„Genauso sehe ich das auch“, schrie Bruno.

„Sechsundzwanzig ist der Junge? Da kann er als Abwehrspieler noch sechs gute Jahre haben!“, schrie der *Pate*. „So einen wie den kriegt man auch woanders unter, da soll sich der FC mal nicht täuschen. Und warum will er den Berater wechseln?“

„Der hat ihm vier Eigentumswohnungen aufgedrückt, die ihn finanziell ausbluten“, sagte Bruno.

Der *Pate* kreischte vor Vergnügen. „Die gute alte Masche, die Jungs haben alle von mir gelernt!“ Als er sich wieder einbekommen hatte, brüllte er: „Es gibt welche, die werden als Weihnachtsgans geboren, und es gibt andere, die werden zu Weihnachtsgansfressern. Ich bin kein Kind von Traurigkeit, aber Weihnachtsgänse auszunehmen, war nie mein Ding. Wer ist sein Berater?“

Bruno nannte den Namen, den ihm der Profi zugeflüstert hatte.

„Gut, mit dem Arschloch komme ich klar. Wo hakt's denn sonst noch bei dem Jungen?“

„Er hat Schwierigkeiten mit der Wettmafia. Deborah hat ihn unter Druck gesetzt. Aber er will nicht manipulieren. Er fühlt sich bedroht.“

Der *Pate* schwieg eine ganze Weile. „Damit wir uns nicht missverstehen, Böllmann, ein bisschen manipuliert wird im Fußball überall und immer. Aber *wie* die Leute momentan reingrätschen, werden sie noch die ganze Liga und unser aller Geschäft kaputtmachen. Was gedenken Sie denn in der Sache zu tun?“

„Es gab einen inszenierten Autounfall, es gab eine Entführung und Morddrohungen“, sagte Bruno. „Ich denke, das ist mittlerweile eine Sache für die Polizei. Sie sollte ihm Personenschutz geben.“

Der *Pate* schnaufte eine Weile ausgesprochen unanständig ins Telefon. „Damit eins klar ist, Böllmann: Kein Bulle betritt mein Grundstück, es sei denn, er hätte einen Durchsuchungsbefehl“, polterte der *Pate* plötzlich los. „Sie bekommen null, *niente, nothing* von mir für die Vermittlung. Holen Sie sich Ihre Peanuts von dem Spieler. Aber er ist nicht *Ihre* Weihnachtsgans. Wenn ich das Gefühl habe, er blutet auch an Sie, spricht die Handkante. Haben wir uns da verstanden?“

„Haben wir“, erwiderte Bruno. „Das heißt also, Sie nehmen den Jungen?“

„Ich nehme ihn. Allein schon, um seinem Verein, den ich nie leiden konnte, ein Stachel im Fleisch zu sein. Er soll alle Verträge morgen um zwölf zu mir bringen, außer den Darlehensverträgen. Das ist Ihr Bier, Böllmann. Finden Sie was, diesen Scheiß anzufechten. Wenn nicht, verhandeln Sie mit der Bank. Ich kann keinen Spieler gebrauchen, dem das Wasser bis zum Hals steht.“

Der *Pate* hatte das Gespräch weggedrückt. Der Profi, der alles mit gehört hatte, runzelte die Stirn. „Ich weiß nicht, ob dieser Mann und ich zusammenpassen“, sagte er. „Ich konnte noch nie nach der Pfeife eines anderen tanzen, und dieser Mensch hört sich ganz furchtbar an.“

„Er hört sich nicht nur furchtbar an, er *ist* furchtbar. Aber er ist der Einzige, dem ich zutraue, Ihre Fußballkarriere wieder ins Lot zu bringen.“

In diesem Moment schrillte das Telefon auf Brunos Schreibtisch. Das Display zeigte Fred Hammersteins Privatnummer. „Hallo Fred“, sagte Bruno. „Sitzt du immer noch in der Badewanne und entspannst?“

„Nein, das tue ich nicht", fauchte Fred Hammerstein ins Telefon. „Ich sitze an meinem Computer und werde immer wütender. Nimm sofort dieses Video vom Netz, Bruno, das ist eine Kriegserklärung!"

„Gerne", erwiderte Bruno freundlich, „aber nur unter der Bedingung, dass du deine Massen zu mir in die Kanzlei in Bewegung setzt und dir anhörst, was dir mein neuer Klient zu sagen hat. Er will seine Aussagen vervollständigen und ergänzen."

„Weißt du eigentlich, dass es schon halb zehn ist und dass ich ganz schwindelig vor Müdigkeit bin? Hat das nicht Zeit bis morgen und zu einer ganz normalen Dienstzeit?", fragte Fred Hammerstein.

„Das Video bleibt solange online, bist du hier aufkreuzt", erwiderte Bruno ungerührt.

„Das ist Erpressung, und zwar eine ganz miese!", schrie Fred Hammerstein ins Telefon.

Bruno legte das schnurlose Telefon zurück auf die Ladestation. „Er wird kommen", sagte er. „Immer, wenn er von Erpressung spricht, hat er ernsthaftes Interesse."

„Ist Ihnen eigentlich nicht aufgefallen, dass alle Leute am Telefon mit Ihnen herumbrüllen?", fragte der Profi, der seine ruhelose Wanderung durch Licht und Schatten wieder aufgenommen hatte.

„Das ist karmisch, daran habe ich mich gewöhnt", erwiderte Bruno.

## 10. Kapitel

Fred Hammerstein saß fest und unverrückbar wie ein Berg hinter Brunos Schreibtisch und sah so aus, als hätte er immer schon hier gesessen und würde auf ewige Zeiten hier sitzen bleiben. Seine kompakte Schwere war erdrückend und schien immer mehr von Brunos Büro einzunehmen, sodass der Profi sich in die hinterste Ecke gedrängt fühlte und dort auf der Stelle joggte, während an Fred nur das rechte Handgelenk beweglich war und er insgesamt zweiundzwanzig Seiten mit seiner steilen Kinderschrift auf seinen Notizblock schrieb. Es erschien Bruno immer bedrohlicher, dass Fred den Profi kein einziges Mal unterbrach, und nachdem der geendet hatte, in ein dumpfes Brüten verfiel, nur ab und zu unterbrochen von ein paar schnellen Bewegungen seines Handgelenks, das für Bruno immer mehr ein von Freds unbeweglicher Schwere unabhängiges Eigenleben zu führen schien.

Als Fred auch noch die Augen schloss und Bruno glaubte, der Kripobeamte sei hinter dem Schreibtisch eingeschlafen, fragte Fred Hammerstein: „Sie glauben also, der tödliche Autounfall Ihres Fußballerkollegen Pascal sei fingiert oder zumindest manipuliert?“

Die Frage schien Bruno willkürlich und völlig aus dem Zusammenhang gerissen. Ohne die Antwort des Profis abzuwarten, geriet plötzlich Bewegung in Fred Hammerstein. Er blätterte mit beiden Händen in einer affenartigen Geschwindigkeit seinen dicken Notizblock durch, wobei er den Kopf senkte und wie ein Schwein schnüffelte, bis er mit der Faust auf eine der aufgeschlagenen Seiten schlug. „Es geht nichts über eine lückenlose Dokumentation“, schnaufte er. „Hier habe ich notiert: *Das Unfallfahrzeug des tödlich verunglückten Pascal F. wurde an den Gutachter der Zürich-Versicherung überstellt, bei der Pascal F. eine private Insassen Unfallversicherungspolice abgeschlossen hatte.“*

Fred Hammerstein hatte das Zitat aus seinen Notizen heruntergeleiert wie ein unwilliges Schulkind. „Ohne die Anforderung der Zürich-Versicherung wäre dieser Totalschaden schon in der Schrottpresse“, fuhr Fred Hammerstein fort. „Jetzt lasse ich ihn kriminaltechnisch noch einmal in die Mangel nehmen, das volle Programm!“, schrie Fred mit sich überschlagender Stimme und so enthusiastisch, als habe *Gott persönlich* ihn erleuchtet.

Dann verfiel er wieder minutenlang in dumpfes Brüten, wobei sich seine Augenlider wieder schlossen, bis er sie mit einem Ruck, der seine ganze Massen erbeben ließ, aufriss und brüllte: „Wann hatten Sie zu Ihrem ehemaligen Mitspieler, diesem Frank, das letzte Mal Kontakt?“

Auch diese Frage schien Bruno völlig aus dem Zusammenhang gerissen.

Der Profi wagte sich immer noch nicht aus der hintersten Ecke des Büros hervor. „Vor circa drei Wochen“, erwiderte der Profi. „Da stand er eines Abends bei mir auf der Matte. Er schien mir völlig am Ende zu sein. Er stank, war ungewaschen, seine Kleidung schmutzig. Er war völlig abgebrannt und hat mich angepumpt. Ich wollte den armen Hund nicht ganz ohne Hilfe lassen und hab ihm drei Hunderter gegeben.“

„Und als dieser Frank noch beim FC spielte, war er da öfter mal bei Ihnen zu Hause?“, fragte Fred mit einem bedrohlich knurrenden Unterton in der Stimme.

„Einige Male schon“, antwortete der Profi. „Wie das bei Kollegen, die in der gleichen Mannschaft spielen, halt so üblich ist.“

Ehe Fred Hammerstein wieder in seinem dumpfen Brüten versinken konnte, fragte Bruno: „Wie sieht’s denn nun mit Personenschutz aus?“

Fred Hammerstein schüttelte sich und verzog so angeekelt sein Gesicht, als habe ihm Bruno ein verfaultes, von Maden befallenes Stück Fleisch zugeworfen. Dann griff er zum Telefon, wählte eine Nummer und fragte, welcher Kollege einen Vierundzwanzig-Stunden-Dienst angebrochen habe und momentan in Bereitschaft sei. „Soll seinen Arsch herbewegen!“, raunzte er dann ins Telefon und nannte die Adresse.

Dann sackte er wieder in sich zusammen, nur sein bewegliches Handgelenk wanderte mit dem Kugelschreiber übers Papier. Als er weitere zwei Seiten auf seinem Notizblock beschriftet hatte, gab Fred den Kugelschreiber frei, der über die Kante des

Schreibtischs rollte und zu Boden fiel. Dann winkte er mit einer dieser herrischen Gesten, die Bruno so verabscheute, den Profi aus seiner Ecke und murmelte: „Offener Personenschutz, rund um die Uhr, die nächsten vierzehn Tage. Können Sie eine Person in Ihrer Wohnung anständig unterbringen?"

„Es gibt ein Gästezimmer", erwiderte der Profi.

Fred Hammerstein stieß sich von Brunos Schreibtisch ab, der ins Wanken geriet, ein Aktenstapel kippte über den Rand und fiel zu Boden. Der Schreibtischstuhl quietschte und knackte, als er einen Meter zurückrollte, unter Freds Gewicht.

„Personenschutz sagt sich so leicht daher, wenn man ein Bruno Böllmann ist", schrie Fred Hammerstein, wobei ihm das Blut ins Gesicht schoss. „Weißt du überhaupt, mit welch bürokratischem Scheiß so eine Personenschutzsache verbunden ist?" Er wuchtete sich aus dem Schreibtischstuhl, ballte die Fäuste, und marschierte auf Bruno los. „Das wird mich vier Stunden meiner Lebenszeit kosten, Bruno Böllmann, vier Stunden, die unwiderruflich dahin sein werden!"

Bruno wich dem angedeuteten Kopfstoß Freds aus, der auf dem Absatz kehrt machte und sich dem Profi zuwandte.

„Ich bin zu fett", sagte er mit einer völlig veränderten Stimme voller Sanftmut. „Ich muss das ändern. Es ist nicht schön, wenn einen die Kollegen, wenn man ihnen den Rücken zukehrt, *die Wurst* nennen."

„Ich verstehe Sie", sagte der Profi. „Ich neige auch zur Fettleibigkeit. Es liegt in den Genen meiner Familie. Sie sollten mal meinen Vater sehen, gegen den sind Sie ein dünner Hering!"

„Ja, aber Sie sind Sportler, ein Profi, halten sich fit mit täglichem Training", sagte Fred. „Dafür fehlt mir die Zeit."

„Sie hätten mich mal vor drei Jahren sehen sollen!", meinte der Profi. „Da hatte ich noch richtig Speck auf den Rippen! Das hat sich erst geändert, als ich an diesen Ernährungsberater gekommen bin. Der Mann hat wahre Wunder an mir getan."

„Ist nicht wahr: erzählen Sie!", forderte Fred Hammerstein den Profi auf und schloss sich dessen unsteter Wanderung mit einer Behändigkeit an, die ihm niemand zugetraut hätte.

Fred Hammerstein überschüttete den Profi mit Fragen von solch einer kindlichen Naivität, dass Bruno manchmal das Lachen nur schwer verkneifen konnte. Die beiden ungleichen Männer waren so in ihr Gespräch vertieft, dass sie nicht wirklich Notiz davon nahmen, als unten am Eingang die Klingel schrillte.

Bruno ging hinunter und öffnete. Der Mann, von dem er ein Video gemacht hatte, trat ein und zeigte Bruno den Stinkefinger. „Das mit dem Video zahl ich Ihnen irgendwann mal heim!", zischte der Mann. Dann ging er breitbeinig und mit einer Selbstverständlichkeit, als sei er hier zu Hause, vor Bruno her. Im ausgebauten Dach stellte er sich mitten im Raum auf wie Cristiano Ronaldo vor einem Freistoß und sagte: „Ich überlege mir noch, ob ich eine Dienstaufsichtsbeschwerde schreiben soll wegen des Personenschutzdienstes!" Als sich der Profi zu ihm umdrehte und den Neuankömmling voller Skepsis musterte, fuhr er fort: „Das geht nicht gegen Sie, Mann! Sie können sich sicher fühlen wie in Abrahams Schoß."

„Ich hab's dir ja gesagt, welch einen Haufen bürokratischen Scheiß so ein Personenschutz produziert!", schrie Fred Hammerstein Bruno an.

Es dauerte eine ganze Weile, bis Fred Hammerstein den Beamten eingewiesen hatte. Als der Profi in Brunos Jogginganzug und in Begleitung des Polizeibeamten die Kanzlei verlassen hatte, schwiegen sich Bruno und Fred Hammerstein eine geschlagene Minute an. Schließlich seufzte Fred Hammerstein und sagte: „Ich weiß nicht, ob du noch irgendein anderes Talent hast, Bruno, aber wegen deines Talents, dich selbst in Schwierigkeiten zu bringen, muss man dich hassen."

„Komm mir nicht auf die Tour, Fred, mir ein schlechtes Gewissen machen zu wollen. Ich war acht Jahre mit Gerda zusammen, und sie hat mir jeden Tag ein schlechtes Gewissen gemacht. Dagegen bin ich total abgehärtet. Du brauchst einen anderen Dreh, um mir den Aufenthaltsort von Dr. Schierle zu entlocken."

Fred Hammerstein zwinkerte Bruno belustigt zu. „Du solltest dich mal sehen, wenn du dich so aufplusterst wie eben", sagte er spöttisch. „Da wirkst du doppelt so fett, wie ich es bin." Dann brach er in schallendes Gelächter aus. „Der Schierle läuft mir nicht weg! Ich nehme dir das mit dem Schierle auch gar nicht übel, Bruno. Du hast mir in seinem Fall jede Menge bürokratischen Scheiß erspart."

In diesem Moment erschien Fred Hammerstein Bruno wie eine dicke Spinne in ihrem Netz, bei der alle Fäden zusammenlaufen.

„Du fremdelst wieder, Bruno, und wirfst Blicke um dich, als gehörtest du nicht in dieses Leben", fuhr Fred Hammerstein fort. „Du glaubst, du müsstest zu allem und jedem eine Distanz einhalten, du bist der Prototyp eines distanzierten Menschen."

„Gib's auf, Fred, du schaffst es nicht, mir ein schlechtes Gewissen zu machen", erwiderte Bruno. „Wenn ein Anwalt ein schlechtes Gewissen hat, hat er seinen Beruf verfehlt."

„Ich gebe dir ein Beispiel, Bruno. Ich kann mich mit einem Profi intensiv über Diäten und Ernährungsumstellung unterhalten. Er hat was davon, ich hab was davon, die Distanz ist weg, es entsteht eine sehr persönliche Kommunikationsbasis. Mir gelänge das nicht, wenn ich nicht ausblenden könnte, dass dieser Mann vielleicht einen Mord begangen hat."

Bei Bruno schrillten alle Alarmglocken.

„Du verdächtigst diesen Mann immer noch, Deborah umgebracht zu haben? Entschuldige, aber das ist absurd", sagte Bruno.

„Das wird man am Ende sehen", sagte Fred Hammerstein und ließ seine beweglichen Handgelenke durch die Luft flattern wie zwei auffliegende Vögel. Dann setzte er sich hinter Brunos Schreibtisch. Seine Massen schienen mit dem ganzen Büro zu verwachsen, während seine rechte Hand über die Tastatur der Telefonanlage tanzte und seine müde, aber freundliche Stimme Fragen stellte. Es erschien Bruno, als habe Fred Hammerstein schon immer seinen Platz eingenommen und als sei er hier zu Hause. Schließlich beendete Fred Hammerstein seine Telefonate, wuchtete seine Massen hoch und warf Blicke voller Wehmut durch Brunos Büro, als wolle er sich von seiner Heimat verabschieden.

„Ich habe ein weiches Herz, Bruno. Das habe ich von meiner Mutter geerbt. Und auch ihre Sentimentalität, die mich zum Weinen bringen kann, wenn ich eine schöne Melodie höre." Dann schob er Bruno vor sich her und knipste wie jemand, der hier zu Hause war, das Licht hinter sich aus. „Wir beide haben noch etwas zu erledigen", sagte er unten im Flur.

Als sie das *Bosporus* betraten, saß noch ein gutes Dutzend Gäste an den weiß eingedeckten Tischen und genossen bei Kerzenschein Desserts, Mokka oder den ausgezeichneten türkischen Weißwein, den man hier anbot. Der Oberkellner eilte auf sie zu und Fred Hammerstein, dessen Massen hier bekannt und geschätzt zu sein schienen, sprach mit ihm leise und freundlich, wobei der Oberkellner auch Bruno mit einem liebenswürdigen Lächeln bedachte und ihm zuzwinkerte, als seien sie alte Bekannte. Bruno war einmal vor Jahren mit Gerda im *Bosporus* gewesen und hatte die ganze Zeit über Bammel davor, dass Gerda wegen der Lammgerichte auf der Speisekarte einen Tumult beginnen könne, denn Gerda liebte Lämmer über alles. Auf dem Heimweg beklagte sie sich und fand dieses Lokal „irgendwie plüschig ohne Plüsch und orientalisch aufgeheizt", wie sie sich ausgedrückt hatte. Ihr Ding waren eher coolere Restaurants wie das *Schröders* oder der Italiener im MediaPark, wo die Leute nach dem Essen wenig sprachen und viel guckten.

Der Oberkellner begab sich zu einem der hinteren Tische, an dem Yüce mit seiner krass blond gefärbten Begleiterin saß, ganz Weltmann, so als sei er hier geboren, die Gesten selbstsicher, die Mimik auf den Standard genussvoller Sattheit eingefroren. Der Oberkellner neigte sich zu Yüce hinab und flüsterte mit ihm. Yüce blickte kurz auf und nickte einladend in ihre Richtung. Dann schwebte der Oberkellner zurück und führte sie an Yüces Tisch.

Die Begrüßung, was Fred Hammerstein betraf, war freundlich, man schien sich zu kennen und zu respektieren. Was Bruno betraf, fand keine Begrüßung statt.

Nachdem sie sich gesetzt und der Oberkellner zwei Gläser des guten türkischen Weißweins kredenzt hatte, beugte sich Fred Hammerstein zu Yüce hin und flüsterte: „Sie hätten mir eine

Freude gemacht, wenn Sie Herrn Böllmann wenigstens die Hand gereicht hätten."

Bruno glaubte, ein Eisberg driftete an ihrem Tisch entlang, so eisig wurde Yüces Miene. Auch er beugte sich zu Fred Hammerstein hin und entgegnete leise: „Die Freude kann ich Ihnen nicht machen, mein Lieber, denn Herr Böllmann hat meine Begleiterin heute ohne Not zutiefst beleidigt. Dafür verlange ich eine Entschuldigung."

Jetzt beugte sich Fred Hammerstein zu Bruno hinüber. „Womit hast du die Dame beleidigt, Bruno?", fragte er leise.

Bruno fand dieses Flüstern und dieses Hin- und Herbeugen albern, aber da Fred Hammerstein daran großen Gefallen zu haben schien, entgegnete er ebenso leise: „Wenn ich mich richtig erinnere, habe ich sie einen krass blond gefärbten Transvestiten genannt."

„Das war ungehörig, äußerst ungehörig!", flüsterte Fred Hammerstein in einem Tonfall, der Bruno an den seiner Grundschullehrerin erinnerte. „Du solltest dich dafür in aller Form entschuldigen. Ich verlange das von dir, Bruno, sonst geht gar nichts mehr." Bei diesen Worten rollte Fred Hammerstein so ausdrucksstark mit den Augen wie ein bengalischer Feuerschlucker, der sich den Mund verbrannt hat.

Bruno stellte sich vor, ihm sei im Eifer des Gefechtes vor Gericht eine unbedachte Äußerung zum Nachteil seines Mandanten entschlüpft, räusperte sich und sagte halblaut: „Ich möchte mich für meine beleidigende Äußerung im Club-Restaurant des FC in aller Form entschuldigen. Es tut mir aufrichtig leid."

Yüce beugte sich zu seiner krass blond gefärbte Begleiterin und flüsterte: „Er hat sich entschuldigt. Nimmst du die Entschuldigung an?"

Die krass blond gefärbte Begleiterin Yüces hörte nicht auf, ihre feingliedrigen, äußerst schmalen und blassen Hände anzustarren, und schüttelte energisch den Kopf.

Yüce beugte sich zu Fred Hammerstein und flüsterte: „Sie akzeptiert die Entschuldigung nicht."

„Da kann man nichts machen", meinte Fred Hammerstein, lehnte sich in seinem Stuhl weit zurück, ergriff sein Glas und prostete in die Runde. Dann sagte er in geschäftsmäßigem Tonfall so leise, dass die am nächsten sitzenden Gäste es auf keinen Fall mithören konnten: „Sie wissen besser als ich, Herr Yüce, dass man sich eine bestimmte Art von Freunden nicht aussuchen kann. Sie werden einem vom Schicksal zugelost. Ich würde Bruno Böllmann als solchen Freund bezeichnen. Aber ich sage Ihnen nichts Neues, dass es insbesondere diese Freunde sind, die unserer Fürsorge und unseres Schutzes in besonderem Maße bedürfen."

Fred Hammerstein legte eine bedeutungsvolle Pause ein und erhob seinen Blick voller Zuversicht zur Restaurantdecke, als sei er sich des Beistands von ganz oben sicher.

Dann wandte er sich Yüce direkt zu und sagte, wobei sich die Verbindlichkeit seines geschäftsmäßigen Tonfalls plötzlich und unvermutet in eine Schärfe verwandelte, die kalt und unnahbar wirkte. „Ich muss Ihnen zu Ihrer eigenen Sicherheit dringend raten, Herrn Böllmann unbehelligt seiner Arbeit nachgehen zu lassen.

Sollten Sie dieser Aufforderung nicht nachkommen, kostet es mich zwei Tage, Sie als unerwünschten Ausländer in die Türkei abschieben zu lassen. Vorher werde ich alle Ihre Konten sperren und Ihre Privat- und Geschäftsräume durchsuchen lassen."

Yüce hatte mit keiner Miene zu erkennen gegeben, dass ihn Fred Hammersteins Aufforderung in irgendeiner Weise beeindruckt hätte.

Fred Hammerstein trank einen Schluck. Dann tupfte er mit der Serviette seinen Mund ab und fuhr fort: „Ich habe Vorsorge getroffen, dass Ihr Empfang in der Türkei nicht allzu freundlich sein dürfte. Ich habe mit einem türkischen Kollegen telefoniert, der im immer noch schwelenden Bestechungsskandal des türkischen Fußballs ermittelt. Er zeigte sich an einer möglichen Ausweisung Ihrer Person in die Türkei sehr interessiert."

Wieder zeigte Yüce keine Reaktion. Bruno fand, dass Yüce wenigstens seine Lippen etwas einkneifen oder ihm zumindest einen hasserfüllten Blick hätte zuwerfen können.

Fred Hammerstein leitete mit einer nichtssagenden Wendung über zum Thema „Unterschiede des türkischen und deutschen Fußballs", worüber er und Yüce eine fünf Minuten dauernde angeregte Diskussion führten.

Wie es seine Art war, brach Fred Hammerstein völlig unvermutet und mitten im Satz die Diskussion ab, erhob sich, nickte in die Runde und zog Bruno mit sich. Als sie vor dem Restaurant standen, musterte Fred Hammerstein Bruno von Kopf bis Fuß und sagte: „Mehr kann ich nicht für dich tun, Bruno."

## 11. Kapitel

Zwei Tage später schlug das Wetter um. Am frühen Morgen war ein schweres Unwetter über Köln hinweggezogen, hatte harte Regengüsse aufs Land geworfen und die hohen Temperaturen der vergangenen Woche waren schlagartig gesunken. Aus dem Grüngürtel wehten herbstlich anmutende Nebelschwaden ins nur spärlich gefüllte Franz-Kremer-Stadion, in dem heute am frühen Abend ein Pflichtspiel der U21-Mannschaft des FC angesetzt war.

Bruno Böllmann war froh, dass er seine gefütterte Jacke im Kofferraum gefunden hatte, die dort seit dem Frühjahr gelegen hatte und etwas muffig roch.

Er musterte die Zuschauer in seiner Nähe, die Mehrzahl Rentner, aber auch einige echte Freaks, voll ausgerüstet mit Fan-Schal, Mütze und Trikot, die sich plötzlich zusammenrotteten und sich über etwas furchtbar aufzuregen begannen, dann aber, wie auf ein geheimes Kommando hin, auseinanderspritzten und durch die nur spärlich gefüllten Ränge geisterten.

Als die beiden Mannschaften aufliefen, entdeckte er im untersten Rang auf einem der Mittelgänge einen leeren Rollstuhl, hinter dem ein hünenhafter Mann mit über der Brust verschränkten Armen Aufstellung genommen hatte und ein Gesicht schnitt, als bewache er die Goldbarren von Fort Knox. Bruno stieg den Mittelgang hinab und erst, als er ganz nahe bei dem Rollstuhl war, entdeckte er auf einem der Sitzplätze den *Paten*, der dort zusammengesunken hockte, eine flauschige Decke bis ans Kinn hochgezogen. In diesem Moment spürte Bruno einen kalten Hauch von Vergänglichkeit, der ihn von der einsamen Gestalt her anwehte.

Er nickte dem Hünen zu, der plötzlich einen seiner Arme wie eine Schranke ausfuhr und Bruno den Weg versperrte. „Sie sind der Böllmann?“, fragte er misstrauisch.

„Und wenn ich der nicht wäre?“, stellte Bruno die Gegenfrage.

„Dann dürften Sie hier nicht durch!“, entgegnete der Hüne.

„Lassen Sie den Mann durch!“, kreischte der *Pate* mit einer Stimme, die Bruno an den Todesschrei eines Schwans erinnerte.

Die Schranke fuhr hoch, der Weg in die Sitzreihe war frei. Bruno zögerte einen Moment, ob er sich auf den Platz neben den *Paten* setzen sollte.

„Nehmen Sie Platz neben diesem Haufen menschlichen Schrotts, wenn es Ihnen nichts ausmacht“, sagte der *Pate*. Dann zeigte er auf die jungen Spieler, die den Anstoß zelebrierten und ein munteres Spiel mit viel Hin und Her begannen. „Ist es nicht schön, dass einem so alten Spiel jedes Mal wieder neues Leben eingehaucht wird?“, fragte er. Dann schälte sich eine knochige, erschreckend bleiche Hand unter der flauschigen Decke hervor und packte Brunos Arm. „Das Spiel ist stärker als alle, die es kaputtmachen wollen“, kreischte er. „Es wird alle diese Beutelschneider, Betrüger und Manipulierer überleben.“

Bruno ließ seine Blicke über das Spielfeld wandern. Er hätte den Laufstil des Jungen sofort erkannt. „Ich dachte, Lucas Coração sollte heute spielen“, sagte er enttäuscht.

„Man hat mir gesagt, der Trainer wolle ihn erst mit Beginn der zweiten Halbzeit einwechseln“, schrie der *Pate* und erschrak wohl selbst vor der Lautstärke seiner Stimme, denn er fingerte stirnrunzelnd an den Einstellknöpfen seines Hörgeräts. „Jedenfalls ist er mit *Garra* und seinem neuen Dolmetscher noch in der Kabine.“

„Er hat einen neuen Dolmetscher?“, fragte Bruno.

„Ja, was denn sonst? Die blöde Kuh, die der FC angeheuert hat, habe ich gefeuert!“, schrie der *Pate*. „Jetzt hat Lucas einen Mann, der selbst mal Fußballprofi gewesen ist und die Fußballsprache versteht.“

„Und warum sitzt Lucas nicht auf der Ersatzbank?“, fragte Bruno.

„Weil dieser *Garra* darauf bestanden hat, neben ihm zu sitzen“, antwortete der *Pate* und kreischte vor Vergnügen. „Dieser Kerl und angebliche Ex-Manager klebt wie eine Klette an dem Jungen und bewacht ihn wie seinen eigenen Augapfel. Normal ist das nicht!“

Es lief nicht sonderlich gut für die U21 des FC, die schon nach sechs Minuten durch einen krassen Abwehrfehler der Viererkette mit 0:1 in Rückstand geriet. Die Ultras rotteten sich im Mittelblock wieder zusammen und stimmten ziemlich kläglich klingende Fangesänge an. Als drei Minuten später durch einen Handelfmeter das

0:2 fiel, verstummten die halbherzigen Gesänge vollends und die Ultras zerstreuten sich mit den aufkommenden Windböen, die den aufsteigenden Nebel zerfetzten und ins Abseits der heraufziehenden Dämmerung wehten.

„Die ganze Mannschaft spielt, als hätte sie in die Hose geschissen!", empörte sich der *Pate*.

„Halt's Maul, Krüppel!", schrie ihm einer der Fans zu, der sich drei Ränge hinter den *Paten* postiert hatte, und drohte ihm mit der Stange, um die er seine FC-Fahne gewickelt hatte. Der Hüne drehte sich zu dem Fan um und fixierte ihn. Der Fan machte auf dem Absatz kehrt und tauchte in einer Gruppe Rentner unter.

„Als wären sie alle depressiv!", ereiferte sich der *Pate*. Dann schnellte einer seiner totenbleichen Hände unter der Flauschdecke hervor und packte Brunos Handgelenk. „Sie hatten recht mit Ihrer Einschätzung des Neuen, den Sie mir geschickt haben: Er hat einen großen Selbstbehauptungswillen. Sind Sie mit den Bankverträgen weitergekommen?"

„Ich habe nächste Woche einen Termin mit der Bank", erwiderte Bruno.

„Dieses Arschloch von Manager ist völlig uneinsichtig!", schrie der *Pate*. „Ich glaube, der spielt mir vor, dass er nicht weiß, mit wem er sich eigentlich anlegt." Der *Pate* löste seine Hand von Brunos Arm und patschte kichernd auf die Balustrade. „Das wird ein böses Erwachen geben!" Er zwinkerte Bruno zu und summte eine aufsteigende Tonfolge, die in einem erstickten Husten endete. Dann drehte er den Kopf und spähte in Richtung des obersten Tribünenrangs.

„Sehen Sie das Würstchen im grauen Kapuzenpullover da oben?", schrie er Bruno zu. „Der wird nur in der Halbzeitpause sein Handy ausstellen. Der Junge berichtet den ganzen Spielverlauf nach Hongkong."

„Aber das ist ein U21-Spiel! Was soll denn daran interessant sein?", fragte Bruno.

„Ich zeig es Ihnen", brüllte der *Pate*, griff unter die Flauschdecke und holte sein Smartphone hervor. „Sie können im Internet auf mehr als dreihundertfünfzig Websites Fußballwetten platzieren. Es gibt dazu noch circa zweihundert verdeckte Seiten, auf denen Sie wetten können. Ich schätze, mehr als fünfzig dieser Seiten bieten dieses U21-Spiel in ihrem Live-Wetten-Programm an."

Der *Pate* tippte einen Code in sein Smartphone ein und wenig später öffnete sich eine Website mit dem aktuellen Spielstand und einem Liveticker, der über das Geschehen auf dem Spielfeld kontinuierlich berichtete.

„Gut, beginnen wir, etwas von unserer Investition zurückzuholen", kreischte der *Pate*. „Wie viele Tore, glauben Sie, wird unser Goldjunge mindestens schießen, wenn er in der zweiten Halbzeit eingewechselt wird?"

Bruno warf einen Blick auf das Spielgeschehen auf dem Rasen. „Bei der Versammlung von Kochlöffeln in der gegnerischen Abwehr mindestens drei", entgegnete Bruno.

„Typisch für Sie!", brüllte der *Pate*. „Sie leiden an dieser Anwaltskrankheit, immer auf der sicheren Seite sein zu wollen. Ich erhöhe auf ein Minimum von vier Toren, die der FC in der zweiten Halbzeit schießen wird. Dann schauen wir mal auf die Quote." Er klickte sich durch ein paar Buttons. „Die Quote steht 7:1 für uns!", schrie der *Pate*. „Ich setze fünftausend Dollar. Was meinen Sie?"

„Ist das überhaupt legal?", fragte Bruno.

Der *Pate* riss die Augen unnatürlich weit auf, fixierte Bruno und schrie: „Seien Sie nicht so eine gottverdammte Spaßbremse, Böllmann!" Dann klickte er erneut ein paar Buttons an und gab einen Code ein, den er auf einem Yes-Button zweimal bestätigte. „Jeden Morgen machen die europäischen Banken allein dadurch zwei Milliarden Euro, indem ihre Computer eine Hunderttausendstelsekunde schneller an einen Server ihre Käufe abschließen als die Computer der Konkurrenz!", schrie er. „Und das ist völlig legal. Was sollte also an meiner Wette illegal sein?"

„Vergleichen Sie da nicht Äpfel mit Birnen?", wandte Bruno ein.

„Wenn Ihnen Äpfel und Birnen gleich gut schmecken, ist das völlig in Ordnung!", brüllte der *Pate*.

„Angenommen, Sie gewinnen, wie kommen Sie dann an Ihren Gewinn?", fragte Bruno.

„Dafür habe ich einen *collector*, einen Wettbroker, bei dem ich ein Wettkonto habe. Der jagt meinen Einsatz los, kassiert meinen Gewinn. Wenn ich meinen Gewinn ausbezahlt bekommen möchte, gibt's dafür ein Dutzend Möglichkeiten."

Der *Pate* klickte sich durch die Ebenen und zeigte Bruno die Seite, von der er seine Wette gestartet hatte, und schnalzte mit der Zunge. „Sehen Sie, meine Wette hat das Karussell in Bewegung gebracht. In der kurzen Zeit haben weltweit schon dreiundzwanzig Leute gegen meine Wette gewettet. Und, schauen Sie hier, die ursprüngliche Quote für ein Minimum von vier Toren für die U21 des FC in der zweiten Halbzeit ist durch meine fünftausend Dollar für alle, die später genau darauf wetten, auf 3:1 gesunken."

Bruno verdrehte die Augen. Er konnte die kindliche Begeisterung des *Paten* nicht teilen. „Und was hat das alles noch mit Fußball zu tun?", fragte er.

Der *Pate* zeigte zur Nordkurve des Franz-Kremer-Stadions. Dort hatten sich hinter einem Zaun die gegnerischen Ultra-Fans zusammengerottet, rissen am Gitter und warfen irgendwelche Gegenstände herüber. Im Abstand von zwanzig Metern standen ihnen die Ultras des FC, nur durch den Zaun von ihnen getrennt, gegenüber und skandierten ihre Beschimpfungen. Beide Fan-Gruppen zeigten null Interesse am Fortgang des Spiels.

„Fußball war schon immer so eine Art Brandbeschleuniger für unsere Instinkte!", schrie der *Pate*.

Das Spiel war mittlerweile vollends verflacht, im Mittelfeld häuften sich auf beiden Seiten die Fehlpässe, und von manchen der Spieler musste man annehmen, sie hätte in ihrem Leben noch nie wenigsten in Richtung Tor geschossen.

„Der Junge, der beim FC den Handelfmeter verursacht hat, steht beim Yüce unter Vertrag. Das war kein Zufall, das war abgesprochen!", kreischte der *Pate*. „Ich schätze, der Yüce kassiert dafür völlig risikolos eine Foulprämie von mindestens zehntausend. Davon gibt er dem Spieler tausend ab. Das Blöde für den Jungen ist nur, er wird nie die Chance haben, in einer wirklich guten Mannschaft zu spielen. Mit solchen Bad-Playern, die allein deswegen mitspielen, um zu einem verabredeten Zeitpunkt ein Foul oder ein Handspiel zu begehen, eine Ecke, einen Einwurf oder einen Elfmeter zu verursachen, ist der Yüce Marktführer. Er hat in Deutschland, in den Niederlanden und in der Türkei, schätzt man, mindestens fünfzig dieser Spieler, auf die er jederzeit zurückgreifen kann. Wenn er mit jedem dieser Jungs nach Abzug aller Kosten hunderttausend pro Saison macht, sind das auch fünf Millionen.

Aber das wirklich große Geld gewinnt man in der Branche nur mit den Besten, die zum Beispiel das Können haben, zum richtigen Zeitpunkt ein Tor zu schießen, ohne dass man das Risiko eingehen muss, die halbe gegnerische Mannschaft zu bestechen."

„Und Sie glauben, mit Lucas Coração einen solchen Spieler gefunden zu haben?", fragte Bruno.

„Vielleicht. Vielleicht auch nicht. Es ist nur eine Wette wie viele andere auch, ein bisschen Zeitvertreib für einen alten Krüppel." Dann zwinkerte er Bruno belustigt zu. „Das ist der Unterschied zwischen mir und Ihnen, Böllmann, ich kann das große Geld riechen, Sie grapschen nur nach den Peanuts."

„Sie sollten sich mit Gerda zusammentun. Die hat mir auch immer vorgeworfen, mir würde das grundlegende pekuniäre Interesse fehlen", erwiderte Bruno.

„Wer ist Gerda?", schrie der *Pate*.

„Meine Ex", erwiderte Bruno.

„Nur weil sie Ihre Ex ist, muss sie nicht unrecht haben", kreischte der *Pate*. Dann beugte er sich zu Bruno und fuhr in normaler Lautstärke fort: „Wissen Sie, Böllmann, man hat mich einen Schnell-Denker, einen skrupellosen Chancen-Schnüffler, einen gnadenlosen Vorteilserzwinger genannt – alles richtig! Aber wissen Sie, worin ich wirklich gut war? Ich habe alle meine Ex kaputtgekriegt, in die Depression oder in den Alkoholismus getrieben. Die Frauen an meiner Seite sind an den Minderwertigkeitsgefühlen, die ich ihnen eingeimpft habe, allesamt erstickt, ich habe nur Ruinen und menschliche Wracks hinter mir gelassen. Darin war ich wirklich gut, Böllmann!"

Der *Pate* hatte voller Leidenschaft und innerem Feuer gesprochen. Als er sich wieder dem Spiel zuwandte, verzerrte sich sein

Gesicht und wurde zum Abbild tiefen Abscheus. „Scheiß Spiel!“, kreischte er und trommelte wie eine Maschine mit seinen welken Händen auf der Balustrade.

Als sich Bruno in der Halbzeit ein Bratwürstchen kaufte, begegnete er dem Sportdirektor.

„Wollen Sie Ihren Lucas Coração spielen sehen?“, fragte er und schlug Bruno leutselig auf die Schulter. „Ich bin auch nur wegen des Jungen hier! Bin gespannt, ob er auch im Wettkampf die Leistung bringt, die man ihm zutraut.“

Dann hakte er sich bei Bruno unter und zog ihn hinter einen Betonpfeiler. „Es heißt, Sie hätten Beziehungen zu den Russen“, flüsterte er. „Und mit den Russen meine ich nicht irgendwelche Kleinkriminelle, sondern zu Leuten ganz oben.“ Der Sportdirektor hob den Blick zum Himmel, als habe er von Gott gesprochen. „*Connections* zu Leuten, die am großen Rad drehen. Ihr Freund vom Aufsichtsrat hat mir gegenüber so etwas angedeutet.“

Bruno schwieg beharrlich und wollte den Eindruck nicht zerstören, den Iljas Auftritt im FC-Restaurant hinterlassen haben musste.

„Wissen Sie, Herr Böllmann, mein großer Traum ist, einen russischen Oligarchen für den FC zu begeistern. Das wär’s doch, einen Mann mit einem riesigen Vermögen hinter sich zu wissen, mal für vier oder fünf Saisons aus dem Vollen schöpfen zu können.“

Das Gesicht des Sportdirektors erstrahlte von solch einem Glücksgefühl, als sei ihm gerade die Muttergottes persönlich erschienen. Da war sie wieder, diese unausrottbare Kölner Traumtänzerei, dieses gemütliche Sich-Schön-Wünschen einer total verfahrenen Situation. Wenn der FC in etwas Meister war, dann in den falschen Träumen.

Die Miene des Sportdirektors veränderte sich, als er den Trainer der ersten Mannschaft auf sich zukommen sah. „Na, ich wollte Ihnen diese Idee einfach mal mitgeben“, sagte er hastig. „Was ist, schauen Sie mit mir und dem Trainer zusammen die zweite Halbzeit an?“

„Ich bin mit dem *Paten* hier“, entgegnete Bruno.

Der Sportdirektor wich erschrocken zwei Schritte zurück. „Den tue ich mir heute nicht noch mal an, das kann niemand von mir verlangen!“, sagte er mit Nachdruck. „Nach einem Gespräch wie dem von heute Vormittag mit ihm, bin ich für die nächste halbe Stunde total taub. Und diese Arroganz! Er tut schon so, als würde ihm der ganze Verein gehören!“ Er winkte dem Trainer zu, verabschiedete sich hastig und begrüßte mit offenen Armen einen Sparkassendirektor aus dem Kölner Umland.

Jeder, der irgendwelche Hoffnungen auf Lucas Coração gesetzt hatte, musste von den ersten zehn Minuten seiner Einwechslung bitter enttäuscht sein. Der Junge stand mehr oder weniger beschäftigungslos an der Mittellinie herum und bekam keine Bälle. Wenn er überhaupt mal angespielt wurde, dann viel zu hoch oder so, dass er ins Abseits gestellt war.

Die gegnerische U21 schnürte den FC systematisch ein und baute Druck ohne Ende auf. So war es nur logisch, dass der FC in der 55. Minute das 0:3 kassierte.

Der *Pate* tippte auf sein Smartphone und hielt es Bruno unter die Nase. „Sehen Sie, was das Gegentor bewirkt hat?“, schrie er. „Die Quote dafür, dass der FC noch vier Tore Minimum macht, ist auf 8:1 gestiegen. Ich setzte noch mal tausend Dollar.“

„Ist das nicht ein bisschen gewagt?“, fragte Bruno. „Ich meine, diese Gurkentruppe hat Lucas noch keinmal vernünftig angespielt.“

In diesem Moment sprintete Lucas Coração in einen durchs gegnerische Mittelfeld geschobenen Pass, lupfte den Ball über zwei Angreifer hinweg und legte sich das Leder so weit vor, dass jeder annehmen musste, der gegnerische Außenverteidiger könnte es sicher abfangen, aber mit seiner enormen Grundschnelligkeit überspurtete Lucas den Außenverteidiger. Als jeder dachte, er würde nun nach innen in den Strafraum ziehen, schloss er mit einer gewagten Bogenlampe ab. Als sich das Leder hinter dem verblüfften Torwart ins Netz senkte, skandierte die gegnerische Fangruppe: „Glückstreffer, Glückstreffer!“

Der *Pate* klickte auf seinem Handy herum: „Die Quote für meinen Tipp ist wieder auf 3:1 gesunken!“, kreischte er. „Gut, dass ich vorhin für Sie zehn Dollar gesetzt habe.“

„Sie haben für mich zehn Dollar gesetzt? Das ist doch nicht Ihr Ernst, oder?“

„Ich will Sie doch nicht ohne Ihre Peanuts nach Hause gehen lassen!", brüllte der *Pate* und brach in lautes Gelächter aus.

Die nächsten fünf Minuten glänzte Lucas Coração durch völlige Apathie und hatte keinen einzigen Ballkontakt. Er trabte an der Mittellinie scheinbar sinnlos auf und ab. Aber urplötzlich explodierte er geradezu und spritzte in einen Rückpass des Gegners, umdribbelte zwei Abwehrspieler und schloss aus gut zwanzig Metern mit einem satten Vollspannschuss ins untere rechte Toreck ab.

Als die wenigen gegnerischen Fans wieder „Glückstreffer, Glückstreffer!" skandierten, klang das schon weniger hämisch. Mittlerweile schien auch die eigene Mannschaft begriffen zu haben, dass es ihre Chancen erhöhte, den Neuen anzuspielen. Und so verwertete Lucas die erste, einigermaßen brauchbare Flanke des Rechtsaußen mit einem sehenswerten Kopfball, der dem Torhüter keine Chance ließ.

Bis zum Spielende gab Lucas Coração weitere zwölf Schüsse aufs gegnerische Tor ab und keiner ging darüber oder links oder rechts vorbei. Neun meisterte der gegnerische Torwart, drei trafen ins Netz, was die Ultras des FC zum Ausrasten brachte.

Nachdem das vierte Tor für den FC gefallen war, bemerkte Bruno, wie das wächserne Gesicht des *Paten* einen rosa Anflug erhielt und wie er nicht aufhörte, über seine welken Lippen zu lecken, bis sie ihre schuppige Sprödigkeit verloren und einen sanften Schimmer bekamen.

Nach dem Abpfiff riss der *Pate* beide Arme jubelnd in die Luft. Dann packte er Brunos Handgelenk und schrie: „Man glaubt, der Fortschritt der Menschheit läge in der Beweglichkeit des menschlichen Gehirns. Für den Fortschritt im Fußball stimmt das nicht. Er liegt in der Beweglichkeit des Fußes."

Dann schrie er zu dem Hünen herüber: „Bring den Trainer der ersten Mannschaft her!" Der Hüne machte kehrt und spurtete den Mittelgang hoch. Der *Pate* holte unter der flauschigen Decke eine Brieftasche hervor. Bruno bemerkte, dass sie prall mit Geldscheinen gefüllt war. „Ich ziehe meinen Einsatz von zehn Dollar, die Pauschale für meinen Wettbroker und meinen Anteil ab. Da bleiben für Sie fünfzig Euro über. Sie müssen das Geld nehmen, Böllmann, ich bestehe darauf!“, schrie er Bruno an und drückte ihm den Fünfziger in die Hand.

„Haben Sie etwas dagegen, wenn ich den Gewinn an die FC-Fans weiterreiche?“, fragte Bruno.

Der *Pate* zwinkerte Bruno zu. „Sie sind ein schlauer Hund, Böllmann, Sie könnten es beim FC noch weit bringen.“

Wenig später trieb der Hüne den Trainer der ersten Mannschaft den Mittelgang hinunter.

„Hören Sie zu, Sie müssen den Lucas beim nächsten Heimspiel des FC von Anfang an bringen!“, schrie ihm der *Pate* entgegen.

Der Trainer näherte sich dem *Paten*, ließ aber einen Zwischenraum von mindestens fünf Schritten zwischen sich und dem Mann, der die flauschige Decke wieder bis ans Kinn gezogen hatte. „Das war ein U21-Spiel und kann kein Maßstab sein. Der Gegner war zu schlecht.“

„Der Gegner war zu schlecht? Der FC war mehr als grottenschlecht und trotzdem schießt mein Spieler sechs blitzsaubere Tore in einer Halbzeit. Hat das ein anderer U21-Spieler jemals zustande gebracht?“

„Ihm fehlt noch Fitness und Spritzigkeit für einen Einsatz in der ersten Mannschaft“, widersprach der Trainer.

Der *Pate* riss mit einer fahrigen Handbewegung die flauschige Decke von sich. Jetzt sah man, dass er vor Empörung am ganzen Leib zitterte. „Die Spritzigkeit? Soll das ein Witz sein? Können Sie mir einen einzigen Spieler des FC nennen, der eine höhere Grundschnelligkeit hat als Lucas?“

„Ich bin der Trainer, ich stelle die Mannschaft auf“, sagte der Trainer und stampfte trotzig wie ein kleiner Junge mit dem Fuß auf.

„So, Sie sind der Trainer!“, schrie der *Pate* erbost. „Aber die eigentliche Frage ist doch, wie lange sind Sie es noch, wenn Sie meinen Spieler nicht aufstellen? Ich gebe Ihnen mein Wort drauf, wenn Sie es nicht tun, wird dieses Vergehen am Wohl des Vereins am Montag in der Zeitung stehen. Und nicht in *einer* Zeitung, sondern im *Express*, in *BILD*, im *Kölner Stadt-Anzeiger* und in der *Kölnischen Rundschau*. Und im *Kicker* gibt’s einen Kommentar über Jahrhunderttalente, die beim FC auf der Bank versauern.“

„Ich lasse mir nicht von irgendwelchen Außenstehenden in die Mannschaftsaufstellung hineinreden“, sagte der Trainer. Es klang nicht besonders selbstbewusst, eher schon wie ein unterdrückter Hilfeschrei.

„Sie nennen mich einen Außenstehenden? Ausgerechnet mich? Ich bin in diesem Geschäft mehr Innenstehender, als Sie es jemals sein werden!“, kreischte der *Pate*. „Und wenn Sie mit mir Krieg wollen, dann sagen Sie es hier und jetzt, damit ich Sie zum Abschuss freigeben kann!“

Der Trainer drehte sich wortlos um, zwängte sich an dem Hünen vorbei und verschwand in einem der Ausgänge.

„Ich mag diesen Burschen nicht. Er stolziert immer so herum, als steckte ihm ein Fußballtor im Arsch! Wenn er den Lucas im nächsten Spiel nicht aufstellt, kann er schon mal seine Koffer packen“, sagte der *Pate* und hauchte in seine bleichen, hinfälligen Hände.

Vor dem Stadion stand das klägliche Grüppchen der FC-Ultras und diskutierte. Bruno Böllmann steuerte geradewegs auf die Fans zu und sprach den langen Glatzkopf, der gerade das große Wort führte, an. „Wenn ihr unsere Jungs nicht so toll unterstützt hättet, hätten die nie das Ruder herumreißen können“, sagte er.

Die Fans schnitten Gesichter, als glaubten sie, was Bruno gesagt hatte, und pumpten sich auf mit ihrer irrelevanten Wichtigkeit. Bruno fischte den Fünfziger aus seiner Jackentasche und reichte ihn dem Wortführer. „Hier, trinkt ein Kölsch auf unseren FC. Ihr habt es verdient!“ Dann wandte er sich um in Richtung Parkplatz.

„Wer sind Sie überhaupt?“, schrie ihm der Wortführer hinterher.

„Ich bin der Böllmann, ich vertrete den Justiziar, den Dr. Schierle!“, rief Bruno über die Schulter.

„Wir behalten Sie auf dem Schirm, Mann!“, schrie der Wortführer.

## 12. Kapitel

Bruno Böllmann glaubte ein leichtes Kratzen im Hals zu spüren und brühte einen heißen Kräutertee auf. Ein plötzlicher Temperatursturz wie dieser im Sommer hatte ihm schon häufiger zu schaffen gemacht. Er saß am Küchentisch in seiner kleinen Dachwohnung im Drosselweg, schaute über die Terrasse hinab auf das dunkle Geläuf der Kölner Rennbahn, aus dem weiße Schwaden stiegen und wie Wäschestücke auf den Büschen lagen, und hing seinen Gedanken nach. Er hatte den Zeitpunkt verpasst, Gerda anzurufen und sich nach Deborahs Tochter Leonor zu erkundigen, die er in Gerdas Obhut gegeben hatte. Gerda würde ihm das übelnehmen und es ihrer langen Beweiskette hinzufügen, dass er Verantwortlichkeiten im Zwischenmenschlichen nicht wirklich anzunehmen in der Lage sei, sondern sie lieber an andere delegierte. Am Ende einer solchen Beweiskette mit einem mittlerweile guten Dutzend Beispiele pflegte sie stets zu sagen: *Du hältst dir so lange den Rücken frei, bist du gar keinen Rücken mehr hast, Bruno Böllmann! Denn eins ist nun mal Fakt: Du bist in etwa so verantwortungsbewusst wie ein herrenloser streunender Straßenköter!* Dabei hatte Bruno stets das Gefühl, als spräche Gerda von einem Dritten und nicht von ihm.

Als es klingelte, war er sicher, dass Gerda vor der Wohnungstür stand, und obwohl er es nicht wahrhaben wollte, meldete sich sofort sein schlechtes Gewissen. Trotzdem war er nicht wirklich erleichtert, dass Fred Hammerstein vor der Tür gewartet hatte, ihn zur Seite schob und wortlos in die Küche stapfte. Dort beugte er sich über die dampfende Tasse und wedelte mit dem Ausdruck tiefen Abscheus den Teedunst zur Seite.

„Schreckliches Gebräu, ich denke, ich muss Kaffee machen“, sagte er und hantierte an der Kaffeemaschine.

„Deine Gerda war heute mit Leonor auf dem Präsidium. Leonor hat versucht, ein Phantombild des Mörders ihrer Mutter anfertigen zu lassen, aber sie war keine große Hilfe. Sie hat ihn nur einmal kurz durch einen Spalt in der Küchentür gesehen. Sie konnte die extreme Lockenfrisur so beschreiben, dass sie mit der

Karnevalsperücke übereinstimmte. Ansonsten ist nichts Erhellendes dabei herausgekommen, außer tiefliegenden schwarzen Augen und ungewöhnlich dichten, buschigen Augenbrauen. Aber vielleicht waren die Letzteren auch falsch und bloß aufgeklebt", sagte Fred Hammerstein und schüttete Unmengen Zucker in den Kaffee.

Fred Hammerstein trank einen Schluck und blickte danach Bruno ins Gesicht. „Außerdem hat sich Gerda bitter darüber beklagt, dass du noch kein einziges Mal angerufen und dich erkundigt hast, wie es Leonor geht."

„Ich werde es nachholen", erwiderte Bruno. „Aber du bist doch nicht hier, um mir das zu erzählen."

„Das stimmt." Fred Hammerstein legte beide Hände um den Kaffeebecher und wärmte sie. Nach einer Weile überprüfte er ihre Geschmeidigkeit, zog an den Fingern und bog sie in alle Richtungen. Dann nahm er aus seiner Aktentasche einen Block, schnüffelte an ihm und begann, mit einem Kugelschreiber Worte auf ein Blatt zu schreiben, die er umkringelte und mit Linien kreuz und quer miteinander verband, bis das Blatt aussah wie eine Art Schnittmuster.

„Ist das ein Verhör?", fragte Bruno.

Fred Hammerstein blickte nur flüchtig vom Schreibblock auf. „Nein, ich schreibe gegen diese Stille in mir an, diese Stille des Todes", sagte Fred Hammerstein. „Ich habe gestern diesen Frank, den ehemaligen Kollegen unseres vom Training suspendierten Profis aufs Präsidium bringen und vernehmen lassen. Warum? Er hatte ein Motiv. Diese Deborah war wohl maßgeblich daran beteiligt, dass es mit seiner Profikarriere rasant bergab ging und er ins Bodenlose gestürzt ist. Es war eine Routinebefragung, ich habe mir nicht allzu viel davon versprochen. Durchgeführt hat sie ein Kollege, der nach zwei Stunden in heller Aufregung in mein Büro kam. Frank hatte den Mord gestanden."

„Das überrascht mich", sagte Bruno.

„Wir alle waren überrascht", fuhr Fred Hammerstein fort. „Ich habe mir das Protokoll seines Geständnisses durchgelesen. Darin stand über die Tat nicht mehr, als in der Berichterstattung in

*BILD* oder im *Express* zu lesen war. Und trotzdem: Es war ein Geständnis. Ich meine, wer gesteht schon freiwillig eine solche blutige und grausame Tat, wenn er unschuldig ist? Um sein Geständnis zu verifizieren, haben wir beim Ermittlungsrichter einen Antrag auf U-Haft gestellt, dem auch sofort stattgegeben wurde. Danach habe ich mit Frank gesprochen. Er machte auf mich den Eindruck eines Menschen, der völlig apathisch, ausgelaugt, ohne Perspektive und am Ende ist. Er war wie ein Weichtier, das einem keinerlei Widerstand entgegensetzt."

Fred Hammerstein schwieg, dann rührte er gedankenverloren im Kaffeebecher. „Ich habe sofort nach meinem ersten Gespräch mit Frank, das nicht länger als zehn Minuten gedauert hat, zwei Kollegen zu dem Puff nach Frechen geschickt, in dem Frank einen Job als Aushilfswirtschafter hat. Die Recherche der Kollegen hat zweifelsfrei ergeben, dass Frank zur Tatzeit in Frechen frische Handtücher verteilt und danach auf dem Parkplatz Unkraut entfernt hat. Dies wurde nicht nur von mehreren Zeugen unabhängig voneinander bestätigt, sondern ist auch durch drei verschiedene Videokameras des Überwachungssystems aufgenommen worden. Er kann die Tat, die er gestanden hat, also gar nicht begangen haben."

„Hat er gesagt, warum er dieses falsche Geständnis abgelegt hat?", fragte Bruno.

„Angeblich, um vor seinem ganzen Lebensscheiß Ruhe zu bekommen", erwiderte Fred Hammerstein. „Er wollte sich einfach ausklinken, wie er es selbst ausgedrückt hat."

„Und? Erscheint dir das plausibel?", fragte Bruno.

„Für einen Mann, der so am Boden zerstört ist und allen Halt verloren hat, scheint mir das einigermaßen glaubhaft", erwiderte Fred Hammerstein. „Und trotzdem, ich habe so ein komisches Bauchgefühl bei der Sache, als sei sein Geständnis eine der Nebelkerzen, die geworfen wurden, um uns von der eigentlichen Fährte abzulenken."

„Du und dein Bauchgefühl", meinte Bruno. „Das ist wie das Kratzen in meinem Hals. Mag sein, dass es eine Erkältung ankündigt oder bloß ein Kratzen im Hals ist."

Fred Hammerstein tat Brunos Bemerkung mit einem Schulterzucken ab. „Überleg doch mal, Bruno, die ganze Sache ist so ins Rollen gekommen: Ein brasilianischer Profifußballer wird dem FC angeboten. Dr. Schierle kontaktiert dich und bittet dich, für die deutsch-brasilianische Rechtsanwältin Frau Ferreira einzuspringen, die krank geworden sei. Das habe ich übrigens überprüfen lassen. Frau Ferreira ist und war putzmunter und ist von Dr. Schierle überhaupt nicht wegen des neuen Spielers kontaktiert worden. Ich merke das nur an, weil bei diesem Fall überhaupt nichts stimmt. Wie war das genau, als du den Schierle schräg gegenüber dem Haus, in dem die Bluttat geschah, im Eingang der Weinhandlung angetroffen hast? War er ganz normal, entspannt oder unruhig und nervös?"

„Er war ausgesprochen zappelig, trampelte auf der Stelle, schien außer Atem und war in Schweiß gebadet. Bei dem Schweiß habe ich mir nichts gedacht, weil es ein heißer Tag war", erwiderte Bruno.

„Könnte es möglich sein, dass er zuvor am Tatort gewesen ist und nach Verlassen des Hauses über die Straße gerannt ist und sich in den Eingang der Weinhandlung gestellt hat, ohne dass du es mitbekommen hast?", fragte Fred Hammerstein.

„Ausschließen kann ich das nicht", musste Bruno zugeben, „Ich bin aus einer Seitenstraße gekommen. Als ich auf den Ubierring gebogen bin, habe ich zuerst nach rechts, in Richtung Rheinuferstraße geschaut und danach erst zum Haus, in dem Deborah wohnte."

Fred Hammerstein warf den Kugelschreiber, mit dem er in fliegender Hast Worte, Linien und Kringel auf seinen Schreibblock gezeichnet hatte, auf den Küchentisch. „Jetzt verstehst du hoffentlich, warum ich diesen Schierle noch einmal verhören muss. Bring mich zu ihm, Bruno!"

„Ich kann dich nicht zu ihm bringen, Fred. Dann wäre die Wohnung, in der er sich aufhält, verbrannt und enttarnt. Das kann ich nicht verantworten. Ich habe mein Wort gegeben. Ich kann höchstens ein Treffen an einem neutralen Ort arrangieren. Ob Dr. Schierle damit einverstanden ist, kann ich nicht versprechen."

„Versuch zumindest das!“, entgegnete Fred Hammerstein, hob den Kugelschreiber, der über die Küchentischkante gerollt war, von den Fliesen auf und setzte mit ihm seinen Kampf gegen das Schweigen des Todes fort.

Bruno verließ die Küche, stellte sich ans Wohnzimmerfenster und telefonierte. Nach einigem hin und her gelang es ihm, Dr. Schierle zu einem Gespräch mit Fred Hammerstein zu bewegen. Während er mit Dr. Schierle sprach, fiel ihm ein beigefarbener Renault auf, der schräg gegenüber dem Haus parkte und dessen linker Außenspiegel so verdreht war, dass er in Richtung des Wohnzimmerfensters zeigte. Hinter dem getönten Seitenfenster bewegte sich etwas, das Bruno nicht genau erkennen konnte.

Als er wieder in der Küche war, hatte Fred Hammerstein seinen Kopf auf den Schreibblock gebettet und schielte müde zu Bruno hinauf.

„Dr. Schierle wird in einer Stunde am Kiosk an der Ecke Florastraße sein“, sagte Bruno. „Seine Bedingung ist, dass ich bei dem Verhör als sein Anwalt zugegen bin und dass er nach dem Verhör an seinen jetzigen Aufenthaltsort zurückkehren kann. Stimmst du dem zu?“

„Was bleibt mir anderes übrig?“, fragte Fred Hammerstein und hob den Daumen.

„Gut, dann gebe ich Dr. Schierle Bescheid, dass du einverstanden bist“, meinte Bruno.

Als er wieder am Wohnzimmerfenster stand und telefonierte, bewegte sich der linke Außenspiegel des beigefarbenen Renaults, der in Richtung der Haustür gezeigt hatte, nach oben. Bruno wandte den Kopf zur Seite, so als habe er den Renault nur zufällig im Blick gehabt. Als er in die Küche zurückkam, stand Fred Hammerstein am Terrassenfenster und starrte auf das nächtliche Geläuf der Kölner Rennbahn hinab.

„Gehört der beige Renault, in dem jemand sitzt und das Haus beobachtet, zu dir?“, fragte Bruno.

Ohne sich umzudrehen, erwiderte Fred Hammerstein: „Ja, den habe ich zu meinem Schutz dorthin postiert. Weil ich mich bei meinem Freund Bruno nicht mehr sicher fühle.“

„Wenn der Wagen nicht sofort verschwindet, lasse ich unser Treffen mit Dr. Schierle platzen“, sagte Bruno.

Er beobachtete, wie Fred Hammerstein ein Handy aus der Jackentasche holte und eine Nummer wählte. „Verpiss dich, Junge, du bist aufgeflogen“, sagte er und drückte das Gespräch weg. Dann drehte er sich abrupt zu Bruno um und fletschte die Zähne. „Mach dir nichts vor, Bruno, ich sitze mit meinem fetten Arsch mitten auf einer heißen Spur. Du weißt, dass ich da weder Freund noch Feind kenne.“

Bruno verließ wortlos die Küche und schaute nach, ob der beigefarbene Renault schon weg war. Er sah zu, wie der Wagen aus der Parklücke scherte. Dann öffnete sich das Fahrerfenster, eine Hand wurde hinausgereckt, die ihm den Stinkefinger zeigte.

In der Küche saß Fred Hammerstein wieder am Tisch, hatte eine neue Seite auf seinem Notizblock aufgeschlagen und schrieb wieder ohne Unterlass gegen das Schweigen des Todes an. Plötzlich ließ er den Kugelschreiber mitten in der Schreibbewegung los.

„Nehmen wir deinen oder meinen Wagen zur Florastraße?“, fragte er.

„Wir gehen zu Fuß“, erwiderte Bruno. „Wir brauchen nicht länger als zehn Minuten.“

„Was glaubst du, wie viele verschiedene Fingerabdrücke wir in deinem alten Ford Mustang finden würden?“, fragte Fred und kicherte. „Vielleicht zwanzig, vielleicht fünfzig“, gab er selbst die Antwort. „Ich habe den Unfallwagen dieses Pascals beim Gutachter der Versicherung sicherstellen lassen. Weißt du, wie viele verschiedene Fingerabdrücke wir im Innenraum gefunden haben? Sieben! Einer stammte von dem Gutachter, drei von Feuerwehrleuten, die den Unfallwagen geborgen haben, zwei von den Technikern der Kriminalpolizei, die ihn untersucht hatten. Nur von dem siebten Fingerabdruck fanden wir jede Menge. Sie gehörten zu Pascal, dem Todesfahrer.“

Fred Hammerstein schwieg eine Weile. „Ich meine, wenn man die Fingerabdrücke mal abzieht, die nach dem Unfall ins Wageninnere gekommen sind, bleiben nur die von Pascal übrig.

Das sieht mir ganz danach aus, als sei der Wagen gründlich von allen Spuren befreit worden, bevor dieser Pascal darin in den Tod geschickt wurde."

„Ein bisschen dünn als Beweis für einen Mordanschlag", meinte Bruno.

„Ja, aber es passt ins Bild", sagte Fred Hammerstein. „Die Bremsen wurden manipuliert, der Gaszug war auf einer ziemlich hohen Stufe festgestellt. Ich habe die Leiche exhumieren lassen. In ihrem Magen wurden Rückstände eines Barbiturats nachgewiesen. Aber der Hammer kommt noch."

Fred Hammerstein legte eine effektvolle Pause ein. „Der Kopf des Leichnams war ja ziemlich zermatscht. Er trug den Armreif, das Goldkettchen und die Ausweispapiere Pascals bei sich. Dadurch haben sich alle täuschen lassen. Auch sein Onkel, der ihn identifiziert hat. Aber in Wahrheit ist dieser Tote gar nicht Pascal. Wir haben die Röntgenaufnahmen, die Pascals Zahnarzt von dessen Gebiss gemacht hat, mit dem Gebiss der Leiche verglichen. Der Tote kann unmöglich Pascal sein."

„Dann sind die Fingerabdrücke im Unfallwagen auch nicht die von Pascal?", fragte Bruno.

„Wir haben uns Pascals Fingerabdrücke von der Anti-Doping-Agentur besorgt, bei der sie hinterlegt waren. Sie stimmen mit den Fingerabdrücken überein, die wir im Wagen gefunden haben. Nur von dem Todesfahrer, der Pascals Autofahrerhandschuhe trug, haben wir im Wagen keine Fingerabdrücke gefunden."

„Du gehst also davon aus, dass Pascal lebt?", vergewisserte sich Bruno.

„Das muss ich wohl", erwiderte Fred Hammerstein und kritzelte auf seinem Notizblock. „Und ich habe mich gefragt, was ich tun würde, wenn ich ein fünfundzwanzigjähriger Profifußballer wäre und ohne Verein dastünde. Ich würde mir einen neuen Verein suchen. Also habe ich drei unserer Jungs an die Transfer-Listen gesetzt und sie sind in der *Chinese Super League* fündig geworden. Dort hat der Verein *Guizhou Renhe* den Zugang eines Kevin Hasbrow von *Chrystal Palace* aus der zweiten englischen Liga gemeldet. Auf der Liste war auch ein Foto.

Wenn man sich den Bart wegdenkt und das kurz geschorene Haar verlängert, ist der Neuzugang niemand anderes als unser Pascal. Selbstverständlich habe ich bei *Chrystal Palace* anrufen lassen. Ein Spieler namens Kevin Hasbrow hat dort tatsächlich in der zweiten Mannschaft gespielt, aber für die neue Saison keinen Vertrag bekommen. Über seinen Verbleib ist dem Verein nichts bekannt."

„Dieser ehemalige Spieler könnte zufällig eine große Ähnlichkeit mit Pascal haben. Oder bist du dir da ganz sicher, dass es Pascal ist?", fragte Bruno.

„Wir haben die Fotos von Pascal und von Kevin Hasbrow mit dem Foto auf der Transferliste mittels des biometrischen Gesichtserkennungsverfahrens verglichen. Das Ergebnis ist eindeutig: Der Mann auf dem Foto der Transferliste ist zweifelsfrei Pascal."

„Und wie willst du jetzt an diesen Pascal herankommen?", fragte Bruno.

„Das wird schwierig werden", seufzte Fred Hammerstein. „Es gibt kein Auslieferungsabkommen mit der Volksrepublik China. Unsere Rechtsabteilung hat gesagt, das Auswärtige Amt muss einen Antrag auf Auslieferung an die chinesischen Behörden stellen. Die können ausliefern, müssen aber nicht. Und in der Regel liefern sie nicht aus. Und wenn in Ausnahmefällen doch, dann kann das viele Monate dauern."

„Welchen Grund könnte ein einigermaßen erfolgreicher deutscher Profi im besten Fußballeralter haben, einen tödlichen Unfall vorzutäuschen? Bestimmt nicht den Grund, um bei einem Verein der *Chinese Super League* anzuheuern."

„Vielleicht hat er keinen anderen Ausweg gesehen", erwiderte Fred Hammerstein. „Oder er hat das gar nicht freiwillig getan."

Am Kiosk Ecke Mauenheimer- und Einheitsstraße herrschte um diese Uhrzeit Hochbetrieb. Die Nippeser Nachtschwärmer versorgten sich mit Zigaretten, Bier und Chips, die Fahrer der großen Speditionen deckten sich hier, wo es alles zu kaufen gab, mit allem für ihren Start in die Nacht ein. Fahrräder lehnten an Hauswänden,

Autos standen kreuz und quer, Spaziergänger kreuzten die Straße, insgesamt eine unübersichtliche Situation.

„Das gefällt mir nicht“, sagte Fred Hammerstein und ließ nervös seine Blicke schweifen.

Bruno Böllmann entdeckte den beigefarbenen Renault, der vor dem Haus im Drosselweg geparkt hatte, in Höhe der Einmündung Scharnhorststraße auf dem Bürgersteig. Vor der großen Plakatwand an der Einmündung Einheitsstraße hielt ein Streifenwagen. In einem Hauseingang der Mauenheimer Straße standen drei Männer und warfen Blicke zu ihnen.

„Hast du irgendeinen Scheiß vor?“, fragte Bruno. „Ich meine, ich sehe hier überall Leute von dir postiert.“

„Mach dir keine Sorgen“, erwiderte Fred Hammerstein, der stark zu schwitzen begonnen hatte. „Du hast alles richtig gemacht.“

Bruno fiel ein Van auf, der neben dem Taxenstand an der Scharnhorststraße hielt. Vier Männer in blauen Windjacken stiegen aus, überquerten die Neusser Straße und schlenderten langsam in Richtung Kiosk. Ihre Windjacken waren so ausgepolstert, als trügen sie kugelsichere Westen darunter. Jetzt war Bruno sicher, dass Fred Hammerstein ihn hereingelegt und einen Zugriff auf Dr. Schierle geplant hatte.

In diesem Moment bogen dicht hintereinander ein sandfarbener Mercedes Sprinter und ein Fiat Ducato von der Neusser Straße in die Mauenheimer Straße ab. Bruno blickte auf die Armbanduhr. Es waren noch acht Minuten bis zu dem verabredeten Treff. Der Fiat Ducato hielt genau vor dem Kiosk, die Warnblinkanlage wurde eingeschaltet, der Beifahrer sprang heraus und stellte sich an die Verkaufstheke. Der sandfarbene Mercedes Sprinter hielt mitten auf der Straße, keine drei Schritte von Fred Hammerstein und Bruno entfernt.

Die hintere Ladetür wurde aufgerissen, zwei Männer sprangen heraus, packten Fred Hammerstein und stießen ihn auf die Ladefläche. Ein dritter Mann, der am Straßenrand aus einer Flasche Cola getrunken hatte, gab Bruno Böllmann einen Stoß in den Rücken, der ihn auf die Ladefläche des Sprinters beförderte. In diesem Moment setzte der Ducato rückwärts und versperrte hinter dem Mercedes Sprinter die Durchfahrt. Bruno bemerkte, wie schwarzer Qualm aus der Motorhaube des Lieferwagens drang, dann schoss eine Stichflamme hervor. Gleichzeitig sprang der Fahrer aus dem Ducato und lief schreiend zum Straßenrand. Das alles spielte sich so rasend schnell ab, dass Bruno Böllmann erst später realisierte, wie perfekt die Sache inszeniert war, um eine Verfolgung des Mercedes Sprinters durch die Polizeifahrzeuge zu verhindern. Dann schlug ein Mann von außen die Ladetüren zu. Der Mercedes Sprinter gab Gas und entfernte sich durch die Mauenheimer Straße.

Bruno Böllmann bemerkte im Zwielicht der Notbeleuchtung, die im Laderaum brannte, wie zwei schwarz gekleidete Männer, die Gesichter mit schwarzen Mützen verdeckt, die nur zwei Augenschlitze aufwiesen, auf Fred Hammerstein knieten, wobei einer ihm die Arme auf den Rücken bog, die der andere an den Handgelenken mit Klebeband umwickelte. Er selbst wurde von einem dritten Mann, der sich hinter ihm befand, im Nacken gepackt und mit dem Gesicht auf die Ladefläche gepresst. Als der Mercedes Sprinter mit hoher Geschwindigkeit und kreischenden Bremsen in eine scharfe Rechtskurve lenkte, wurde Bruno nach außen geschleudert, bekam einen Arm des Mannes hinter sich zu fassen und riss ihn zur Seite. Er sah, wie dieser Mann hart mit dem Kopf gegen die Seitenwand prallte und benommen zu Boden ging.

Als sich Bruno aufrichtete, um sich auf den Mann zu stürzen, der Fred Hammersteins Kopf gepackt hielt, traf ihn ein harter Schlag auf den Hinterkopf, der ihn zu Boden streckte und für einen Moment besinnungslos machte. Dann meldete sich ein dumpfer Schmerz, der ihn lähmte. Er versuchte, die Augen zu öffnen, doch seine Lider waren schwer wie Blei. Als es ihm endlich gelang, sah er alles verschwommen und unklar, als wäre der Lieferwagen mit wabernden Nebeln gefüllt.

Wie lange er in dem schlingernden Wagen gelegen hatte, konnte Bruno schlecht abschätzen, als die Fahrt plötzlich langsamer wurde. Er hörte ein Quietschen, das von einem Eisentor stammen konnte, das sich in den Angeln drehte. Der Lieferwagen rollte ein paar Meter, dann stoppte er, der Motor wurde ausgestellt, die Notbeleuchtung erlosch. Die Ladetüren wurden geöffnet. Bruno gelang es, den schmerzenden Kopf zu drehen, und sah, wie vier Männer als schwarze Silhouetten aus dem Lieferwagen sprangen. Der Letzte schloss die Ladetüren hinter sich. Dann herrschte ein langer Moment Stille, die nur ein schweres Atmen in Brunos Nähe unterbrach.

„Bist du das, Fred?“, flüsterte Bruno und wollte neben sich tasten, doch es gelang ihm nicht, seine Hände vom Rücken zu lösen.

„Scheiße, deine Leute haben uns reingelegt“, hörte er Fred Hammerstein dicht neben sich.

„Wer hat hier wen reingelegt?“, fragte Bruno. „Du hast alles für einen Zugriff vorbereitet, Fred. Du wolltest den Schierle nicht sprechen, sondern verhaften. Du hattest mir dein Wort gegeben.“

Ein schmaler Durchlass zum Fahrerraum wurde über Brunos Kopf geöffnet, der Strahl einer starken Taschenlampe blendete ihn.

„Sie haben sich nicht an unsere Abmachungen gehalten“, sagte eine dumpf hallende verzerrte Stimme, die durch ein Mikrofon zu sprechen schien.

„Sind Sie vom Paketdienst?“, fragte Bruno. „Dann verlange ich, dass wir sofort freigelassen werden.“

„Nein, wir sind nicht vom Paketdienst“, erwiderte die Stimme. „Wir haben Dr. Schierle seit den frühen Abendstunden vom Paketdienst übernommen. Was wollten Sie von Dr. Schierle?“

„Ich wollte Dr. Schierle ein paar Fragen stellen“, hörte Bruno Fred Hammerstein neben sich sagen.

Der starke Strahl der Taschenlampe wanderte zu Fred Hammerstein und blendete ihn.

„Stellen Sie Ihre Fragen. Wir werden Sie ihm übermitteln“, sagte die Stimme.

„Wer sind Sie überhaupt?“, fragte Fred Hammerstein. „Wenn Sie sich nicht zu erkennen geben, sage ich gar nichts mehr, außer dass ich Sie und Ihre Helfershelfer wegen Freiheitsberaubung und Körperverletzung jagen und finden werde.“

Bruno fand, dass dies keine Äußerung war, die ihrer momentanen Situation auch nur annähernd gerecht wurde.

„Wie Sie wünschen. Dann wird der Kontakt abgebrochen“, sagte die hallende verzerrte Stimme.

Die Taschenlampe erlosch, der Schieber zum Fahrerraum schloss sich. Jemand hantierte dort herum, dann wurde der Motor angestellt, doch der Sprinter fuhr nicht los. Danach vernahmen sie ein leises Zischen.

„Sie werden es nicht wagen!“, sagte Fred Hammerstein.

„Doch!“, erwiderte Bruno. Er holte tief Luft und winkelte die Beine an. Mit den Händen, die mit Klebeband auf seinen Rücken gefesselt waren, erreichte er den Saum seiner Jeans, öffnete den Klettverschluss und ließ den Griff des rasierklingenscharfen Stiletts in seine Hände gleiten. Dann platzierte er den Stiel zwischen seine Hacken und klemmte ihn dort mit aller Kraft ein. Er richtete sich auf den Knien auf und beugte sich hintenüber, bis er den scharfen Rand der Klinge am Klebeband spürte. Jetzt bewegte er die Hände mit sanftem Druck an ihm entlang.

Bruno war froh, dass er diesen Trick als Junge tausendfach geübt hatte, so als hätte er geahnt, dass er ihm einmal das Leben retten würde. Er hörte, wie Fred Hammerstein neben ihm röchelnd die letzte Atemluft abließ. Dann hatte es Bruno geschafft. Er spannte die Muskeln an, die angeritzten Klebebänder sprangen ab. Bruno ergriff das Stilett und hatte mit einem Schnitt seine Beinfesseln gelöst. Dann sprang er auf die Füße und tastete die Tür nach dem Schloss ab.

Die Spitze des Stiletts passte genau in den schmalen Schlitz des Schlosses. Er hieb zweimal mit aller Kraft den Handballen auf das Griffende. Beim zweiten Mal vernahm er ein nachhallendes Klacken und Rascheln. Die Spannfeder hatte sich offenbar gelöst.

Langsam wurde die Luft knapp. Bruno gab sich noch dreißig Sekunden, dann würde er Atem holen müssen. Er spürte Fred Hammerstein neben sich, packte ihn an den Schultern und stieß ihn von innen gegen die Ladetür.

Die Ladetür sprang auf, die beiden Männer fielen heraus und gingen zu Boden, die beiden Ladetüren krachten gegen die Seitenverkleidung.

Bruno pumpte die Lungen voll Luft. Er vernahm eine Stimme aus dem Hintergrund der Lagerhalle, in der allerlei Baumaterial aufbewahrt wurde, die rief: „Hast du das auch gehört? Was war da?“

„Sie trommeln von innen gegen das Blech. Das ist der Todeskampf, das ist normal“, erwiderte eine zweite Stimme.

„Schauen wir lieber nach!“, erwiderte die erste Stimme.

Bruno säbelte mit zwei Schnitten das Klebeband von Fred Hammersteins Hand- und Fußgelenken. Dann machte er ihm ein Zeichen, unter den Transporter zu kriechen.

Die beiden Männer bogen um den Transporter herum. Sie trugen noch immer ihre Gesichtsmasken.

„Scheiße, sie sind da raus!“, sagte der eine und fuchtelte nervös mit einem Schlagstock.

„Sie müssen ganz in der Nähe sein! Vielleicht da vorne hinter den Zementsäcken!“, meinte der andere und zog einen Revolver aus der Hosentasche.

„Los! Finden wir sie und bringen sie zurück!“, sagte der andere. Dann ging er in die Hocke. Als die beiden Sehschlitze unter dem Sprinter erschienen, bekam Bruno den Nacken des Mannes zu fassen und zog ihn gegen die untere harte Abdeckblende, gegen die der Maskierte hart mit der Stirn prallte. Dann setzte er ihm das Stilett an die Kehle.

„Was ist los? Was machst du denn da?“, schrie der andere. Er bückte sich und streckte den Arm vor, den Finger am Abzug seines Revolvers. Sein Maskengesicht war kaum mehr als fünfzig Zentimeter von Fred Hammersteins Gesicht entfernt, der dieses silberne, glänzende Spielzeugding in seiner großen, mit Haarbüscheln bewachsenen Hand hielt. Es gab neben Brunos Ohr einen lauten Knall, dann zerfetzte die Maske des Mannes. Blut, Gewebe und Schleim spritzen unter den Sprinter. Der Maskenmann, dem Bruno das Stilett an die Kehle gesetzte hatte, schlug es zur Seite. Dann gab es einen zweiten Knall und wieder diesen entsetzlichen Anblick der zerfetzenden Maske und des aufklaffenden Mundes, aus dem eine Blutfontäne hervor sprudelte.

„Nimm die Pistole dieses Arschlochs!“, sagte Fred Hammerstein. „Vielleicht sind die anderen noch in der Nähe!“

Dann drückte er den einen der beiden Männer, der noch heftig zuckte, grob mit dem Ellenbogen zur Seite und schob sich durch Blut, Lymphe und Gewebe unter dem Sprinter hervor. Bruno nahm den Revolver und folgte Fred Hammerstein.

Bruno ging seitlich des Sprinters in Deckung und spähte durch die Halle. Ein Stück seitlich eines Rolltors standen eine Kuvertiermaschine, ein staubiger Schreibtisch mit einem Ablagekorb voller Papiere. Rechts davon war ein winziges Büro von circa zehn Quadratmetern Größe, dessen Eisentür weit offen stand.

„Sie waren sich ihrer Sache sehr sicher. Es sind nur zwei zurückgeblieben", sagte Bruno, steckte den Revolver in den Hosenbund, ging um den Sprinter herum, riss die Fahrertür auf und stellte den Motor ab. Dann riss er den Schlauch, der die Abgase vom Auspuff durch eine Düse in den Laderaum gelenkt hatte, ab und legte ihn in den Laderaum.

Als er sich zu Fred Hammerstein umdrehte, fingerte der in den Taschen der beiden Leichen. „Keine Ausweise, nur Handys!", sagte Fred Hammerstein und legte zwei Smartphones neben die Leichen.

Als er seine Massen wieder in die Höhe gewuchtet hatte, stieß er den einen der Männer, den seine Spielzeugwaffe mit ihrer enormen Durchschlagskraft in den Mund getroffen hatte und der ganz entsetzlich zugerichtet war, mit der Schuhspitze grob in die Seite. „Ich lass mich doch von Arschlöchern wie euch nicht einfach abschlachten", schrie er plötzlich los. Seine Stimme überschlug sich und hallte in der kahlen Halle aus allen Ecken wider. Dann schlug Fred Hammerstein beide Hände vors Gesicht und begann, am ganzen Leib zu zittern.

Zehn Sekunden später hatte sich Fred Hammerstein wieder in der Gewalt. Nur ein nervöses Zucken seiner wulstigen Mundwinkel verriet etwas von seiner Erregung. Er zeigte mit dem Kinn auf das Büro.

„Schau mal nach, wo wir hier eigentlich sind", sagte er.

Bruno rannte in das winzige Büro und fand ein kleines Blechschild, das über einem Eisenregal angebracht war, auf dem der Namen einer Firma und die Adresse stand. Er rief sie Fred Hammerstein zu, der ein Handy zückte und die Angaben der Einsatzleitung durchgab.

„Ich mache mir Sorgen wegen der Jungs vom Paketdienst", sagte Bruno, als Fred Hammerstein in der Bürotür auftauchte.

„Die Sorgen hättest du dir schon früher machen sollen, Bruno!", schrie Fred Hammerstein ihn an. Dann packte er Bruno am Arm und zog ihn mit sich hinter den Sprinter. „Schau dir diese beiden Arschlöcher an, Bruno! Präg dir ihren Anblick gut ein. Das waren keine Amateure. Die haben das nicht zum ersten Mal gemacht. Wenn die anderen erst mal richtig losgelassen werden, wirst du am Ende noch ganz anders zugerichtet sein als die zwei."

„Lass gut sein, Fred!", sagte Bruno.

In diesem Moment klingelte eines der Handys, die Fred Hammerstein neben die Leichen gelegt hatte. Fred Hammerstein nahm es mit spitzen Fingern auf, klickte sich durchs Menü und stellte auf Lautsprecher. Dann nahm er das Gespräch an.

„Alles klar? Seid ihr soweit?", fragte eine dumpfe Stimme.

„Alles klar, du verdammter Abschaum!", schrie Fred Hammerstein los. „Ich habe das eine Arschloch in die Stirn geschossen, das andere in den Mund! Ihr könnt gerne herkommen und euch eure beiden Kumpels anschauen. Dann wisst ihr wenigstens, was euch bevorsteht!"

„Fick dich!", sagte die dumpfe Stimme. Dann wurde die Verbindung unterbrochen.

„Die guten Jungs sind in zehn Minuten hier. Diese Zeitspanne werden die bösen Jungs nicht ungenutzt verstreichen lassen, wenn sie noch in der Nähe sind", meinte Fred Hammerstein und zog Bruno hinter den Stapel Zementsäcke. „Nimm du das Rolltor ins Visier, ich konzentriere mich auf die Oberlichter."

Es waren keine zwei Minuten vergangen, als sie ein Kratzen an der Rückwand vernahmen. „Da klettert jemand an der Wand hoch", flüsterte Fred Hammerstein.

„Da! Jetzt bewegt sich der Hebel des Rolltors. Sie kommen von zwei Seiten", sagte Bruno leise.

Dann bewegte sich das Rolltor einen Spalt weit nach oben. Ein Arm tauchte in dem Spalt auf und holte Schwung. Bruno schoss.

Er traf die Hand, die etwas losließ, das zwei Meter in die Halle hinein kullerte. Im gleichen Moment zersplitterte eines der Oberlichter. Fred Hammerstein feuerte seine Spielzeugpistole ab, die schon zweimal zuvor ihre enorme Durchschlagskraft bewiesen hatte. Dann ließ er sich hinter die Zementsäcke fallen.

Sekundenbruchteile später zerfetzten zwei Detonationen kurz hintereinander die Stille. Die Oberlichter zerbarsten, ein Scherbenregen tanzte durch die Lagerhalle, durch die sich Staub- und Rauchwolken wälzten. Die Druckwelle riss die beiden Außenspiegel des Mercedes Sprinter ab und hämmerte sie hinter den Zementsäcken gegen die Hallenwand.

„Handgranaten! In Köln-Nippes! Das musst du dir mal vorstellen!“, flüsterte Fred Hammerstein.

Bruno blickte zu ihm hin. Die Detonationen hatten einen der Zementsäcke aufgerissen und Fred Hammerstein mit grauem Pulver überschüttet. Er sah wie ein furchterregendes Gespenst aus.

„Was starrst du mich so an?“, fragte Fred Hammerstein.

„Jetzt siehst du so aus, wie du bist“, erwiderte Bruno. „Erschreckend und abstoßend.“

Es war kurz nach fünf Uhr morgens, als Bruno und Fred Hammerstein das Polizeipräsidium verließen. Fred Hammerstein hatte ein ausführliches Protokoll der Ereignisse der vergangenen Nacht aufgesetzt und Seite um Seite seines Notizblockes mit seiner steilen Kinderschrift gefüllt. Er hatte sich noch nicht mal Zeit genommen, sich gründlich das Gesicht zu waschen, das von dicken Streifen eingetrockneten Zementpulvers umrahmt wurde. Bert Böttinger, einer seiner Kollegen, ein Mann mit großer Gelassenheit und einer emotionslosen Stimme, hatte Bruno mehr als drei Stunden befragt und Bruno keine Pause gegönnt.

„Komm, ich fahr dich nach Hause, es liegt auf dem Weg“, sagte Fred Hammerstein und blinzelte in die ersten Strahlen der aufgehenden Sonne.

„Jetzt hast du einen Mandanten weniger“, meinte Fred Hammerstein, als er seinen Dienstwagen über die Zoobrücke lenkte. „Und mir fehlt ein wichtiger Zeuge und Beschuldigter zugleich.

Ich hätte den Schierle gern gefragt, wie er eigentlich Kontakt zu diesem Lucas Coração bekommen hat.“

„Mir hat er gesagt, durch einen argentinischen Scout, der im Auftrag des FC den südamerikanischen Spielermarkt nach Talenten durchforstet.“

„Du meinst diesen Domingo Rodriguez? Ja, den hat er mir auch als Kontaktperson genannt. Aber das stimmt nicht. Ich habe ihn in Buenos Aires angerufen. Er kannte Lucas Coração nur vom Hörensagen und hat keinen Kontakt zu ihm gehabt.“

„Aber irgendwer muss ihm doch den Kontakt gemacht haben“, meinte Bruno.

„Jedenfalls hat Leonor, die Tochter Deborahs, ausgesagt, Dr. Schierle sei in der letzten Woche drei Mal bei ihnen in der Wohnung gewesen, und jedes Mal habe ihre Mutter sie in ihr Zimmer geschickt. Vielleicht ist der Kontakt ja über Deborah gelaufen.“

„Was mir momentan am meisten Sorgen macht, ist, dass die Jungs vom Paketdienst spurlos verschwunden sind“, sagte Bruno. „Ich kenne sie schon seit Jahren. Auf sie war immer Verlass.“

„Es wären nicht die Ersten aus der Security-Branche, die die Fronten gewechselt haben, wenn so viel Geld im Spiel ist“, meinte Fred Hammerstein. „Und, dass Dr. Schierle mit am großen Glücksspielrad gedreht hat, ist so gut wie sicher. Ich habe mir gestern einen Durchsuchungsbefehl für sein Privathaus in Lindenthal besorgt.

In seinem kleinen Büro im Souterrain stand ein Panzerschrank, der offensichtlich leergeräumt worden war. Aber meine Jungs haben einen zweiten Panzerschrank gefunden, weil einer der Drogenspürhunde, den sie dabei hatten, an einem Bücherregal angeschlagen und gescharrt hat. Dahinter war ein Tresor in der Wand eingelassen. Der Idiot hatte außer acht Millionen Euro Bargeld zwei Gramm Kokain darin versteckt. Ohne das Kokain hätten wir den Tresor nie entdeckt.“

„Acht Millionen Euro!“ Bruno stieß einen Pfiff aus. „Und da jammert er mir die Ohren voll, dass er Mühe hat, die Raten für sein Haus zu bezahlen.“

„Vielleicht war er ja nur einer der vielen Geldschleuser des Glücksspiels“, sagte Fred Hammerstein. „Jedenfalls passt es ins Bild, dass er eine Kette, die Glücksspielhallen betreibt, rechtsanwaltlich beraten hat.“

Als Fred Hammerstein vor dem Jugendstilhaus im Drosselweg anhielt, bemerkte Bruno einen schwarzen Ford Mondeo, der schräg gegenüber dem Haus mit zwei Rädern auf dem Bürgersteig parkte. Ein Mann, die Weste halb aufgeknöpft, sodass man einen der Riemen seines Schulterhalfters sehen konnte, saß am Steuer und blickte von einer aufgeschlagenen Zeitung zu ihnen hin.

„Das ist der Jupp“, sagte Fred Hammerstein. „Er hat ein Auge auf den Hauseingang. Du hast nach den Ereignissen der letzten Nacht hoffentlich nichts dagegen?“

Bruno zuckte mit den Schultern. Als er ausgestiegen war, ging er um den Wagen herum und beugte sich zum halb heruntergelassenen Fahrerfenster hinunter. „Der letzte unangemeldete Besucher kam übrigens von der Rennbahn, ist hinter dem Haus das Regenrohr herauf und stand plötzlich auf meiner Terrasse“, sagte Bruno. Ohne eine Antwort abzuwarten, überquerte er die Straße und schloss die Haustür auf.

## 13. Kapitel

Bruno rannte durch den Flur des Kölner Polizeipräsidiums auf das Büro Fred Hammersteins zu, aus dem im Abstand von zwei Sekunden Schüsse hallten. Er riss die Tür auf. Fred Hammerstein schoss gerade einem Mann mit seiner silberglänzenden Spielzeugpistole in den weit geöffneten Mund. Der Kopf zerplatzte, Blut, Gewebe und Gehirn spritzten auf die befleckte Metzgerschürze, die um Freds Wanst spannte. Freds Gesicht glühte vor Begeisterung. Der Mann kippte seitlich weg auf einen Berg von ausblutenden Leichen. „Nur noch die drei", schrie Fred Hammerstein und zeigte auf drei jämmerliche Gestalten, die ihre angstschlotternden Ärsche gegen die Bürowand pressten ...

In diesem Moment riss das Schrillen des Telefons Bruno aus seinen Albträumen. Verschlafen nahm er es von der Station und meldete sich.

„Bruno, es wäre schön, wenn du dich baldmöglichst hier blicken lassen könntest. Da sitzt schon seit einer geschlagenen Stunde ein unheimlicher Kerl auf dem Flur, der dich unbedingt sprechen will. Er lässt sich einfach nicht abwimmeln", sagte Sigrid.

„Hat er seinen Namen genannt?", fragte Bruno.

„Ja, ich habe so etwas wie *Garra* verstanden. Scheint ein Südamerikaner oder etwas in der Art zu sein", sagte Sigrid und fügte hastig hinzu: „Wenn du nicht sofort herkommst, rufe ich die Polizei. Der Kerl ist mir unheimlich."

„Beruhige dich bitte, Sigrid! Der Mann wird dir nichts tun. Das ist der brasilianische Betreuer dieses Lucas Coração, von dem ich dir erzählt habe."

„Bruno, mit welchen Leuten lässt du dich bloß ein?", seufzte Sigrid. „Jedenfalls sieht der Kerl aus wie ein Drogendealer oder Mafioso der übelsten Sorte. Und wegen mir kann er den Papst betreuen, dadurch kann er mich nicht täuschen! Wenn du dich nicht sofort in Marsch setzt, lasse ich diesen Burschen von der Polizei an die frische Luft setzen."

„Ich komme", sagte Bruno. „Es wäre schön, wenn du Kaffee machen könntest."

Als Bruno die Kanzlei betrat, stemmte sich *Garra* aus einem der Besucherstühle und zeigte anklagend auf die Tür zum Sekretariat. „Wer ist dieser Drache?“, fragte er aufgebracht. „Warum ist diese Frau so unhöflich zu mir? Warum schreit sie mit mir herum?“

Bruno fasste *Garra* am Arm und zog ihn mit sich die steile Treppe hinauf zu seinem Büro. Dort rückte er einen Besucherstuhl zurecht, doch *Garra* setzte sich nicht, sondern gab dem Stuhl einen Fußtritt, der ihn gegen Brunos Schreibtisch schleuderte.

„Ich will mich nicht setzen!“, sagte er. „Jedes Mal, wenn ich unten im Flur etwas auf und ab gehen wollte, hat dieser Drache die Bürotür aufgerissen, mich angeschrien und auf den Stuhl gezeigt. Was habe ich ihr getan, dass sie mich so behandelt?“

„Du hast ihr nichts getan“, erwiderte Bruno. „Aber wahrscheinlich hat sie in deine Seele geschaut und was sie dort gesehen hat, war kein Grund zur Freude.“

„Poha, in die Seele hineinschauen kann keiner, nicht mal die schlimmste *macumbeira*“, sagte *Garra*.

„Sie ist eine alte Frau, aber sie hat Pickel wie ein junges Mädchen, das sollte dir zu denken geben“, sagte Bruno.

„Ja, es gibt mir zu denken, mit welchen Menschen du Umgang hast, *conselheiro*. Zum Beispiel dieser Verrückte, den sie den *Paten* nennen und an den du den Jungen verkauft hast. Er schneidet den ganzen Tag Grimassen wie ein kleines Kind und wirft jeden Morgen von seiner Terrasse den Bluthunden, die nachts in seinem Park herumlaufen, riesige Fladen blutiger Rinderleber zu, wobei die große Glocke, die im Wachturm neben dem Wohnhaus hängt, geläutet wird. Und den Jungen lässt er bewachen wie einen Goldbarren, den er von der Bank gekauft hat. Der Junge kann sich nicht frei bewegen, ständig stehen ihm drei Security-Leute auf den Hacken. Und dann kommt jeden Tag dieser Arzt, der den Jungen an komische Apparate, die man ins Haus trägt, anschließt und ihn dabei anstarrt, als wäre der Junge das letzte Exemplar seiner Art. Ich frage dich: Ist dieser *Pate* noch normal?“

Bruno zuckte ratlos mit den Achseln. „Und was ist mit dir, *Garra*?“, fragte er. „Was ist mit den finsteren Blicken, die du um dich wirfst, was ist mit deinem noch finsterem Schweigen, in dem du stundenlang versinkst, würdest du das normal nennen?“

*Garra* schlug eine Hand vor den Mund, zog seine ungewöhnlich buschigen Augenbrauen zusammen und warf Bruno einen Blick zu, der ihn erschauern ließ. Dann ließ er sich auf den Besucherstuhl fallen, löste die Hand vom Mund, ballte sie zur Faust und schlug sie so hart auf Brunos Schreibtisch, dass die Stapel Papiere umkippten und sich auf der Schreibunterlage verteilten.

Als *Garra* seine Faust zu einem zweiten Schlag erhob, betrat Sigrid Winter mit einem Tablett, auf dem sie eine Kanne Kaffee, Tassen, Milch und Zucker balancierte, das Büro. Die Eisenplättchen unter ihren hochhackigen Absätzen knallten wie Pistolenschüsse auf dem Parkett. Nachdem sie das Tablett abgesetzt hatte, fasste sie *Garra* ins Auge und funkelte ihn noch böser an, als er es je vermocht hätte.

„Setzen Sie sich gefälligst anständig hin und führen Sie sich nicht auf wie betrunkener Abschaum!“, schrie sie plötzlich los. „Sie befinden sich in einer gediegenen, anständigen Rechtsanwaltskanzlei und nicht bei einem windigen Mafia-Anwalt, wie Sie es offensichtlich gewohnt sind.“

Dann machte sie mit einer ihrer eckigen Bewegungen, an denen man sich verletzen konnte, kehrt und marschierte, untermalt von den Salven ihrer eisenbeschlagenen Stöckelschuhe, aus dem Büro.

Bruno wurde schwindelig. Hatte er diesen Auftritt bloß geträumt oder war Sigrid endgültig zu einer verknöcherten, überalterten Version seiner Ex mutiert?

*Garra* raufte sich die Haare. „Was hat diese furchtbare Frau in ihrer furchtbaren Sprache gesagt?“, fragte er. Nachdem Bruno übersetzt hatte, holte *Garra* aus einer der Taschen seiner schmuddeligen Jogginghose, die er seit seiner Ankunft am Flughafen Schiphol noch nicht gewechselt zu haben schien, einen zerfledderten roten Staubwedel, in den ein schwarzes Band geknüpft war und der in einem Ledersäckchen endete, und ließ ihn sieben Mal um seinen Leib kreiseln.

„Nur zur Sicherheit, dass nichts Böses von dieser Frau an mir kleben bleibt“, erklärte er, als er den Staubwedel wieder in der Jogginghose verstaut hatte.

„Glaubst du, dass so was hilft?“, fragte Bruno.

*Garra* schüttelte betrübt den großen Kopf. „Nein, aber sicher ist sicher.“

Dann versank dieser große, düstere Mann, der einen Menschen mit einem einzigen Hieb seiner enormen Hände hätte töten können, in sein finsteres Schweigen, das wie ein großer Trichter war, in dem die ganze Kanzlei zu verschwinden drohte. Plötzlich zuckte einer seiner enormen Hände vor, packte das Revers von Brunos Jacke und zog ihn daran halb über den Schreibtisch.

„Der Junge wird gehalten wie ein eingefangenes wildes Tier! Das war nicht abgemacht!“

„Mit wem war das nicht abgemacht?“, fragte Bruno.

„Mit diesem *doutor*, diesem Schierle!“, schnaubte *Garra* und ließ Bruno los, der sich in seinem Schreibtischstuhl etwas zurückrollen ließ, um einen Sicherheitsabstand zwischen sich und den finsteren Mann zu legen.

„Wann hast du das denn mit Dr. Schierle abgesprochen?“, fragte Bruno.

*Garra* hieb die Handkante durch die Luft, den Zug spürte Bruno noch an der Wange.

„Es ist abgesprochen worden, dass der Junge ein freier Mann ist, wir haben uns die Hand darauf gegeben“, sagte *Garra*. „Du musst mit diesem Verrückten sprechen, *conselheiro*. Der Junge will sich frei bewegen können und ein ganz normales Leben führen. Es war so abgesprochen. Das sollte dieser *Pate* wissen.“

„Wann und wo hast du das mit Dr. Schierle vereinbart?“, beharrte Bruno auf einer Antwort.

„Als er mich besucht hat. Wir haben uns im Clubhaus der Corinthians die Hand darauf gegeben“, sagte *Garra* trotzig.

„Dr. Schierle war in São Paulo? Wann war das?“

„Vor zwei Monaten. Warum fragst du? Was ist daran falsch?“ *Garra* zog seine buschigen Augenbrauen zusammen und fixierte einen unsichtbaren Punkt irgendwo in der Ferne, wie er es immer tat, wenn er in sein finsteres Schweigen abdriftete.

„War das euer erstes Treffen oder kanntet ihr euch schon länger?“, fragte Bruno schnell, ehe *Garra* wieder in seinem Meer aus Schweigen untertauchen konnte.

„Er ließ sich alle drei Monate bei uns blicken. Er sprach auf der Geschäftsstelle der Corinthians mit wichtigen Leuten aus dem Verein. Und er hatte ein Herz für die Fans der Corinthians. Er machte ihnen kleine Geschenke, kaufte Stoff für Fahnen und Farbe für Plakate.“

„Er tauchte also regelmäßig bei den Corinthians auf. Wie lange schon?“

„Seit ungefähr drei Jahren war das so. Er war ein gern gesehener Gast.“ *Garra* knetete seine enormen Hände, und bevor sie wieder zupacken konnten, sprang Bruno von seinem Schreibtischstuhl auf und wanderte im Büro auf und ab.

„Der *Pate* hat seinen eigenen Stil“, sagte Bruno. „Wir werden ihn nicht ändern. Was wir brauchen, ist einen Grund, warum er dem Jungen mehr Freiheiten zugestehen soll.“

„Du könntest ihm sagen, dass der Junge dann keine Tore mehr schießen wird. Aber du musst es so sagen, dass er nicht merkt, dass es eine Lüge ist, denn es steckt in den Genen des Jungen, dass er Tore schießen muss, er kann sich nicht dagegen wehren“, meinte *Garra*.

„Gut. Ich versuche es“, sagte Bruno. „Ich sehe den *Paten* morgen beim Heimspiel des FC.“

*Garra* stand auf und zog an seinen Fingern. „Das muss geregelt sein, bevor ich nach São Paulo zurückfliege“, sagte er. Ehe Bruno antworten konnte, drehte sich der finstere Hüne um und verließ schweigend das Büro im ausgebauten Dach, das schon so viele merkwürdige Besucher beherbergt hatte.

Bruno stützte beide Ellbogen auf die Schreibtischplatte, barg den Kopf in seine geöffneten Hände, schloss die Augen und konzentrierte sich auf jenen Abend am Düsseldorfer Flughafen, als er Lucas Coração und seine beiden Begleiter abgeholt hatte. *Garra* hatte plötzlich vor ihm gestanden und ihn angesprochen, aber er hatte ihn nicht durch das Ankunftsgate kommen sehen. Es war gut möglich, dass er in dem ersten Pulk der Reisenden gewesen war, der das Gate verlassen hatte, und es war gut möglich, dass er seiner Aufmerksamkeit entgangen war. Auf der anderen Seite war *Garra* ungewöhnlich groß und hätte den Durchschnitt der Ankömmlinge um mehr als eine Haupteslänge überragt. Fakt war: Er hatte *Garras* Ankunft nicht beobachtet und es hätte genauso gut möglich sein können, dass er sich schon in der Ankunftshalle befand, bevor das Flugzeug gelandet war. Er beschloss, wenn die Situation günstig und er allein mit dem Jungen war, Lucas Coração danach zu fragen.

Das Schrillen des Haustelefons schreckte Bruno aus seinen Gedanken. „Darf ich dich daran erinnern, dass du mit diesem Aufsichtsratsmitglied in einer Stunde ein Arbeitsessen im *Concerto* im MediaPark hast?“, sagte Sigrid.

Das *Concerto* im MediaPark war gut besucht. Es war heute ganz in hellem Beige eingedeckt, was zusammen mit dem tiefen, warmen Braun der Wandpaneelen und dem hellen Braunton der halbrunden Sessel eine zu stark gewollte Gediegenheit auszudrücken bemüht war, aber in Bruno eher ein zwiespältiges Gefühl von Hinterzimmerheimlichkeiten hervorrief. Das Aufsichtsratsmitglied des FC erhob sich von seinem Tisch hinten in der Ecke und kam Bruno ein paar Schritte entgegen, breitete die Arme aus und klopfte Bruno den Rücken, als sei er ein guter Freund, wobei er den lauernden Ausdruck in seinen Augenwinkeln nicht ganz verbergen konnte.

Man setzte sich und trank ein Glas Pinot Grigio, wie üblich in dieser Art Lokale eiskalt und jeden Eigengeschmacks beraubt. Im Gegensatz hierzu schienen die Antipasti vollgedröhnt mit öligen Geschmacksverstärkern, sodass Brunos Gaumen um Erbarmen bettelte. Ein Gespräch wollte nicht recht in Gang kommen, denn das Aufsichtsratsmitglied umkreiste Bruno mit seinen lauernden Blicken, und Bruno rechnete jeden Moment damit, dass der übergewichtige Mann wie die Hexe im Märchen sein Fleisch abtasten könnte.

„Ich glaube, den Dr. Schierle können wir abschreiben“, sagte er plötzlich, wobei er sich weit über den Tisch zu Bruno vorbeugte und seine Stimme senkte, als handele es sich um ein Staatsgeheimnis. „Er hat aus einem Schweizer Sanatorium angerufen, in dem er seinen hoch strapazierten Gesundheitszustand wiederherzustellen versucht. Nach seinen eigenen Worten kann das Monate dauern.“

Bruno starrte das Aufsichtsratsmitglied fassungslos an. Wie konnte jemand im Brustton der Überzeugung so dreist lügen! Denn eins erschien Bruno total unwahrscheinlich: dass Dr. Schierle aus einem Schweizer Sanatorium angerufen hatte. Das Aufsichtsratsmitglied tätschelte Bruno die Hand, als sei der die Witwe in spe eines sterbenskranken Dr. Schierle.

„Da scheinen Sie mir, mein lieber Böllmann, aus etwas robusterem anwaltlichen Holz geschnitzt“, fuhr das Aufsichtsratsmitglied fort und prostete Bruno mit seinem eiskalten Pinot Grigio über den Tisch zu. „Sie wissen ja, wie schwer sich der FC mit Personalentscheidungen tut und sie erst mal auf die lange Bank schiebt, bis das Chaos eine Entscheidung quasi von selbst erzeugt. Auch jetzt schon scheint mir die Hälfte des Kölner Anwaltvereins zur Futterkrippe des FC zu drängen und mein Telefon steht nicht still, denn, wie beim FC die Regel, muss durchgesickert sein, dass mich der Aufsichtsrat mit der Findung eines geeigneten Nachfolgers beauftragt hat. Das muss selbstredend unter uns bleiben, Böllmann.“

Das Aufsichtsratsmitglied klopfte mit den Knöcheln energisch auf den Tisch, als wolle es die Aufmerksamkeit des ganzen Restaurants auf sich lenken. „Nun ist es so, dass ich Sie bei den Verhandlungen um ein Engagement dieses brasilianischen Spielers als einen Mann voller Weitblick, Nervenstärke und mit beträchtlichem Verhandlungsgeschick kennen und schätzen gelernt habe. Da offiziell noch gar keine Entscheidung in dieser Personalie ansteht, ergäbe sich die Möglichkeit, einen potenziellen Nachfolger Zug um Zug in seine Aufgaben einzuführen.“

Der Mann legte eine Pause ein und schob sich eine der viel zu kalten und öligen Antipasti in den Mund, neutralisierte die geballte Ladung Geschmacksverstärker mit einem Schluck des völlig geschmacksneutralen Pinot Grigio und schnitt ein Gesicht, als habe er gerade die Bratensoße mit Erdbeergeschmack erfunden, umkurvte mit einer seiner Hüften die Rundung seines Tischsessels und stieß Bruno vertraulich den Ellbogen in die Seite. „Sie wissen besser als ich, dass es nicht das Amt selbst ist, was den Job des Justiziars beim FC so attraktiv macht, sondern das Netzwerk davon abhängiger Nebentätigkeiten. Wer dieses Amt ausübt, sitzt mitten im Herzen des kölschen Klüngels! Danach lechzt die Mehrzahl Ihrer Kollegen, die in diesem frühen Stadium der Entscheidungsfindung schon bei mir angeklopft haben, was auf eine bestimmte provinzielle Kleingeistigkeit dieser Herren hinweist."

Brunos beharrliches Schweigen musste spätestens jetzt dem Aufsichtsratsmitglied aufgefallen sein, denn der korpulente Mann beugte sich etwas zu abrupt zu Bruno vor, umfasste dessen Handgelenk, riss die Augen weit auf und flüsterte: „Sie wissen besser als ich, Herr Böllmann, dass ein Mann in Ihrer Situation eine starke Lobby hinter sich braucht. Und die kann ich Ihnen bieten, wenn Sie sich entscheiden könnten, mein Kandidat zu sein!"

Er hatte seine Worte mit solch einer Intensität gesprochen, als sei diese Angelegenheit eine Sache auf Leben und Tod. Dann tätschelte er erneut Brunos Hand. „Ich verlange hier und heute keine Entscheidung von Ihnen, Herr Böllmann, aber ich vertraue Ihrem Instinkt für das Globale, denn es gibt Verpflichtungen, die Ihr Kollege Dr. Schierle eingegangen ist, die sich nicht auf die lange Bank schieben lassen."

Bruno wärmte das Glas mit dem zu kalten Pinot Grigio mit beiden Händen, um ihm wenigstens ein Minimum an Geschmack abzuringen. „Das haben Sie schön gesagt", meinte er und zwinkerte dem Aufsichtsratsmitglied zu. „Sie wollen mich auf die Bank setzen und bei Bedarf einwechseln. Bitte korrigieren Sie mich, wenn ich Sie falsch verstanden habe."

„Mein Gott, Böllmann, Sie haben den Nagel auf den Kopf getroffen!", freute sich sein Gegenüber und zeigte ein betörendes Haifischlächeln. „Um Sie in eine der, sagen wir mal, lukrativsten

Nebentätigkeiten des Dr. Schierle einzuweisen, möchte ich Sie demnächst mit einem Konsortium sehr finanzkräftiger, international tätiger Geschäftsleute bekannt machen. Danach ist Zeit genug, eine Entscheidung zu treffen. Aber wie gesagt, auf die lange Bank schieben lässt die sich nicht. Könnten Sie sich mit diesem Vorgehen anfreunden?"

Bruno blickte dem Aufsichtsratsmitglied in die Augen. Sie waren noch kälter als der kälteste Pinot Grigio und in ihnen war deutlich zu lesen, dass es die Bank des Todes gewesen war, von der das Aufsichtsratsmitglied gesprochen hatte.

Als Bruno beharrlich schwieg, tätschelte der Mann seine Hand, seufzte schwer und sagte: „In Köln gönnt jeder jedem alles und jeder jedem nichts, und das beides gleichzeitig. Das macht das Leben in Köln so einfach und gleichzeitig so schwierig."

## 14. Kapitel

Das Kölner Stadion würde sich zu diesem Heimspiel des FC nicht mehr ganz füllen, doch wie sonst auch, war die Südkurve rappelvoll mit dem harten Kern der Kölner Fans, die euphorisch auf die sentimentalen Einspielungen der Kölner Südstadt-Musik-Mafia reagierten. Hier hatten sich die Bewegungslosen versammelt, die in Bewegung geraten waren und auf und nieder hüpften, die Ahnungslosen, die etwas ahnten, die schweigende Mehrheit, die zu schreien begann, die Glücklosen, die bereit waren, Glück zu empfinden, und die Desillusionierten, die ihre Illusionen wiederfanden. Hier in der Südkurve wurde der Fußball zelebriert wie in einer Erweckungskirche, nur mit dem Unterschied, dass die Erlösung dieser Welt zwischen den beiden Toren lag. Und obwohl es heute gegen den absoluten Favoriten der Liga ging, waren die Fans bereit, an das Unmögliche zu glauben, wie an die Auferstehung der Toten. Das Stadion war ein großes Leihhaus der Gefühle, in dem die Aktionen der Fußballer auf dem Rasen gegen den Abglanz des Glücks getauscht wurden und die großen Erfolge der Profis gegen die kleinen Niederlagen im Alltag der Fans aufgerechnet wurden.

Der Bodyguard des *Paten* reichte Bruno einen Ohrstöpsel und befestigte ein winziges Mikro am Kragen von Brunos Freizeithemd. „Die Anlage regelt die Lautstärke automatisch. Sie brauchen also keine Angst zu haben, dass Ihnen das Trommelfell platzt“, sagte der Bodyguard und nahm auf dem freien Sitz links vom *Paten* Platz.

Der *Pate* musterte Bruno ohne ein Wort der Begrüßung unverhohlen und aus großen Augen, mit denen er seine hinfällige Gestalt innerlich aufplusterte und Bruno schrumpfen ließ, bis er unter dem Daumen des *Paten* Platz gefunden hätte, und seine Blicke sagten: *Wenn deine Zeit gekommen ist, werde ich dich wie eine Laus zerquetschen.*

Der Stadionsprecher verkündete die Mannschaftsaufstellung wie ein Glaubensbekenntnis, bei dem die Nachnamen der Spieler von den Fans gerufen wurden wie das Amen der Gemeinde. Als

Bruno sich halb von seinem Sitz erhob, den Kopf umdrehte und seine Blicke über die Glasfassade der VIP-Lounge wandern ließ, entdeckte er hinter der Scheibe das Aufsichtsratsmitglied, das durch einen Feldstecher die Sitzreihen musterte. Jetzt schien der korpulente Mann Bruno entdeckt zu haben, denn er ließ den Feldstecher sinken und winkte hinter dem Glas Bruno zu. Diese Geste hatte etwas Unnahbares an sich und erschien Bruno wie aus einer anderen Welt, einer Welt der stummen Götter, die jeder Offenbarung unzugänglich waren.

Der *Pate* schien Brunos Blick gefolgt zu sein und fasste Bruno hart am Handgelenk. Ein metallisches Klicken ertönte in Brunos Ohr, dann meldete sich die verzerrte Stimme seines Sitznachbarn, untermalt von einem auf- und abschwellenden Rauschen wie das Geräusch einer Brandung, die an ein Gestade rollt. „Lassen Sie sich nicht mit diesem Mann ein, Böllmann. Er ist ein gnadenloser Menschenfischer und braucht dringend einen Ersatzmann für den Dr. Schierle, eine seiner Drohnen, die ihm von der Fahne gegangen ist. Setzen Sie sich nicht auf seine Auswechselbank, wenn Ihnen Ihr Arsch lieb ist. Und mit dem Posten des Justiziars will er Sie bloß ködern, denn dies Amt ist längst an den Dr. Pollmann versprochen. Die alte Schweinebacke hat die ganzen Karnevalsvereine hinter sich und ohne diese Lobby läuft beim FC gar nichts."

„Eigentlich bin ich nur wegen Lucas hier", erwiderte Bruno.

Der *Pate* kicherte metallisch und abgehackt, es hatte etwas von dem Lachen eines Industrieroboters, der Autoteile ineinanderfügt, wenn dieser denn hätten lachen können. „Sie sind zu Ihrem Vergnügen hier, Böllmann, das sieht man Ihnen an, denn Sie sind ein hoffnungslos sentimentaler Mensch, genau wie die vierzigtausend anderen Kölner Fans hier im Stadion", schrie der *Pate* durch alle Filter des Systems hindurch in Brunos Ohr, und er klang nun wirklich aufgebracht. „Ich bin hier, um Geld zu verdienen. Ich habe in dieses Spiel mehr als hunderttausend Euro investiert, Ergebniswetten, Kombiwetten, Minimum- und Maximumwetten, die ganzen Tasten der Wettklaviatur werden heute bedient. Ich habe gegen die dicken Buchmacher gewettet und spiele auch gegen wettsüchtige philippinische Reisbauern und werde hoffentlich ein paar tausend chinesische Wanderarbeiter um ihren Wochenlohn bringen.

Geld ist schamlos, Böllmann, und hat kein Gewissen, deswegen empfinde ich auch keine Schuld. Geld kennt auch keine Träume, wie Sie die und die anderen vierzigtausend lärmenden Träumer hier im Stadion haben, Geld kennt nur Gewinn und Verlust!"

„Und was macht Sie so sicher, dass Sie gewinnen werden?", fragte Bruno.

„Ich habe das Wort des Trainers, dass er Lucas einwechseln wird. Spätestens zu Beginn der zweiten Halbzeit. Sollte der FC mit zwei Toren in Rückstand geraten, muss der Lucas früher ran. Bei seinem ersten Spiel in der ersten Mannschaft ist Lucas für zwei Tore immer gut, weil ihn der Gegner nicht sonderlich beachten wird. Der gegnerische Trainer wird ihn nicht auf dem Radar haben, er ist ein unbeschriebenes Blatt."

„Sie haben also auf Sieg gesetzt?"

„Jedenfalls nicht auf eine Niederlage des FC", erwiderte der *Pate*. „Den Rest erledigt ein mathematisches Modell, das zwei indische Mathematikprofessoren speziell für mich entwickelt haben. Ich nenne es das *Lucas-Programm*. Es hat mich fünfzehntausend Dollar gekostet."

Der *Pate* gab Bruno mit einer müden Handbewegung zu verstehen, dass er nicht mehr sprechen wolle, und Bruno wusste die nächste halbe Stunde nicht, ob der *Pate* die Augen ganz geschlossen hielt oder nicht doch ab und zu das Spielgeschehen auf dem Rasen verfolgte.

Der FC trat von Beginn an mehr als ängstlich auf, agierte nervös, leistete sich haarsträubende Abspielfehler und es grenzte an ein Wunder, dass er nach vierzig Minuten nur mit zwei Toren in Rückstand lag. Der Dunst der Illusionen begann sich im Kölner Stadion zu verflüchtigen, von der Haupttribüne erschallten ein paar zaghafte Pfiffe gegen die eigene Mannschaft, die aber vom unerschütterlichen Optimismus der Kölner Fans in den Würgegriff genommen und niedergesungen wurden.

„Sie spielen wie der ewige Absteiger!“, schrie der *Pate* empört. „Man könnte glauben, sie seien wild entschlossen, den Weg in den unbezahlten Fußball einzuschlagen!“

Sekunden später machte sich lähmendes Entsetzen unter den Kölner Fans breit. Der Torwart, der bis dahin beste Kölner Spieler, knallte bei einer akrobatischen Rettungsaktion mit der Schläfe gegen den rechten unteren Torpfosten und musste ausgewechselt werden.

Der *Pate* fummelte in der Halbzeitpause an seinem Smartphone herum und klickte sich durch die Ebenen einer Website. „Auf den Philippinen wetten mittlerweile viertausend Ölköpfe gegen mich, in China stehen gegen meine Wetten zweihunderttausend Dollar!“, kreischte er.

„Beunruhigt Sie das nicht?“, fragte Bruno.

„Doch, es beunruhigt mich, denn in dem ganzen Durcheinander hat der Trainer vergessen, unseren Lucas einzuwechseln! Der Mann wird sich noch sein Grab schaufeln, wenn er sich damit noch allzu viel Zeit lässt.“

Bruno ahnte, dass dies keine leere Drohung war.

Als die Heimmannschaft zur zweiten Halbzeit auf den Platz kam, wurde sie mit zaghaftem Beifall, der aufmunternd gedacht war, aber fast so erbärmlich ausfiel wie die Leistungen in der ersten Halbzeit, empfangen. Lucas Coração war nicht dabei.

„Wer glaubt dieser Trainer denn, wer er ist?“, schrie der *Pate*. „Er hält sich nicht an die Abmachungen!“

Wer gehofft hatte, der FC würde in der zweiten Halbzeit mit mehr Engagement zu Werke gehen, sah sich bitter enttäuscht. Die Mannschaft schien jede Ordnung verloren zu haben und taumelte von einer Verlegenheit in die andere. So war es fast zwangsläufig, dass sie nach einem krassen Abwehrfehler ein weiteres Tor kassierte.

Die Leidensfähigkeit des Kölner Publikums, das stand zu diesem Zeitpunkt schon fest, würde heute auf eine extreme Zerreißprobe gestellt. Ein Großteil der Zuschauer schien in sich hinein gekrochen und in eine Art Schockstarre gefallen zu sein. Nein, Aufschreie der Entrüstung gehörten nicht zum Repertoire der

Kölner Fans, sie schienen sich in das offensichtlich Unvermeidbare zu fügen wie Schlachtvieh, das sich gegenseitig ohne Regung beim Abgeschlachtetwerden zuschaut.

„Jetzt wird es verdammt eng!“, kreischte der *Pate*, klickte sich durch die Website und jaulte auf wie ein Hund, dem man auf den Schwanz getreten hat. „Es ist eine Lawine! Mittlerweile wetten neuntausend Festlandchinesen gegen mich, in Hongkong sind es tausend, in Taiwan zweitausend! Und dieser Ignorant von Trainer hat den Lucas immer noch nicht eingewechselt!“

Es dauerte bis zur fünfundfünfzigsten Minute, bis der Trainer ein Einsehen hatte und Lucas Coração für den Spieler mit der Zehn brachte, der heute einen rabenschwarzen Tag erwischt und nichts auf die Reihe gebracht hatte. Selbst Sicherheitspässe auf drei Meter Distanz waren von ihm in die Füße des Gegners geschoben worden.

Bis zur ersten Aktion des Einwechselspielers dauerte es zwei Minuten, in denen er mehr oder weniger unbeteiligt im Mittelfeld herumgestanden hatte. Dann spritzte Lucas Coração in einen Pass des Gegners, ließ mit einer Körpertäuschung gleich zwei Gegenspieler ins Leere laufen und schickte den Rechtsaußen des FC mit einem Zuckerpass auf die Reise zum gegnerischen Tor, während er sich nach rechts absetzte und dann nach innen kurvte. Der Rechtsaußen des FC hätte nur über zehn Meter nach innen passen müssen, denn dort stand Lucas völlig frei und nicht im Abseits. Aber anstatt zu passen, schob der Rechtsaußen geradezu kläglich den Ball neben das Tor.

„Der Junge ist zu gutmütig! Ich habe ihm die ganze Woche gepredigt, dass er es allein richten muss!“, schrie der *Pate*.

„Vielleicht will er ja auch nicht“, entgegnete Bruno.

„Wie, er will nicht? Was soll das denn? Er hat alles, was er braucht!“, ereiferte sich der *Pate*.

„Der Junge hat gar nichts, nicht mal seinen *feijão*. Stattdessen haben Sie ihn gezwungen, Radieschen zu essen“, sagte Bruno.

„Was wollen Sie? Radieschen standen auf dem Programm des Ernährungsberaters! Und was ist überhaupt *feijão*?“

„Ein brasilianisches Bohnengericht“, erwiderte Bruno. „Sie

wissen gar nichts! Sie könnten noch nicht mal Hühner so halten, dass sie Eier legen. Sie halten den Jungen wie einen Gefangenen. Jedenfalls empfindet er das so. Das sollten Sie Ihren indischen Mathematikern mitteilen und Ihr Lucas-Programm neu berechnen lassen."

„Ich soll also anstelle eines Ernährungsphysiologen eine dicke brasilianische Köchin engagieren? Ich soll den Jungen mästen, bis er aussieht wie Ronaldo oder Aílton heute? Sie haben doch überhaupt keine Ahnung!", schrie der *Pate*.

In diesem Moment passte einer der hoffnungslos überforderten Kölner Mittelfeldspieler den Ball irgendwo ins Nirgendwo, aber Lucas Coração gelang es, mit einem langgezogenen Spurt den Ball noch vor der gegnerischen Auslinie zu erwischen, zog haarscharf an der Torauslinie nach innen und wurschtelte sich zwischen drei Abwehrspielern hindurch. Dann lupfte er den Ball über den vierten heranstürmenden Verteidiger und über den Torwart aus einem unmöglichen Winkel ins oberste rechte Toreck. Es war eines dieser Tore, das nie und nimmer hätte fallen dürfen. Den gegnerischen Trainer hielt es nicht mehr auf der Bank und er sprang mit Schaum vor dem Mund aus seiner Coaching Zone. Es hätte nicht viel gefehlt und er wäre den eigenen Abwehrspielern an den Kragen gegangen.

„Jeder hier im Stadion hält das für einen Glückstreffer, nur ich nicht!", kreischte der *Pate*. „Es ist ein typisches Lucas-Tor, wenn auch eines von der verrückteren Sorte."

In den nächsten Minuten beteiligte sich Lucas Coração so gut wie gar nicht am Spiel und wirkte wie ein Fremdkörper im Mannschaftsgefüge des FC. Wenn man ihn aber genauer beobachtete, bemerkte man, wie Lucas seinen Körper unter Hochspannung hielt. Über sein Gesicht liefen nervöse Zuckungen und manchmal tänzelte er auf der Stelle wie ein Rennpferd in der Startbox. Und plötzlich sprintete er zwischen zwei gegnerische Verteidiger, die sich den Ball zugeschoben hatten, um plötzlich einen Haken zu schlagen und einen hohen Pass mit dem Kopf so abzulenken, dass er wie eine ideale Vorlage war. Dann rannte er, den Ball eng am Fuß, auf geradem Weg zwischen den heranstürmenden Verteidigern durch, eine Millimeterarbeit, und hämmerte den Ball aus zwanzig Metern Entfernung völlig humorlos und mit solch einer Wucht unter die Latte, dass der Torwart erst die Arme hochbekam, als der Ball schon im Netz zappelte.

Diesmal ließ Lucas Coração seinen Mitspielern keine Chance, ihn zu feiern. Er schlug Haken wie ein Hase, rannte quer über den Platz in Richtung Südkurve, baute sich breitbeinig auf und zeigte den Fans drei Finger. Die Fans beantworteten diese Geste mit einem infernalischen Glücksgebrüll.

Zunächst hatte es nicht den Anschein, als könne Lucas sein Versprechen wahr machen. Er arbeitete gut und erfolgreich nach hinten, versuchte seine Mitspieler in Szene zu setzen, was auch ab und zu gelang, aber zu keinen zählbaren Erfolgen führte.

Es dauerte bis zu Beginn der dreiminütigen Nachspielzeit, als Lucas den Ball im Mittelfeld eroberte. Vor ihm standen noch sechs gegnerische Abwehrspieler und nur der Rechtsaußen des FC war anspielbar. Jeder rechnete mit einem Pass in dessen Richtung, stattdessen spielte Lucas nach links in den freien Raum, wo weder Freund noch Feind standen, eine offenbar völlig unsinnige Aktion. Das sah der gegnerische linke Außenverteidiger auch so, denn er beeilte sich nicht sonderlich, um an den Ball zu gelangen.

Anstandshalber trabte Lucas in Richtung des Balles, zog dann völlig überraschend auf den letzten zehn Metern den Spurt an. Mit seiner enormen Grundschnelligkeit gelang es ihm, den Ball am Gegner vorbei zu spitzeln und ihn aus vollem Lauf vollspann unter dem Torwart hindurch ins Netz zu donnern. Es war ein Schuss wie ein Strahl. Der gegnerische Trainer war so fassungslos, dass er aufs Spielfeld rannte und von seinen eigenen Spielern daran gehindert werden musste, sich auf den rechten Außenverteidiger zu stürzen. Für diese Aktion wurde er vom Schiedsrichter für die letzten Minuten auf die Tribüne verbannt.

Dort hörte man ihn völlig fassungslos brüllen: „Wer zum Teufel ist Lucas Coração?“

Die letzten Minuten des Spiels hatten den *Paten* ziemlich mitgenommen. Aus seinem Gesicht war jede Farbe gewichen, kalter

Schweiß rann in seine Augenwinkel, seine Lippen zitterten noch stärker als seine Hände, und es gelang ihm erst Minuten nach dem Abpfiff, aus einem Röhrchen zwei giftgelbe Filmtabletten auf seine Hand zu schütten und sie in den Mund zu stopfen. Die ersten Worte, die er herausbrachte, waren: „Und dieser Junge soll zu klein sein? Er ist der Größte, den der FC je hatte!"

Das Stadion hatte sich geleert, in der Südkurve hockte der harte Kern der Fans zusammen und diskutierte über den neuen Spieler, den niemand kannte und dessen Spielweise so undurchschaubar war wie ein Geheimnis, das in vielen hundert Jahren niemand enträtselt hat. Auf der Haupttribüne saßen Bruno, der Bodyguard und der *Pate*, der sich durch die Ebenen der Websites klickte und mit einem Taschenrechner seine Gewinne addierte.

„Ich habe siebenundsiebzigtausend Dollar Gewinn gemacht. Sie finden, das sei nicht schlecht? Wenn der FC nicht so eine Gurkentruppe wäre und der Trainer unseren Lucas schon in der Anfangsformation aufgestellt hätte, wäre ein Sieg drin gewesen und mein Wettgewinn wäre mindestens doppelt so hoch."

Der *Pate* steckte Smartphone und Taschenrechner ein. „Hätte, hätte – Fahrradkette!", murmelte er. Dann gab er dem Bodyguard das Zeichen zum Aufbruch. Als der Hüne den gebrechlichen Mann die Stufen zum nächsten Ausgang emportrug, brüllte der *Pate* in Richtung Bruno: „Sie haben mich tief getroffen, Böllmann. Aber ich werde es Ihnen beweisen! Ich schaffe mir Hühner an, und ich halte jede Wette, dass sie Eier legen werden."

## 15. Kapitel

Als Bruno am nächsten Morgen zu seiner Kanzlei in der Rhodiusstraße fuhr, kaufte er an einem Kiosk einen *Express* und blätterte ihn durch. Auf der Sportseite fand er ein großes Foto der Szene, in der Lucas den Ball Vollspann ins Netz gedonnert hatte. Darunter stand: *Brasilianischer Weihnachtsmann beschert dem FC einen Punkt.* Es hieß in dem Spielbericht, der FC habe Lucas Coração, den Beobachter des brasilianischen Fußballs für einen der talentiertesten Nachwuchsspieler Brasiliens hielten, für eine Million Euro von den Corinthians São Paulo gekauft. Der Name des *Paten* fiel in diesem Artikel kein einziges Mal. Die offizielle Vorstellung des neuen Spielers solle im Laufe der Woche nachgeholt werden.

Als Bruno seine Kanzlei betrat, erwartete ihn Sigrid Winter, seine Sekretärin, in der geöffneten Tür ihres Büros und sah gekränkt aus. „Dieser furchtbare, schwitzende Kripobeamte, der immer so schwer atmet, als bekäme er gleich einen Orgasmus, wartet oben in deinem Büro auf dich. Er wollte mir nicht sagen, um was es sich handelt. Seinem Gesichtsausdruck nach zu urteilen, will er dich verhaften und danach foltern."

„Er ist ein Freund, er wird mich nicht schlimm foltern, höchstens ein paar Elektroschocks", erwiderte Bruno.

Sigrid starrte Bruno mit dem Gesichtsausdruck nach, den sie sich vor langer Zeit angewöhnt hatte, damals, als ihre beiden Töchter sich im Leben zu verheddern drohten und partout den guten Ratschlägen ihrer Mutter nicht folgen wollten.

Fred Hammerstein saß hinter Brunos Schreibtisch und beschrieb einen aufgeschlagenen Notizblock, von dem er nur flüchtig aufblickte und mit dem Kinn auf den Besucherstuhl wies, eine Geste, die Bruno zeigte, dass er in seinem eigenen Büro nur ein geduldeter Gast sei.

Bruno umkurvte den Schreibtisch, packte die Lehne des Bürosessels und stieß ihn auf seinen Rollen bis zur Wand zurück. „Verpiss dich von meinem Schreibtisch, Fred!", fauchte er. „Niemand hat dir das erlaubt!"

„Ich arbeite“, erwiderte Fred. „Dafür brauche ich keine Erlaubnis.“

„Du arbeitest an *meinem* Schreibtisch!“, sagte Bruno, was ziemlich beleidigt klang.

Fred Hammerstein bückte sich und hob den Schreibblock auf, der zu Boden gefallen war, wobei er schnaufte wie ein Schwein. Dann ging er schwerfällig um den Schreibtisch herum und setzte sich auf den Besucherstuhl.

„Darf ich mich setzen, Bruno?“, fragte Bruno ironisch, beugte sich vor und hieb mit der Faust auf den Schreibtisch. „Nein, das darfst du nicht, denn du hast das Benehmen eines Metzgers einem Schwein gegenüber, das er schlachten will.“

„Nun komm mal runter, Bruno“, schnaufte Fred Hammerstein. „Schließlich bin ich dienstlich hier!“

„Umso schlimmer!“, schrie Bruno und ließ sich entnervt in seinen Bürostuhl fallen. „Bitte, was willst du von mir?“

„Ich nehme an, du bist noch immer der Rechtsbeistand von Dr. Schierle“, sagte Fred Hammerstein und legte eine bedeutungsvolle Pause ein.

„Ja, das bin ich, zumindest noch die nächsten vierundzwanzig Stunden. Wenn er bis dahin die Mandantschaft nicht mündlich oder schriftlich aufkündigt, bin ich es auch noch das nächste halbe Jahr.“

„Gut“, sagte Fred Hammerstein, griff in die Innentasche seines Jacketts und legte ein Schriftstück vor Bruno auf den Schreibtisch.

„Ich händige dir damit ein Duplikat des internationalen Haftbefehls aus, den ich gegen Dr. Schierle erwirkt habe. Solltest du Kontakt zu deinem Mandaten haben oder bekommen, bist du verpflichtet, ihn darüber zu informieren und auf ihn einzuwirken, dass er sich der Polizei stellen muss, egal, in welchem Land er sich aufhält.“

„Was legst du ihm zur Last?“, fragte Bruno.

„Illegale Wetttätigkeit, gewerbsmäßige Geldwäsche, Steuerhinterziehung und Beihilfe zum Mord“, sagte Fred Hammerstein ohne ersichtliche Emotion.

„Beihilfe zum Mord? Wie kommst du denn darauf?“, fragte Bruno.

„Du erinnerst dich an die Tatwaffe beim Mord an Deborah? Ein Messer mit einer Klinge von einundzwanzig Zentimetern der Marke Balbach. Die findet man nicht oft, denn es sind Küchenmesser der Luxusklasse, die kaum unter tausend Euro das Stück zu bekommen sind. Bei der Durchsuchung des Privathauses von Dr. Schierle haben wir einen Messerblock mit drei Balbach-Messern gefunden. Ein viertes fehlte. Es war das mit der einundzwanzig Zentimeter langen Klinge. Wir haben am Griff der Tatwaffe einen Abriebpartikel gefunden, der zweifelsfrei von diesem Messerblock aus edlem Mahagoni aus Dr. Schierles Haus stammt.“

„Das muss nicht bedeuten, dass Dr. Schierle an dem Mord beteiligt war“, widersprach Bruno. „Denk an die blutbespritzte Karnevalsperücke im Schrank des FC-Profis, vielleicht verhält es sich mit diesem Messer ebenso. Vielleicht hat es der Täter aus Dr. Schierles Küche mitgehen lassen.“

„Im Gegensatz zu unserem FC-Profi hat Dr. Schierle kein echtes Alibi. Außerdem hatte er ein Motiv.“

„Ein Motiv? Welches Motiv denn?“, fragte Bruno.

Fred Hammerstein klopfte auf den *Express*, den Bruno auf den Schreibtisch geworfen hatte. „Dieser Lucas scheint eine richtige Tormaschine zu sein, eine sichere Bank für alle Insider-Wetter, für die großen Buchmacher und die windigen Spielmanipulierer. Diese Deborah gehörte einem internationalen Sportwetten-Netzwerk an. Sie war eine der Geldeintreiber und -auszahler. Und sie hatte einen gültigen Vorvertrag mit diesem Lucas, auf den Dr. Schierle, der Agent einer konkurrierenden Wettorganisation ist, ein Auge geworfen hatte. Mit dem Mord an Deborah hätte er eine lästige Konkurrentin ausschalten können.“

„Solche Dinge kann man doch mit Geld regeln“, meinte Bruno. „Es passt nicht zu einem Mann wie Dr. Schierle, er ist nicht der Typ brutaler Killer.“

„Ich habe unseren FC-Profi noch mal verhört. Er hat ausgesagt, dass Dr. Schierle ihn wegen Unstimmigkeiten bei der Auslegung einer Vertragsklausel vorige Woche aufgesucht hat. Als sie nach dem Gespräch im Flur standen, klingelte im Wohnzimmer das Telefon. Unser Profi hat den Dr. Schierle für circa drei Minuten allein gelassen. Er hatte also Zeit genug, die Karnevalsperücke aus dem Schrank im Flur zu nehmen und in seine Aktentasche zu stecken."

Fred Hammerstein wuchtete sich vom Besucherstuhl.

„Lass dich nicht mit diesen dubiosen Figuren der Wett-Mafia ein, Bruno. Das könnte dich leicht deine Zulassung als Anwalt kosten, ein paar Jahre Gefängnis oder sogar dein Leben."

Fred Hammerstein machte keine Anstalten, Brunos Büro zu verlassen. Er stand wie ein großer Klotz vor dem Schreibtisch, den Schreibblock unter dem Arm, den Kopf gesenkt und schwieg. Als das Schweigen so schwer geworden war, dass die Dachbalken zu knacken begannen und der Boden vibrieren wollte, hob Fred Hammerstein ruckartig den Kopf und starrte über Bruno hinweg auf einen imaginären Punkt in der Ferne, wie es *Garra* zu tun pflegte. Und einen Moment lang verschmolzen für Bruno Fred Hammerstein und *Garra* zu einem Koloss dumpfer Gewalt.

„Du weißt nicht zufällig, wo sich Dr. Schierle jetzt aufhält?", fragte Fred Hammerstein.

Bruno schüttelte den Kopf. „Ich weiß nicht einmal, ob er überhaupt noch lebt", erwiderte er.

Fred Hammerstein drehte sich wortlos um und tappte schwerfällig zur Tür. „Ich habe nach dem Heimspiel des FC Lucas Coração und diesen *Garra* verhören lassen. Beide haben unabhängig voneinander ausgesagt, sie hätten Dr. Schierle noch nie gesehen oder gesprochen. Ich bin mir sicher, dass beide lügen." Als er schon halb auf der Treppe stand, murmelte er: „Übrigens, vielen Dank, dass ich deinen Schreibtisch benutzen durfte."

„Du durftest es nicht!", erwiderte Bruno. „Du hast es dir angemaßt, weil du ein selbstherrlicher Mensch bist. So selbstherrlich, dass du gute Chancen hättest, Präsident des FC zu werden!"

Als die schweren Schritte unten durch den Flur tappten, hörte Bruno, wie die Tür zum Sekretariat geöffnet wurde, aber als dann jemand die Treppe hinaufkam, war es nicht das Stakkato von Sigrids Stöckelschuhen, das auf das Parkett hämmerte. Dieses Stakkato hätte Bruno aus dem Marschtritt einer Armee herausgehört. Es machte ihm das Herz schwer und den Atem kurz.

Gerda Eckes-Schwöppe blieb in der Tür stehen, verschränkte die Arme über dem grauen maßgeschneiderten Kostüm mit dem unverschämt kurzen Rock und stellte einen Fuß zurück, eine Abwehrstellung, die sie stets eingenommen hatte, wenn sie in den letzten Monaten mit ihm allein gewesen war.

„Du siehst nicht gesund aus, Bruno“, stellte Gerda Eckes-Schwöppe fest. Es klang wie ein Vorwurf und gehörte zu ihrer Taktik, Bruno Böllmann ein schlechtes Gewissen zu machen.

Bruno überhörte Gerdas Vorwurf, denn, sich mit Gerda auf eine Diskussion über Gesundheit einzulassen, war so sinnlos, wie von einem Geistheiler eine Quittung für die Krankenkasse zu verlangen. „Guten Tag, Gerda. Was führt dich zu mir?“

Gerda erledigte Brunos Frage mit einem Handkantenschlag durch die Luft, stöckelte mit ihren abgehackten Bewegungen, die Brunos Gefühl für Rhythmus zutiefst beleidigten, zum Schreibtisch, öffnete eine schmale Aktenmappe und warf den *Kölner Express* mit dem Foto von Lucas Coração auf den Schreibtisch.

„Die Geschäftsstelle des FC Köln hat mir die telefonische Auskunft gegeben, ich solle mich wegen des Verkaufs dieses Spielers an dich wenden“, sagte Gerda. Das klang schlimmer als eine Drohung.

„Seit wann interessierst du dich für Fußball?“, fragte Bruno. Es sollte spöttisch klingen, doch es gelang ihm nur eine Art verzweifelter Notschrei.

Wieder durchtrennte Gerdas Handkante die Luft wie ein Fallbeil und zerschnitt Brunos Hoffnung, irgendwann einmal wirklich in Gerdas Gedankenwelt vordringen zu können.

„Außer einhundertachtzigtausend Euro, einhundertsechzehntausend Dollar und vierundneunzigtausend britische Pfund Bargeld habe ich in Deborahs Safe einen Vorvertrag mit dem brasilianischen Spieler Lucas Coração gefunden. Ich habe ihn aus dem Portugiesischen übersetzen lassen. Laut diesem Vertrag stehen Deborah zehn Prozent aus allen Vertragseinnahmen dieses Spielers innerhalb der nächsten vier Jahre zu. Hier ist eine Kopie der Beurkundung, dass ich vorläufig zum gesetzlichen Vormund von Deborahs Tochter bestellt bin.“ Gerda kräuselte die Nase, bei ihr ein Zeichen, dass sie mit der Reaktion ihres Gegenübers zufrieden war, denn Bruno hatte sich unwillkürlich geduckt und seine Augen hatten sich in plötzlichem Schrecken geweitet. „Jetzt bin ich hier, um als gesetzlich vorläufig bestellter Vormund von Leonor bei dir in Erfahrung zu bringen, an wen ich mich wenden muss, um notfalls die zehn Prozent an der Million einzuklagen, die als Ablösesumme für Lucas Coração geflossen ist.“

„Du willst was?“, fragte Bruno ungläubig.

„Ich will für mein Mündel die zehn Prozent! Zehn Prozent an allem, vom Transfer, von seinem Gehalt, seinen Prämien“, sagte Gerda.

Da war er wieder, dieser Eispanzer, der diese Frau umgab und an dem sich Bruno mehr als zehn Jahre erfolglos abgearbeitet hatte.

„Was hast du mit dem Geld aus Deborahs Safe gemacht?“, fragte Bruno.

Gerda hob die Augenbrauen und runzelte leicht die Stirn, als habe Bruno eine unstatthafte Anzüglichkeit von sich gegeben.

„Ich bin dir darüber in keinster Weise Rechenschaft schuldig, aber falls es dich beruhigt: Ich habe das Bargeld auf ein Konto eingezahlt, über das ich nur mit dem ausdrücklichen Einverständnis des Vormundschaftsgerichts verfügen kann.“

„Weißt du überhaupt, was das für ein Geld ist?“, fragte Bruno.

Gerda zuckte die Schultern. „Das wird sich noch herausstellen“, sagte sie gleichmütig. „Wenn jemand Forderungen an die Verstorbene hat, wird er die schon anmelden. Zu diesem Zweck habe ich meine Visitenkarte an Deborahs Tür geheftet und in Leonors Namen einen Nachsendeantrag an meine Kanzlei für alle Post an Deborah gestellt.“

„Du hast deine Visitenkarte an Deborahs Wohnungstür geheftet?“, fragte Bruno ungläubig.

„Ja, warum denn nicht?"

„Gerda, ich bin so gut wie sicher: Dies Geld stammt aus illegalen Sportwetten! Mit den Leuten, die dahinter stecken, ist nicht zu spaßen! Die scheißen was auf Vormundschaftsgerichte und Anwaltskanzleien! Die holen sich das Geld von dem, der es zuletzt in den Fingern hatte", meinte Bruno, der die notdürftige Deckung seines Schreibtisches verlassen und sich vor Gerda aufgebaut hatte.

„Bruno, ich dachte, du hättest diese unselige Angewohnheit, die Dinge überzudramatisieren, endlich abgelegt", erwiderte Gerda kühl. „Leider ist dies nicht der Fall. Denn egal, wer rechtmäßiger Besitzer dieses Geldes ist, er muss seinen Anspruch belegen können. Schließlich leben wir hier nicht im Dschungel, sondern in einem Rechtsstaat."

„Gerda, du hast überhaupt keine Ahnung von dem, was über zwei Aktendeckel hinausgeht", stöhnte Bruno.

„Bitte, mäßige dich, Bruno!", mahnte Gerda und stach ihren Zeigefinger in Brunos Brust. „Ich dulde keine billige Polemik! Spar sie dir für deine Halbweltklientel auf!"

„Es geht nicht um Polemik, es geht hier um Mord!", sagte Bruno. „Oder hast du schon vergessen, wie brutal Deborah abgeschlachtet wurde? Ich möchte nicht, dass dir das Gleiche passiert."

Gerda lachte spöttisch auf, es klang unecht, eher wie ein unterdrückter Hilferuf „Wenn das so ist, warum hast du mich dann überhaupt da hineingezogen, Bruno Böllmann? Du kennst mich und meine Art, bei der Verteidigung der Rechte meiner Mandanten keinen Millimeter zurückzuweichen, zumal wenn es sich um ein Kind handelt. Außerdem habe ich das mit dem Geld aus Deborahs Tresor und das mit der Visitenkarte an der Tür mit Fred Hammerstein abgesprochen!"

Bruno Böllmann trat einen Schritt zurück und starrte Gerda ungläubig an. „Du hast das mit Fred abgesprochen?" Dann schlug er die Faust in die geöffnete Hand. „Fred geht über Leichen, Gerda! Kapierst du nicht, er benützt dich als Lockvogel."

Bruno beobachtete, wie sich Gerda Eckes-Schwöppe kerzengerade aufrichtete und Bruno anfunkelte. Sie hatte nie akzeptiert, auf verlorenem Posten zu stehen, wenn es um ihren eigenen Vorteil ging. Bestimmt hatte sie anhand ihrer Tabellen schon eine erste Schätzung gemacht, was ihr dieser Fall einbringen könnte. Und wenn es um ihren Anteil an irgendeiner Beute ging, konnte sie so unerbittlich tapfer sein wie das Alphatier eines Hyänenrudels.

„Bruno, unterlasse bitte diese hilflosen Versuche, mich in deine Perspektivlosigkeit hineinzuziehen“, sagte sie steif. „Alles, was ich von dir möchte, ist, dass wir hier gemeinsam klären, wie der Stand der Dinge bei diesem brasilianischen Fußballprofi ist.“

Bruno hob die Hände, Gerda war es mit ihrer unterkühlten Sachlichkeit gelungen, ihn sturmreif zu reden.

Dann saßen sie sich wieder gegenüber, aber zwischen ihnen türmte sich so viel mehr auf als die Akten auf Brunos Schreibtisch. Es war vor allem die unterschiedliche Art, Menschen zu sehen und zu bewerten, die wie eine undurchdringbare Barriere zwischen ihnen lag.

Als Bruno, häufig unterbrochen von präzisen Nachfragen Gerdas, die vertraglichen Vereinbarungen mit dem brasilianischen Fußballprofi erklärt hatte, blickte Gerda von ihren Notizen auf. „Dieser Spielervermittler, den du den *Paten* nennst, hat also die Ablösesumme von einer Million Euro an ein brasilianisches Konsortium bezahlt. Der Deal hätte ihn laut Vorvertrag mit Deborah hunderttausend Euro mehr gekostet, die er ihr zusätzlich bezahlen müsste. Ich will diese hunderttausend für mein Mündel von ihm haben. Wenn er nicht freiwillig zahlt, wird er verklagt. Der FC zahlt Lucas’ Gehalt. Meinem Mündel stehen zehn Prozent jedes Gehaltschecks zu. So einfach ist das“, fasste Gerda ihre Sicht der Dinge zusammen. „Muss ich mich selbst um einen Termin mit diesem Spielervermittler bemühen oder übernimmst du das?“

Bruno telefonierte mit dem *Paten* und dem Sportdirektor des FC und man vereinbarte einen Termin mit allen Beteiligten in den Geschäftsräumen des Vereins.

Wie es ihre Art war, stopfte Gerda ihre Akten hastig in die Aktenmappe, erhob sich abrupt vom Besucherstuhl und bedachte

Bruno mit einem langen prüfenden Blick. „Seit unserer Trennung geht es mit meiner Kanzlei stetig bergauf“, sagte sie, wobei sie sich keine Mühe gab, den Triumph in ihrer Stimme abzuschwächen. „Wie mir Sigrid mitteilte, ist bei dir das Gegenteil der Fall. Aber dieser stetige Niedergang war ja zu erwarten, weil dir jeder Sinn fürs Merkantile abgeht. Du scheinst es geradezu darauf anzulegen, finanziell total impotent zu werden. Du solltest mal einen Psychologen mit deinem Problem konfrontieren, denn das ist nicht normal.“

Dann machte Gerda Eckes-Schwöppe auf ihren Pfennigabsätzen kehrt und marschierte ohne Abschiedsgruß aus Brunos Büro. In der geöffneten Tür blieb sie abrupt stehen. Ohne sich umzudrehen sagte sie: „Wie ich dich kenne, wirst du dir den Kopf zermartern, warum ich dich verlassen habe, Bruno Böllmann. Mal ganz davon abgesehen, dass unser Vorrat an Gemeinsamkeiten völlig verbraucht war und sich zu einem nicht unerheblichen Minusbetrag aufgehäuft hatte, erschienen mir deine Lebensträume immer welker, je mehr ich dich durchschaut habe, Bruno. Aber ganz davon abgesehen, deine Zeit war einfach abgelaufen. Ja, wie ein Uhrwerk, das man aufgezogen hat. Es wäre mir mit jedem anderen auch passiert, Bruno. Du warst mir über, dein Anblick war mir schal geworden.

Nimm es also nicht so persönlich, Bruno, mein Leben verläuft halt in bestimmten Abschnitten, nach denen ich mich nach etwas Neuem umsehe.“

Wie immer nach den seit ihrer Trennung seltenen Zusammenkünften mit Gerda blieb Bruno mit allen Anzeichen einer physischen und psychischen Lähmung zurück und horchte die nächsten Minuten in die lähmende Stille in seinem Inneren hinein. Erst als Sigrid Winter wortlos sein Büro betrat und frischen Kaffee brachte, tauchte er zurück in die Wirklichkeit und sagte: „Sie war mal wieder gnadenlos.“

„Was erwartest du denn, Bruno?“, fragte Sigrid. „Ihr habt euren Vorrat an Gemeinsamkeiten längst schon zerschlissen. So ist das mit Menschen, die total verschiedenen Lebensentwürfen folgen, die erkälten sich halt aneinander.“

Bruno war sicher, wenn er ein Diktator gewesen wäre, hätte er alle Todesurteile in seinem Land von Sigrid verlesen lassen, darin wäre keine besser gewesen als sie.

„Weißt du, wie eine erkaltete Liebe ist?", fragte Sigrid und gab selbst die Antwort. „Sie ist wie ein verhungertes Tier, aus dessen Kadaver alles Negative wie Rippen hervorsteht." Dann verließ sie mit einer Geste das Büro, die zu Bruno sprach: *Ich habe die Welt verstanden, sie kann mich nicht mehr verletzen.*

Bruno raffte sich auf, fuhr in seinem alten Ford Mustang, den Gerda so verabscheut und ein Proletenauto genannt hatte, zu Deborahs Adresse in der Kölner Südstadt und löste Gerdas Visitenkarte von Deborahs Wohnungstür. Danach fühlte er sich etwas erleichtert.

## 16. Kapitel

Bruno hielt sich abseits der üblichen Verdächtigen, die sich kein öffentliches Training der Vertragsspieler des FC entgehen ließen und nicht mit abfälligen, kritischen und lobenden Kommentaren geizten. Auch das Interesse der Medien an diesem nachmittäglichen Training war ungewöhnlich groß, schien sich aber auf den brasilianischen Jungprofi zu beschränken, den man schon als neuen Messias des FC hochzujubeln begann. Auch der harte Kern der FC-Fans war erschienen und hielt sich genau wie Bruno abseits von der Menge. Einmal kam einer von ihnen zu Bruno herüber und zeigte auf Lucas, der mit dem Ball eng am Fuß durch eine Reihe Hütchen dribbelte.

„Sehen Sie, wie er das macht!“, sagte der Fan, der trotz der großen Schwüle seinen FC-Schal wie einen Teilpanzer um die Schultern trug. „Er hat diesen unnachahmlichen Flow!“ Dabei schnalzte der Fan mit der Zunge und leckte sich über die Lippen, als habe er eine große Leckerei auf der Zunge zergehen lassen.

„Ja, er hat diese natürliche Anmut, gepaart mit einer totalen Ballkontrolle, ohne sich dessen bewusst zu sein“, stimmte Bruno zu.

„Sie sind doch der Böllmann?“, vergewisserte sich der Fan. Und als Bruno nickte, fragte er: „Man sagt, Sie hätten den Lucas zum FC gebracht. Wie ist er denn so, privat, meine ich?“

„Er ist ein Fußballbesessener“, erwiderte Bruno. „Er lebt für den Fußball. Es ist sein Spiel. Er will nichts anderes, er kann nichts anderes, ohne sein Spiel scheint er mir hilflos wie ein Welpe.“ Bruno tat etwas, was der FC-Fan bisher noch nicht erlebt hatte. Er fasste beide Enden des Schals und ruckte an ihnen. „In diesem Jungen steckt die ganze Magie des Fußballs. Er braucht euch, wenn ihr nicht zu ihm steht, kann er diese Magie nicht zum Leuchten bringen.“

Der FC-Fan starrte Bruno misstrauisch an. „Ist das bloß wieder so ein Spruch?“, fragte er.

„Nein!“, sagte Bruno, zog den Schal von den Schultern des Fans und ließ ihn um den Kopf kreisen.

„Lucas!“, schrie Bruno.

Lucas Coração blickte auf und in Brunos Richtung. Dann beförderte er den Ball vom Fuß auf den Kopf und ließ ihn auf ihm tanzen, wobei er die Reihe der Hütchen verließ und zum Spielfeldrand trabte. Dort ließ er den Ball vom Kopf abtropfen und stoppte ihn mit dem Fuß.

„Was willst du, *conselheiro*?", fragte er.

Bruno kramte in seinem Aktenkoffer und zog einen Eddingstift hervor.

„Ich will, dass du diesem Fan ein Autogramm auf sein Herz schreibst", sagte Bruno. Dann schob er den FC-Fan vor und übersetzte ihm sein Vorhaben. Der FC-Fan zog sein Hemd aus der Hose und bis zum Kinn hoch. Mit großem Ernst malte Lucas seinen Namenszug auf die Brust des Fans. Dann hielt er ihm die Hand hin und der Fan schlug ein.

Als Lucas sein Training wieder aufgenommen hatte, räusperte sich der Fan und sagte: „Jetzt haben Sie bei mir etwas gut, Herr Böllmann. Wir behalten Sie auf dem Schirm." Dann ging er zu seinen Kumpels zurück und zeigte sein Autogramm.

Als der Trainer Abwehr gegen Angriff spielen ließ, löste sich der Sportdirektor des FC aus einer Traube Pressevertreter und kam zu Bruno herüber.

„Schön, dass Sie unserem Lucas den Weg zum Herzen unserer Fans ebnen wollen", sagte er. „Und sich selbst auch, nehme ich an. Wenn Sie Ambitionen auf den Posten des Justiziars haben, kann die Unterstützung der Fans nur hilfreich sein."

„Das habe ich damit nicht beabsichtigt", widersprach Bruno, und als er das spöttische Lächeln des Sportdirektors bemerkte, fügte er hinzu: „Ich glaube, der Fußball und seine Rituale sind ein Relikt aus der zivilisatorischen Steinzeit. Ich akzeptiere sie, weil ich den Fußball akzeptiere."

Der Sportdirektor schüttelte amüsiert den Kopf. „Herr Böllmann, jetzt spielen Sie mir aber den unverbesserlichen Fußballromantiker vor. Das nehme ich einem gerissenen Hund wie Ihnen nicht ab."

„Es ist schon merkwürdig, dass der Fußball eine der größten Bühnen für Selbstdarsteller ist, die aber nicht wirklich etwas zu sagen haben", erwiderte Bruno. „Denn der schöne Schein des Fußballs drückt sich nicht in Worten aus, sondern in Aktionen. Und meine Absicht ist es nicht, als Selbstdarsteller diese Bühne zu bevölkern oder mich an der Wortarmut der Fußballer zu bereichern."

Der Sportdirektor verdrehte die Augen. „Geben Sie nicht den Fußball-Philosophen, Böllmann! Damit können Sie mich nicht täuschen", meinte er, machte auf dem Absatz kehrt und ging zu den Presseleuten zurück.

Bruno blickte auf die Uhr und wollte zurück zum Clubhaus, als zwei Vertreter der FC-Fans ihm den Weg verstellten.

„Einer unserer Kumpels, der Bengalo-Jupp, hat ein Problem. Er hat in acht Wochen eine Gerichtsverhandlung. Wir haben für seine Verteidigung gesammelt und wollten Sie fragen, ob Sie das übernehmen", sagte der eine.

„Geht er einer geregelten Arbeit nach?", fragte Bruno.

„Nee, der bekommt Hartz vier", meinte der andere.

„Dann hat er Anspruch auf kostenlose Verteidigung", erwiderte Bruno. „Er soll einfach mal anrufen, damit wir sein Ding besprechen und den Antrag auf Kostenerstattung stellen können."

„Sie übernehmen seine Verteidigung?", vergewisserte sich der eine Fan.

„Wenn der Bengalo-Jupp mit mir klarkommt und ich mit ihm, geht das in Ordnung", bestätigte Bruno.

„Wir Fans haben Sie auf dem Schirm, Herr Böllmann!", rief ihm einer der Fans nach.

Alle Beteiligten hatten sich im großen Konferenzsaal des Clubhauses versammelt. Auch Lucas Coração traf ein, frisch geduscht, nickte freundlich in die Runde, setzte sich neben *Garra* und begann mit ihm zu tuscheln.

„Entweder ist diese Rechtsanwältin größenwahnsinnig, total durchgedreht oder hat überhaupt keine Ahnung!", schrie der *Pate* plötzlich los, der sich bis dahin in Schweigen gehüllt und keinen der Anwesenden auch nur eines Blickes gewürdigt hatte.

„Nun regen Sie sich doch nicht so auf!“, mahnte der Sportdirektor. „Oder haben Sie schon mal einen internationalen Transfer erlebt, der komplikationslos über die Bühne gegangen ist?“

„Ich bin kein Goldesel, ich scheiße keine Dukaten, von mir kriegt keiner einen Cent mehr, als vereinbart!“, kreischte der *Pate*. „Lieber lasse ich den ganzen Deal platzen.“

Das betretene Schweigen durchdrang erst ganz leise, dann immer lauter das Stakkato von Gerda Eckes-Schwöppes Stöckelabsätzen auf dem Flur, dann wurde die Tür aufgerissen und alle Anwesenden starrten auf die Frau, die wie eine Fata Morgana in den Konferenzraum einzog. Schwarzes Kostüm, perfektes Makeup, das glatte Haar streng nach hinten frisiert, im Gesicht das Lächeln eines Hais, das sagte: *Ich verbeiße mich in dich!*

Der Sportdirektor des FC erhob sich, eilte Gerda entgegen, begrüßte sie mit Handschlag und führte sie zum Kopfende des Konferenztisches, wobei er schnurrte und scharwenzelte wie ein läufiger Kater. Es fehlte nicht viel und er hätte sich an Gerdas unendlich langen Beinen das Fell geschabt. Als Bruno in die Runde blickte, stellte er fest, dass Gerdas Auftritt große Wirkung zeigte, selbst der böse Blick des *Paten* schien weicher und kompromissbereiter geworden zu sein.

Gerda hielt sich nicht mit einer Vorrede auf, stellte sich und ihr Ansinnen vor und knallte den Vorvertrag nebst seiner beglaubigten Übersetzung auf den Tisch. Dann stellte sie ihre Forderungen.

Zur Verwunderung aller zeigte *Garra* als Erster eine Reaktion. Der finstere Hüne warf sich halb über den Tisch, zog den Vorvertrag zu sich heran, schlug die Unterschriftenseite auf und tippte mit dem Zeigefinger darauf. Lucas Coração beugte sich über die Seite und schüttelte ebenfalls den Kopf.

„Da steht mein Name, aber das ist nicht meine Unterschrift“, sagte er und fügte schnell hinzu: „Auch die Adresse ist falsch. Da habe ich in Brasilien nie gewohnt.“

Bruno übersetzte, wobei er jeden Blickkontakt vermied, um nicht Zeuge von Gerdas Niederlage zu werden, die sich hier offensichtlich anbahnte.

„Das war auch nie die Unterschrift des Jungen“, fügte *Garra* hinzu. „Auf allen Dokumenten sieht sie anders aus als diese hier. Überzeugen Sie sich selbst.“ Er holte aus einer zerknitterten Plastiktüte einen fleckenübersäten Aktenordner hervor, entnahm ihm den Vertrag mit dem brasilianischen Konsortium und den mit dem *Paten*, blätterte die Unterschriftenseiten auf und legte sie nebeneinander. Dann versammelten sich alle davor und warfen einen Blick darauf.

„Jeder kann sehen, dass es nicht seine Unterschrift ist“, sagte der Sportdirektor. „Es muss sich in diesem Vorvertrag um einen anderen Fußballer mit dem gleichen Namen handeln“, fasste der Sportdirektor die Mehrheitsmeinung zusammen.

„Lucas Coração hat einen Haufen Cousins, es ist eine große Familie, halb Curitiba ist voll mit Leuten, die Coração heißen. Vielleicht ist es einer von denen“, ergänzte *Garra*.

Nachdem Bruno übersetzt hatte, wagte er einen ersten Blick auf Gerda. Sie stand kerzengerade da, als hätte sie einen Stock verschluckt, das Lächeln eines Hais schien auf ihrem Gesicht festgefroren, und ihr Blick sprach zu Bruno: *Du weißt, was ich mit Zeugen meiner Niederlage mache, ich fresse sie auf, wenn ich sie erwische, und dich erwische ich, Bruno Böllmann.*

In diesem Moment brach der *Pate* in ein schrilles Hohngelächter aus, das gespenstisch durch den Konferenzsaal schallte. Es brach so plötzlich ab, wie es begonnen hatte. Dann schlug er mit der flachen Hand auf den Konferenztisch, was die Gläser und Flaschen mit Erfrischungsgetränken aneinander klirren ließ. „Ich habe es gesagt: Sie hat keinen blassen Schimmer!“, schrie er. „Ich bin der Sieger! Das Preisgeld wechselt auf meine Seite!“ Dann trommelte er wie ein Verrückter mit beiden Fäusten auf seine eingefallene Brust.

Eine seltsame innere Unruhe hatte Bruno erfasst, es war, als hätte seine Umgebung viele Spitzen und scharfe Kanten bekommen, die plötzlich und unerwartet gegen ihn vorschnellten und ihn zu treffen versuchten. Es war nicht seine Art, Gerda durch die Stadt zu folgen. Doch als er in der Nähe des Beethovenparks, wo in bester Lage Gerdas neue Kanzleiräume lagen, seinen alten Ford Mustang parkte, wusste er, dass ihn seine innere Alarmuhr nicht getäuscht hatte. Ein Löschzug der Feuerwehr, zwei Streifenwagen und ein Notarztfahrzeug näherten sich mit eingeschalteten Sirenen. Und dann sah er es: Aus den zerborstenen Fenstern von Gerdas Kanzlei im ersten Stock eines Büroapartmentblocks schlugen Flammen. Bruno beschleunigte und drängte Gerdas schickes Audi-Cabrio rechts auf den Bürgersteig ab, wo es mit kreischenden Bremsen hielt.

Bruno hechtete aus dem alten Ford Mustang und drängte Gerda zur Seite, die aus dem Audi gesprungen war und Richtung der Gaffer rennen wollte, die sich ein Stück vor dem Bürohaus versammelt hatten.

„Aus dem Weg, Bruno Böllmann! Meine Kanzlei brennt!“, schrie Gerda. Sie gebärdete sich wie eine Verrückte und schlug mit beiden Fäusten um sich.

Bruno bekam einen Arm von Gerda zu packen und drückte sie mit der Schulter gegen die Motorhaube des Audis. Aus den Augenwinkeln hatte er unter den Gaffern zwei Leute von Yüce entdeckt, die aufmerksam geworden waren und zu ihnen hinschauten.

In diesem Moment rammte ihm Gerda ein Knie in den Unterleib und Bruno kippte zur Seite weg, wobei er Gerda mit sich zog, deren Arm er immer noch fest umklammert hielt. Dabei verlor Gerda ihre Aktenmappe, die sie unter den Arm geklemmt hatte. Sie flog ein Stück auf die Gaffer zu, die ihre ganze Aufmerksamkeit auf das Haus richteten, in das jetzt die ersten Feuerwehrleute eindrangen. Aus den Augenwinkeln nahm Bruno wahr, wie ein Wurfmesser über ihnen gegen die Windschutzscheibe des Audis klatschte und eine hässliche Schramme hinterließ. Jetzt war ihm klar, dass die Jungs es ernst meinten.

Bruno sah, wie der drahtigere von Yüces Männern auf die Aktenmappe zu rannte. Zwar hatte er den weiteren Weg, aber Bruno lag noch auf dem Boden. Bruno sprang auf, rannte aber nicht auf die Aktenmappe zu, sondern nach links in Richtung einer Nebenstraße und hoffte, dass er keinen Fehler machte. Der drahtige

Kerl hatte die Aktenmappe erreicht, hob sie auf und rannte auf die Nebenstraße zu. Er war wirklich schnell und Bruno wusste, dass er ihn auf den nächsten Metern erreichen musste, sonst würde er entkommen. Als er vom Boden abhob, gellte ihm Gerdas Wutschrei in den Ohren, die mit angesehen hatte, wie man ihre Aktenmappe gestohlen hatte.

Bruno bekam den drahtigen Kerl an der Schulter zu packen. Der Schwung seines Satzes riss den Mann zu Boden, doch er drehte sich unter Brunos Körper zur Seite, obwohl der Aufschlag ziemlich schmerzhaft gewesen sein musste. Dem Dieb gelang es, ein Bein freizubekommen, und er rammte Bruno den Schuh in die Magengrube. Bruno bekam den Fuß des Mannes mit beiden Händen zu fassen und verdrehte ihn, bis der scharfe Knall ihm zeigte, dass die Bänder und Sehnen gerissen waren. Dann ließ Bruno den Fuß frei und sprang auf die Beine.

Jetzt stand der Mann, mit dem er so erbittert um die Aktenmappe gekämpft hatte, ebenfalls, er hatte die Aktenmappe nicht losgelassen. Doch als er den ersten Schritt vorwärts machen wollte, knickte sein rechter Fuß zu Seite weg und er fiel auf seine Knie.

Jetzt war Gerda heran und schwang in ihrer rechten Hand einen ihrer Stöckelschuhe. Ihr streng nach hinten frisiertes Haar hatte sich gelöst und wallte um ihren Kopf und für einen Moment glaubte Bruno, in den Haarsträhnen die Giftmäuler von Schlangen zu sehen. Dann hämmerte Gerda den spitzen Absatz ihres Stöckelschuhs dem Mann auf die Stirn. Sie hörte erst auf damit, als der Mann blutüberströmt zusammensackte. Dann bückte sich Gerda, entriss dem stöhnenden Kerl die besudelte Aktenmappe und schwenkte sie wie eine Trophäe über den Kopf, wobei sie ein gellendes Triumphgeheul ausstieß.

Einer der Polizisten aus dem Streifenwagen war auf diese Szene aufmerksam geworden. Er rannte herbei, zog seine Dienstwaffe und richtete sie abwechselnd auf Bruno, Gerda und den blutüberströmten Mann am Boden.

„Sind Sie verrückt? Was veranstalten Sie denn hier?“, schrie der Polizist.

„Verhaften Sie den Mann!“, kreischte Gerda. „Er hat ein Messer nach mir geworfen und wollte meine Aktenmappe stehlen.“

Bruno sah, wie der zweite von Yüces Männern, ein Hüne mit einem Brustkorb wie ein Ringer, in entgegengesetzter Richtung davonrannte.

„Mist! Jetzt ist der zweite Brandstifter entkommen!“, stöhnte Bruno.

„Wieso kommen Sie darauf, dass es sich um einen Brandstifter handelt?“, fragte der Polizist, der endlich aufhörte, mit der Waffe herumzufuchteln.

Als Gerda das Wort „Brandstifter“ hörte, wollte sie erneut auf den am Boden liegenden, blutüberströmten Mann einhämmern und ließ sich von Bruno nur schwer davon abhalten. In diesem Moment wurde ein Mann auf einer Tragbahre aus dem Haus und zum Notarztwagen gebracht.

„Mein Gott, das ist ja der Jupp, einer von Freds Leuten!“, entfuhr es Bruno.

„Sie kennen den Mann?“, fragte der Polizist misstrauisch.

„Es ist einer der Personenschützer der Kriminalpolizei“, mischte sich Gerda ein.

„Das wird ja immer toller!“, sagte der Polizist. Dann schrie er den blutüberströmten Mann auf dem Boden an: „Los! Aufstehen und Hände über den Kopf!“

„Er kann nicht“, versuchte Bruno den Polizisten zu beschwichtigen, der sich gebückt hatte und den Mann auf die Beine zu ziehen versuchte.

„Er hat doch nur eine Platzwunde auf der Stirn! Warum sollte er denn deswegen nicht aufstehen können?“, fragte der Polizist.

„Weil ich ihm den Fuß verdreht habe“, erwiderte Bruno.

Als Fred Hammerstein in Begleitung von einem halben Dutzend seiner Leute am Tatort erschien, war der Brand gelöscht, Jupp mit einer Platzwunde am Hinterkopf und schweren Verbrennungen ins nächste Krankenhaus gebracht, der drahtige Kerl notdürftig verpflastert und sein verletzter Fuß gerichtet. Fred Hammerstein erlaubte es nicht, dass auch er ins Krankenhaus gebracht wurde, sondern bestand darauf, dass er im Krankenwagen und unter Bewachung von zwei Uniformierten am Tatort blieb.

Gerda ließ sich nicht davon abhalten, wie ein Gespenst durch die verkohlten Überreste ihrer Kanzlei zu wandern, den Mund verkniffen, die Haare notdürftig gerichtet, wobei sie ab und zu ausstieß: „Sie werden mich noch kennenlernen!“ Das klang genauso trotzig wie verzweifelt.

Bis auf einige Unentwegte hatten sich die Gaffer schließlich zerstreut, die Feuerwehr war bis auf zwei Brandexperten abgezogen, das Spurensicherungsteam hatte seine Arbeit verrichtet, Fred Hammerstein den drahtigen Kerl im Krankenwagen einem ersten Verhör unterzogen und mit seinem Kollegen Jupp im Krankenhaus telefoniert.

Bruno hatte sich im Treppenhaus auf die verdreckten Stufen gehockt, deren matt polierte Eleganz von einem Film aus Ruß und Löschwasser getrübt war, und wartete darauf, dass es zwischen Gerda und Fred Hammerstein zu einer lautstarken Auseinandersetzung kommen würde. Doch Fred Hammerstein ließ sich nur einmal kurz am Fuße der Treppe blicken.

„Die beiden Kerle haben an der Tür geklingelt. Als Jupp geöffnet hat, klemmte ihm einer den Arm ein, der andere hat ihn mit einem Totschläger auf die Stirn geschlagen. Dann haben sie den Ohnmächtigen in die Kanzlei gezerrt, Benzin ausgeschüttet und es angezündet. Die ganze Aktion hat nicht länger als zwei Minuten gedauert.“

„Du hast die Lage falsch eingeschätzt, Fred! Weil du in deinen kleinkarierten kriminalistischen Kategorien denkst und keine Phantasie hast. Du hast den Jupp verheizt, das geht auf deine Kappe“, sagte Bruno. „Und du hättest Gerda nicht als Lockvogel benutzen dürfen, Fred. Das nehme ich dir übel.“

Fred Hammerstein machte eine wegwerfende Handbewegung. „Diese Unterstellungen verbitte ich mir!“, sagte er und warf den massigen Schädel in den Nacken.

„Die Jungs, die da im Hintergrund agieren, sind weltweit vernetzt. Du wirst an die Hintermänner nicht herankommen“, widersprach Bruno.

„Sie werden mich noch kennenlernen!“, stieß Fred Hammerstein hervor. Er und Gerda waren aus dem gleichen Holz geschnitzt. Dann machte Fred Hammerstein auf dem Absatz kehrt und verschwand aus dem Treppenhaus.

Bruno hatte mehr als eine halbe Stunde auf der Treppe gehockt. Er kannte Gerdas Lebensrhythmus, die immer eine gewisse Zeit benötigte, um sich in das Unvermeidliche zu fügen. In manchen Dingen war sie halsstarrig und brauchte einen Ansatzpunkt, um sich selbst eine Niederlage als einen Sieg zu verkaufen. Denn eins war Gerda nicht gegeben: eine Niederlage anzuerkennen.

Als Bruno eine Bewegung am Fuß der Treppe wahrnahm, blickte er auf und erstarrte. Im Foyer stand Marc Tönger und starrte mit hochgezogenen Augenbrauen zu ihm hinauf. Der Anwaltskollege trug sein blondes Haar, das an den Schläfen eine Spur zu blond war, leicht gegelt und messerscharf geschnitten, die schwarze Hornbrille verlieh ihm das Aussehen eines Politikers auf Stimmenfang, sein Anzug saß so makellos, als sei er noch nie zuvor getragen worden, das kleinste Detail an ihm sah so gepflegt aus, als sei er geradewegs aus einem Casting für Erfolgsmenschen in das Foyer gebeamt worden.

Brunos Blick sagte: *Versuch es, an mir vorbeizukommen, und ich hau dich aus deinem fünftausend Euro Anzug und pflanz dir ein Veilchen aufs Auge, das du die nächsten zwei Wochen nicht wegschminken kannst!*

Bruno beobachtete, wie Marc Tönger, der erfolgreiche Wirtschaftsanwalt, die Lage einschätzte, seine Mundwinkel kräuselte, wobei er die Lippen schürzte, als habe er einen unangenehmen Geschmack auf der Zunge verspürt, und den Blick von Bruno löste und gen Himmel richtete.

Was nun folgte, war ein Abgang, den Bruno als absolut lächerlich empfand. Marc Tönger drehte im Foyer eine Runde, die Hände auf dem Rücken verschränkt, den Blick zu Boden gerichtet, als sei er tief in Gedanken versunken, und verschwand durch die Eingangstür ins Freie. Das war also der Mann, von dem Sigrid Winter gesagt hatte, er sei nun mit Gerda liiert. Er kannte ihn bisher nur von einem Foto, das von Marc im *Handelsblatt* erschienen war. Obwohl er es sich nicht eingestehen wollte, wusste er sofort, dass dieser Mann und Gerda perfekt zueinanderpassten, oder wie es Sigrid ausgedrückt hätte: *Ein riesiger Vorrat an Gemeinsamkeiten stand ihnen ins Gesicht geschrieben.*

Bruno wartete noch eine Weile, und je länger er wartete, desto sicherer war er, dass Gerda dabei war, die unmissverständliche Warnung, die man ihr gegeben hatte, zu verdrängen. Schließlich seufzte er, stand auf und stieg die verschmutzte Treppe zu Gerdas Kanzlei hinauf.

Er fand Gerda an dem rußgeschwärzten Tresen des Empfangs, über einen Taschenrechner gebeugt. Als sie Bruno bemerkte, blickte sie auf und leckte sie sich über die staubigen Lippen.

„Wenn ich es einigermaßen geschickt anstelle, wird die Versicherung den Schaden gerade so abdecken“, sagte sie.

„Du wirst es einigermaßen geschickt anstellen“, meinte Bruno.

Gerda notierte einige Zahlen in ein in Leder eingebundenes Notizbuch. Bruno fand, dass es inmitten des rußigen Durcheinanders irgendwie deplatziert aussah. Dann steckte sie Notizbuch und Taschenrechner in ihre Aktentasche.

„Es war eine Warnung“, sagte Bruno. „Ich hoffe, du hast sie verstanden.“

„Was wollen sie denn machen?“, schrie Gerda plötzlich los. Bruno kannte diese kurzen, aber umso heftigeren Wutanfälle, die Gerda in seiner Gegenwart in schöner Regelmäßigkeit bekam. „Wollen sie die Bank überfallen, auf die ich das Geld transferiert habe, und das Konto leerräumen? Wie, bitte, soll denn das ablaufen?“

„Wenn du ihre Knete nicht herausgibst, werden sie dich umbringen“, erwiderte Bruno ruhig. „Das war die Warnung. Und kein Fred Hammerstein kann dich davor schützen.“

„Du warst immer schon ein Schwarzmaler, Bruno, ein unverbesserlicher Pessimist, der das Unglück anzieht wie das Aas die Fliegen!“, schrie Gerda und streckte die Arme gegen Bruno aus als sei er der Leibhaftige. „Ein frustrierter Mann, der mit seinem Leben nicht zurechtkommt! Und nun pack dich, Bruno Böllmann, verschwinde, ich lass mir von dir nichts mehr einreden!“

„Sie werden dich töten, wenn du das Geld behältst, wenn nicht heute, dann morgen. Sie vergessen nichts. Und sie haben Leute schon wegen weniger umgebracht.“

„Genug ist genug!“, schrie Gerda und schlug Bruno ihre Aktenmappe ins Gesicht. Ihr Reißverschluss traf Brunos Augenbraue, die aufplatzte und zu bluten begann.

Gerda riss die Augen weit auf und stierte das Rinnsal Blut an, das von Brunos rechter Augenbraue in seine Augenhöhle floss, sich dort sammelte und auf den Empfangstresen tropfte. Dann drehte sie sich auf dem Absatz um, stakste mit ihrem eckigen Stechschritt hinter die Theke, öffnete den Erste-Hilfe-Kasten an der Wand, entnahm ihm ein Heftpflaster und etwas sterilen Mull, winkte Bruno heran, tupfte die Augenbraue ab und klebte einen Streifen Pflaster darauf.

„Du machst mich wahnsinnig, Bruno!“, sagte sie. „All die mit dir vertane Zeit macht mich wahnsinnig! All die Sklavenarbeit für schlecht bezahlte Prozesse hat mich so erschöpft! Ich will einen Neuanfang, versteh das doch!“

„Das verstehe ich, Gerda, aber wenn du ihr Geld nicht rausrückst, wird es für dich keinen Neuanfang geben, es wird definitiv dein Ende sein“, sagte Bruno.

Gerda wedelte Bruno unmissverständlich zur Tür und stapfte hinter dem Tresen hervor. „Das ist deine Meinung“, sagte sie. „Fast könnte man glauben, du stecktest mit diesen Menschen unter einer Decke!“

Als sie die Kanzleitür verschlossen hatte, gab sie sich einen Ruck und sagte: „Es gibt auch Leute, die haben eine ganz andere Meinung. Zum Beispiel Marc Tönger. Er hat mir geraten, das Geld auf keinen Fall herauszurücken, solange niemand einen Anspruch darauf zweifelsfrei begründen kann.“

„Marc Tönger!“, sagte Bruno und war bemüht, seiner Stimme einen verächtlichen Klang zu geben. „Glaubst du etwa, diese Hornbrille auf zwei Beinen wird dich vor diesen Leuten schützen? Der Mann ist ja zu feige, die Treppe hinaufzugehen, wenn ich darauf sitze!“

„Marc war hier? Warum hast du das nicht gesagt?“, schrie Gerda. In ihrem Gesicht stand eine so schlimme Enttäuschung geschrieben, als habe sie die Ankunft des Messias verpasst.

Draußen hatte Fred Hammerstein neben Gerdas schwarzem Audi-Coupé Aufstellung genommen. Er blickte Gerda nicht in die Augen, Gerda sah ihm nicht ins Gesicht.

„Rund um die Uhr, Frau Eckes-Schwöppe! Drei meiner besten Leute, rund um die Uhr. Sie sollten sich keine Sorgen machen“, leierte Fred Hammerstein seinen Text herunter. Gerda würdigte den fetten schwitzenden Mann keines Blickes, stieg in ihren Audi und fuhr davon.

„Ich habe ein Geständnis“, sagte Fred Hammerstein. „Der Junge hat gesungen. Er hatte den Auftrag von Yüce persönlich, die Kanzlei in Brand zu stecken. Der Ermittlungsrichter hat sein Okay gegeben. Ich schließe noch heute Yüces Wettbüros und seine Sportmarketingagentur und nehme den feinen Herrn fest.“

„Viel Glück“, sagte Bruno. Es klang ebenso hoffnungslos wie leise und schien an jene schöne Illusion zu erinnern, als das Wünschen noch geholfen hatte.

## 17. Kapitel

Es war gegen drei Uhr in der Nacht, als das Schrillen des Telefons Bruno aus dem Schlaf riss. Er war sofort hellwach. Als er den Telefonhörer abnahm, vernahm er die Geräusche einer geschäftigen Großstadt und den Atem eines Mannes, der kurz und wie mechanisch klang, als wäre seine Lunge an eine Pumpe angeschlossen. „Das hätten Sie nicht anordnen sollen, Yüce", sagte Bruno. „Ich bin nicht Fred Hammerstein. Ich werde Sie finden und Ihnen Ihr Haus unter dem Arsch wegbrennen."

Eine ganze Weile hörte Bruno nur das mechanische, abgehackte Atmen. Dann vernahm er gedämpfte Stimmen, die er nicht identifizieren konnte, und den Ruf eines Straßenverkäufers, der im typischen Singsang der *cariocas*, der Bewohner von Rio de Janeiro, seinen frisch gepressten *garapa*, den Zuckerrohrsaft, anpries. Die Stimme war unverwechselbar, charmant und hämisch zugleich, die Stimme eines Mannes, der sich im Meer des Lebens treiben lässt, ohne das Ufer aus den Augen zu verlieren.

Schließlich sagte Yüce: „Was hat Sie so sicher gemacht, dass *ich* anrufe?"

„Ich kenne Ihren Atem", sagte Bruno. „Selbst wenn Sie Ihre Stimmbänder operieren ließen, den Rhythmus Ihres Atems können Sie nicht verändern."

„Wie wollen Sie einen Mann finden, der mit Diplomatenpässen von zehn verschiedenen Ländern reist?", fragte Yüce. Seine Stimme sollte höhnisch klingen, aber es schwang in ihr auch eine Spur Unsicherheit mit.

„Indem ich nach einem Mann suche, der so unverwechselbar atmet wie Sie, zehn verschiedene Diplomatenpässe hat und momentan auf der Avenida Atlântica in Rio de Janeiro steht", sagte Bruno.

Eine Weile war nur noch das mechanische Atmen zu hören. Yüce hatte offensichtlich das Mikro seines Handys mit der Handmuschel abgedeckt.

„Es geht nicht um Sie oder mich", sagte Yüce schließlich. „Es geht um das Geld, das Ihre Freundin uns gestohlen hat. Entweder, sie überweist es uns innerhalb der nächsten drei Tage, oder sie muss sterben. Das gilt für jeden, der uns Geld stiehlt. Da machen wir keine Ausnahme."

„Sie wird das Geld nicht herausrücken", sagte Bruno. „Ich kenne sie. Sie ist in diesen Dingen störrisch wie ein Esel. Deswegen ist es keine Sache des Geldes, sondern eine Sache zwischen uns, Yüce. Also überlegen Sie gut, was Sie als Nächstes tun werden."

„Jedenfalls werde ich Sie nicht mehr anrufen", erwiderte Yüce. „Es ist alles gesagt worden. Das war die letzte Warnung. Falls Ihre Freundin ihre Meinung ändert und das Geld herausrücken will, melden Sie sich beim Malayen."

Als die Verbindung abbrach, wählte Bruno Fred Hammersteins Nummer. Als sich Fred meldete, klang seine Stimme fettig, verschlafen und völlig erschöpft.

„Bruno, du folterst mich", stöhnte Fred.

„Ich tue es gerne, mein Freund", erwiderte Bruno. „Yüce hat mich soeben angerufen und mit Gerdas Tod gedroht. Ich weiß, wo er steckt. Er ist momentan auf der Avenida Atlântica in Rio de Janeiro."

„Hat er das gesagt? So blöd kann er nicht sein!", murmelte Fred Hammerstein und unterdrückte ein Gähnen.

„So blöd war er auch nicht", erwiderte Bruno. „Ich habe im Hintergrund die Stimme des Zuckerrohrsaftverkäufers erkannt, der an der Avenida Atlântica seinen Stand hat. Ich bin sicher, die Stimme ist unverwechselbar. Du hast doch einen internationalen Haftbefehl?"

„Den habe ich", murmelte Fred Hammerstein. Seine Stimme klang wenig begeistert.

„Du solltest die brasilianische Polizei alarmieren. Sie sollen in den großen Hotels an der Copacabana nach einem heute eingecheckten Diplomaten fahnden. Mail der Polizei von Rio Yüces Foto. Du hast doch eines?"

„Weißt du, was du da von mir verlangst? Ich habe gerade mal zwei Stunden geschlafen", stöhnte Fred Hammerstein.

„Setz dich in Bewegung, Fred, das bist du Gerda schuldig", erwiderte Bruno.

„Und du bist sicher, dass die brasilianische Polizei einen Mann mit einem Diplomatenpass überhaupt verhaften wird?“, fragte Fred Hammerstein.

„Wenn man nicht nachhilft, ganz bestimmt nicht“, meinte Bruno. „Ich werde das jetzt versuchen.“

Nachdem die Verbindung unterbrochen war, suchte Bruno die Nummer eines seiner brasilianischen Onkel heraus. Er gehörte zum obskuren Teil seiner Familie, einem Teil, den man bei Familienfesten besser nicht erwähnte, wenn man keine familiäre Eiszeit heraufbeschwören wollte. Dieser Onkel war ein hohes Tier bei der brasilianischen Zollfahndung und schoss von seiner Terrasse aus manchmal, wenn er zu viel Bier getrunken hatte, mit seinem großkalibrigen Revolver auf streunende Katzen. Als die Verbindung zustande kam, hörte Bruno Stimmengewirr, Musikklänge und das Bellen eines Hundes.

„Bruno, alte Pestbeule, warum rufst du mich an, wenn ich mit meinen Freunden bei einem schönen *churrasco* auf der Terrasse sitze und die erste Abendkühle genieße?“, fragte der brasilianische Onkel. „Willst du alles verderben?“

„Ich habe nur eine Frage“, meinte Bruno. „Wie würdest du es anstellen, wenn du einen Diplomaten verhaften lassen wolltest, der gerade in Rio in einem Hotel an der Copacabana eingecheckt ist?“

„Einen Diplomaten?“, vergewisserte sich der Onkel. „Warum willst du einen Diplomaten verhaften lassen?“

„Weil er das Büro meiner Freundin hat anzünden lassen“, erwiderte Bruno.

„Ruhe mal, *gente*, das ist mein Neffe, ein echter Deutscher aus Deutschland, der ein Problem hat!“, schrie der Onkel in das Stimmengewirr, das augenblicklich näher kam und dann schlagartig abebbte. Bruno stellte sich den beleibten schwitzenden Onkel vor, dessen Augen in halbgefrorenem brasilianischen Bier schwammen, umringt von ebenso beleibten Gestalten, die auf jedes Wort lauschten, das gesprochen wurde.

„Es ist also nichts Politisches?“, vergewisserte sich der Onkel.

„Nein, eher eine Sache der Familie“, bestätigte Bruno.

„Wenn das Büro einer Freundin brennt, ist es zumeist eine Sache der Familie, oder seht ihr das anders, Leute?“, fragte der Onkel in die Runde. Ein vielstimmiges angetrunkenes Stimmengewirr signalisierte allgemeine Zustimmung.

„Nun zu dem Diplomaten. Ich vermute, es ist kein echter Diplomat einer großen Nation, denn die lassen selten Büros anzünden“, meinte der Onkel.

„Das stimmt“, erwiderte Bruno. „Es ist ein falscher Diplomat mit zehn echten gekauften Diplomatenpässen irgendwelcher dubioser Staaten.“

„Du meinst, diese Staaten würden keinen Finger krümmen, um ihm beizustehen?“, fragte der Onkel.

„Sie werden seine Existenz totschweigen“, sagte Bruno. „Aber das weiß die Polizei nicht. Sie wird ihn nicht anrühren, denke ich, weil er in ihren Augen ein Diplomat ist und sie keinen politischen Ärger riskieren wollen.“

„Der kleine deutsche Hosenscheißer hat sie durchschaut, unsere brave Polizei!“, schrie der angetrunkene Onkel in die Runde und erntete brüllendes Gelächter. „Immer mutig den Blick zum Himmel und dem Flug der unsichtbaren Vögel folgen, das ist der unverfälschte Spürsinn unserer Kriminalisten! Auf den willst du dich also lieber nicht verlassen?“

„Nein, sonst hätte ich dich nicht um Rat und Hilfe gebeten, Onkel. Und weil es eine Sache der Familie ist.“

„Einverstanden, ich regele das“, sagte der Onkel. „Ich rufe meinen Vetter bei der Zollfahndung in Rio an. Er soll die Hotels an der Copacabana nach einem Diplomaten durchkämmen, der heute eingecheckt hat. Wenn wir ihn finden, lasse ich ihm einen Koffer mit schimmliger ausländischer Wurst in sein Hotelzimmer stellen und ihn von meiner Zollfahndung wegen Einfuhr verdorbener Lebensmittel verhaften. Nach einer Woche lasse ich ihn laufen. Das ist genug für ein angebranntes Büro. Oder sind auch Menschen angebrannt worden?“

„Ein Mann, er wäre um ein Haar bei dem Brand gestorben“, übertrieb Bruno. „Weil man ihn besinnungslos geschlagen und in den Flammen liegen gelassen hat.“

„Gut, dann sind zwei Wochen angemessen. Mehr kann ich nicht für dich tun“, sagte der Onkel.

„Danke! Das ist sehr großzügig von dir und mehr, als ich von meinem Lieblingsonkel erwarten konnte.“

Der Sportdirektor des FC hatte sehr erschöpft geklungen und schien außerstande, nachdem Sigrid seinen Anruf auf das Haustelefon gelegt hatte, sein Problem näher zu beschreiben. „Die Grabenkämpfe sind wieder voll entbrannt, jeder schießt gegen jeden“, hatte er geklagt. „Das ist zermürbend. Die Vereinsführung soll entmachtet werden, meine Position wird plötzlich infrage gestellt, der Trainer schießt gegen mich, der Aufsichtsrat hüllt sich in Schweigen, die Verhältnisse haben sich dramatisch verändert. In dieser Situation brauche ich dringend juristischen Sachverstand.“

„Sie kennen meine Tagespauschale. Mailen Sie mir eine Beauftragung“, erwiderte Bruno kühl.

„Ich weiß ja noch nicht mal, ob ich noch berechtigt bin, im Namen des Vereins irgendwelche Zusagen geben zu können“, stöhnte der Sportdirektor. „Ich schicke Ihnen eine persönliche Beauftragung, wenn Sie einverstanden sind.“

„Akzeptiert“, bestätigte Bruno. „Können Sie die Probleme nicht ein bisschen detaillierter umreißen?“

„Nicht am Telefon“, erwiderte der Sportdirektor. „Können wir uns sehen? In spätestens einer Stunde? Sie müssen es möglich machen, ich bin in einer Notsituation!“

„Was meinen Sie genau mit Notsituation? Fühlen Sie sich bedroht?“

„Ich fühle mich nicht nur bedroht, ich werde bedroht!“, sagte der Sportdirektor entschieden. „Und damit meine ich nicht irgendwelche anonymen Mails und Drohanrufe, sondern ganz handfeste Drohungen! Habe ich Sie jetzt überzeugt, dass wir uns sehen müssen?“

„Das lässt sich einrichten“, erwiderte Bruno. „Und wo?“

„Ich fahre jetzt von zu Hause los. Wenn kein Stau dazwischen kommt, bin ich in einer Stunde auf dem Parkplatz der Sporthochschule. Es ist ein schwarzer BMW. Ich schalte die Warnblinkanlage ein, wenn ich Ihren Mustang sehe, dann werden Sie mich schon finden. Wir sprechen im Auto."

„Moment noch, bitte", sagte Bruno schnell, als er merkte, dass der Sportdirektor das Gespräch beenden wollte. „Wäre es nicht besser, wenn ich jemanden mitbrächte, der in den nächsten Tagen ein Auge auf Sie werfen wird, damit Ihnen nicht doch noch etwas zustößt?"

„Sie meinen einen Personenschützer?", vergewisserte sich der Sportdirektor.

„So in der Art", erwiderte Bruno ausweichend und fügte schnell hinzu: „Der Mann ist absolut zuverlässig, verschwiegen und furchterregend. Ich verbürge mich für ihn."

„Wenn Sie es für nötig halten, bringen Sie den Mann mit", willigte der Sportdirektor ein.

Der Himmel über der Stadt hatte sich mit einer dünnen löchrigen Schicht grauen Gewölks bezogen, die Köln in jenes trübe Licht tauchte, in dem der Kölner Klüngel besonders gut gedeiht. Der Sportdirektor des FC hatte seinen schwarzen BMW, der stets frisch gewaschen und poliert aussah, gut zwischen den Reihen parkender Fahrzeuge getarnt. Obwohl die Warnblinkanlage eingeschaltet war, entdeckte ihn Bruno erst, nachdem er eine ganze Runde auf dem Parkplatz der Sporthochschule gedreht hatte und Ilja, der neben ihm saß und an seinen knackenden Fingern zog, ihn darauf aufmerksam gemacht hatte. Er stellte seinen neongrünen Ford Mustang in einiger Entfernung in eine Parklücke und schlenderte neben dem hünenhaften Russen gemächlich davon, um dann plötzlich zwischen zwei geparkten Kleinlastern zu verschwinden.

Der Sportdirektor nahm die schwarze Sonnenbrille nicht ab, als er die Beifahrertür entriegelte und Bruno auf die Rückbank in den Wagen schlüpfen ließ, wobei er sein Handy wie eine Waffe mit der Hand umklammert hielt und es wie einen Schutzschild in Richtung Ilja streckte, der sich auf den Beifahrersitz zwängte.

„Am besten, Sie tun so, als wäre ich gar nicht hier", sagte Ilja in seinem breiten Ostpreußisch und machte sich so klein, wie er nur konnte.

„Ist Ihnen auch niemand gefolgt?", fragte der Sportdirektor, wobei er sich mit allen Anzeichen nervöser Paranoia umblickte und sich dann tief in den Ledersitz zurücksinken ließ.

„Warum sollte mir jemand folgen?", fragte Bruno.

„Mir folgt ständig jemand", stöhnte der Sportdirektor. „Als ich das Haus verließ, war es ein Reporter des *Express*. Stellen Sie sich vor, er hatte die Frechheit, an einer roten Ampel neben mir zu halten und aus dem Wagen zu mir herüber zu schreien, ob ich zum FC fahre, um meine Entlassungspapiere abzuholen. Aber das war nicht der Einzige, der hinter mir her war. Es hat sich auch ein Auto der Security-Firma des *Paten* an mich gehängt. Ich habe eine halbe Stunde gebraucht, um die Verfolger abzuschütteln."

„Warum sollte der *Pate* Sie denn überwachen lassen?", wunderte sich Bruno.

„Weil er das Kommando im Verein an sich reißen will", erwiderte der Sportdirektor. „Und ich bin der Einzige, der sich dagegen stemmt."

Der Sportdirektor setzte die Sonnenbrille ab und massierte mit den Daumen seine Augenhöhlen. „Der Präsident spielt toter Hund, denn sein Credo ist bekanntlich, dass *keine* Entscheidung immer besser ist als *eine* Entscheidung, die *er* zu verantworten hat, und schickt den Vizepräsidenten vor, der es sich in seiner kölschen Nettigkeit mit keinem verderben will. Die eine Hälfte des Aufsichtsrats spricht nicht mit der anderen und paralysiert sich gegenseitig. Und in dieses Machtvakuum dringt der *Pate* ein wie ein Wolf in die Schafherde und reißt alles an sich."

„Das müssen Sie mir genauer erklären", meinte Bruno.

„Der *Pate* hat alle Transferrechte an Lucas Coração, das haben Sie ja selbst eingefädelt. Dann hält er seit Neuestem die Transferrechte an unserem Abwehrchef, der bei unserem Trainer in Ungnade gefallen war. Gestern Abend ruft er bei mir zu Hause an und sagt, dass er von Yüce die Transferrechte von vier weiteren Spielern des FC übernommen habe. Alle Spieler, die er vertritt, haben Ausstiegsklauseln mit festgeschriebenen Transfersummen. Er hat behauptet, er habe für alle sechs Spieler entsprechende Angebote ausländischer Vereine auf dem Tisch und würde diese Optionen ziehen, wenn seine Bedingungen nicht erfüllt würden. Ich habe ihm zuerst kein Wort geglaubt, denn der Yüce und der *Pate* haben sich ganz offensichtlich gehasst wie die Pest. Aber der *Pate* hat mir die Vereinbarung über den Ankauf von Yüces Anteilen gefaxt. Sie war taufrisch und von vorgestern datiert."

Der Sportdirektor griff in die Ablage und reichte Bruno einen Umschlag, in dem zwei Faxe lagen. Seine Hand zitterte stark.

„Der Yüce hat also Kasse gemacht", sagte Bruno und warf einen Blick auf die Faxe. Er stutzte, als er das zweite überflog. Dann hielt er es dem Sportdirektor unter die Nase. „Und was soll das? Wettschulden auf Ihren Namen über zweihunderttausend Euro? Hat das seine Richtigkeit?"

Der Sportdirektor wurde immer nervöser. „Ja und nein", erwiderte er.

„Wie soll ich das verstehen?", bohrte Bruno nach.

„Vor zwei Wochen suchte mich unser Rechtsaußen spät abends noch zu Hause auf. Der Mann war fix und fertig und ein Nervenbündel. Nach einigem Hin und Her bekannte er, dass er auf einigen Internetseiten, auf denen Sportwetten angeboten werden, insgesamt fast zweihunderttausend Euro Wettschulden aufgehäuft habe. Nun habe er von Yüce einen Anruf erhalten, der ihn unter Druck gesetzt habe, entweder zu zahlen oder einem Kontaktmann, den Yüce vermitteln könne, einige Gefälligkeiten zu tun."

„Von welcher Art Gefälligkeiten sprechen wir?", fragte Bruno.

„Von Gefälligkeiten, wie sie andere Spieler des Vereins auch leisten", erwiderte der Sportdirektor. „Zu einem bestimmten, vorher abgesprochenen Zeitpunkt einen Einwurf oder einen Eckball verursachen, also zunächst unauffällige kleine Manipulationen, die nicht spielentscheidend sind. Aber unser Rechtsaußen ist nicht blöd, er ahnte, dass es dabei nicht bleiben würde. Er wollte nicht als Betrüger enden. Deswegen hat er sich mir offenbart."

„Und was haben Sie unternommen?“, fragte Bruno.

„Ich habe am gleichen Abend noch Dr. Schierle unterrichtet“, antwortete der Sportdirektor. „Schließlich ist er der Justiziar des Vereins. Seine Meinung war, in der momentanen Situation des Vereins wären irgendwelche Manipulationsvorwürfe geradezu tödlich. Nichts dürfe an die Öffentlichkeit kommen. Er wollte zunächst mit Yüce sprechen und so versuchen, die Sache zu bereinigen.“

„Und? Hat er mit Yüce eine Einigung erzielt?“

„Angeblich ja“, erwiderte der Sportdirektor. „Und die Einigung sah dann so aus, dass Yüce in der nächsten Saison einen weiteren Spieler im Verein hätte unterbringen können. Und ich solle für die Wettschulden des Spielers bürgen. Aber das sei eine Formalie, Dr. Schierle wollte meine Bürgschaft schnellstmöglich durch eine unseres Hauptsponsors ablösen.“

Als ein junger Mann auf einen der Wagen rechts neben dem schwarzen BMW zu schritt, duckte sich der Sportdirektor tief in den Innenraum und stieß sich dabei den Kopf am Armaturenbrett.

„Jetzt übertreiben Sie aber, das ist doch bloß ein harmloser Sportstudent“, meinte Bruno.

„Seien Sie nicht so weltfremd“, flüsterte der Sportdirektor. „Als ich gestern Abend spät die Geschäftsstelle des Vereins verließ, sprach mich auf dem Parkplatz ein Mann mit FC-Schal und Fan-Mütze an. Er sah aus wie ein harmloser Fan. Er murmelte, wenn ich nicht meine Schulden bezahle, würde als nächster ein Mann mit einem Messer auf mich warten. Ehe ich reagieren konnte, ist er weggerannt. Als er schon halb in den Büschen des Grüngürtels verschwunden war, hat er sich umgedreht und geschrien: Wir haben Sie auf dem Schirm, Sportdirektor!“

„Er hat gerufen: Wir haben Sie auf dem Schirm?“, vergewisserte sich Bruno. Und als der Sportdirektor nickte, fragte Bruno: „War es vielleicht ein athletisch gebauter Kerl mit einer Boxernase und einem braunen Muttermal auf der Wange?“

„Wenn ich mir’s genau überlege, hatte er tatsächlich ein braunes Muttermal auf der Backe“, erwiderte der Sportdirektor. „Kennen Sie den Kerl?“

„Ich bin ihm schon mal begegnet. Er treibt sich manchmal unter den Zaungästen beim Training herum. Aber jetzt können Sie wieder auftauchen, der Sportstudent ist gefahren."

Als der Sportdirektor sich aufrichtete, war sein Gesicht rot und seine Augen glänzten wie im Fieber.

„Konnte ich denn ahnen, dass Dr. Schierle offenbar gar nichts unternommen hat? Ich habe ihm vertraut", stöhnte der Sportdirektor. „Und jetzt präsentiert mir der *Pate* die Rechnung!"

„Haben Sie das Geld?", fragte Bruno.

„Ich könnte es beschaffen", sagte der Sportdirektor. „Aber nicht von heute auf morgen, wie es der *Pate* verlangt. Das würde schon ein paar Tage dauern. Aber ich glaube nicht, dass es dem *Paten* um das Geld geht. Er will mich aus dem Verein kegeln und mich durch eine Kreatur seines Vertrauens ersetzen. Dann kann er im Verein schalten und walten, wie er will."

„Sie meinen, weil ihm das am Ende viel mehr einbringen wird?", vergewisserte sich Bruno.

„Ja, genauso sieht es aus!", stöhnte der Sportdirektor.

„Aber warum sucht er sich ausgerechnet den FC aus?", fragte Bruno.

„Weil in diesem Verein seit Jahren der Wurm steckt", erwiderte der Sportdirektor. „Ach, was sage ich? Nicht nur ein Wurm, viele Würmer!"

„Und warum ist die Angelegenheit so brandeilig?", fragte Bruno.

„In einer Stunde beginnt eine Vorstandssitzung", erwiderte der Sportdirektor. „Der *Pate* ist zugegen. Einziger Tagespunkt ist die Transfersituation. Er wird meinen Kopf fordern. Sie müssen sich was einfallen lassen. Mein guter Ruf und meine Existenz stehen auf dem Spiel."

Bruno dachte darüber nach, wie oft er solche Rufe der Not und Lebensangst in seinem bisherigen Berufsleben schon vernommen hatte. Solche Rufe riefen seine Erinnerung an eine Szene wach, die er beobachtet hatte:

Ein großer Kater hatte einen Marder in einem Hauseingang in die Enge getrieben und blutig gebissen. Der Marder war schon ziemlich entkräftet, was ihn aber nicht daran hinderte, seinen nahen Tod mit lauten Rufen zu begrüßen. Doch der Ruf des Sportdirektors klang irgendwie anders, er hatte einen falschen Ton.

„Warum sagen Sie nichts, Herr Böllmann? Haben Sie auf einmal Angst, sich mit dem Falschen einzulassen? Befürchten Sie, dass man den Leichnam des FC wegschaffen könnte, bevor Sie zugreifen und sich Ihren Bissen herausreißen könnten?", fragte der Sportdirektor.

Bruno seufzte. „Sie dürfen jetzt nicht die Nerven verlieren", erwiderte er. „Und Sie sollten nicht in solchen Kategorien der Paranoia denken."

Er klopfte dem Sportdirektor aufmunternd auf die Schulter. „Wir sehen uns bei der Vorstandssitzung. Ich werde vorbereitet sein."

„Ich begleite Sie auf Ihrer Fahrt zum Geißbockheim", sagte Ilja in seinem breiten Ostpreußisch zum Sportdirektor. „Und wenn Sie mein Anblick stört, tun Sie einfach so, als wäre ich gar nicht da."

„Das wird mir schwerfallen", erwiderte der Sportdirektor.

Dann stieg Bruno aus dem frisch polierten schwarzen BMW, der in der prallen Sonne bläulich glänzte wie das Gefieder eines Raben.

*Alle Totenvögel des Fußballspiels fahren in solchen Karossen durchs Land,* dachte Bruno.

Als er in seinem alten Ford Mustang saß, massierte er sich den Nacken. Er fühlte sich mindestens so steif wie die Abwehrspieler des FC. Als sich seine Verspannungen lockerten, wählte er auf dem Handy Fred Hammersteins Nummer.

„Stell dir vor, gerade hat mich ein Kollege aus Rio angerufen und mir berichtet, dass die Zollfahndung einen Diplomaten wegen Einfuhr eines Koffers verdorbener Wurst verhaftet hat. Die Zollfahnder seien echt empört gewesen. Aus den Würsten seien schon die Maden gekrabbelt", sagte Fred. Dann seufzte er. „Ich habe den Kollegen von der Kripo Rio lieber nicht gefragt, wie ein stinkender Koffer verdorbener Wurst unbemerkt durch den Flughafenzoll und in die Juniorsuite eines Luxushotels an der Copacabana gelangt ist."

„Die Antwort auf diese Frage wäre bestimmt interessant, aber die Frage selbst ziemlich unangemessen“, antwortete Bruno.

„Was meinst du, soll ich mich aufschwingen, nächste Woche nach Rio fliegen und Yüce im Gewahrsam der Zollfahndung verhören?“

Bruno dachte einen Augenblick nach. „Wusstest du, dass Bienen zum Sterben ihren Stock verlassen?“, fragte er. „Du solltest das nicht tun, wenn du nicht willst, dass deine Zeit gekommen ist.“

Zum ersten Mal seit Langem hörte er am anderen Ende der Verbindung Fred leise lachen. „Deine blumigen Sprüche machen mir keine Angst, Bruno“, sagte er dann.

„Ich wollte dir aber Angst machen, denn Angst kann in manchen Fällen lebensrettend sein. Aber mein Anruf gilt weder deiner Furchtlosigkeit noch deiner Angst, sondern dem *Paten*. Yüce hat, bevor er sich nach Brasilien abgesetzt hat, dem *Paten* alle Anteile seiner Transferrechte an Spielern des FC verkauft. Der *Pate* droht nun, diese Spieler alle auf einen Schlag ins Ausland zu verkaufen. Damit wäre der erneute Abstieg des FC und sein Schicksal als Verein so gut wie besiegelt.“

„Na schön“, sagte Fred Hammerstein. „Und was habe ich damit zu tun? Du weißt, dass ich ein Fan von Bayer Leverkusen bin. Ich werde dem weiteren Niedergang des FC keine Träne nachweinen.“

„Aber ich“, erwiderte Bruno. „Ich habe mir diesen Verein als Fan nicht ausgesucht, ich bin als sein Fan geboren worden. Seine Spieler waren die Helden meiner Kindheit und Jugend. Gibt es irgendetwas, womit ich den *Paten* ausbremsen kann und wovon du weißt?“

Fred Hammerstein ließ hörbar die Atemluft ab, wobei Bruno das Bild vor Augen hatte, wie der übergewichtige, fette Mann schrumpfte, bis von ihm nur noch eine Art vertrocknete Wurzel übrig geblieben war. Schließlich flüsterte Fred: „Du könntest den *Paten* ja nach seinem Konto bei der Filiale der schweizerischen UBS-Bank in Singapur fragen, auf das eine von Yüces Firmen regelmäßig größere Summen überwiesen hat. Das Codewort für dieses Konto des *Paten* ist *Dropkick*. Einer meiner

Leute hat das rein zufällig herausgefunden, als er die Daten von der Festplatte eines Computers gecheckt hat, der in einem von Yüces Wettbüros beschlagnahmt wurde. Da sind offensichtlich Millionen am Finanzamt vorbeigeschleust worden. Du hast den Tipp nicht von mir.“

„Ich kenne dich überhaupt nicht“, erwiderte Bruno. „Was kann ich denn dem *Paten* anbieten?“

„Du kannst ihm anbieten, dass er maximal zehn Stunden Zeit hat, sein Geld in Sicherheit zu bringen und die Spuren zu verwischen“, sagte Fred Hammerstein. „Dafür verlange ich die Auslieferung Dr. Schierles und ein halbes Jahr absolute Ruhe beim FC, also keine einzige illegale Aktion der Wettmafia bei diesem Verein.“

## 18. Kapitel

Bruno hatte seinen alten Ford Mustang neben dem frisch polierten BMW des Sportdirektors geparkt. Obwohl schon etliche andere schwarze Totenvögelkarossen den Parkplatz bevölkerten, hatte niemand neben dem Wagen des Sportdirektors geparkt, ein sichtbares Zeichen, dass niemand seine Verbundenheit mit ihm dokumentieren wollte. Bruno blickte auf die Uhr. Die Aufsichtsratssitzung würde erst in dreißig Minuten beginnen. Bruno klopfte gegen die Scheibe des BMW und gab Ilja, der zusammengesunken auf dem Beifahrersitz saß, ein Zeichen ihm zu folgen.

Er ging schnellen Schrittes, in einigem Abstand gefolgt von dem hünenhaften Russen, in Richtung des Trainingsgeländes und blieb im Schatten einer Trauerweide stehen. Er hoffte, den Fan mit dem Muttermal hier anzutreffen, denn die Menschen ändern ihre Gewohnheiten selten. Zuerst hatte er ihn nicht bemerkt. Er hielt sich im Hintergrund und stand nicht bei den wenigen Zaungästen, die einen Blick auf das Training zu erhaschen versuchten. Jetzt schlenderte er zu einer Bank, die im Schatten der tiefhängenden Äste einer Trauerweide stand, und setzte sich.

„Das ist der Mann mit dem Muttermal, über den wir auf dem Parkplatz der Sporthochschule gesprochen haben", erklärte Bruno. Dann gab er dem Hünen ein Zeichen, der seinen massigen Schädel neigte. Die beiden Männer flüsterten eine Weile miteinander. Dann schlenderte Bruno langsam in Richtung Geißbockheim zurück.

Ilja bückte sich, löste das Wurfmesser, das er in einer Scheide an der Wade, versteckt von seinem Hosenbein, bei sich trug, und steckte es in die Jackentasche. Dann machte er einen großen Bogen und näherte sich von hinten der Bank unter der Trauerweide, wobei er sich bemühte, kein auffälliges Geräusch zu verursachen. Es kam ihm zugute, dass der Fan sein Handy ans Ohr hielt und sich mit einem Kumpel verabredete. Ilja wartete, bis der Fan das Telefonat beendet hatte. Als der Mann das Telefon einstecken wollte, sprang Ilja hinter der Trauerweide hervor, packte den

Mann im Nacken und drückte dessen Kopf auf die Brust. Mit der anderen Hand hielt er das Wurfmesser mit seiner Spitze so auf das Herz des Mannes gerichtet, dass er es sehen musste.

„Was soll die Scheiße? Wer sind Sie?“, keuchte der.

„Du hast dem Sportdirektor den Mann mit dem Messer versprochen. Jetzt bin ich bei *dir*. Manchmal ändern sich die Zeiten und Ziele“, flüsterte Ilja.

„Ich weiß nicht, wovon Sie reden. Ich kenne keinen Mann mit dem Messer“, näselte der Fan.

„Mich wirst du auch niemals kennenlernen, aber vielleicht mein Messer. Ob du mit ihm Bekanntschaft machst, hängt ganz von dir ab. Wenn du mir sagst, wer dir den Auftrag gegeben hat, den Sportdirektor zu bedrohen, kannst du das vermeiden.“

„Das kann ich nicht sagen, Mann! Der Kerl wird mich umbringen lassen“, stöhnte der Fan.

„Na schön“, sagte Ilja. Er hob die rasiermesserscharfe Klinge des Wurfmessers und ritzte unterhalb des Muttermals die Wange des Fans. Blut spritzte hervor.

„Hören Sie auf, Mann! Sie sind ja wahnsinnig!“, stöhnte der Fan.

„Den Namen“, flüsterte Ilja, dessen Stimme sich verändert hatte und so kalt geworden war, dass der Fan zu frösteln begann. „Wenn du nichts sagst, zerschneide ich dir zuerst die Fresse, dann steche ich dich ab.“

„Hör auf, hör auf, ich sag’s ja!“, schrie der Mann mit erstickter Stimme auf.

Ilja zog das Messer zurück, lockerte aber nicht den Griff im Nacken.

„Ich habe mich gestern Nachmittag am Trainingsgelände des FC herumgetrieben. Aber es war nichts los, also habe ich mich getrollt. Als ich in Richtung Straßenbahnhaltestelle gegangen bin, hielt so ein schwarzer Benz neben mir. Das verspiegelte Fahrerfenster wurde heruntergelassen. Der Fahrer rief mich zu sich her. Er gab mir dreihundert Euro. Dafür sollte ich den Sportdirektor abpassen und ihm die Sache mit dem Mann mit dem Messer sagen.“

„Hast du gesehen, wer sonst noch im schwarzen Benz saß?“, fragte Ilja.

„Eigentlich nicht“, flüsterte der Mann.

Ilja hielt ihm die Schneide des Wurfmessers an die Nase und fragte: „Und uneigentlich? Wen hast du uneigentlich im schwarzen Benz neben dem Fahrer gesehen? Wenn du’s nicht sagst, schlitze ich dir die Nase auf.“

„Da saß auch noch dieser Spielervermittler, den man den *Paten* nennt“, flüsterte der Fan.

„Hast du schon mal einen Auftrag für den *Paten* erledigt?“, fragte Ilja.

„Nun ja, ich hab mal so ein Schlitzauge, das bei den Spielen der ersten Mannschaft und der Amateure des FC ständig dabei war und die ganzen neunzig Minuten auf seinem Handy gequasselt hat, nach dem Spiel vermöbelt und ihm sein Handy kaputtgemacht. Dafür gab’s drei Riesen. Ja, und dann war da noch dieser Hausmeister von dem Wettbüro, so ein Ölkopf von Philippiner oder was weiß ich für eine Kakerlake. Den haben meine Kumpels und ich eines Abend abgepasst und haben ihm die Fresse poliert. Dafür gab’s für jeden von uns drei einen Hunni. Aber sonst ist da nix gewesen.“

„Okay. Diesmal kommst du noch mal davon. Ich lege jetzt einen Zettel und einen Kugelschreiber neben dich auf die Bank. Da schreibst du alles auf, was du mir gerade erzählt hast, mit Namen und Datum und deiner Adresse. Und vergiss nicht zu erwähnen, dass der *Pate* im Auto saß. Du kannst doch schreiben, oder?“

„Was soll die Scheiße? Wieso sollte ich nicht schreiben können?“, flüsterte der Fan.

„Darüber schreibst du „Eidesstattliche Versicherung“, das Datum von heute. Unter deinen Bericht kommt in Druckbuchstaben dein Name und deine Adresse, und ganz zum Schluss deine Unterschrift. Hast du das verstanden? Und denk daran, dass dies ein Wurfmesser ist. Ich treffe damit auf zwanzig Meter jeden Punkt, den ich treffen will. Wenn du also mein Messer nicht im Rücken haben willst, vergiss nichts aufzuschreiben. Und dreh dich nicht um.“

Ilja steckte das Messer ein, nahm mit einer Hand Kugelschreiber und Papier aus der Innentasche seines Jacketts und legte sie neben den Fan auf die Bank. Dann löste er die Hand vom Nacken des Fans und schritt langsam und geräuschlos bis zu einem Busch, hinter dem er in Deckung ging.

Der Mann mit der Boxernase massierte sich den Nacken und wischte sich mit dem Fanschal das Blut aus dem Gesicht. Dann begann er zu schreiben, wofür er einige Minuten brauchte. Schließlich stand er auf und entfernte sich schnellen Schrittes.

Als Bruno den Konferenzsaal im Geißbockheim betrat, stand der Präsident des FC mit dem Vizepräsidenten in einer Ecke. Sie tuschelten miteinander und warfen düstere Blicke in Richtung des *Pate*n, den einer seiner Security-Leute vor das Kopfende des Tisches geschoben hatte. Dort hockte er in seinem Rollstuhl, ein Sinnbild des Zerfalls, den faltigen, blutleer wirkenden Kopf auf die Brust gesunken, und atmete schwer. Man hätte ihn für sterbenskrank halten können, wären da nicht die sehr lebendigen, tückischen Blicke gewesen, die er unter halb geschlossenen, faltigen Lidern in der Runde wandern ließ.

Bruno Böllmann hatte die Tür des Konferenzraums noch nicht ganz geschlossen, als das ihm bekannte Aufsichtsratsmitglied auf ihn zu schoss und ihn zurück auf den Flur drängte, wobei er einen so geschockten Eindruck machte wie eine Taube, die gerade in eine Brötchenhälfte picken will, aber von einem Passanten weg gekickt wird.

„Sie werden verstehen, dass ich als Interessenvertreter der Sponsoren in einer Zwickmühle stecke“, flüsterte er und wischte mit dem Handrücken einen Staubflecken von Brunos Schulter. „Einerseits widerstrebt mir die Vorstellung, der Entlassung des Sportdirektors zuzustimmen und damit den Verein schutzlos den Interessen des *Paten* auszuliefern, andererseits halte ich den *Paten* für skrupellos genug, sechs Leistungsträger der Mannschaft binnen einer Woche ins Ausland zu transferieren und damit den Verein in eine Abwärtsspirale zu manövrieren, die der Anfang vom Ende sein wird. Was raten Sie mir, Herr Böllmann? Wie soll ich mich verhalten?“

Bruno hätte sich nicht gewundert, wenn der schwitzende, stark übergewichtige Mann vor ihm auf die Knie gesunken wäre, die Hände gerungen hätte und in Tränen ausgebrochen wäre. Gleichzeitig drängte sich ihm die Vorstellung auf, dass dieses Aufsichtsratsmitglied mit seinem tonnenförmigen Leibesumfang, seinem teigigen Teint und dem verschlagenen Fatalismus, der von seinen Gesichtszügen Besitz ergriffen hatte, den perfekten Bauern im Dreigestirn des Kölner Karnevals abgegeben hätte.

„Machen Sie doch das Einzige, was dieser Verein wirklich perfekt kann“, erwiderte Bruno. „Spielen Sie auf Zeit. Stellen Sie den Antrag, die Aufsichtsratssitzung auf morgen zu vertagen.“

„Aber mit welcher Begründung? Und was soll eine Verschiebung bringen?“, fragte sein Gegenüber verblüfft.

„Behaupten Sie einfach, auf Seiten der Sponsoren hätte eine einheitliche Meinungsbildung noch nicht stattgefunden“, erwiderte Bruno Böllmann. „Hierzu müssten Sie noch Gespräche führen.“

„Und wer garantiert mir, dass der *Pate* morgen um diese Zeit nicht schon alle sechs infrage stehenden Spieler ins Ausland transferiert hat?“

„Ich stehe dafür ein“, entgegnete Bruno gelassen.

Jetzt rang der Aufsichtsratsmitglied tatsächlich seine Hände. „Ich will Ihnen ja nicht zu nahe treten, Herr Böllmann, aber wer sind Sie denn schon? Eine kleiner Anwalt, dessen Kanzlei sich mit Mühe über Wasser hält, ein Mann ohne Hausmacht, misstrauisch beäugt von allen, die in diesem Verein etwas zu sagen haben. Trauen Sie sich da nicht etwas zu viel zu? Klaffen da nicht Anspruch und Wirklichkeit auseinander?“

„Sie müssen zugeben, damit bin ich ein Teil der Seele dieses Vereins, dessen oberste Handlungsdevise immer ein unbegründeter Optimismus war“, erwiderte Bruno. „Stellen Sie den Antrag, und Sie werden sehen, dass es der kleinste gemeinsame Nenner ist, dem alle bis auf den *Paten* zustimmen werden. Werfen Sie den Strohhalm hin, an den sich alle klammern möchten.“

Als Bruno Böllmann das Mitglied des Aufsichtsrats zurück in den Konferenzraum schob, wurde er wie alle anderen Anwesenden Zeuge einer lautstarken Auseinandersetzung zwischen dem Vizepräsidenten und dem Trainer, der sich aufgeplustert hatte und mit den Armen fuchtelte, wobei er seine Körperfläche beträchtlich vergrößerte.

„Sie sind Angestellter des Vereins, Sie haben in diesem Gremium überhaupt kein Rederecht“, sagte der Vizepräsident von oben herab und schnitt dabei ein Gesicht wie ein Lehrer, der dabei ist, einen Schüler aus dem Klassenzimmer zu verweisen.

„Kein Rederecht? Was soll dieser formalistische Paragraphenmist?“, erboste sich der Trainer. „Schließlich geht es um sechs Stammspieler. Ohne die kann ich keines unserer Saisonziele erreichen. Also geht es bei dieser Entscheidung auch um meinen Kopf!“

Es entstand eine peinliche Pause, angefüllt mit eisigem Schweigen, das schließlich der *Pate* beendete, indem er mit seiner fahrigen Stimme, die alle Anwesenden zusammenzucken ließ, in den Raum schrie: „Ich mache Sie darauf aufmerksam, dass ich meine Zeit nicht gestohlen habe. Sie kennen meine Forderungen! An ihnen hat sich nichts geändert. Also zur Sache, bitte, zur Sache!“

Alle starrten nun auf den Präsidenten. Der wollte sich abwenden, als er aber gewahr wurde, dass er den Blicken nicht mehr ausweichen konnte, bequemte er sich zu ein paar nervösen Gesten, mit denen er die Anwesenden aufforderte, am Konferenztisch Platz zu nehmen.

Der Präsident selbst, gefolgt vom Vizepräsidenten, dessen Lippen von einem eitlen Lächeln umspielt wurden und der tänzelte wie die Kölner Jungfrau beim Einzug des Dreigestirns in den Gürzenich, marschierte schnurstracks auf die Stirnseite des Konferenztisches zu und ließ sich neben dem *Paten*, dessen Rollstuhl die Mitte der Stirnseite einnahm, auf den einzigen freien Konferenzstuhl sinken. Irritiert, dass neben dem Präsidenten kein Platz mehr frei war, nahm der Vizepräsident hinter dem Rollstuhl des *Paten* Aufstellung und schnitt Grimassen wie ein Schuljunge, der beim Pfuschen erwischt wurde.

Als das notwendige Stuhlrücken, das rituelle Öffnen der Getränkeflaschen und das allgemeine Räuspern beendet war, klopfte der Präsident völlig überflüssig mit den Knöcheln auf die Tischplatte, blickte in die Runde und zeigte auf Bruno Böllmann, der sich in der Nähe der Tür aufhielt.

„Ich bestelle als Protokollant dieser Vorstandssitzung Rechtsanwalt Bruno Böllmann in Vertretung unseres Justiziars Dr. Schierle. Irgendwelche Einwände?"

Es folgte allgemeines Kopfschütteln, nur der *Pate* stieß ein kurzes, meckerndes Gelächter aus, was die Mehrzahl der Anwesenden mit Stirnrunzeln quittierte.

„Nehmen Sie bitte Platz, Herr Rechtsanwalt", sagte der Präsident steif und wartete ab, bis sich Bruno Böllmann neben das korpulente Aufsichtsratsmitglied gezwängt und aus seiner abgewetzten Aktenmappe Schreibblock und Kugelschreiber genommen und vor sich auf den Tisch gelegt hatte.

„Nun möchte ich alle diejenigen, die nicht Mitglied des Vereinsvorstands sind, außer Herrn Böllmann, unseren Protokollanten, bitten, den Sitzungssaal zu verlassen", sagte der Präsident steif, wobei er den Blickkontakt mit dem Trainer, dem Sportdirektor und dem *Paten* vermied und angestrengt an die Zimmerdecke starrte.

„Was soll denn das Kasperletheater?", schrie der *Pate* aufgebracht. „Ich bleibe!"

In das darauf folgende ratlose Schweigen hinein polterte der Trainer: „Wenn Sie mich von dieser Sitzung, bei der es um den Fortbestand meiner Mannschaft geht, ausschließen, können Sie gleich meine Entlassungspapiere fertig machen!"

„Dem schließe ich mich an!", sagte der Sportdirektor.

Ehe die allgemeine Ratlosigkeit in eine totale Lähmung umschlagen konnte, ergriff Bruno Böllmann das Wort. „Bitte, meine Herren, lassen Sie doch Vernunft walten und halten Sie sich an die Satzung. Ich möchte Sie darauf aufmerksam machen, wenn die betroffenen Herren darauf bestehen, von Anfang an der Vorstandssitzung teilzunehmen, so sind alle Beschlüsse, die der Vorstand in dieser Sitzung fasst, rechtsunwirksam und können jederzeit angefochten werden. Es bedarf nach Sitzungseröffnung durch den Aufsichtsratsvorsitzenden eines formellen Beschlusses dieses Gremiums, dass die betroffenen Herren teilnehmen können, natürlich ohne Stimmrecht."

„Danke, Herr Böllmann", sagte der Vereinspräsident. „So machen wir es."

Alle Blicke richteten sich nun auf den korpulenten Aufsichtsrat, der eigentlich nur Stellvertreter des Aufsichtsratsvorsitzenden war, aber wegen dessen schwerer Krankheit dessen Amtsgeschäfte kommissarisch führte.

Dieser setzte sein arglosestes Lächeln auf, zum dem er imstande war, nickte leutselig in die Runde, und niemand hätte sich gewundert, wenn er die Anwesenden als Nächstes gesegnet hätte. „Ich bitte nun die Herren, die nicht diesem Gremium angehören, den Sitzungssaal kurz zu verlassen. Sobald der Vorstand die Teilnahme dieser Herren an der Sitzung beschließt, wovon ich ausgehe, lasse ich Sie wieder hereinrufen."

„Blöder formalistischer Scheiß!", protestierte der Trainer lahm und stapfte als Erster aus dem Konferenzraum. Ihm folgten der Sportdirektor und als Letzter der *Pate*, den der Security-Mann hinausschob.

„Ich erkläre die heutige Sitzung des Vereinsvorstands für eröffnet", säuselte der kommissarische Aufsichtsratsvorsitzende. Dann hob er tatsächlich die Augen zur Zimmerdecke und sein Gesichtsausdruck wurde geradezu verklärt, als habe sich die Zimmerdecke geöffnet und den Blick freigegeben auf die Heilige Dreifaltigkeit. „Als Erstes möchte ich einen Antrag zum weiteren Verlauf dieser Sitzung stellen. Ich beantrage hiermit die Vertagung der Vorstandssitzung auf den morgigen Tag, gleiche Uhrzeit, gleicher Ort, weil die Meinungsbildung der Sponsoren zu den jüngsten Entwicklungen im Verein noch nicht abgeschlossen ist. Ich beantrage eine Abstimmung ohne Aussprache der anwesenden Stimmberechtigten."

Es war, als hätten die Worte des kommissarischen Aufsichtsratsvorsitzenden eine bisher stumme Saite der Seelen der Anwesenden zum Klingen gebracht. Ihre angespannt wirkenden Mienen begannen sich zu lockern, die Magie eines ganz allein vom Glück erfüllten Augenblicks machte sich breit, so als habe die Erlösung von allem Übel sich soeben vor ihrer aller Augen materialisiert und sie von aller Schuld freigesprochen.

Die ersten Hände wurden in die Höhe gehalten, schließlich zeigten alle Stimmberechtigten auf.

„Der Antrag ist einstimmig angenommen", stellte Bruno fest. „Die Sitzung ist damit auf morgen, gleiche Uhrzeit, gleicher Ort, vertagt."

Als Erster stürmte der kommissarische Aufsichtsratsvorsitzende aus dem Konferenzsaal und entfaltete auf dem langen Flur seine ganze Grundschnelligkeit. Er erreichte als fleischgewordener Kugelblitz den Ausgang, wobei er den auf dem Flur Wartenden keine Zeit ließ, ihre Überraschung zu überwinden und ihn mit Fragen zu bestürmen.

Als Nächster wagte sich der Vizepräsident auf den Flur, den es wie immer drängte, sein Wissen – sei es nun gut oder schlecht – mit anderen zu teilen. Vom Flur schallte bald ein wüstes Geschrei in den Konferenzsaal, in dem sich schließlich nur noch Bruno Böllmann aufhielt und nachdenklich auf das Protokoll der Aufsichtsratssitzung starrte und es schließlich unterschrieb. In diesem Moment wurde die Tür zum Konferenzsaal geöffnet. Bruno vernahm die Stimme des Vizepräsidenten, von Entrüstung übermannt und eine Oktave zu hoch, als sei er immer noch im Stimmbruch: „Ich war's nicht! Ich hab das mit der Vertagung dem Vorstand nicht eingeblasen! Ich war's nicht!"

Wie nicht anders zu erwarten beim FC, war die gegenseitige Schuldzuweisung für die jüngste Entwicklung in vollem Gange. Dann surrte der Rollstuhl mit dem *Paten* darin in den Konferenzsaal. Die Tür wurde hinter ihm wieder geschlossen. Der *Pate* steuerte seinen Rollstuhl vor eines der Fenster und platzierte ihn so, dass sein Schatten über Bruno fiel.

„Die fatale Idee, die Vorstandssitzung auf morgen zu vertagen, kann nur von Ihnen stammen, Böllmann", sagte der *Pate*. Seine Stimme klang matt und ausgelaugt. „Was haben Sie sich dabei gedacht?"

„Man müsste es als Weltkulturerbe anerkennen und unter Schutz stellen“, erwiderte Bruno.

„Von was reden Sie, Böllmann? Vom FC?“, fragte der *Pate*.

„Im weiteren Sinn auch vom FC“, erwiderte Bruno. „Aber ich dachte vornehmlich an das Fußballspiel an sich, an das zweckfreie *jogo bonito*, das schöne Spiel mit Ball und Füßen, das sich selbst genügt und das Spielern und Zuschauern immer wieder seine ganz eigenen Glücksmomente verschafft.“

Der *Pate* grunzte erbost. „Spielen Sie sich nicht als Idealist auf, Böllmann, das steht Ihnen als windigem Anwalt schlecht zu Gesicht! Und kommen Sie mir nicht mit so einer schwammigen Gefühlsduselei, dass der FC Ihr Verein ist, seit Kindesbeinen an. Sie sind doch gar nicht der Typ, der im Gebrüll der Südtribüne sich selbst vergessen möchte, das können Sie mir nicht weismachen. Also, was haben Sie sich dabei gedacht?“

Bruno Böllmann seufzte. „Es ist eine Gemengelage von Gründen“, sagte er schließlich. „In Köln und insbesondere beim FC ist es immer eine Gemengelage, nie etwas Eindeutiges. Einer meiner Gründe war wohl, wenn ich es recht bedenke, dass man den FC, den ich, wenigstens zum Teil, zu diesem Kulturerbe, was sich Fußball nennt, hinzurechne, nicht schutzlos der zerstörerischen Profitgier einer Wettmafia ausliefern darf. Ein weiterer Grund ist wohl die unausrottbare Hoffnung der Kölner und vor allem der FC-Fans, dass es irgendwann besser werden wird, eine Art uneinlösbares Versprechen der Zukunft, an das der Kölner wider alle Vernunft glaubt.“

„Ein uneinlösbares Versprechen der Zukunft? Damit kann ich nichts anfangen“, meinte der *Pate* verächtlich.

„Das glaube ich Ihnen gerne“, erwiderte Bruno. „Ein uneinlösbares Versprechen der Zukunft ist für mich zum Beispiel der unausrottbare Glaube an die Unsterblichkeit des Menschen, solch ein Glaube wider alle Vernunft, den nur ein Kölner erfunden haben kann.“

Der *Pate* stieß ein meckerndes Lachen aus, das im leeren Konferenzsaal bösartig in den Ecken widerhallte. „Wenn ich Sie wäre, Böllmann, würde ich nicht allzu sehr auf Ihre Unsterblichkeit bauen, das könnte sich schnell als ziemlich kurzsichtig herausstellen", kreischte er und schlug sich feixend auf die dünnen Schenkel.

„Wenn wir schon beim Drohen sind, habe ich hier eine interessante eidesstattliche Versicherung für Sie", erwiderte Bruno und schob den Zettel über den Tisch, den Ilja dem FC-Fan abgepresst hatte.

Der *Pate* überflog den Zettel und zuckte dann verächtlich die Achseln. „Das beeindruckt mich nicht, Böllmann. Wie Sie sich denken können, habe ich diesen Wisch innerhalb der nächsten zwölf Stunden aus der Welt geschafft."

„Das traue ich Ihnen sogar zu", entgegnete Bruno ungerührt. „Aber das hilft Ihnen nicht weiter, wenn der *Express* oder *BILD Köln* darüber berichten oder der Kölner Staatsanwaltschaft eine beglaubigte Kopie zugeht."

Der *Pate* nagte gedankenverloren an seiner faltigen Oberlippe, wobei er die schweren Lider über seinen Augen bis auf einen Spalt schloss. „Sie glauben doch nicht im Ernst, dass solch eine Lappalie mich davon abhalten kann, die sechs Spieler des FC ins Ausland zu verkaufen?", fragte er.

„Als Kölner Anwalt liegt bei mir eine Gemengelage von Gründen vor, die mich das glauben lässt", erwiderte Bruno. „Einer der Gründe ist ein eindeutig Ihnen zurechenbares Konto in Singapur, auf das von einer von Yüces Tarnfirmen erstaunliche Summen überwiesen wurden. Ein Vorgang, für den sich nicht nur das Finanzamt interessieren würde."

Den Blick, mit dem ihn der *Pate*, unter den halb geschlossenen, faltigen und entzündeten Augenlidern hervor bedachte, kannte Bruno. Das letzte Mal hatte ihn beim Tauchen vor der schottischen Steilküste eine Muräne, die in einer Felsspalte lauerte, in der Art angesehen.

„Das ist nicht auf Ihrem eigenen Mist gewachsen", stellte der *Pate* nach einer Weile bedrückenden Schweigens fest. „Wer hat Ihnen denn das gesteckt?"

Bruno breitete die Arme aus und setzte die Miene eines Unschuldslamms auf, was ihm gründlich misslang.

„Ihnen ist klar, dass Sie ab sofort auf meiner Abschussliste Spitzenreiter sind?“, vergewisserte sich der *Pate*.

Bruno wollte dem *Paten* leutselig zuzwinkern, doch seine Gesichtszüge entglitten ihm zu einer ziemlich erbärmlichen Grimasse. „Man tut, was man kann, für seinen Lieblingsverein“, sagte er. Es sollte cool oder zumindest flapsig klingen, aber das Zittern seiner Stimme belehrte ihn eines Besseren.

„Was haben Sie mir anzubieten, Bruno Böllmann?“, fragte der *Pate* nach einer Weile, in der das eisige Schweigen schwer auf Bruno Seele lastete.

„Zehn Stunden, damit Sie Ihr Geld aus Singapur in Sicherheit bringen und seine Spuren verwischen können. Als Gegenleistung für diesen Aufschub verlange ich, dass Sie die sechs Vertragsspieler beim FC belassen, dass Sie nichts unternehmen, um die Auslieferung Yüces an die deutschen Behörden zu verhindern und dass Sie aufhören, gegen den Sportdirektor des FC zu schießen“, sagte Bruno.

Bruno Böllmann beobachtete, wie der *Pate* in seinem Rollstuhl zusammensackte, als wiche alle Luft aus ihm. Seine Gliedmaße begannen unkontrolliert zu zucken und zu zappeln, und es dauerte eine ganze Weile, bis er sich wieder unter Kontrolle hatte.

„Das hat weh getan, Böllmann, so sehr weh getan, dass ich Ihnen diesen Schmerz nicht verzeihen werde“, flüsterte der *Pate* schließlich mit matter Stimme. Dann straffte er sich. „Es ist wie beim Fußball, Böllmann. Die Lebensspielräume verändern sich mit jedem Spielzug. Ich akzeptiere Ihr Angebot, aber verlassen Sie sich drauf: Mein Spiel geht weiter!“ Und mit diesen Worten dirigierte er den Rollstuhl aus dem Konferenzsaal.

Es dauerte eine ganze Weile, bis der Sportdirektor die Tür des Konferenzsaals öffnete. Im Flur spielten sich tumultartige Szenen ab, Stimmen überschlugen sich, eine Ohrfeige knallte. Bruno Böllmann beobachtete, wie sich eine Hand in die Schulter des Sportdirektors krallte und ihn von der Tür wegziehen wollte. Der Sportdirektor legte den Kopf schräg und biss in die Hand. Seine Zähne färbten sich rot. Dann stand er im Konferenzraum und presste, schwer atmend, den Rücken gegen die gepolsterte Tür, gegen die von außen mit Fäusten gehämmert wurde.

„Es ist das Chaos, das absolute Chaos!“, keuchte er. „Und unwürdig, absolut unwürdig!“

Plötzlich schallte ein gedämpftes Splittern in den Konferenzsaal, dann erstarb das lautstarke Getümmel auf dem Flur, das Wummern gegen die Tür hörte auf, der Sportdirektor seufzte erleichtert auf.

„Vielleicht eine dieser wundersamen Wendungen zum Besseren“, meinte er, öffnete die Tür des Konferenzsaals und schaute auf den Flur hinaus. Die dort Anwesenden starrten in Richtung Theke. Dort stand der Rollstuhl mit dem *Paten* darin inmitten der Scherben des Bonbonglases, dessen üblicher Platz auf der Theke leer war. Offensichtlich hatte er es soeben zertrümmert.

„Meine Herren, es bleibt alles beim Alten!“, schrie der *Pate* mit sich überschlagender Stimme. „Meine Spieler bleiben bis auf Weiteres beim FC und der Sportdirektor im Amt!“

„Wie üblich ist beim FC viel Porzellan zerschlagen worden, doch wirklich verändert hat sich nichts!“, stellte der Sportdirektor erleichtert fest.

## 19. Kapitel

Wegen zweier Länderspieltermine ruhte der Ligabetrieb während der nächsten vierzehn Tage. In einer internen Mannschaftssitzung des Vertragsspielerkaders hatte der Trainer als Marschroute für diese vierzehn Tage ausgegeben, die Mannschaftsleistung zu stabilisieren und das schwache Abwehrverhalten der gesamten Mannschaft entscheidend zu stärken. Details dieser als absolut vertraulich deklarierten Mannschaftsbesprechung konnte man am nächsten Tag auf den Sportseiten des *Express* und der *BILD Köln* nachlesen.

Bruno Böllmann besuchte mehrere Male das öffentliche Training, in dessen Verlauf Spiele Angriff gegen Verteidigung, oft unterbrochen durch Korrekturen und Anweisungen des Trainers, viel Raum und Zeit einnahmen.

Bruno musste sich eingestehen, dass das Abwehrverhalten, das Lucas Coração an den Tag legte, keineswegs ein Ruhmesblatt war. Wenn es ans Verteidigen ging, stand er oft so, als ginge ihn das nichts an, ziemlich unbeteiligt und apathisch im Niemandsland herum und griff erst auf ausdrücklichen Hinweis des Trainers ins Geschehen ein, wobei er sich auch nicht gerade mit Ruhm bekleckerte.

Nach einem dieser Spiele, das Bruno neben dem Sportdirektor, der beharrlich schwieg, beobachtet hatte, kam der Trainer schnurstracks auf sie zu, baute sich breitbeinig vor ihnen auf und schob den massigen Unterkiefer mit dem leichten Ansatz eines Doppelkinns darunter vor. Wenn er jetzt geseibert, die Zähne gefletscht und gebellt hätte, würde er als menschliche Inkarnation eines Pitbulls durchgegangen sein.

„Das Abwehrverhalten von Lukas ist unakzeptabel, wenn nicht sogar unanständig!“, stieß er hervor, wobei alle Farbe aus dem Großteil seines Gesichts wich, während ringsum sein rechtes Auge ein Handteller großer Fleck zuerst in einem schwachen, dann immer intensiveren Rosa erglühte. „Sie sind Zeuge: Er hat keine meiner Anweisungen befolgt! Das ist ein Boykott, den ich mir nicht gefallen lasse!“

„Lucas ist ein Chancen-Lauerer! Er hat diesen Torinstinkt, den er nicht unterdrücken kann“, versuchte der Sportdirektor einzuwenden. Doch der Trainer schnitt ihm mit einer Bewegung seiner Handkante, die er wie ein Fallbeil durch die Luft sausen ließ, das Wort ab. „Torinstinkt ... das war früher mal was wert. Doch die Zeiten seit Gerd Müller haben sich verändert, falls Sie das noch nicht mitbekommen haben. Jeder muss nach hinten arbeiten, jeder, ohne Ausnahme, alles andere ist unmodern! Wer das nicht kapiert, der fliegt!“

Dann machte er auf dem Absatz kehrt, stolzierte ein paar Meter in Richtung der Umkleidekabinen, blieb abrupt stehen und schrie über die Schulter zurück: „Böllmann, übersetzen Sie das dem Jungen, und wenn Sie klug sind, verklickern Sie ihm, dass das keine leere Drohung ist. Wenn er nicht nach hinten arbeitet, und zwar erfolgreich, schmort er auf der Bank! Das können Sie auch dem *Paten* bestellen!“

Als der Trainer außer Hörweite war, stöhnte der Sportdirektor gequält auf und drückte beide Fäuste gegen die Schläfen: „Aus Lucas einen Abwehrstrategen machen zu wollen, ist so aussichtslos, wie aus einem Windhund-Champion einen guten Hütehund!“, sagte der Sportdirektor. „Das kann nicht gelingen! Der Trainer erkennt nicht den wahren Wert von Lucas, der eine Tormaschine ist! Und warum erkennt er die Klasse dieses Spielers nicht? Weil der Trainer selbst keine Klasse hat! Das ist die schlichte Wahrheit!“

Nachdem der Fitnesstrainer mit den Spielern ein leichtes Lauftraining abgeschlossen hatte und der ganze Tross in Richtung Umkleidekabinen trottete, beobachtete Bruno, wie *Garra* mit weit ausholenden Schritten zu Lucas aufschloss, den Arm um die Schulter des Jungen legte und ihn in Richtung der Kabinen zog. Keiner der anderen Spieler hatte sich Lucas genähert. Er schien in der Mannschaft noch immer ein absoluter Fremdkörper zu sein.

Währenddessen hatte der Sportdirektor sein Handy aus der Hosentasche geholt und klickte sich durch die Dateien. Dann zog er Bruno am Ärmel und meinte: „Schauen Sie sich dieses Foto an, Herr Böllmann, dann verstehen Sie, warum ich so über unseren Trainer denke! Ich habe es nach der letzten Heimniederlage des FC lange nach Spielschluss aufgenommen."

Bruno beugte sich über das Handy. An den vier Seiten des Stadions brannte nur noch jeweils eine Leuchte an den Flutlichtstrahlern. Feiner Dunst kroch durch die oberen leeren Ränge, was die Szenerie unwirklich und kulissenhaft aussehen ließ. Im Vordergrund des Fotos war der Trainer in Rückenansicht zu sehen. Seine Schultern hingen und wirkten schief, die Arme baumelten irgendwie kraftlos an seinen Seiten, in einer Hand hielt er eine Bierflasche. Er sah klein und verloren aus.

„Eine Jammergestalt, eine absolut traurige Figur!", schnaubte der Sportdirektor, als hätte er Brunos Gedanken erraten. „Das ist das wahre, kraftlose Gesicht dieses Mannes, in dem aber auch nichts von der archaischen Kraft, dem Kern des Fußballspiels steckt!"

„Sind Sie da nicht ein wenig ungerecht, mein Lieber?", meinte Bruno und legte dem Sportdirektor besänftigend eine Hand auf den Arm. „Jeder hat das Recht auf seine schwachen Momente, Sie sollten das auch dem Trainer zugestehen."

Als sich zwei Medienvertreter dem Sportdirektor näherten, klickte er das Foto weg und steckte das Handy ein. Für einen Moment sah sein Gesicht grau und zerfallen aus. „Ich hasse diese Farce, gute Miene zum bösen Spiel machen zu müssen!", zischte er, straffte sich, und als er sich zu den beiden Journalisten umdrehte, umspielte ein strahlendes Lächeln seine Lippen.

Bruno nickte dem Sportdirektor zu und schlenderte auf den Eingang der Umkleidekabinen zu. Davor hatte sich *Garra* in die Hocke niedergelassen, die Augen zusammengekniffen, den Kopf leicht gesenkt, wobei er den massigen Oberkörper hin und her wiegte, ohne aus der Balance zu geraten. Ein oberflächlicher Beobachter hätte *Garra* für einen in der Herbstsonne dösenden Müßiggänger gehalten, doch Bruno bemerkte, wie *Garra* ohne Unterlass mit wachsamen Blicken aus seinen halb geschlossenen Augenlidern die Umgebung scannte. Bruno lehnte sich neben ihn an die Hauswand und blinzelte in die Sonne.

„Ich weiß, was du mir sagen willst, *conselheiro*“, murmelte *Garra* mit seiner tiefen, rauen Stimme, die einen furchteinflößenden Nachhall hatte, so als kündete sie das Grollen einer gewaltigen Eruption an. „Der Trainer ist wirklich sauer auf den Jungen. Aber das ist momentan nicht meine Sorge. Meine Sorge steht etwas abseits der Fans.“

Bruno Böllmann fragte: „Du meinst die drei schmächtigen Jungs in den bunten T-Shirts nahe der Trauerweide? Es könnten Thailänder sein.“

„Ja!“, grunzte *Garra*. Ohne den Blick zu heben, fuhr er fort: „Siehst du den Jungen ganz rechts? Er ist in dieser Nacht über den Elektrozaun und in den Park des *Paten* eingedrungen. Frag mich nicht, wie er den Zaun überwunden hat. Eine der Überwachungskameras hat gefilmt, wie zwei der Wachhunde, zwei echte Monster, ihn angegriffen haben. Die Kamera zeigt deutlich, wie er beide Hunde mit der bloßen Handkante erschlagen hat. Als die Wachleute wegen des Hundegebells aufmerksam wurden und herbeirannten, ist er auf dem gleichen Weg getürmt, auf dem er gekommen war.“

*Garra* schwieg und knetete seine Klauenhand, wobei das Handgelenk knackte. Dann erhob er sich aus der Hocke und starrte Bruno von oben herab ins Gesicht. „Die Leute, die diese Jungs geschickt haben, lassen nicht locker. Man kann mit ihnen keine Vereinbarung schließen. Auch der *Pate* kann das nicht. Er hat nach dem Vorfall die halbe Nacht herumtelefoniert. Sie haben ihm falsche Versprechungen gemacht. Sie werden sich nicht daran halten.“

*Garra* zog Bruno ein paar Schritte zur Seite, die Tür zu den Umkleidekabinen öffnete sich, die ersten Vertragsspieler, frisch geduscht und frisiert, ihre Sporttaschen dabei, traten ins Freie. Ein halbes Dutzend Fotografen hatten sich vor dem Eingang postiert. Sie beachteten die herausströmenden Spieler kaum. Als Lucas Coração ins Freie trat, klickten die Verschlüsse der Kameras, ein Blitzlichtgewitter übergoss ihn.

„Du kannst den Jungen nicht verstecken. Er ist eine Sensation, sobald er mit einem Ball in Berührung kommt“, sagte *Garra*.

Im Büro erreichte Bruno am Nachmittag ein Anruf des *Paten*. Seine Stimme klang künstlich weich, als habe er seine Stimmbänder mit Hilfe eine halben Liters Speiseöls gedehnt.

„Machen Sie sich keine Sorgen, Böllmann", begann der *Pate*, den Bruno schon längst als gesprächsunfähig eingestuft hatte, denn dieser Mann hielt stets Monologe und ließ keine außer seine eigenen Argumente gelten.

Der Beginn dieses Monologs sollte beruhigend wirken, doch er bewirkte das Gegenteil, und alle inneren Alarmglocken läuteten in Bruno Sturm. „Ich habe den Jungen heute ins Gebet genommen. Er hat mir bei dem Leben seiner Mutter versprochen, sein Abwehrverhalten zu ändern und mit vollem Einsatz nach hinten zu arbeiten. Der Trainer wird keinen Anlass haben, sich länger über ihn zu beschweren."

„Beim Leben seiner Mutter?", fragte Bruno spöttisch. „Mir gegenüber hat er seine Mutter nie erwähnt."

„Seien Sie nicht kindisch, Böllmann, jeder Mensch hat eine Mutter!", ließ sich der *Pate* am anderen Ende der Verbindung vernehmen, und was eigentlich wie ein sanfter Tadel klingen sollte, gewann im zweiten Halbsatz die Schärfe eines Peitschenhiebs. Der *Pate* räusperte sich vernehmlich, so als wolle er über seine Gewalttätigkeit einfach hinweg hüsteln.

„Und noch eine gute Nachricht, Böllmann. In einem weiteren Gespräch konnte ich diesen düsteren Menschen, diesen *Garra*, der mit einem einzigen seiner finsteren Blicken alle Einwohner einer ganzen Metropole depressiv machen kann, dazu bewegen, vorzeitig seine Zelte bei mir abzubrechen und nach Brasilien zurückzureisen. Dieser Mensch hat unserem Lucas nicht gutgetan."

„Dann ist der Junge ganz ohne Schutz", entfuhr es Bruno.

„Hat dieser *Garra* Sie auch schon paranoid gemacht?", kreischte der *Pate*. Er schnaufte stark, jetzt rasselte der Atem des Mannes am anderen Ende wieder so wie die Drohung einer Klapperschlange, und es dauerte eine Weile, bis sich der *Pate* wieder einigermaßen in der Gewalt hatte. „Ich habe meine Interessen immer zu schützen gewusst, mein Lieber, dafür brauche ich diesen hergelaufenen Kerl nicht!", fuhr er mit Nachdruck fort. „Ich weiß, mit wem man Krieg führen und mit wem man sich einigen muss, Böllmann. Also machen Sie sich keine Sorgen."

Wie es seine Art war, beendete der *Pate* das Telefonat abrupt und grußlos, und wie stets nach einem Anruf des *Paten* wurde Bruno schlagartig von dem panischen Gefühl lähmender Ohnmacht befallen, wie er es sonst nur bei Heimspielen empfunden hatte, wenn der FC in der letzten Minute hoffnungslos mit mehreren Toren zurücklag.

Nach einer ganzen Weile, die Bruno in völliger Starre und zu jeder Regung unfähig an seinem Schreibtisch verbracht hatte, während die Sorge um den Jungen, die Sorge um Leib und Leben Gerdas und ihrer minderjährigen Mandantin Leonor das ganze ausgebaute Dach ausfüllte und sich bereit machte, ihn zu erdrücken, riss ihn das Klingeln des Haustelefons aus seiner Stockstarre.

Es war Sigrid, die ihm mitteilte, dass dieser unanständig schwitzende, übergewichtige Polizeimensch seine ungepflegte Gestalt zu Bruno hinaufbewegte. Sigrid hatte ihre Ankündigung noch nicht ganz ausgesprochen, als Fred Hammerstein die Bürotür öffnete und seinen massigen Körper zwei Schritte in den Raum schob.

Bruno musste zugeben, dass Sigrids Beschreibung korrekt gewesen war. Fred Hammerstein schwitzte wie ein Schwein, sein Haar sah fettig und ungewaschen aus, und sein dunkelblaues Hemd war übersät mit Spritzern einer roten Soße.

Fred Hammerstein blieb keuchend stehen, wischte mit den Rückseiten seiner unnatürlich dicken Wurstfinger den Schweiß von der Stirn und zwinkerte Bruno zu.

Zum zweiten Mal in dieser Stunde begannen alle Alarmglocken in Bruno zu schrillen, denn wenn Fred seinem Gegenüber in dieser Art zuzwinkerte, folgte zumeist ein Anschlag auf Leib und Leben.

„Guck mich nicht an wie ein erschrecktes Kind", seufzte Fred Hammerstein und watschelte zu Brunos Schreibtisch, stützte sich mit beiden Armen auf den Lehnen des Besucherstuhls ab, der unter dem enormen Gewicht zu knacken begann.

„Ich rede nicht lange um den heißen Brei herum, Bruno“, sagte er. „Man hat meinen Antrag auf eine Dienstreise nach Rio rundweg abgelehnt. Man will ein Gesuch an die brasilianischen Behörden stellen, den Yüce an Ort und Stelle von der brasilianischen Polizei vernehmen zu lassen.“

Ein abgestandenes Geruchsgemisch von gedünsteten Zwiebeln und kaltem Schweiß drohte Bruno zu ersticken. Er griff sich an die Kehle, sprang von seinem Schreibtischsessel auf und wich bis zum Dachfenster zurück.

„Danke, dass du mir deinen Platz anbietest“, schnaufte Fred, umrundete den Schreibtisch und ließ sich aufseufzend in Bruno Sessel nieder. „Bis die brasilianischen Behörden eine Entscheidung treffen, ist Yüce entweder schon tot oder über alle Berge“, fuhr er fort. „Es wäre aber unverzeihlich, diese einmalige Chance ungenützt verstreichen zu lassen.“

„Vergiss es, Fred!“, schrie Bruno erbost. „Ohne mich! Das kannst du nicht von mir verlangen!“

Fred Hammerstein schlug mit der flachen Hand auf einen Aktenberg, der umkippte, woraufhin sich eine Papierflut von Brunos Schreibtisch ergoss und den Boden bedeckte.

„Das kann ich nicht?“, schrie Fred Hammerstein und wuchtete sich aus dem Schreibtischsessel hoch, der das Übergewicht bekam und hintenüber kippte. Schwer keuchend stützte sich Fred auf dem Schreibtisch ab, was zwei weitere Aktenstapel ins Rutschen brachte, die dann wie in Zeitlupe über die Kante und zu Boden fielen.

„Wer hat denn hinter meinem Rücken daran gedreht, dass der Yüce in Rio festgenommen wurde? Entgegen allen Absprachen, sich nicht einzumischen? Meinst du, ich bin blöd und bekomme nicht heraus, dass dein Onkel beim brasilianischen Zoll im Bundesstaat São Paulo eine große Nummer ist, dass der Koffer mit verdorbener Wurst in Yüces Hotelzimmer gelandet ist und Yüce deswegen hinter Schloss und Riegel sitzt?“

Fred Hammerstein hatte seine Massen in Bewegung gesetzt und stampfte auf Bruno zu, der bis zur hinteren Wand zurückgewichen war.

Als Fred Hammerstein seine stark behaarten Arme ausstreckte und sich seine noch stärker behaarten Pranken um Brunos Hals legen wollten, wurde die Tür zum Büro aufgerissen. „Tun Sie's nicht, Herr Hammerstein! Tun Sie's nicht!", schrie Sigrid. Ihre Stimme bebte vor Wut. Sie hielt mit beiden Händen den langen Schaft des alten gusseisernen Lochers, das einzige Erinnerungsstück an Brunos Großvater, das einen Ehrenplatz in Sigrids Büro hatte, umklammert und holte damit Schwung.

Fred Hammerstein zögerte einen Moment, dann ließ er seine Arme sinken, die irgendwie nutzlos, so als gehörten sie nicht zu ihm, an seinen Seiten hin und her schwangen.

„Sie haben einen Polizisten im Dienst mit einer Schlagwaffe bedroht", meinte Fred Hammerstein.

„Und Sie waren dabei, einen Anwalt in seinem eigenen Büro zu erwürgen", entgegnete Sigrid in einem ebenso geringschätzigen Tonfall.

Ein peinliches Schweigen entstand, das Sigrid beendete. „Um diese Situation zu entschärfen, schlage ich vor, die Herren setzen ihr Gespräch per Haustelefon fort. Sie, Herr Hammerstein, begleiten mich bitte in Gerdas ehemaliges Büro im Parterre. Bruno, du schaffst etwas Ordnung und sammelst die Akten vom Boden."

Bruno hatte es schon immer geahnt, aber wohl nicht wahr haben wollen: Sigrid und Gerda waren aus dem gleichen Holz geschnitzt und ließen ihn nach Belieben wie einen kleinen Jungen aussehen.

Als Fred Hammerstein auf der Treppe nach unten war, zischte Sigrid: „Wie kann ein Mensch nur so penetrant nach gebratenen Zwiebeln stinken!"

Als das Haustelefon schrillte, hielt sich Fred Hammerstein nicht lange bei der Vorrede auf. „Hör zu, Bruno, ich habe für Sonntag auf deinen Namen einen Flug nach São Paulo gebucht. Ich denke, du sprichst erst mal mit deinem Onkel das weitere Vorgehen ab. Am Dienstag habe ich dann einen Inlandsflug von São Paulo nach Rio für dich festgemacht." Er holte tief Luft und schrie dann ins Telefon: „Wenn du nicht fliegst oder die Sache vergeigst, hänge ich dir wegen der Sache mit Dr. Schierle ein

Verfahren wegen Strafvereitelung, Mittäterschaft und Behinderung polizeilicher Ermittlungen an den Hals, an dessen Ende du deine Zulassung als Anwalt vergessen kannst."

„Das ist Erpressung, Fred!", erwiderte Bruno.

Es war das letzte öffentliche Training vor dem nächsten Spieltag. Bruno Böllmann hatte sich so früh auf dem Trainingsgelände des FC eingefunden, dass er den großen Auftritt des *Paten* in voller Länge mitbekam. Drei schwarze Vans, die Seitenfenster verspiegelt, kurvten in Reihe und mit hoher Geschwindigkeit auf das Trainingsgelände und stoppten ihre rasante Fahrt in unmittelbarer Nähe der Eingangstür der Umkleidekabinen. Der erste Van hatte noch nicht ganz gehalten, als aus ihm vier hünenhafte, in schwarze Overalls gekleidete Security-Männer sprangen und das Gelände nach vorne absicherten. Aus dem mittleren Van sprangen zwei weitere, ebenso gekleidete Wachleute, die Lucas Coração untergehakt hatten, während ein dritter die Eingangstür offenhielt, sodass alle drei ohne Verzögerung hindurchschlüpfen konnten. Die hintere Ladetür des letzten Vans öffnete sich, eine Rampe wurde ausgefahren. Nach vorne sicherten zwei weitere Wachmänner, während ein dritter den Rollstuhl mit dem *Paten* darin über die Rampe schob. Drei der Security-Leute nahmen vor dem Trakt mit den Umkleidekabinen Aufstellung, während vier andere sich im Laufschritt zu den vier Ecken des Trainingsplatzes begaben.

Ein paar Hardcorefans klatschten begeistert Beifall und ein Rentner schrie: „Dat ist ja wie in Hollywood!"

„In der Tat, das war ganz große Oper!", sagte der Sportdirektor zu Bruno. „Und perfekt inszeniert, das muss man dem *Paten* lassen."

Dann beobachteten sie schweigend, wie zwei der Wachmänner den Rollstuhl auf einen nicht weit entfernten Erdhügel schoben, von dem man eine gute Sicht auf das Trainingsgelände hatte, und links und rechts des Rollstuhls Aufstellung nahmen.

„Oper ist wohl etwas zu hoch gegriffen", meinte Bruno. „Sein Auftritt ist eher operettenhaft."

Lucas Coração war einer der Letzten, der den Kabinentrakt verließ. Er blieb auf der Türschwelle stehen und spähte aufmerksam umher. Als er den *Paten* auf dem Erdhügel entdeckte, deutete er eine leichte Verbeugung an. Dann wanderten seine Blicke weiter. Nun ruhten sie auf Bruno Böllmann. Der Junge hob langsam den Daumen. Dann trabte er mit weit ausholenden Schritten auf die Mitte des Trainingsplatzes. Sonst hatte sich Lucas vor dem Training wie ein nervöses Rennpferd in der Startbox gebärdet, seine Füße hatten nie still gestanden und seine Blicke waren ruhelos auf dem Platz hin und her gewandert. Stets hatte er sich abseits der anderen Spieler gehalten, aber heute hatte er inmitten des Pulks Aufstellung genommen, die Arme im Nacken verschränkt, und wiegte den Oberkörper in weiten Schwüngen.

„Wie ist denn der Junge heute drauf? Haben Sie das auch bemerkt?“, fragte Bruno den Sportdirektor.

„Ja, wie verwandelt!“, erwiderte der Sportdirektor. „Offensichtlich hat die Gardinenpredigt, die der *Pate* ihm gehalten hat, gewirkt.“

„Welche Gardinenpredigt?“, fragte Bruno.

„Er hat ihm gedroht, ihn an einen Bauernverein der zweiten belgischen Liga auszuleihen, wenn er sein Trainingsverhalten nicht grundlegend verändert. Ich weiß es aus sicherer Quelle“, sagte der Sportdirektor und warf sich in die Brust. Dann nickte er Bruno gönnerhaft zu und eilte mit weit ausgebreiteten Armen auf den Vizepräsidenten zu, der an diesem Vormittag seine frisch ondulierte Frisur auf dem Trainingsplatz spazieren führte. Als sich die beiden Männer umarmten und den Rücken klopften, glaubte Bruno, dass die Luft um sie herum vor purem Opportunismus zu dampfen beginnen müsse.

Während des Aufwärmtrainings, das Lucas früher ziemlich lustlos und als lästige Pflichtübung hinter sich gebracht hatte, dem er sich heute aber mit Inbrunst und einem solchen Eifer widmete, dass der Trainer ungläubige Blicke auf Lucas warf, fiel Bruno ein schlanker, ungewöhnlich großer junger Mann auf, auf dessen Brust einer der Betreuerpässe baumelte, der ihn dazu berechtigte, jederzeit das Übungsgelände zu betreten. Er hatte fahrige, nervöse

Bewegungen, zappelte am Spielfeldrand umher, wobei er aber Lucas nicht aus den Augen ließ. Als der Trainer nach dem Aufwärmen den Spielerkader im Kreis um sich versammelte, sprintete der junge Betreuer leichtfüßig auf den Platz und machte erst neben Lucas Halt und begann einen merkwürdig überdrehten Tanz um Lucas herum, während er ihm die Worte des Trainers zu übersetzen schien. Nachdem der Trainer seine Ansprache beendet hatte, rannte der Betreuer ebenso leichtfüßig zurück an seinen Platz hinter der Begrenzung und beobachtete das Training, wobei er wie ein Tier im Käfig hin und her tigerte.

„Der vierte Übersetzer innerhalb so kurzer Zeit", dachte Bruno und zweifelte daran, dass er mehr Gnade vor den Augen und Ohren des *Paten* finden würde als seine Vorgängerinnen und Vorgänger.

Heute hatte der Trainer das Abwehrverhalten bei Freistößen und Ecken aufs Programm gesetzt. Er richtete bei seinen zahlreichen, lautstarken Korrekturen kein einziges Mal das Wort an Lucas Coração, denn wegen dessen geringer Körpergröße schien er in den Überlegungen des Trainers keine Rolle zu spielen. Doch bei diesen Übungen schien Lucas Coração im wahrsten Sinne des Wortes über sich hinauszuwachsen. Solch eine immense Sprungkraft hatte ihm keiner der Beobachter zugetraut. Zuerst schien der Trainer wie alle anderen Beobachter es für glücklichen Zufall zu halten, dass es Lucas gelang, zwei scharf geschossene Freistöße, die unhaltbar am Torwart vorbei in Richtung oberes Toreck flogen, von der Linie zu köpfen, aber es gelang ihm auch ein drittes und ein viertes Mal. Danach machte der Trainer die Probe aufs Exempel und ordnete an, dass Lucas den lange verletzten rechten Innenverteidiger, einen Hünen mit dem Gardemaß von einsachtundneunzig bei Ecken in Manndeckung übernehmen solle. Der Verteidiger gewann kein einziges Kopfballduell gegen Lucas.

Während einer der Trainingspausen ließ der *Pate* seinen Rollstuhl von einem der Wachmänner zum Spielfeldrand rollen und winkte den Trainer mit seinen herrischen Gesten, die jeden wie einen Lakaien aussehen ließen, zu sich her.

„Haben Sie registriert, wie alt Lucas den größten Spieler des FC im Kopfballduell hat aussehen lassen?“, kreischte er und wedelte mit seinen welken Händen vor der Brust des Trainers herum, als sei der ein lästiges Insekt.

„Das heißt gar nichts“, meinte der Trainer. „Nach so einer langwierigen Verletzung braucht der Verteidiger mindestens noch zwei Wochen, bis er seine alte Sprungkraft zurückhat.“

„Und die vier Bälle, die er von der Linie geköpft hat? Es gibt keinen anderen Spieler des FC, der das zustande gebracht hätte.“

„Wenn es keine Glückszufälle gewesen sind, dann war es nicht schlecht“, musste der Trainer eingestehen. Dann räusperte er sich vernehmlich und meinte: „Jedenfalls habe ich zum ersten Mal den Eindruck, dass der Junge das Training wirklich ernst nimmt. Das sollte eigentlich die Regel sein und ist das Mindeste, was man von einem Profi verlangen kann.“

Als der *Pate* wieder seinen Feldherrenplatz auf dem Erdhügel eingenommen hatte, sagte einer der Rentner, der die lautstarke Auseinandersetzung zwischen dem *Paten* und dem Trainer mitbekommen hatte, wobei er mit dem Kinn in Richtung Hügel wies: „Aus welchem Grab haben sie den denn gebuddelt? Jetzt haben sogar schon die Scheintoten und Toten beim FC was zu kamellen!“

Wie bei allen Trainingseinheiten der vergangenen Tage ordnete auch heute der Trainer ein Spiel Abwehr gegen Angriff an. Zur Verblüffung aller gab er Lucas Coração die Position des linken Verteidigers. Sein direkter Gegenspieler war der pfeilschnelle und trickreiche Rechtsaußen des FC.

„Damit will er unseren Brasilianer mit aller Macht bloßstellen“, schimpfte der Sportdirektor, der sich mittlerweile zu Bruno Böllmann gesellt hatte. „Weil er den Jungen loswerden will!“

„Abwarten, wer weiß, wie sich der Junge schlägt“, entgegnete Bruno.

Bei der ersten Angriffswelle, die auf das Tor der Abwehr vorgetragen wurde, gelang es dem schnellen Rechtsaußen ziemlich mühelos, Lucas zu übersprinten und bis zur Außenlinie zu gelangen, aber als er dann mit dem Ball nach innen ziehen wollte, sah er sich Lucas erneut gegenüber, der den kürzeren Laufweg und seine enorme Grundschnelligkeit genutzt hatte und ihm den Ball vom Fuß spitzelte. Die meisten anderen Verteidiger hätten in einer solchen Konstellation den Ball nach vorne gedroschen, doch Lucas lupfte ihn über den anrennenden Mittelstürmer und passte zu einem der freien Mittelfeldspieler, ein kluger öffnender Pass, der einen aussichtsreichen Konter ermöglichte.

„Er kann das Spiel lesen, egal, auf welcher Position er spielt!", rief der Sportdirektor und klatschte begeistert Beifall. Auch dem Trainer hatte diese Abwehraktion so gut gefallen, dass er sie drei Mal nachstellen ließ.

Im Verlauf dieses Trainingsspiels zeigte Lucas, der seit seiner Ankunft beim FC in keiner seiner Abwehraktionen geglänzt und ausgesprochene Schwächen in der Rückwärtsbewegung gezeigt hatte, eine überragende Leistung. Er schien wie ausgewechselt und wie eine lebende Wand, die seinen Gegenspielern im entscheidenden Augenblick den Weg zum Tor verbaute.

„Sehen Sie bloß, wie er seine Bewegungen taktet!", rief der Sportdirektor ein um das andere Mal.

Nach dem Ende des Trainingsspiels winkte der Trainer Lucas zu sich heran und starrte ihn eine ganze Weile wortlos aus nächster Nähe an, als wolle er sich überzeugen, dass er es auch wirklich war. Dann klopfte er ihm anerkennend auf die Schulter. Das war für seine Verhältnisse schon mehr als ein Lob.

„Solch eine komplette Wandlung im Spielverhalten habe ich bis dato bei einem Spieler noch nie gesehen", sagte der Sportdirektor zu Bruno Böllmann, als sie gemeinsam in Richtung Geschäftsstelle spazierten. „Fast könnte man glauben, ein ganz anderer Spieler hätte auf dem Platz gestanden."

„Ja, diesen Eindruck konnte man bekommen", stimme Bruno nach einigem Zögern zu.

Der Sportdirektor hielt Bruno abrupt an der Schulter zurück. „Es gibt nur eine Erklärung für diese plötzliche Wandlung: Lucas ist ein ganz und gar kompletter Spieler, einer der wenigen wirklichen Allrounder der Extraklasse, die im Fußball die absolute Ausnahme sind."

Bruno Böllmann blickte in das verklärte Gesicht des Sportdirektors, dem er in diesem einen Falle so gerne zugestimmt hätte, aber unwillkürlich beschlich ihn der Zweifel, ob dieser Glaube des Sportdirektors nicht doch bloß ein Ausfluss des Schönredens war, mit dem man beim FC den wahren Problemen immer auswich, bis das Kind unrettbar in den Brunnen gefallen war.

In diesem Moment vernahm Bruno Böllmann die schrille, fordernde und herrische Stimme des *Paten* hinter sich, die rief: „Auf ein Wort, Herr Böllmann!"

Bruno war sicher, dass dieser Ausruf mit dem herrischen, für den Angesprochenen so herabwürdigen Wedeln begleitet wurde, das er so sehr verabscheute, und so ließ er eine geraume Weile verstreichen, bis er sich umdrehte.

„Was gibt's?", rief er und machte keine Anstalten, sich dem *Pate*n zu nähern, bis der sich genötigt sah, seinen Wachmännern das Zeichen zu geben, den Rollstuhl zu Bruno zu schieben. Er ließ in einigem Abstand halten und musterte Bruno forschend.

„Wie ich sehe, haben Sie so Ihre Zweifel", sagte er nach einer Weile.

„Zweifel zu haben, ist eine meiner Primär-Eigenschaften", entgegnete Bruno eher beiläufig. „Ich kann Ihnen versichern, es ist mehr Fluch als Segen."

Der *Pate* wedelte mit Gesten, die fast schon eine Beleidigung waren, die beiden Wachmänner außer Hörweite und dirigierte den Rollstuhl dicht vor Bruno.

„Wissen Sie, warum ich in der Fußballbranche so erfolgreich bin?", krähte er. Dann senkte er die Stimme, als verriete er ein gut behütetes Geschäftsgeheimnis. „Weil ich einfach und primitiv bin, Böllmann. Das ist eine *meiner* Primäreigenschaften. Und weil ich einfach und primitiv bin, frage ich: Was hat der Böllmann in meinen Stall getragen? Einen Fußballer oder eine Wundertüte?"

Der Zeigefinger des *Paten* schnellte vor und wollte in Brunos Brust bohren, doch Bruno hatte sich vorgenommen, das nie mehr zuzulassen. Er packte den Zeigefinger im Flug und drückte ihn kräftig zur Seite.

„Wenn Sie das mit mir machen wollen, müssen Sie mich vorher fesseln lassen“, sagte er und gab den Zeigefinger frei.

„Sie haben keinen Grund, die Nase hoch zu tragen, Böllmann“, sagte der *Pate* und seine Greisenstimme triefte vor Gekränktheit. „Vergessen Sie nie, dass ich *Sie* verantwortlich machen werde, wenn etwas mit dem Jungen nicht stimmt.“

„Und was stimmt Ihrer Meinung nach mit dem Jungen nicht?“, fragte Bruno.

„Ich will's Ihnen erklären, Böllmann. Ich habe schon ein paar hundert Fußballer genauer analysiert, Spieler vor ihrem Karrierebeginn, Vierzehn-, Fünfzehn-, Sechzehnjährige. Darunter gab's auch solche, die waren gleich gut in der Verteidigung und im Angriff. Aber die waren noch unreif, die waren noch schwankend, keine fertigen Spieler wie unser Lucas. Und dann habe ich fertige Spieler erlebt, die hat ihr Trainer umgepolt vom Angreifer zum Abwehrspieler. Seltener umgekehrt. Es waren zumeist grundsolide Spieler, ehrliche Rackerer und Arbeiter, aber keine Ball-Rastellis, keine Genies. Aber nie ist mir untergekommen, dass ein und derselbe Spieler *gleichzeitig* ein Ausnahmespieler als Verteidiger *und* als Angreifer war. Meine Primitivität sagt mir: Das geht nicht.“

„Der Sportdirektor glaubt, der Junge sei der absolute Ausnahmespieler, der perfekte Allrounder, nach dem sich die Fußballwelt so lange gesehnt hat“, meinte Bruno.

„Da scheint mir doch eher der Wunsch der Vater des Gedankens zu sein. Da ist typisch für einen Verantwortlichen des FC. Und wenn es die berühmte Ausnahme von der Regel überhaupt gäbe, die Wahrscheinlichkeit, dass sie ausgerechnet im Spielerkader des FC landet, ist äußerst gering.“

„Immerhin, es wäre eine Möglichkeit“, erwiderte Bruno.

Der *Pate* wischte mit einer seiner typischen Gesten Brunos Einwand zur Seite. „Meine Nase sagt mir, es gibt im Fußball nicht diese Art von Wundertüten“, sagte der *Pate* düster. Dann straffte er sich. „Aber eins ist sicher: Ich will wissen, was es damit auf sich hat. Es ist mein gutes Recht. Ich habe für den Jungen geblutet und erst einen Bruchteil davon zurück. Wie sehen Sie das, Böllmann?“

„Wie soll ich das sehen?“, fragte Bruno zurück. „Haben Sie in jüngster Zeit irgendwelche Auffälligkeiten an Lucas entdeckt, die Ihnen zuvor vielleicht nicht aufgefallen sind?“

Der *Pate* wiegte den Kopf hin und her, was die zahlreichen Falten in seinem Gesicht in Bewegung brachte und Bruno einen Begriff davon gab, wie die Alpen entstanden sein mochten.

„Nageln Sie mich nicht fest, der Junge hatte heute die gleichen Bewegungsabläufe wie sonst auch, aber irgendwie eckiger, weniger rund, weniger fließende Übergänge“, sinnierte der *Pate*. „Andererseits habe ich ihn beim Training mit dem Fernglas ganz nahe herangezoomt. Das war, zweifelsfrei, das war der Lucas Coração. Doch das überzeugt meine Nase nicht.“

Bruno überlegte eine Weile. „Die Sportmediziner haben bei ihrem Gesundheitscheck doch jede Menge Tests mit Lucas gemacht. Soviel ich weiß unter anderem auch einen Drogentest. Da muss doch genügend genetisches Material vorliegen. Um sicherzugehen, lassen Sie doch unter einem Vorwand eine neue Probe nehmen und machen mit einer alten und der neuen Probe einen vergleichenden Gentest.“

Der *Pate* dachte eine Weile über den Vorschlag nach.

„Okay“, sagte er schließlich. „Ich wusste, dass Sie kooperativ sein würden, Böllmann.“

Sehr überzeugend klang das nicht. Als der Bodyguard den *Paten* im Rollstuhl schon durch den Mittelgang schob, fiel Bruno eine weitere sichere Methode ein. Lucas hatte bei der Vertragsunterzeichnung seine Fingerabdrücke auf dem Dokument hinterlassen. Man brauchte sie nur mit den aktuellen Fingerabdrücken zu vergleichen, um mit Gewissheit seine Identität festzustellen. Als er sich darüber klar wurde, war der Rollstuhl schon in einem der schwarzen Vans verschwunden. Bruno machte sich hierüber keine Sorgen. Der *Pate* und seine Security waren klug genug, selbst darauf zu kommen.

## 20. Kapitel

Die nächste Ligabegegnung nach der Länderspielpause war ein Freitagabendspiel. Es ging zu Hause im RheinEnergieStadion gegen den Angstgegner des FC, einen unmittelbaren Nachbarn im unteren Tabellendrittel. Allen Beteiligten war klar, dass dieses Spiel darüber entscheiden würde, wohin die Reise der Kontrahenten ginge: auf einen der Abstiegsplätze oder ins sichere Mittelfeld.

Bruno Böllmann hatte sich in seinem alten neongrünen Ford Mustang frühzeitig von seiner Kanzlei in der Rhodiusstraße auf den Weg nach Müngersdorf gemacht, doch die Innere Kanalstraße war schon gegen sechzehn Uhr wie jeden Freitag hoffnungslos verstopft. Der Stop-and-go-Verkehr verstärkte Brunos innere Unruhe, die ihn erfasst hatte, als ihm Sigrid heute mit der Morgenpost das Flugticket auf den Schreibtisch gelegt hatte, das Fred Hammerstein für ihn gebucht hatte.

„Was ist das?“, hatte Sigrid gefragt und mit allen Anzeichen tiefen Abscheus auf das Flugticket gezeigt.

„Es ist dienstlich“, hatte Bruno ausweichend geantwortet.

Mit einem „Ach was“, das sie Loriot abgeguckt hatte, ließ sie Brunos Erwiderung ins Leere laufen. „Erinnerst du dich, in welchem Zustand du nach deinem letzten Brasilien-Trip zurückgekehrt bist?“

„Das habe ich verdrängt“, erwiderte Bruno.

„Selbst schuld!“, sagte Sigrid. „Und glaub ja nicht, dass ich auch nur einen Finger krümmen werde, um dich wieder ins Leben zurückzuholen. Überhaupt, ich bin weiß Gott nicht die Einzige, die eine völlig neue Lebensperspektive hätte, könntest du dich entschließen, diesmal für immer in Brasilien zu bleiben.“

„Danke für deine guten Wünsche“, hatte Bruno Sigrid entnervt nachgerufen, als sie schon auf der Treppe nach unten war.

Kurz entschlossen bog Bruno in die Dürener Straße ab und fand in einer ihrer Seitenstraßen einen freien Parkplatz. Dann ging er zur Aachener Straße zurück, zwängte sich in eine der überfüllten Straßenbahnen Richtung Müngersdorf und blieb mitten in einem Pulk angetrunkener Fans der gegnerischen Mannschaft stecken.

„Der Chaos-Club von Köln am Rhein, genannt FC, der Schrottverein!“, schrie ihm einer der gegnerischen Fans ins Ohr.

„Hier stinkt’s nach Scheiße, denn hier ist ein Fan vom schlimmsten Scheiß-Verein der Liga!“, grölte ein anderer und versuchte das Ende von Brunos FC-Schal zu packen.

„Würg ihn, würg ihn!“, feuerten ihn seine Kumpels an.

Bruno Böllmann versuchte, den gegnerischen Fan mit beiden Händen von sich wegzuschieben, was ihm aber nicht gelang, denn nun war der ganze Pulk der Umstehenden aufmerksam geworden und drückte von hinten, um dem Gerangel möglichst nahe zu sein. Er war so damit beschäftigt, sich den laut brüllenden Fan vom Leib zu halten, dass er die Deckung völlig vernachlässigte, was zwei seitlich stehenden Fans ermöglichte, die Enden seines FC-Schals zu packen, mit aller Macht daran zu ziehen und Bruno die Luft abzuschnüren.

Jetzt war ein Trupp FC-Fans, die im hinteren Teil des Straßenbahnwaggons standen, aufmerksam geworden. Der Größte von ihnen, ein Zwei-Meter-Hüne, hatte freie Sicht auf das Geschehen und alarmierte die anderen mit dem Ruf: „Die Drecksäcke machen einen von uns fertig!“

Diese Schmach wollten die FC-Fans nicht hinnehmen. Sie drängten in Richtung der gegnerischen Fans, die dichtgedrängte Menge in der Straßenbahn wurde instabil, die ersten gingen zu Boden und rissen andere mit sich.

Bruno Böllmann ging auch zu Boden und stürzte auf den Fan, der das linke Ende seines Schals im Fallen nicht losgelassen hatte und wie ein Wahnsinniger weiter daran zog, als sei der Schal eine Rettungsleine, mit deren Hilfe er sein bedrohtes Leben bewahren könne. Da ihm die Sinne zu schwinden drohten, rammte Bruno dem unter ihm Liegenden den Ellbogen gegen die Nase, die aufplatzte, Blut spritzte in Brunos Gesicht. In diesem Moment hörte er dicht an seinem Ohr den Schrei: „Hierher! Hier liegt er!“ Dann fühlte er, wie viele Hände ihn unter die Achseln, an den Hüften und an den Beinen packten und ihn wegrissen.

Als er wieder einigermaßen klar denken konnte, fand er sich auf einem der Sitzplätze im hinteren Teil der Straßenbahn wieder. Vor seinen Augen flimmerte es, er fühlte einen brennenden Schmerz im Nacken, seine Kehle fühlte sich wund und wie ausgetrocknet an.

„Er kütt widder bei sich!“, krähte ein pausbäckiges Gesicht dicht vor ihm, das immer näher kam. „Wat is, jeht et widder?“

Bruno wollte antworten, brachte aber nur ein heiseres Krächzen zustande.

„Dä bruch jätt ze suffe!“, hörte er eine andere Stimme ganz in der Nähe. Augenblicke später zwängte sich die Öffnung einer Kölschflasche zwischen seine Lippen, sein Kopf wurde an den Haaren in den schmerzenden Nacken gezogen und das einigermaßen kalte Kölsch befeuchtete seinen rauen ausgedörrten Schlund. Das Gefühl der Kühlung war zunächst durchaus angenehm, doch als das Bier, das ständig nachgekippt wurde, sich in seinem Magen ausbreitete, erregte es einen beängstigenden Tumult.

Nichts wäre Bruno jetzt peinlicher gewesen, als sich in dieser überfüllten Straßenbahn übergeben zu müssen. In seiner Not rollte er mit den Augen und versuchte, sich von der unbarmherzigen Bierflasche loszureißen.

„Hööd up, dä hätt jenooch!“, sagte das gutmütige, pausbäckige Gesicht, das ihn aus wässrigen, tiefliegenden Äuglein mit dem Interesse eines Insektenforschers an einer neuen Spezies anstarrte. Als das kalte Kölsch nicht mehr nachfloss, beruhigte sich Brunos Magen und gab ihm die Gelegenheit, ausführlich den schmerzenden Nacken zu massieren.

Die gegnerische Fangruppe, die den vorderen Teil der Straßenbahn besetzt hielt, hatte sich von dem Schock, ihr Opfer verloren zu haben, erholt, Fäuste wurden geschüttelt, lautstarke Schimpfwörter geschrien und üble Hassgesänge angestimmt, die von den FC-Fans mit ebenso großer Erbitterung erwidert wurden.

Es schien so, als ob Brunos Anwesenheit von den FC-Fans völlig vergessen worden sei, zumal die Hassgesänge der gegnerischen Fans im vorderen Teil der Straßenbahn nicht nachließen und von rhythmischem Hüpfen auf der Stelle begleitet wurde, was die FC-

Anhänger reflexartig zu überbieten suchten. Das ließ die Straßenbahn erbeben. Die Durchsagen des Fahrers wurden von dem Brausen der Gesänge, der Flut der Schimpfwörter und dem Sturm tierischen Gebrülls erstickt und blieben ungehört.

An der nächsten Haltestelle hielt die Straßenbahn an, alle Türen öffneten sich und blieben in dieser Stellung stehen. Bruno sog gierig die frische Luft, die von außen eindrang, in seine Lungen. Dann hielten auf der Fahrbahn neben der Straßenbahnhaltestelle zwei Mannschaftswagen der Bereitschaftspolizei. Der Fahrer stieg aus und beschrieb dem Einsatzleiter die Situation. Wenige Augenblicke später begann die Polizei, den vorderen Teil der Straßenbahn zu räumen. Die Gegenwehr hielt sich in Grenzen, zwar flogen zu Anfang ein paar Bierflaschen, aber wenig später strömten die gegnerischen Fans freiwillig auf die Straße, wo sie von der Bereitschaftspolizei umzingelt wurden. Die Kölner Fans begleiteten diesen Rauswurf mit dem vielstimmigen Ruf, der immer lauter dröhnte: „Auf Wiedersehen! Auf Wiedersehen!“, der in den mit großer Inbrunst vorgetragenen Spottgesang mündete: „Ihr könnt nach Hause fahr’n, ihr könnt nach Hause fahr’n ...“

Zehn Minuten später, nachdem sich hinter der Straßenbahn weitere fünf Bahnen aufgestaut hatten, wurde die Fahrt fortgesetzt. Die FC-Fans schwadronierten durcheinander und feierten lautstark ihren Sieg über die gegnerischen Fans, was allen wie ein gutes Omen für das anstehende Spiel erschien. Niemand schien jetzt mehr Notiz von Bruno zu nehmen, seine Anwesenheit schien aus dem kollektiven Gedächtnis der Fans gelöscht zu sein. Jetzt, da genug Platz in der Bahn war, hatten sich einzelne Grüppchen gebildet, die mit sich selbst beschäftigt waren. Bruno erhob sich von seinem Platz und zwängte sich in Richtung einer der Ausstiege durch die Fans. Als er den nächsten Ausstieg erreicht hatte, den ein gedrungener Fan in Schal und Mütze blockierte, den breiten Rücken Bruno zugedreht, klammerte er sich an einer Stange fest. Er hatte nur noch das Bedürfnis, so schnell wie möglich ins Freie zu kommen. Doch die Straßenbahn hielt an der nächsten Haltestelle nicht, sondern passierte sie in Schrittgeschwindigkeit.

Als Bruno vor der nächsten Haltestelle den Signalknopf drücken wollte, der dem Fahrer anzeigte, dass jemand aussteigen wollte, und seine Hand den Fan, der noch immer den Ausgang blockierte, ein Stück zur Seite schieben wollte, drehte der sich abrupt um und Bruno blickte in das breite, pausbäckige Gesicht mit den tiefliegenden wachsamen Äuglein.

„Sie sind doch der Böllmann, der den Lucas zum FC geholt hat", sagte der Fan leise und überdeutlich, sodass Bruno trotz des hohen Geräuschpegels jedes Wort verstehen konnte. „Wir haben Sie auf dem Schirm!"

„Wer sind eigentlich *wir*?", fragte Bruno, der mit der freien Hand seine Kehle massierte.

Der FC-Fan ließ seinen Zeigefinger kreisen. „Alle!", sagte er und zwinkerte Bruno vieldeutig zu. Dann machte er einen schnellen Schritt auf Bruno zu, hakte ihn unter und zog ihn mit sich vor den Ausstieg.

„Hören Sie zu, da braut sich was über unserem Brasilianer zusammen, das Sie wissen sollten", flüsterte er und rollte, um die Wichtigkeit seiner Andeutung zu verstärken, wie wild mit den tiefliegenden Augäpfeln.

„Was sollte ich wissen?", fragte Bruno.

Die breite, mit Schwielen bedeckte Hand des Fans griff an Brunos Ohrläppchen und zog dessen Kopf dicht zu seinem Mund herab.

„Der neue Übersetzer ist nicht sauber", flüsterte er, wobei er Brunos Ohrläppchen nicht losließ und immer fester in es pitschte.

„Geben Sie mein Ohrläppchen frei, sonst schreie ich um Hilfe!", sagte Bruno laut und vernehmlich.

„Es geht um mehr als ihr kümmerliches Ohrläppchen", fuhr der Fan ungerührt fort. Bruno biss die Zähne zusammen. Das Blut begann, wie wild in seinem Ohr zu rauschen. „Es geht um die Zukunft des FC!"

Bruno entschloss sich zum Gegenangriff und trat dem Fan mit aller Macht auf den Fuß. Der kompakte Kerl sackte zusammen und setzte sich auf den Hosenboden, wobei er mit beiden Händen den

Fuß umklammerte, den Bruno mit dem Absatz getroffen hatte. Mit einem Blick über die Schulter überzeugte sich Bruno, dass einige andere Fans aufmerksam geworden waren und Blicke warfen.

„Musst du dich schon vor dem Spiel immer so zusaufen?", schrie er zu dem jammernden Fan hinab, packte ihn unter die Achseln und hievte ihn auf die Füße.

„Der Tritt war nicht fair", beschwerte sich der Fan.

„Das mit dem Ohrläppchen aber auch nicht", meinte Bruno.

„Ich wollte nur sicher sein, dass Sie mir auch zuhören", sagte sein Gegenüber.

Dann stellte er sich auf die Zehenspitzen und flüsterte in Brunos Ohr. „Der neue Übersetzer hat eine Drogenspritze dabei. Er trägt sie im hohlen Rücken seines Deutsch-Portugiesischen Lexikons mit sich. Irgend so ein halluzinogenes Zeug, von dem er gleich drei Spritzen gekauft hat. Es soll für den Lucas bestimmt sein. Das sollten Sie auf dem Schirm haben, Böllmann."

„Woher wollen Sie denn wissen, dass es eine Drogenspritze ist?", fragte Bruno.

„Ich weiß es von dem Dealer, bei dem er das Zeug gekauft hat", flüsterte der Fan. „Es ist irgend so ein bewusstseinserweiternder Scheiß."

„Hat Ihr Dealer den Namen genannt? Versuchen Sie sich zu erinnern!", sagte Bruno.

Die Straßenbahn hielt an der nächsten Haltestelle. Der Fan verdrehte die tiefliegenden Äuglein und starrte an die Decke der Straßenbahn, der Ausstieg öffnete sich.

„Ich hab's vergessen!", sagte der Fan und versetzte Bruno einen kräftigen Stoß, der ihn aus der Straßenbahn beförderte.

Bruno hatte alle Mühe, das Gleichgewicht zu halten und nicht der Länge nach hinzuschlagen. Als er sich stabilisiert hatte, fuhr die Straßenbahn schon an. Er verließ die Haltestelle und ging die letzten drei Stationen zu Fuß.

Mehr als eine Stunde vor Anstoß war die Haupttribüne unterhalb der VIP-Logen erst spärlich besetzt. Bruno ließ seine Blicke schweifen und entdeckte den Koloss von Wachmann, der völlig bewegungslos neben dem zusammengeklappten Rollstuhl Aufstellung genommen hatte. Der *Pate* saß nicht weit entfernt, in eine flauschige Decke gehüllt, befingerte sein Smartphone und tippte Zahlenkolonnen in einen Taschenrechner. Er blickte nicht auf, als Bruno sich neben ihm niederließ. Erst nach einer geraumen Weile löste er sich aus seiner Körperstarre und fuchtelte mit dem Handy vor Brunos Gesicht herum.

„Heute ist wieder so ein Tag, an dem der FC besser die Punkte freiwillig dem Gegner auf dem silbernen Tablett vor Anpfiff des Spiels überreichen sollte!", polterte er los. „Erst verletzt sich der gerade erst genesene linke Außenverteidiger beim Aufwärmen, dann tritt auf dem Weg zurück in die Kabinen irgend so ein Idiot von der Security den Sechser des FC so unglücklich in die Hacken, dass er stolpert und gegen eine Pfeiler prallt. Doppelter Nasenbeinbruch und das Jochbein kaputt. Und ich dachte, die wären die Seuche losgeworden! Aber weit gefehlt, sie fühlt sich wohl bei Ihrem Verein, Böllmann."

Dann starrte er angeekelt auf sein Smartphone, sein ganzer Körper verbog sich, sodass Bruno fürchtete, der *Pate* werde im nächsten Moment tot von seiner Sitzschale kippen.

„Der Trainer spinnt, den Mann sollte man erschießen!", schäumte er. Dann krallte sich die faltige, dürre Greisenhand in Brunos schmerzenden Nacken und zog dessen Gesicht so dicht an das Smartphone heran, dass Bruno mit der Nase dagegen stieß und das Display sofort dunkel wurde.

„Haben Sie das gelesen? Unglaublich! Als wolle er den FC weltweit kaputtmachen!", kreischte der *Pate* so laut, dass schon ein paar Zuschauer neugierig herüberguckten.

„So lassen Sie doch endlich meinen Nacken los!", rief Bruno. „Der ist schon verrenkt genug!"

„Seien Sie nicht so zimperlich, Böllmann!", erwiderte der *Pate* und gab Brunos Nacken preis. Mit einem Blick überzeugte er sich, dass durch Brunos Nase das Display schwarz geworden war, und fügte hinzu, wobei seine Stimme vor zurückgehaltener Wut bebte: „Was macht dieser Unglücksmensch von Trainer, dieser mutlose Trauerkloß? Klar, ich sehe ein, dass ihn die beiden neuen Verletzten zu einer Umstellung der Mannschaft zwingen, aber doch nicht das! Er stellt den Lucas als neuen Sechser auf. Einen Angriffsspieler seiner Klasse als Bollwerk vor der Abwehr! Und das nur, weil Lucas beim Training einigermaßen gut nach hinten gearbeitet hat. Das ist doch wohl zum Haare raufen!"

„Er war bei zwei Trainingsspielen der Star der Abwehr, nicht mal so eben ganz gut, sondern Extra-Klasse!", widersprach Bruno.

„Wenn die neue Mannschaftsaufstellung bekannt wird, steigen die Quoten für den Gegner des FC!", schnaufte der *Pate*.

„Warum regt Sie das so auf?"; fragte Bruno. „Wie ich Sie einschätze, haben Sie noch keine größeren Einsätze getätigt."

„Man merkt, dass Sie ein rückständiger Mensch sind und keine Ahnung vom Wettgeschäft haben!", knurrte der *Pate*. „Das lebt vom Polarisieren, von der Über- und Untertreibung, nicht von der Nivellierung, dem Mittelmaß. Wenn Lucas nicht im Sturm spielt, sagen Sie mir, Böllmann, worauf soll ich wetten?"

„Vielleicht stellt ihn der Trainer nur auf dem Papier als Sechser auf, aber in Wahrheit spielt er einen hängenden Mittelstürmer", mutmaßte Bruno.

„Dafür fehlt unserem Trainer die Phantasie. Sein Sicherheitsdenken wird den FC noch in den Abstieg treiben. Danach ist Lucas nur noch Peanuts wert!", stöhnte der *Pate*, versank in düsteres Schweigen und zappte sich durch die Wettseiten im Internet.

Langsam begann sich das Stadion zu füllen. In der Südkurve stimmten die FC-Fans die ersten Gesänge an, denen heute aber das Feuer des Optimismus' fehlte und die wie eine Pflichtübung klangen. Die Antwort der gegnerischen Fans fiel eher kläglich aus. Die viel gerühmte Kölner Seligkeit schien an diesem Abend nicht den Weg ins Kölner Stadion gefunden zu haben.

„Da! Jetzt scheint die neue Aufstellung des FC ins Netz durchgesickert zu sein!", zischte der *Pate* und stieß Bruno den spitzen Ellbogen in die Rippen. „Weltweit beginnen die Wetter, auf eine Heimniederlage des FC zu setzen, wodurch die Quoten für diesen Tipp im freien Fall unaufhaltsam sinken. In Südostasien hat innerhalb weniger Sekunden eine beträchtliche Anzahl von Wettern darauf gesetzt, dass Lucas Coração in diesem Spiel keinmal ins Tor trifft! Sie haben überhaupt keine Ahnung vom Wettgeschäft, aber ich frage Sie trotzdem: Worauf soll ich mein Geld setzen?"

„Soviel Drogen kann man Lucas gar nicht eintrichtern, dass er kein einziges Tor schießt! Es steckt in seinen Genen. Sie werden sehen, eins schießt er auf jeden Fall, selbst wenn er als Torwart aufgestellt würde!"

„Also ein Tor?", vergewisserte sich der *Pate*. „Sie meinen, ich soll Geld darauf setzen, dass unser Junge ein Tor schießt?"

„Das glaube ich. Wenn Sie darauf wetten, dann ist das allein Ihr Bier, damit will ich nichts zu tun haben", erwiderte Bruno.

Der *Pate* beugte sich wieder tief über sein Smartphone, während seine dürren Greisenfinger auf Icons und Buttons tippten, als ginge es um sein Leben. Währenddessen füllten sich die Ränge im Stadion weiter. Als die FC-Fans in der Südkurve ein Transparent enthüllten, auf dem stand: „Nehmt sie auf die Hörner, Jungs!", stimmten die gegnerischen Fans zuerst unsicher, dann voller Inbrunst den Spottgesang an: „Alle Böcke riechen, alle Böcke riechen, nur der Kölner Geißbock stinkt ..." *Woher hatten die denn den uralten Spottgesang der Düsseldorfer ausgegraben?*, wunderte sich Bruno.

„Ich habe den Wettmarkt vorsichtig angefüttert, aber keine Reaktion. Man ignoriert meine Wetten auf ein Tor von Lucas, die Anfangsquoten hierfür stehen wie Beton", meinte der *Pate*. Dann beugte er sich zu Bruno herüber, was ihm sichtlich einige Mühen und Schmerzen bereitete, und flüsterte: „Glauben Sie ja nicht, dass ich Ihre Bemerkung über Drogen in Zusammenhang mit Lucas überhört oder vergessen hätte, Böllmann! Ich überhöre und vergesse nichts, was in irgendeinem Bezug zu meinen Geschäften steht. Bloß blödes Gerede? Bloß wieder eine dieser aberwitzigen Verschwörungstheorien aus den selbsternannten Führungscliquen des FC? Also raus mit der Sprache, Böllmann!"

Bruno überwand sich und beugte sich zu der welken, mit kleinen Borstenbüscheln bewachsenen Ohrmuschel des *Paten* hinab und flüsterte: „Der neue Übersetzer verbirgt im Rücken seines Deutsch-Portugiesischen Lexikons eine Spritze mit halluzinogenem Zeugs.

Sie soll für Lucas bestimmt sein. Er hat mehrere davon gekauft. Das habe ich von einem FC-Fan, der es direkt von dem Dealer hat, der dem Übersetzer das Halluzinogen verkauft hat."

„Und Sie glauben diesen Schwachsinn?", zischte der *Pate*, schüttelte sich und verzog so angeekelt das Gesicht, als wolle er sich in Brunos Schoß übergeben. „Bestimmt wieder so ein Scheißhausgerücht, das immer mehr und mehr zu stinken beginnt, je weitere Kreise es zieht."

„Sie können es ja überprüfen", erwiderte Bruno. „Am besten nach Beginn des Spiels. Für den Übersetzer ist ein Platz hinter der Trainerbank reserviert. Sie könnten jemand in die Kabine schicken. Bestimmt hat er sein Lexikon in der Sporttasche dabei."

„Das meinen Sie doch nicht ernst, oder?", vergewisserte sich der *Pate*.

„Doch!", erwiderte Bruno.

Der *Pate* richtete sich halb auf, winkte dem Security-Mann, der im Mittelgang neben dem zusammengeklappten Rollstuhl Wache hielt, und flüsterte eine Weile mit ihm. Dann begab sich der Wachmann zurück auf seinen Posten, zückte ein Handy, telefonierte eine Weile und hob zum Schluss in Richtung des *Paten* den Daumen.

„Wenn der Übersetzer das Lexikon in der Kabine hat, bekommen wir es", sagte der *Pate*, der bis zum Beginn des Spiels in den globalen Netzwelten der Wettmafia verschwand.

Der Stadionsprecher bemühte sich redlich, die müde Stimmung im Stadion etwas anzuheizen, was ihm anfänglich auch gelang, doch schnell schlich sich die seltsame Fatalität wieder ein, als litten die Zuschauer an diesem trüben Spätherbstabend an einer kollektiven Depression, die sogar die gegnerischen Fans ansteckte.

Als der Stadionsprecher die Mannschaftsaufstellung vorlas und Lucas Coração als Sechser ankündigte, ging ein Raunen durchs Stadion. Dann ließen sich vereinzelte Pfiffe hören. Es sollten nicht die letzten Pfiffe an diesem Abend sein.

„Ich habe meine Wetten auf ein Tor von Lucas bis zum letzten Cent ausgereizt", ließ sich der *Pate* vernehmen. „Wenn ich jetzt noch einen Dollar mehr setze, würden die Kurse zu rutschen beginnen."

„Wie können Sie da so sicher sein? Sagt Ihnen das etwa auch Ihre Nase?", fragte Bruno.

„Quatsch!", entgegnete der *Pate* geringschätzig. „Sie sind ein hoffnungsloser Romantiker, Böllmann, und haben vom Wettgeschäft keine Ahnung!"

Aus seinem Munde klang das so, als sei es moralisch mehr als verwerflich, keine Ahnung vom Wettgeschäft zu haben und disqualifiziere ihn als Menschen, der sich aus lauter Desinteresse aus der Gemeinschaft der Wetter selbst ausgeschlossen habe.

„Das sagt mir der Algorithmus von meinen indischen Mathematikern", fuhr der *Pate* fort. „Und selbst, wenn ich diese Wetten gewinne, wirklich lohnen tut es sich nicht."

Als die Mannschaften das Spielfeld betraten, hielt sich echter Jubel in Grenzen, es war eher ein pflichtschuldiges Getöse, das die beiden Fanblöcke veranstalteten. Bruno beobachtete, wie Lucas, als er aus dem Kabinengang ins Freie trat, sich von der Hand des kleinen Jungen, der ihn begleitete, losmachte, die Augen mit der Hand gegen das gleißende Flutlicht schützte und voller Staunen in das weite Rund blickte.

„Haben Sie das gesehen?", fragte der *Pate*. „Er benimmt sich so, als würde er das Kölner Stadion zum ersten Mal betreten! Warum macht er das?"

Bruno zuckte ratlos mit den Achseln.

Als die Spieler des FC, der Anstoß hatte, ihre Positionen einnahmen, stand Lucas Coração im vorderen rechten Mittelfeld, eine Position, die er in den vorigen Spielen auch innegehabt hatte.

„Vielleicht war die Nominierung von Lucas als Sechser doch bloß ein Bluff, mit dem die gegnerische Mannschaft verunsichert werden sollte", meinte Bruno. Man passte nach dem Anstoß den Ball zurück. Lucas behauptete ihn gegen drei Angreifer, die ihn sofort attackierten, und öffnete das Spiel mit einem präzisen Pass in den Lauf des pfeilschnellen Rechtsaußen, der den linken Verteidiger mit einer einfachen Körperdrehung ins Leere laufen ließ und mit einem fulminanten Torschuss abschloss, der nur knapp über den Torbalken ins Aus strich.

„Haben Sie das auch bemerkt, Böllmann? Lucas läuft heute ganz anders, er stampft wie ein Büffel und hüpft nicht mit der Leichtigkeit einer Antilope!“, meinte der *Pate*.

Vor dem Abstoß, mit dem der gegnerische Torwart sich viel Zeit ließ, hatte sich Lucas Coração weit nach hinten zurückfallen lassen und hielt jetzt die Position eines klassischen Sechsers ein paar Meter vor der hinteren Viererkette ein.

„Schauen Sie bloß, wie der Lucas da steht, Böllmann, als sei er mit dem Boden verwachsen, ein fester Stand wie ein Boxer haben muss, der zu einem K.O.-Schlag ansetzt“, kommentierte der *Pate*. „So habe ich ihn selbst bei den Trainingsspielen nie stehen sehen.“

Der Abstoß wurde durch einen der Mittelfeldspieler des Gegners mit dem Kopf verlängert, der gegnerische Linksaußen nahm den Ball in vollem Lauf mit und passte ihn zu seinem Mittelstürmer, der ihn eng am Fuß führte, zwei Übersteiger andeutete und den Ball Lucas durch die Beine schieben wollte. Doch Lucas Beine schienen irgendwie magnetisch zu sein, er veränderte seine Position nur minimal, was aber genügte, dem Ball die entscheidende Richtungsänderung ins Aus zu geben.

Die nächsten Minuten spielte sich das Geschehen hauptsächlich im Kölner Mittelfeld ab, denn die gegnerische Abwehrkette stand sehr hoch und blockte jeden Angriffsversuch des FC schon im Entstehen ab. Dem FC gelang nicht viel, selbst Sicherheitspässe über wenige Meter kamen bei den Mitspielern nicht an. Als der Gegner die immer mehr um sich greifende Verunsicherung des FC bemerkte, erhöhte er den Druck, setzte jedem verlorenen Ball nach und deckte die Innenverteidigung und den Torwart des FC mit scharf geschossenen Flanken von der Grundlinie ein. Zum Glück hatte der junge Torwart des FC einen seiner besten Tage erwischt und er pflückte die Flanken gleich reihenweise aus der Luft.

Zwei Flanken jedoch fanden den Mitspieler. Eine segelte über Freund und Feind hinweg und gelangte zum gegnerischen Linksaußen, der mit dem rechten Fuß antäuschte und den Ball mit dem linken Fuß am Außenverteidiger des FC vorbei spitzelte. Jeder erwartete nun, dass er nach innen ziehen werde, doch er stürme hart an der Auslinie entlang und aufs Tor zu, spielte dem heranstürmenden Innenverteidiger den Ball durch die Beine. Der Torwart des FC verließ seinen Kasten und machte drei schnelle Schritte auf den anrennenden Stürmer zu. Jeder konnte sehen, dass er dabei das lange Eck völlig freigegeben hatte und der gegnerische Angreifer nur noch den Ball hineinschieben musste.

Im letzten Moment spitzelte Lucas Coração dem verblüfften Spieler den Ball vom Fuß. Selbst seine Mitspieler waren erstaunt darüber, wie Lucas so unvermutet seitlich vor dem Spieler auftauchen konnte. Sein Tackling war einwandfrei. Er berührte seinen Gegner nicht, der sich aus Enttäuschung theatralisch fallen ließ, sich wie unter großen Schmerzen über den Rasen wälzte und dafür auch prompt die gelbe Karte kassierte.

Eine andere Flanke von der Grundlinie erreichte den gegnerischen Sechser, der sich aus dem Mittelfeld nach vorne gemogelt und den in diesem Augenblick kein Spieler des FC auf dem Radar und der völlig freie Schussbahn hatte. Er nahm den Ball volley aus der Luft, ein Schuss wie ein Strich zischte auf das obere rechte Toreck des FC zu. Da lag Lucas Coração waagerecht anderthalb Meter hoch in der Luft, sein rechtes Bein in die Höhe gespreizt, und erwischte den Ball so mit der Hacke, dass er hoch über den Querbalken strich.

Der gegnerische Trainer, der seine Coachingzone verlassen und beide Arme zum Torjubel hochgerissen hatte, entledigte sich seiner wattierten Jacke, pfefferte sie auf den Boden und trampelte entnervt auf ihr herum.

Wer jetzt geglaubt hatte, diese so noch nie im Kölner Stadion gesehene Rettungsaktion hätte wie ein Weckruf auf den FC gewirkt, sah sich getäuscht. Im Gegenteil, die Nervosität griff nach jedem Spieler, haarsträubende Fehler schlichen sich ein, und es schien nur eine Frage der Zeit, bis der FC das erste Gegentor kassieren würde. Und alle im Stadion ahnten, dass dann alle Dämme brechen würden.

In dieser allgemeinen Konfusion war Lucas Coração der Einzige, der beim FC kühlen Kopf bewahrte. Er war wie ein Fels, an dem die gegnerischen Angriffe zerschellten, und man hätte fast glauben können, dass er die Fähigkeit besaß, gleichzeitig an zwei verschiedenen Orten zu sein. Und sein enormer Einsatz begann nach einer Weile, Wirkung zu zeigen. Die Innenverteidigung des FC stabilisierte sich und drosch nicht nur die Bälle panikartig und ohne Sinn und Verstand nach vorne, sondern suchte den freien Mitspieler. So trug der FC im eigenen Stadion sogar ein paar Konter bis an den gegnerischen Strafraum vor, aber der letzte Pass misslang zumeist kläglich, von einem präzisen Torschuss ganz zu schweigen.

Bruno bemerkte, wie der *Pate* in stetig wachsender Nervosität mit einem Auge auf das Spiel schielte, mit dem anderen die Wettsites kontrollierte, wobei sich seine Laune immer mehr eintrübte.

„Der internationale Trend geht eindeutig in Richtung Heimniederlage des FC, die Quote dafür sinkt und sinkt. Selbst wenn man richtig liegt, kann man nicht wirklich was einsacken."

„Wissen Sie was? Das mit dem Fußball ist wie mit dem Glauben, er ist wider alle Vernunft! Ich glaube an das Unmögliche, das ist mein Credo als Fan des FC!", entgegnete Bruno.

„Sie glauben also an einen Sieg des FC?", fragte der *Pate*.

„Halten Sie mich für blöd? So weit geht nun mein Glaube doch wieder nicht", erwiderte Bruno. „Ein Unentschieden ist heute das Wunder, auf das ich all meine Hoffnung setze."

Der *Pate* nagte an seiner Unterlippe, kniff eines seiner geschwollenen Augenlider zu und schielte mit dem offenen Auge zu Bruno hinauf. „Gut, ich setze auf Ihre Verantwortung fünftausend Dollar auf ein Unentschieden des FC! Oder geht das noch ein bisschen genauer?"

Bruno wusste nicht, woher diese Donnerstimme kam, die in seinem Körper dröhnte und auch noch die letzte Faser seines Leibes erzittern ließ. „Eins zu eins!", keuchte er.

Im gleichen Moment verdribbelte sich der Linksaußen des FC bei einem der wenigen aussichtsreichen Konter völlig unnötig, denn zwei Mitspieler hatten sich freigelaufen und er hätte nur zu einem von ihnen passen müssen. Der gegnerische Sechser nahm ihm dem Ball vom Fuß und passte ihn über dreißig Meter zum Rechtsaußen. Sein Mittelstürmer hatte einen Spurt angezogen. Zwischen ihm und dem Torwart des FC befand sich nur noch der linke Innenverteidiger des FC, aber bei einem genauen Pass hatte er nur geringe Chancen, einen Torschuss zu verhindern. Da kam Lucas Coração angerauscht und holte den gegnerischen Linksaußen ziemlich humorlos von den Beinen. Er hatte Glück, dass er dafür nur die gelbe Karte sah, über eine rote Karte hätte er sich nicht beschweren können.

„Zum Glück hat der Gegner des FC keinen Freistoßspezialisten in der Mannschaft!“, frohlockte der *Pate*.

Der Torwart des FC zeigte eine Mauer von vier Spielern an. Einer der Mittelfeldspieler legte sich den Ball zurecht. Der scharf geschossene Freistoß segelte mit viel Effet über die Mauer und senkte sich unhaltbar in das rechte obere Toreck.

Die mühsam wiedererlangte Sicherheit der FC-Abwehr begann zu bröckeln und allen im Stadion wurde klar, dass ein guter Torwart und eine exzellente Abwehrleistung von Lucas nicht ausreichen würden, die drohende Niederlage abzuwenden.

Die letzten zehn Minuten vor der Pause verschwendete der *Pate* keinen einzigen Blick auf das Display seines Smartphones, sondern beobachtete mit dem Feldstecher jede Bewegung von Lucas auf dem Spielfeld. Mehrmals packte er Brunos Arm und riss daran wie ein Gefangener an seinen Ketten. „Mein Gott, er ist es, aber er ist es auch wiederum nicht!“, stöhnte er ein um das andere Mal. Oder er raufte sich das schüttere, strähnige Haar und sagte: „Wie kann ein Fußballer seine Spielweise über Nacht nur so grundsätzlich ändern!“ Nach einer ganz außergewöhnlichen Rettungstat von Lucas riss er sogar an Brunos Fan-Schal und schrie: „Es ist so, als hätte er einen Magneten verschluckt, der die Bälle magisch anzieht.“

Es grenzte schon an ein Wunder, dass der FC zur Halbzeit nur mit einem Tor in Rückstand lag. Anders als bei vielen Heimspielen des FC wollte in der Halbzeitpause nicht der Wunderglaube an eine entscheidende Wende aufkeimen, wachsen und gedeihen, so groß war die Überlegenheit des Gegners gewesen.

„Der Trainer muss was machen, da genügt keine Brandrede in der Kabine. Er muss neue Spieler bringen. Es ist schon egal, wen er einwechselt. Die Moral des FC ist so im Keller, da kann nur noch ein Impuls von außen was bewirken“, sagte der *Pate* gerade, als ein Security-Mann kam und ihm eine Plastiktüte reichte.

Der *Pate* legte sie in seinen Schoß und starrte sie sekundenlang ausdruckslos an. Dann hob er sie an den Henkeln hoch und warf sie zu Bruno hinüber. „Sie schauen nach!“, zischte er. „Es ist Ihr Verdacht!“

Bruno fasste die Henkel des Plastikbeutels mit spitzen Fingern und stellte ihn zwischen seine Füße. Dann zog er die Öffnung des Beutels auseinander, auf dessen Boden ein dickes Deutsch-Portugiesisches Lexikon lag. Er stellte es senkrecht und betrachtete den Rücken des Buches, auf dem waagerecht zwei feine Nähte verliefen. Er tastete die Nähte ab. Als er auf beide Nähte gleichzeitig drückte, klappte der Mittelteil des Buchrückens auf und gab den Blick frei auf eine Halterung, in der eine Spritze mit gelber Flüssigkeit steckte.

„Es ist genauso, wie der FC-Fan es gesagt hat“, meinte Bruno und reichte den offenen Beutel an den *Paten* zurück, der einen flüchtigen Blick hineinwarf.

„Es ist gruselig“, sagte der *Pate*. „Ich habe für den Jungen geblutet, und jetzt wollen andere sich an meinem Blut fettsaufen! Das werde ich nicht zulassen!“

Er winkte dem Bodyguard, flüsterte mit ihm eine Weile und reichte ihm den Beutel. Der Bodyguard verschwand damit im Laufschritt durch den Mittelgang.

Es machte sich auf den Rängen Unmut breit, als der FC zur zweiten Halbzeit in unveränderter Aufstellung aufs Feld lief. Nach wenigen Spielzügen wurde es offensichtlich, dass Lucas Coração noch weiter zurückgezogen wie ein dritter Innenverteidiger spielte.

„Und wer, bitteschön, soll jetzt für den FC ein Tor schießen?“, stöhnte der *Pate* nach den ersten fünfzehn Minuten, in denen es die Stürmer des FC kein einziges Mal bis an den gegnerischen Strafraum gebracht hatten.

Das Spiel wurde immer zerfahrener. Zwar mühte sich die gegnerische Mannschaft ab und setzte die Abwehrreihen des FC immer wieder unter Druck, doch zumindest die Abwehr des FC schien jetzt sattelfest zu sein. Es hagelte Ecken und Einwürfe in Strafraumnähe, doch es gelang den gegnerischen Stürmern nicht, den Ball ein zweites Mal über die Torlinie zu bringen.

Es geschah in der letzten Minute der Nachspielzeit. Der Schiedsrichter blickte schon vielsagend auf seine Uhr, als Lucas Coração dem gegnerischen Mittelstürmer in Strafraumnähe den Ball vom Fuß spitzelte und lostrabte. Der Mittelstürmer versuchte, Lucas zu foulen, erwischte ihn auch an der Wade, Lucas geriet ins Stolpern, aber wie durch ein Wunder fiel er nicht. Der Schiedsrichter hatte schon die Pfeife im Mund, um Foul zu pfeifen, ließ dann aber Vorteil gelten. Vom FC war nur noch der pfeilschnelle Rechtsaußen mitgelaufen, wurde aber von zwei gegnerischen Abwehrspielern abgedeckt.

Lucas hatte den Kopf zwischen die Schultern gezogen. Anders als bei seinen Sololäufen in den früheren Spielen für den FC hielt er den Blick starr auf den Ball gerichtet und stampfte mit großen Schritten, denen jede Leichtigkeit fehlte, stur geradeaus. In diesen Momenten schien er eine kleine, kompakte Dampfwalze zu sein, die langsam, aber stetig auf Touren kam.

Noch schien die Situation für den Gegner nicht besonders gefährlich zu sein, denn zwischen Lucas und dem gegnerischen Tor standen drei Abwehrspieler, die den Raum in der Mitte eng machten, ein vierter Abwehrspieler deckte immer noch den Rechtsaußen des FC. Mit seinen abgehackten, stampfenden Schritten schien Lucas, der keinen Meter zur Seite gewichen war, seine Höchstgeschwindigkeit erreicht zu haben, als zwei der Abwehrspieler auf ihn losstürmten. Lucas, den Kopf zwischen den Schultern eingezogen und starr auf den Ball gerichtet, schien die heranstürmenden Gegner nicht zu bemerken. Im letzten Moment, bevor sie ihm den Ball vom Fuß nehmen konnten, schoss Lucas aus mehr als dreißig Metern aufs Tor. Es war kein Schuss, es war eine fulminante Explosion, eine Granate, abgefeuert von einem ganz Muskel gewordenen Mann, gerade wie ein Strich und gewalttätig wie der ganze Sturmlauf vom eigenen Strafraum bis fünfunddreißig Meter vors gegnerische Tor. Der Keeper machte sich lang, griff im Sprung über und berührte den Ball noch mit den Fingerspitzen, vermochte aber nicht, ihm eine entscheidende Richtungsänderung zu geben. Wie sich später herausstellte, hatte er sich bei dieser vergeblichen Rettungsaktion den Mittelfinger gebrochen.

Bruno Böllmann hatte im Kölner Stadion zwischen Torschuss und Torjubel noch nie eine so lange Pause absoluter Stille erlebt. Es war eine dieser Ewigkeiten, die zwischen Hoffnungslosigkeit und Errettung liegen. Dann brach ein unbeschreiblicher Jubel los, die jeden Kölner erfasst, wenn es wider alle Vernunft wieder mal gut gegangen ist.

Als sich der Jubel gelegt und der *Pate* seine Rechnung gemacht hatte, sagte Bruno: „Es liegt in seinen Genen. Er muss ein Tor schießen, wenn sich die Gelegenheit dazu bietet. Jedenfalls behauptet das *Garra*!"

Der *Pate* schüttelte sich und fröstelte. „Ihr könnt mir alle erzählen, was ihr wollt: Das war nicht Lucas Coração! Ich mag zwar alt und klapprig sein, aber mein Fußballverstand ist noch hellwach. Und der sagt mir: Das war ein anderer!"

## 21. Kapitel

Fred Hammerstein hatte im Büro auf Brunos Schreibtisch eine Ecke freigeräumt und dort ein Dutzend seiner eng beschriebenen und mit vielen Pfeilen und verwirrenden Einrahmungen versehenen Notizblöcke aufgetürmt.

Es fiel ihm sichtlich schwer, das anstehende Gespräch zu beginnen, und auch Bruno schwieg beharrlich und machte keine Anstalten, das Wort zu ergreifen. Schließlich seufzte Fred Hammerstein, was bei ihm eher wie das Grunzen eines Schweins klang, das Magenschmerzen hat. „Du solltest ein wenig Verständnis dafür haben, in welcher Zwickmühle ich bin, Bruno!“, begann er.

„Halt! Stopp! Du beginnst unser Gespräch, wie nicht anders zu erwarten, mit einem Vorwurf. Und weißt du, warum? Du kannst gar nicht mehr anders! Das Vorwerfen ist dir in Fleisch und Blut übergangen. Das Unerträgliche daran ist: Du merkst es nicht mal!“, meinte Bruno.

Fred Hammerstein hob beschwichtigend die Arme. „Das ist auch nichts anderes als ein Vorwurf, Bruno“, erwiderte er, „und hilft mir keinen Millimeter aus der Zwickmühle. Nimm es doch bitte etwas professioneller, als Anwalt beschäftigst du dich doch ständig mit den Zwickmühlen deiner Mandanten, das dürfte dir doch nichts Neues sein.“

„Okay!“, erwiderte Bruno. „Wenn ich dich anwaltlich vertreten soll, dann unterschreibe mir eine Beauftragung. Du kennst meine Stundensätze.“

„Bruno, du weißt besser als ich, dass ich dich als Anwalt in meine laufenden Ermittlungen gar nicht einbeziehen darf“, fuhr Fred Hammerstein fort.

„Dann lass es auch bitte“, erwiderte Bruno. „Ich bin – weiß Gott – nicht scharf drauf.“

„Das ist ein Teil meiner Zwickmühle“, fuhr Fred Hammerstein ungerührt fort. „Die andere Zwickmühle ist die: Ich ermittle hier gegen eine Art Hydra. Schlägst du ihr einen Kopf ab, dann wachsen zwei andere nach.“

Obwohl Bruno die Heizung erst vor fünf Minuten aktiviert hatte und die Luft noch klamm war, hatte Fred Hammerstein stark zu schwitzen begonnen und knabberte an seinen Fingernägeln.

„Mach es dir doch nicht so schwer, Fred", sagte Bruno. „Reich den Fall doch an die Bochumer Staatsanwaltschaft weiter, die Wettbetrug als Schwerpunkt bundesweit bearbeitet. Ich rate dir das als Freund, niemand könnte dich dafür tadeln."

„Niemand?", fragte Fred Hammerstein in einer Mischung aus Hohn und Resignation. „Doch! Ich kenne jemanden, der mich dafür tadeln könnte: du! Denn du kennst mich!"

„Ja, leider!", entgegnete Bruno. „Es macht das Leben düsterer und freudloser, dich zu kennen, Fred. Es nimmt einem viele Illusionen."

Fred Hammerstein wischte Brunos Bemerkung mit einer fahrigen Bewegung zur Seite. „Wir sind uns darin sehr ähnlich, Bruno, also hör auf zu jammern." Dann beugte er sich zu Bruno vor, entspannte sich zusehends, bis ein leichtes Lächeln über sein verschwitztes Gesicht huschte. „Erinnerst du dich daran, Bruno, wie wir zwei Monate lang auf dem Gremberger Baggersee den großen Wels gejagt haben? Du warst der Einzige, der ihn gesehen hatte. Alle haben dich ausgelacht. Ein riesiger Wels im Gremberger Baggersee, wie soll der denn da überleben? Ich war der Einzige, der dir geglaubt hat. Mehr als zehn Nächte habe ich mir mit dir um die Ohren geschlagen. Und dann haben wir ihn gehabt."

„Es ist ausgesprochen unfair, mich ausgerechnet jetzt, nach mehr als fünfzehn Jahren, daran zu erinnern", sagte Bruno.

Auch diese Bemerkung wischte Fred Hammerstein einfach zur Seite.

„Ich gebe dir einen groben Überblick, Bruno", fuhr Fred Hammerstein ungerührt fort. „Ich sage dir nichts Neues, wenn ich damit beginne, dass das Wettgeschäft weltweit Milliarden umsetzt. Und es ist ebenso bekannt, dass es auch eine gigantische Geldwäsche-Industrie ist. Drogengeld, Einnahmen aus Prostitution, Menschenhandel, Subventionsschwindel, Schutzgeld, Bestechung – hier wird in großem Stil weißes Geld produziert. Möglich geworden ist dieser globale Bezug der Wettindustrie erst durch die Verlagerung der Wetten in die Anonymität und die weltweite Verbreitung des Wettangebots im Internet. Und die neueste Entwicklung ist: Die großen, marktbeherrschenden Wettkartelle rüsten elektronisch auf. Server und Programme werden weltweit vernetzt und optimiert. Jede Wette, egal wo sie getätigt wird, beeinflusst und verändert die Quoten, die Ströme auf der Datenautobahn nehmen immer mehr Fahrt auf. Jetzt ist die Zeit reif, dass Algorithmen und Hochleistungsrechner die Herrschaft übernehmen. Wie im Börsenhandel und bei den Schattenbanken beginnen auch im Wettgeschäft, die Computer direkt untereinander zu wetten. Wer die höhere Geschwindigkeit beim Datentransfer und den besseren Algorithmus hat, platziert die Wette besser und schneller."

„Übertreibst du da nicht gewaltig, Fred?", fragte Bruno. „Das ist doch noch zum größten Teil Zukunftsmusik, die du mir gerade vorspielst."

„Das habe ich vor einem halben Jahr auch geglaubt", erwiderte Fred Hammerstein trocken. „Die Digitalisierung und Industrialisierung des Wettgeschäfts wird immer rasanter. Mittlerweile ist es wie in den Spielcasinos: Der kleine Spieler, zum Beispiel der Fan, der ein paar Euros auf seinen Lieblingsverein setzt, bleibt dabei auf der Strecke. Wie bei den Casinos in Las Vegas gewinnt letzten Endes immer das Casino. Und es kann seinen Gewinn schon ausrechnen, während die Wetten noch laufen. Verstehst du, Bruno, die Wettkartelle beeinflussen durch gezielte Einsätze selbst die Quoten, die für sie am höchsten sind. Alles ist eine gigantische Abzocke. Zu der gehört, dass Gelder weltweit hin und her geschoben werden. Das ist die Stunde der Leute mit den weißen Westen, der blütenreinen Insider. Verstehst du, Bruno, die Töpfe werden ausgekratzt, die Gangster, die mit den Leichen im Keller, werden rausgekegelt, von denen trennen sich die Kartelle, Leichen stinken, Blut legt Spuren. Solche Typen wie der Yüce, der manipuliert, bedroht, betrogen, erpresst und geprügelt hat, werden nicht mehr gebraucht."

„So primitiv, wie du den Yüce jetzt darstellst, kann der nicht gewesen sein, sonst hätte er sich wohl nicht rechtzeitig nach Südamerika absetzen können", widersprach Bruno.

„Glaubst du im Ernst, dass er freiwillig seine Anteile an den *Paten* übertragen hat? Und wenn ich von Anteilen spreche, dann meine ich nicht nur die Managementverträge mit den Fußballern, sondern seine Anteile am Wettgeschäft. Er hat geglaubt, er könne sich damit einen Freifahrtschein fürs Überleben sichern. Aber das war ein Irrglaube, eine dumme Selbsttäuschung. Ich verwette meinen Arsch darauf, dass in Wahrheit ein Killerkommando in Rio auf ihn gewartet hat und immer noch auf ihn wartet."

Fred Hammerstein hieb mit der flachen Hand auf den Schreibtisch, der Turm aus eng beschriebenen Notizblöcken geriet ins Wanken und ergoss sich in Brunos Schoß.

„Und dann kamst du ins Spiel. Du hast ihm das Leben gerettet oder zumindest einen Aufschub seiner Hinrichtung bewirkt. Du und dein sauberer Onkel!"

Fred Hammerstein brach in schallendes Gelächter aus und hieb sich ein um das andere Mal auf die Schenkel. „Du rettest einem Mann das Leben, an dessen Händen das Blut von Deborah klebt, der die Kanzlei deiner Ex hat anzünden und sie gewiss hätte umbringen lassen, wenn sie das Geld der Wettmafia nicht herausgerückt hätte. Das entbehrt nicht einer gewissen Komik, das musst du zugeben, Bruno!", fuhr er fort. „Aber der Einzige, der sein erbärmliches Leben weiter garantieren kann, bin ich, wenn er in Rio in seiner Zelle unterschreibt, dass er mein Kronzeuge wird. Dann lotse ich ihn aus seiner Zelle in Rio heraus und bunkere ihn im Hochsicherheitstrakt eines deutschen Knastes bis zur Gerichtsverhandlung so sicher ein, dass nicht mal eine Fliege ohne meine Genehmigung auf sein Gefängnisessen scheißen kann. Um ihm das klar zu machen, schicke ich dich nach Rio, Bruno. Wenn du gut bist, wirst du ihm das zweite Mal das Leben retten."

Bruno hatte begonnen, mit den Daumen seine pochenden Schläfen zu massieren. Ein mehr als mulmiges Gefühl beschlich ihn, wenn er an das Flugticket in seiner Schreibtischschublade dachte.

„Du willst den Yüce also als Kronzeugen“, sagte Bruno. „Als Kronzeuge gegen wen?“

„Gegen einen Mann, den sie in Insiderkreisen nur den Bernie Ecclestone der Wettmafia nennen. Die Fußballprofis, die nicht wirklich Ahnung haben, nennen ihn den *Paten*. Er ist die Spinne im Netz, Bruno. Er hält die Fäden für Westeuropa in der Hand.“

„Das kann ich nicht glauben, Fred!“ Bruno war aufgesprungen. „Ein alter, hinfälliger Mann, der in seinem Rollstuhl auf seinem Smartphone mit zittrigen Fingern für ein paar tausend Dollar Wetten platziert, das soll die Spinne im Netz sein? Jemand, der damit prahlt, sich von indischen Mathematikern für fünfzehntausend Dollar einen Billigalgorithmus für den Hausgebrauch gekauft zu haben? Der soll die ganz große Nummer sein?“

„Du warst doch schon auf seinem Anwesen auf dem platten Land hinter Mönchengladbach“, fuhr Fred Hammerstein fort. „Ist dir da nichts aufgefallen?“

„Nun ja, ich habe mich schon gefragt, warum der viele Stacheldraht, die Meute scharf dressierter Hunde, die nachts im Park herumläuft, die schwer bewaffnete Security, dieser ganze Aufwand, den habe ich schon für ziemlich übertrieben gehalten.“

„Und sonst ist dir nichts aufgefallen?“, fragte Fred Hammerstein.

„Man kann den Mittelteil der Brücke über den Wasserring so wegfahren, dass die Verbindung zum Haus unterbrochen ist. Das zeugt schon von einer hochgradigen Form von Paranoia.“ Als er Fred Hammersteins hochgezogene Augenbrauen bemerkte, dachte Bruno kurz nach. „Und er hat eine eigene Sternwarte auf dem Haus, mit einer Kuppel, die sich hydraulisch öffnen lässt. Ein ziemlich extravagantes Hobby, finde ich. Ich habe gesehen, wie drei Parabolantennen ausgefahren wurden.“

„Das ist keine Sternwarte. Mit den Parabolantennen kann er große Datenmengen sogar bis nach Asien schicken. Und unter der Kuppel liegen zwei Etagen, in denen seine Server stehen. An seine Daten kommt noch nicht mal die NSA!“, meinte Fred Hammerstein. „Und sag jetzt nicht, ich hätte dich vor diesem Mann nicht gewarnt. Aber du hattest ja nichts Besseres zu tun, als ihm deinen kleinen brasilianischen Wunderstürmer zum Fraß vorzuwerfen."

„Du bist der Letzte, von dem ich mir Vorwürfe anhören muss", widersprach Bruno gekränkt. „Du wolltest mich doch bloß benutzen, um deine eigenen Aktivitäten zu vernebeln. In diesem Spiel war ich doch bloß ein Köder, genau wie Gerda oder Dr. Schierle!"

„Den hättest du jetzt besser nicht erwähnt!", erwiderte Fred Hammerstein gekränkt. „Der wollte mir auch nicht glauben. Ich habe mit Engelszungen auf ihn eingeredet, ihm als Kronzeugen ein umfassendes Zeugenschutzprogramm angeboten. Aber er war der irrigen Annahme, er könne noch ein paar Millionen zusammenraffen und damit untertauchen. Wohin ihn das geführt hat, kann ich dir gerne zeigen."

Fred Hammerstein fischte aus einem seiner Notizblöcke, die Bruno zurück auf die Ecke des Schreibtischs gelegt hatte, ein Briefcouvert und holte ein paar Fotos hervor. Sie waren von einem Felsvorsprung aufgenommen worden und zeigten eine enge, tief verschneite Klamm. Auf ihrem Grund lag eine zusammengekrümmte Gestalt. Das nächste Foto war näher herangezoomt. Die Gestalt war so verdreht, dass man annehmen musste, sie habe das Rückgrat gebrochen. Das letzte Foto zeigte das Gesicht des Toten von Nahem. Unter der dünnen Eisschicht, die sich auf der Haut gebildet hatte, konnte man deutlich das Gesicht Dr. Schierles erkennen.

„Bergwanderer haben ihn in einer unzugänglichen Schlucht des französischen Zentralmassivs gefunden. Niemand weiß, wie er dort hingekommen ist", sagte Fred Hammerstein.

„Guck mich nicht so merkwürdig an, Fred! Ich war noch nie im Wintersport. Ich hasse Schnee! Ich würde auch nie jemandem zur Winterzeit eine Reise ins Hochgebirge empfehlen", sagte Bruno.

Bruno beobachtete, wie Fred Hammerstein die Augenbrauen hochzog, wobei er die Stirn runzelte, bei ihm ein Zeichen höchster Missbilligung. „Das ist nicht witzig, Bruno!", sagte er düster. „Aber vergessen wir für einen Moment den kläglichen Tod dieses Winkeladvokaten und den Pseudoschutz durch deine Halbamateure, was ich dir als unverantwortliche Fahrlässigkeit anlaste, vergessen wir das alles mal. Der Schierle kannte vielleicht drei oder vier von den vielen Stationen, die das schmutzige Wettgeld in der globalen Geldwaschanlage genommen hat und nur ein Dutzend Namen von Personen, die darin verwickelt sind.

Bei dem Yüce sieht das schon ganz anders aus. Er kennt das Netz in ganz Europa, er weiß, wer hier für was zuständig ist, er ist in der Hierarchie schon ziemlich oben angesiedelt. Er hat nicht umsonst in den letzten fünf Jahren richtig Geld gemacht. Insider schätzen ihn mittlerweile auf fast hundert Millionen Dollar. Jetzt hast du einen Begriff davon, warum es für meine Ermittlungen so wichtig ist, ihn als Kronzeugen auf meine Seite zu ziehen."

Bruno schob seinen Bürostuhl ein Stück vom Schreibtisch weg, denn er hatte das Gefühl, dass die geringe Entfernung zwischen sich und dem übergewichtigen Kriminalbeamten, der hektisch in seinen Notizblöcken zu kramen begann, ihn erdrückte.

„Hat eigentlich die Staatsanwaltschaft dein Vorhaben, den Yüce als Kronzeuge nach Deutschland zurückzuholen, gebilligt?", fragte Bruno.

Fred Hammerstein hatte eine Seite des Notizblocks, den er aus dem Stapel hervorgezogen hatte, aufgeschlagen und hieb mit der flachen Hand darauf. „Da ist es! Das solltest du wissen, um es dem Yüce in Rio unter die Nase zu reiben. Es geht um den sechzehnten Spieltag der zweiten polnischen Fußballliga. Von den achtzehn angesetzten Spielen waren dreizehn Partien gekauft. Wer das zustande gebracht hat, war der Yüce. Das war sein größter Coup. Allein die von ihm beherrschten Wettbüros in Deutschland, in den Niederlanden und in der Türkei haben mehr als dreißig Millionen Dollar Gewinn gemacht. Hier steht alles darüber. Schau es dir an, Bruno!"

Bruno schüttelte den Kopf und wiederholte: „Weiß die Staatsanwaltschaft überhaupt von deinem Vorhaben, den Yüce als Kronzeugen nach Deutschland zurückholen zu wollen?"

„Die Staatsanwaltschaft, geh mir weg mit der Staatsanwaltschaft! Der ist doch schon ein Fall zu groß, der über die Grenzen von zwei Bundesländern hinausreicht!", erwiderte Fred Hammerstein. „Wenn die Staatsanwaltschaft die wahren Ausmaße dieses Falles auch nur ahnte, würden die Herren den ganzen Vorrat von Ohropax aller Kölner Apotheken aufkaufen, um sich damit die Ohren zu verschließen!"

„Du bist also dem größten Ding deiner kriminalistischen Karriere auf der Spur, richtig?", hakte Bruno nach.

„Das hat doch nichts mit meiner kriminalistischen Karriere zu tun, die interessiert doch in diesem Fall gar nicht!", schrie Fred Hammerstein.

„Richtig?", beharrte Bruno.

„Wenn du das so siehst", stöhnte Fred Hammerstein.

„Und der ganze Fall hängt von der Aussage des Yüce als Kronzeuge ab, richtig?"

„Es gibt auch noch andere Möglichkeiten, aber dies wäre die einfachste und eleganteste Lösung", gab Fred Hammerstein zu.

„Können wir uns darauf einigen, dass es momentan die einzige Möglichkeit mit Aussicht auf Erfolg ist?", hakte Bruno nach. Fred Hammerstein hob die Hände, was Bruno als Zustimmung interpretierte. „Wenn die Unterredung mit Yüce also über Erfolg und Misserfolg deines wichtigsten Falles entscheidet, warum fliegst du nicht selbst nach Rio? Hör mir auf damit, dass man dir keine Dienstreise bewilligt hat. Wahrscheinlich hast du noch nicht mal einen Antrag gestellt. Und was hätte dich daran gehindert, vier Tage Urlaub zu nehmen und als Privatmann nach Rio zu fliegen?

Ich will dir mal sagen, warum du mich vorschickst, Fred: weil du Angst um dein beschissenes Leben hast, mein Lieber! Weil du ganz genau weißt, dass die Wettmafia längst seinen Aufenthaltsort herausgefunden hat und den Knast längst schon überwachen lässt. Du hast noch nie deine eigene Haut zu Markte getragen, du schickst lieber andere vor. Und das Beispiel mit dem Wels im Gremberger Baggersee, den wir vor fünfzehn Jahren eine Woche lang gejagt haben, hast du verdammt schlecht gewählt. Drei Stunden hat der Wels unseren schweren Eisenkahn über den Baggersee gezogen. Dann ist es ihm doch noch gelungen, die Angelschnur zu zerfetzen. Ich weiß noch genau, was dann geschah. Du hast gebrüllt: Lass ihn nicht abtauchen, lass ihn nicht abtauchen! Dann hast du mir dein Fischmesser in die Hand gedrückt und mir einen Stoß gegeben, sodass ich ins Wasser gefallen bin, direkt auf den Wels drauf. Ich hab mich an ihm festgehalten und er hat mich unter Wasser gezogen. Du wolltest diesen Scheißfisch haben, damit du dich neben dieser Bestie in Siegerpose fotografieren lassen konntest. Aber wer musste unter Wasser mit ihm kämpfen? Der liebe Bruno. Schon damals hast du mich vorgeschickt!"

Eine merkwürdige Stille breitete sich im ausgebauten Dachzimmer aus. Es schien, als habe Fred Hammerstein das Atmen eingestellt. Ganz langsam sank sein Kopf vornüber auf die Aktenstapel, die Bruno auf seinem Schreibtisch aufgehäuft hatte, die Dachbalken knackten, draußen im Garten schimpfte eine Krähe. Es war diese Art Stille, die entsteht, wenn die Verbindung zwischen zwei Menschen zu einem hässlichen Schmutzfleck geschrumpft ist.

„Heißt das, du wirst nicht nach Brasilien fliegen?", fragte Fred Hammerstein schließlich leise und matt.

„Davon war nie die Rede", erwiderte Bruno. „Ich fliege nach Brasilien, weil du mein Freund bist, Fred. Ich akzeptiere deine Angst, du kannst nicht anders. Ich hole den Wels aus der Tiefe."

Bruno stand am Fenster der kleinen Küche in seiner Kanzlei und beobachtete, wie Wind über die Höhen des Bergischen Landes eine graue Wolkendecke schob, die schnell näher kam und sich über die Stadt legte. Das Grau wurde so intensiv, dass es auf die wenigen Passanten und Fahrzeuge in der Rhodiusstraße abfärbte. Bruno schien es, als habe sich das Grau vor dem Fenster gestaut und dränge mit aller Macht gegen die Scheibe. Als sie zu vibrieren begann, bemerkte er, dass der Grund hierfür nicht der graue Stau war, sondern ein schwerer schwarzer Van, der mit laufendem Motor vor seiner Garageneinfahrt gehalten hatte. Ein ganz in schwarz gekleideter Hüne stieg auf der Beifahrerseite aus und verschwand unter dem mit matt polierten Aluminiumbögen verzierten Glasdach des Kanzleieingangs, auf den Gerda so stolz gewesen war. Dann schrillte die Besucherklingel.

Bruno ging in Sigrids Büro und betätigte die Gegensprechanlage. „Ja, bitte?“, fragte er.

„Der *Pate* möchte Sie zu einer kleinen Spazierfahrt abholen. Er wartet draußen im Van“, sagte eine tiefe Bassstimme.

„Tut mir leid, aber mir steht nicht der Sinn nach irgendwelchen Spazierfahrten“, entgegnete Bruno.

„Das kann ich nicht gelten lassen“, erwiderte die tiefe Stimme. „Wenn Sie nicht mitkommen, trete ich die lächerliche Glastür ein und hole Sie aus Ihrem Bau.“

„Bevor Sie sich zu dieser Straftat hinreißen lassen, drehen Sie sich doch bitte um“, meinte Bruno. „Etwas nach rechts versetzt sehen Sie am gegenüberliegenden Straßenrand einen grauen Ford Focus mit abgedunkelten Scheiben. Darin sitzen zwei Kriminalbeamte, die meine Kanzlei bewachen. Bestimmt sind die Herren schon aufmerksam geworden.“

Bruno erkannte am Atmen des Mannes, dass er sich der Sprechanlage wieder zugewandt hatte.

„Und nun?“, fragte der Hüne.

„Sagen Sie dem *Paten*, dass ich maximal eine halbe Stunde Zeit für ihn habe. Das Gespräch findet hier statt. Sie schieben den Rollstuhl vor die Eingangstür. Ich verbiete Ihnen, meine Kanzlei zu betreten. Ich hole den *Paten* am Eingang ab. Wenn das dem *Paten* nicht passt, lassen Sie es mich bitte wissen.“

Bruno rannte zu der Abstellkammer neben der Gästetoilette und kramte aus dem Regal unter allerlei verstaubten Aktenbündeln die Signalpistole hervor. Er lud die doppelläufige klobige Waffe mit zwei Leuchtkugelpatronen und steckte sie in den Hosenbund. Vielleicht würde der Hüne ja herausbekommen, dass in dem grauen Ford Focus mit den schwarz verspiegelten Fenstern in Wahrheit niemand saß. Er gehörte einem der Anwohner und parkte hier schon seit Tagen.

Als es erneut an der Eingangstür klingelte, ging er durch den Flur und schloss auf. Der *Pate* hockte zusammengesunken wie ein krankes Tier in seinem Rollstuhl, blickte kurz auf und schüttelte bei Brunos Anblick müde den Kopf. Mit einem solchen Kopfschütteln würde ein amerikanischer Senator die Begnadigung eines zum Tode verurteilten Häftlings ablehnen, stellte sich Bruno vor. Der schwarz gekleidete Hüne machte auf dem Absatz kehrt, und als er den Eingangsbereich verlassen hatte, zog Bruno den Rollstuhl in den Flur und schob ihn in Gerdas ehemaliges Büro, in dem Bruno glaubte, einen Hauch von Veilchenpastillen zu riechen, nach denen Gerda geradezu süchtig gewesen war, als sie noch die Kanzlei und ihr Bett mit ihm geteilt hatte.

Der *Pate* röchelte, dann schielte er tückisch aus halb geschlossenen Augen zu Bruno, der hinter Gerdas leicht angestaubtem Schreibtisch Platz genommen hatte.

„Das war nicht respektvoll, Böllmann“, sagte er. „Ich bin es gewohnt, dass Menschen, die mir etwas schulden, meine Einladungen nicht ausschlagen. In solchen Sachen kann ich sehr nachtragend sein. Sie sollten sich mal die Frage stellen, Böllmann, ob Sie sich das leisten können. Mich täuschen Sie nicht, Böllmann. In Ihrem Flur riecht es nach armen Leuten, dieses Büro steht so gut wie leer, Sie sind ziemlich tief unten in der Nahrungskette angekommen.“

„Ich nehme es sportlich“, erwiderte Bruno. „Es gibt Zeiten, da geht einem der Wels von der Angel. Wenn man ihn haben will, muss man ins Wasser und mit ihm kämpfen. Aber Sie sind bestimmt nicht hier, um mit mir über meine finanzielle Situation zu diskutieren.“

„Ich bin in der Tat nicht hier, um mit Ihnen zu diskutieren, Böllmann, sondern um etwas von Ihnen einzufordern“, sagte der *Pate* und richtete sich plötzlich aus seiner zusammengesunkenen Haltung auf. „Ich habe das Ergebnis des vergleichenden Gentests, den ich mit dem Material des Dopingtests bei der Einstellungsuntersuchung von Lucas und einer ganz neuen Speichelprobe in einem holländischen Labor habe machen lassen. Man hat mich angerufen und gesagt, es sei identisches Genmaterial, die beiden Proben müssten von derselben Person stammen.“

„Da könnten Sie doch eigentlich ganz beruhigt sein“, erwiderte Bruno.

Der *Pate* wischte Brunos Einwurf mit einer herrischen Geste zur Seite. „Bin ich aber nicht, Böllmann! Ich habe auch die Fingerabdrücke auf dem von Lucas unterzeichnetem Vertrag mit seinen aktuellen Fingerabdrücken vergleichen lassen, sie sind identisch, und trotzdem bin ich nicht beruhigt.

Nicht ruhiger macht mich auch die Analyse der Spritzenserums aus dem Buchrücken des deutsch-portugiesischen Lexikons, das wir nach dem Hinweis Ihres Informanten bei dem Übersetzer gefunden haben. Sein Hauptbestandteil ist *ayahuasca*, eine halluzinogene Droge aus dem brasilianischen Amazonasgebiet. Die Indianer nehmen sie bei religiösen Zeremonien zu sich, um in die Zukunft zu blicken, Geister und Ahnen zu beschwören und mit ihnen in Kontakt zu treten.

Es trägt auch nicht zu meiner Beruhigung bei, dass Lucas' Übersetzer noch während des letzten Heimspiels des FC spurlos von der Bildfläche verschwunden ist. Unsere Nachforschungen haben ergeben, dass seine erstklassigen Referenzen, die er vorweisen konnte, alle gefälscht sind. Selbst seine Aufenthaltsgenehmigung und seine angebliche Dozententätigkeit an der Kölner Sporthochschule – alles Fälschungen. Dort kennt man einen Mann seines Namens nicht."

Der *Pate* legte eine Pause ein, rieb an seinen entzündeten, wimpernlosen Augenlidern und lehnte sich in seinem Rollstuhl so weit vor, dass Bruno fürchtete, er könne im nächsten Moment zu Boden stürzen.

„Was mich aber noch betroffener macht als das spurlose Verschwinden dieses mysteriösen Übersetzers, ist das Ergebnis eines Experiments, das ich gestern Nachmittag im Park meines Anwesens mit Lucas veranstaltet habe", fuhr der *Pate* fort. „Dort habe ich ihn gegen drei mittelmäßige Abwehrspieler aus der Landesliga dribbeln lassen. In zwanzig Versuchen ist er nur einmal an ihnen vorbeigekommen. Das Ergebnis wäre bei *dem* Lucas von vor zwei Wochen viel besser gewesen. Ich habe diesen Test per Videoaufzeichnung mit Videomaterial von Lucas' früheren Spielen für den FC verglichen. Der ganze Bewegungsablauf, seine Schrittlänge, seine Körpersprache, sein Gleichgewichtssinn – in allen diesen Punkten ergab sich keinerlei Übereinstimmung, was meinen Verdacht stützt – er ist es und er ist es nicht."

Dann schnellte der Zeigefinger des *Paten* so unvermutet vor, dass er sich in Brunos Brust bohren konnte und ein paar schmerzhafte Umdrehungen schaffte, ehe ihn der hinfällige Mann wieder zurückzog.

„Das alles hat mich Zeit, Geld und Nerven gekostet", sagte der *Pate*, „und es ist bekannt, dass mich das tückisch macht, Böllmann. Dabei kommt der Hammer noch. Vor drei Tagen habe ich einen Mittelsmann in Brasilien beauftragt, nähere Nachforschungen über Lucas Coração und seinen fußballerischen Werdegang anzustellen. Diese Nachforschungen förderten einen eineiigen Zwillingsbruder von Lucas, einen gewissen Robson Coração, zutage, mit dem er sogar drei Jahre in den gleichen Jugendmannschaften gespielt hat. Er galt als ein Riesentalent in der Abwehr. Mit dem Wechsel von Lucas Coração in den Profisport verschwand dieser Robson Coração spurlos von der Bildfläche. Mein Mittelsmann hat mir einige Minuten Videomaterial gemailt, auf dem dieser Zwillingsbruder in Spielen der Jugendmannschaft zu sehen ist. Die Qualität dieser Aufnahmen ist zwar schlecht, aber die Übereinstimmung mit dem jüngsten Test von Lucas in puncto Bewegungsabläufen, Balance, Schrittlänge ist verblüffend und legt den Schluss nahe, dass unser Lucas gegen seinen Zwillingsbruder ausgetauscht worden ist. Das würde auch den identischen Gentest erklären."

„Wenn es der eineiige Zwillingsbruder Robson wäre, müsste er aber einen anderen Fingerabdruck haben, denn Fingerabdrücke sind auch bei eineiigen Zwillingen unterschiedlich", meinte Bruno.

Der *Pate* zwinkerte Bruno zu und kicherte. „Das habe ich selbstverständlich nochmals überprüfen lassen. Es ist das einzige Indiz, das dafür spricht, dass der alte auch der neue Lucas ist", fuhr der *Pate* fort. „Aber das hilft Ihnen nicht weiter, Böllmann. Tatsache ist, Sie haben nicht geliefert, was Sie angeboten haben. Sie haben mich mit diesem Spieler aus der Reserve gelockt, ich habe für den Jungen viel Geld geblutet. Und was habe ich bekommen? Ein Mysterium! Sie haben mir ein Kuckucksei ins Nest gelegt, Böllmann. Soll das etwa keine Konsequenzen haben?"

Der *Pate* hatte sich in Rage geredet, seine Gesten wurden immer fahriger, in den Winkeln seines fasrigen Mundes bildeten sich Blasen weißen Schaums.

„Glauben Sie mir, ich hatte keine Ahnung, dass Lucas einen Fußball spielenden Zwillingsbruder hat“, entgegnete Bruno.

„Böllmann, Sie sind das Spiegelbild dieses Vereins, in dem niemand von irgendetwas eine Ahnung zu haben scheint, wenn es darauf ankommt!“, kreischte der *Pate* und erhob seine Faust hoch über sein schütteres, graues Haar. So stellte sich Bruno das Jüngste Gericht vor, wenn Gott über die Menschen richtete. „Ich aber sage Ihnen: Ich bin kein Kölner, ich bin kein FC-Fan, aber ich bin Geschäftsmann mit gültigen Verträgen, auf deren Einhaltung ich bestehe. Und was bedeutet das für Sie, Böllmann? Für Sie bedeutet das: Bringen Sie Robson Coração her! Er ist des Rätsels Lösung! Das sind Sie mir, meinen Wetteinsätzen und meinen Verträgen schuldig!“

Bruno hatte nicht geglaubt, dass die Faust des *Paten* so lange über dessen Kopf hätte schweben können. Jetzt hieb er sie auf die Schreibtischplatte, der Staub wallte auf, das Urteil war gesprochen.

„Und wie soll ich das Ihrer Meinung nach anstellen?“, fragte Bruno.

„Sie fliegen nach Brasilien und nehmen dort Kontakt mit meinem Mittelsmann auf“, sagte der *Pate*.

## 22. Kapitel

Brunos Flug nach São Paulo hatte von Anfang an unter keinem guten Stern gestanden. Es begann damit, dass Sigrid darauf bestand, ihn zum Düsseldorfer Flughafen zu fahren. „Ich kann den Zug nehmen, es ist einfacher, bequemer und preiswerter“, hatte Bruno widersprochen.

„Darum geht es doch gar nicht“, hatte Sigrid erwidert. „Es geht darum, dass du nicht wie ein herrenloser Hund durch die Abflughalle streunst.“

„Aber ich bin wie ein herrenloser Hund, das ist die Wahrheit.“

„Mag sein, aber genau das wird es sein, was mir solch ein schlechtes Gefühl macht. Du könntest darauf ruhig ein bisschen Rücksicht nehmen, Bruno.“

Es war mitten in der Nacht, als es an Brunos Haustür im Drosselweg klingelte. Bruno war gerade erst aufgestanden. Er drückte den automatischen Türöffner, aber die Haustür war abgeschlossen. Die alte Frau Manderscheid, die eine Etage unter Bruno wohnte, hatte wahrscheinlich wieder mal nicht schlafen können, einen ihrer ruhelosen Kontrollgänge durchs Treppenhaus gemacht und dabei die Haustür abgeschlossen.

Als Bruno die Haustür öffnete, sprang ihn die Kälte einer sternenklaren Nacht an. Er fühlte sich von Sigrids noch kälteren Blicken durchbohrt. „Du bist eine Stunde zu früh“, sagte Bruno, als Sigrid die Wohnungstür so leise wie ein Dieb hinter sich ins Schloss gezogen hatte.

„Ich bin nicht zu früh“, widersprach Sigrid. „Bestimmt musst du noch packen.“

Bruno wies mit dem Kinn auf die große Reisetasche, die in der Küchenecke auf einem Stuhl lag. „Außerdem könnten wir in einen Stau kommen. Ich will nicht schuld sein, wenn du den Flieger verpasst“, sagte Sigrid und starrte stirnrunzelnd auf das schmutzige Geschirr in der Spüle. „Und so verlässt man nicht seine Wohnung, wenn man auf Reisen geht.“

Als Bruno frisch geduscht und fertig angezogen aus dem Badezimmer kam, stand dampfender Kaffee und ein Teller mit zwei dick mit Marmelade bestrichenen Broten auf dem Küchentisch. Sigrid spülte das schmutzige Geschirr und schaute nicht auf.

Bruno trank den Kaffee, der für seinen Geschmack viel zu dünn war. Er versuchte, in eins der Marmeladenbrote zu beißen, aber der Brocken verursachte in seinem Magen eine Revolution. Er schob den Teller weit von sich.

„Du kannst doch nicht ohne Frühstück aus dem Haus gehen“, sagte Sigrid vorwurfsvoll.

„Ich mochte es schon als Kind nicht, wenn man mir Butterbrote geschmiert hat“, erwiderte Bruno. Als er merkte, wie beleidigt er klang, fügte er rasch hinzu. „Aber du hast es ja nur gut gemeint.“

„Bruno, du bist kein Kind mehr. Versuch es doch wenigstens“, meinte Sigrid, die das Spülen keine Sekunde unterbrochen hatte.

Seufzend zog Bruno den Teller heran und biss in das Marmeladenbrot. Als er den Bissen herunter gewürgt hatte, sprang er auf, hielt sich die Hand vor den Mund, rannte ins Badezimmer und übergab sich in die Toilette. Dann spülte er sich den Mund aus. Als er die Küche betrat, räumte Sigrid verderbliche Sachen aus dem Kühlschrank. Ein paar sparsame Tränen verteilten sich in ihren zahlreichen Gesichtsfalten.

„Solange meine Kinder im Haus lebten, habe ich ihnen immer ein Frühstück gemacht“, sagte sie leise. Während sie das sagte, hatte sie sich versteift und griff mit ihren leeren Händen in die Luft, als wolle sie sich an diesem Satz festklammern. Dann ging sie zum Tisch, warf mit spitzen Fingern und einem angeekelten Gesichtsausdruck die angebissenen Marmeladenbrote in den Beutel mit den verderblichen Lebensmitteln, stellte Tasse und Teller in die Spüle und spülte sie ab.

„Wegen mir können wir jetzt gehen“, sagte sie dann. Als Bruno die sportliche Windjacke über das leichte Sommerjackett gezogen hatte, fügte sie hinzu: „Wenn du mein Kind gewesen wärst, Bruno, hättest du dich im Leben leichter getan.“

Während der Fahrt zum Düsseldorfer Flughafen schwieg Sigrid beharrlich. Sie hatte den Fahrersitz so weit nach vorne gerückt, dass sie beinahe mit ihrer spitzen Nase gegen die Frontscheibe stieß. So stellte sich Bruno eine alte Eule vor, die ihre Orientierung verloren hat.

Im Flughafen ging sie immer einen Schritt vor Bruno, als wolle sie allen zeigen, wer das Kommando hatte. Bruno hätte an der Flughafenbar gerne noch einen Espresso getrunken, aber Sigrid drängte ihn, die Kontrollen hinter sich zu bringen. Als er vor dem Schalter stand, reichte ihm Sigrid steif die Hand, schüttelte sie ruckartig und sagte: „Bemühe dich wenigstens, einigermaßen gesund und lebendig wiederzukommen, Bruno."

Bruno löste seine Hand aus Sigrids, ihr Griff war schlaff wie der einer Sterbenden, umarmte sie und sagte: „Vielen Dank fürs Bringen, Sigrid, und deine Begleitung. Das hat mir gutgetan." Sigrid roch nach Spülmittel und kaltem Puder.

Als er die Sicherheitskontrollen passiert hatte, sah er Sigrid hinter der Absperrung stehen. Sie starrte auf einen imaginären Punkt in der Ferne. Sie sah aus wie ein herrenloser Hund, der an seinem Platz festgewachsen ist.

Als Bruno sich dem Warteraum vor seinem Abfluggate näherte, vernahm er einen anwachsenden Lärm. Zuerst glaubte er, eine aufgebrachte Menschenmenge sei in einem handgreiflichen Streit aneinandergeraten. Als ein halbes Dutzend Männer der Bundespolizei mit Helmen und Schutzschilden ihn im Laufschritt überholte, dachte er an noch etwas Schlimmeres. Als er den Warteraum betrat, war der Lärm abgeklungen. Die Polizisten verhandelten mit einem fetten, schwitzenden Mann, der mit weit ausgebreiteten Armen vor einem Dutzend fetter, schwitzender Frauen stand. In einer Hand hielt er eine Bibel hoch über dem Kopf.

Es stellte sich heraus, dass hier die Reisegruppe einer christlichen Pfingstkirche ihre Morgenandacht abgehalten hatte. Nach der wortgewaltigen Erklärung des fetten Mannes, der offensichtlich das geistliche Oberhaupt der Gruppe war, blieb einer der Bundespolizisten im Warteraum zurück. Die fetten Frauen schrien noch ein paar Hallelujas, dankten mit hohen, kreischenden Stimmen noch ein wenig Gott und fielen dann für ein paar Minuten erschöpft auf die Sitze der Wartebänke. Dann erhob sich, zuerst leise, dann immer lauter, ein Singsang, den ihr dickes Oberhaupt mit gebieterischen Gesten an- und abschwellen ließ. Hier hätten die FC-Fans noch etwas lernen können.

Bruno bat Gott inbrünstig, im Flugzeug möglichst weit weg von dieser Gruppe seinen Sitz zu haben. Aber er fand sich wieder eingeklemmt zwischen den beiden fettesten Christinnen, vor ihm saß ihr geistliches Oberhaupt. Es war die Hölle. Es verging keine Minute, in der nicht die Wogen der „Hallelujas" und der „Gott sei gedankt" über Bruno zusammenbrachen. Ein wahrer Tsunami von Jesus-Rufen drohte Bruno zu ertränken. Die Rufe dieser Seligkeit wurden begleitet von in die Luft geschleuderten Händen. Auch Brunos waren darunter, denn seine beiden fetten Sitznachbarinnen rissen sie in die Höhe.

Als der Getränkeservice begann, hielten die religiösen Eiferer die Stewardessen pausenlos auf Trab. Sie schütteten unaufhörlich Cola aus kleinen Blechdosen in sich hinein, die sie nach der Leerung entweder voller Begeisterung in den Mittelgang oder auf Brunos Schoß warfen. Wenn sie keine Cola in sich hinein schütteten, schwitzten sie, und später taten sie beides gleichzeitig. Nach zwei Stunden waren die Cola-Vorräte erschöpft, die Auserwählten stiegen um auf süße Limonaden. Alle fünf Minuten drehte sich das geistliche Oberhaupt der Erweckten zu Bruno um, ergriff dessen Arme, riss mit lauten „Halleluja"-Rufen daran und zwang sie in die Höhe. Nach solch einer spirituellen Übung schlugen ihm die Betschwestern links, rechts, hinter und vor ihm auf die Schultern, besprühten ihn mit ihrem Coca-Cola- und Limonadenschweiß und zwangen ihn, seine Hände zu falten.

Bruno dankte Gott, dass er wenigstens so schlau gewesen war, vorzutäuschen, kein Wort Portugiesisch zu verstehen. Erst im letzten Drittel des Fluges, nachdem die Gruppe Erleuchteter alle süßen Getränke, die an Bord gewesen waren, konsumiert hatte, kehrte etwas Ruhe ein. Nur das unermüdliche Oberhaupt ließ nicht nach in seinem Glaubenseifer, zitierte aus der Bibel und rief Bruno in schöner Regelmäßigkeit alle fünf Minuten auf, seine Worte mit einem kräftigen Halleluja zu bestärken. Die beiden fetten Sitznachbarinnen waren in einen unruhigen Schlummer gefallen und Bruno bekam alle Hände voll zu tun, sich ihrer schweißnassen Köpfe zu erwehren, die nicht aufhören wollten, sich an seinen Schultern anzulehnen.

Halb taub, durchgeschwitzt, mit schmerzenden Arm- und Schultergelenken und völlig entnervt stieg Bruno Böllmann aus dem Flieger. Am Gepäckband konnte er es sich nicht verkneifen, dem geistlichen Oberhaupt, der sich wie eine Hyäne auf seine Beute zwischen die Wartenden stürzte, sobald er eines seiner zahlreichen Gepäckstücke auf dem Laufband entdeckt hatte, so in die Hacken zu treten, dass der Jesus-Jünger auf das Gepäckband stürzte und ein paar Meter mitgeschleift wurde. Bruno empfand nur einen geringen Trost, der die Qualen, die ihm dieser Mann während des über neun Stunden dauernden Fluges zugefügt hatte, kaum aufwiegen konnte.

Als Bruno Passkontrolle und Zollformalitäten hinter sich gebracht hatte, schlüpfte er in die schlecht klimatisierte Ankunftshalle und versuchte sich zu orientieren. Das war nicht einfach, denn vor Brunos müden Augen gewann die brasilianische Unübersichtlichkeit schnell die Oberhand, kaum jemand in der weitläufigen, gut besuchten Halle stand still, Großfamilien und Besuchergruppen mischten sich, drifteten auseinander, lösten sich auf und fanden in ganz neuen Konstellationen wieder zueinander. Der Geräuschpegel war enorm und immer anders. Manchmal konnte man meinen, Zeuge eines akustischen Massenmordes zu sein, der übergangslos in einen orgiastischen Jubelchor umschlug, der herzzerreißendem Schluchzen weichen musste.

Bruno hatte sich mit seinem Onkel, der darauf bestanden hatte, ihn vom Flughafen abzuholen, an einem jener vagen Orte als Treffpunkt verabredet, den Brasilianer zu lieben scheinen. Es war eine jener brasilianischen Verabredungen, die getroffen wurden, um sie bis ins Unerträgliche hinauszuzögern oder sogar ganz zu vermeiden.

Bei seiner letzten Ankunft in São Paulo hatte Bruno eine ganze Stunde gebraucht, um den vereinbarten Treffpunkt in der Ankunftshalle zu finden und dort dann noch drei geschlagene Stunden auf seinen Onkel gewartet. Er hätte sich auch ein Taxi nehmen können, aber sein Onkel wäre zu Tode beleidigt gewesen und hätte ihm noch Jahre später deswegen bittere Vorwürfe gemacht.

Diesmal hatte sein Onkel gesagt: „Wir treffen uns an dem Stand, an dem man Feuerwerk kaufen kann. Du kannst ihn nicht verfehlen. Er liegt direkt gegenüber dem größten Zeitungskiosk."

Bruno durchdrang die kaleidoskopartige Unübersichtlichkeit der wimmelnden Ankunftshalle mit Blicken und entdeckte drei Zeitungskioske. Sie waren alle drei gleich groß. Ihnen gegenüber lag nichts, kein Verkaufsstand, nichts. Bruno nahm seine große Reisetasche und drängte sich durch die Menschenmenge zu einem der Kioske. Ein unfassbar schönes Mädchen, dessen falsche Wimpern dunkle Augenseen einrahmten wie zartes, junges Schilf die schattigen Weiher im Park eines japanischen Tempels, schickte ein gebleachtes Lächeln zu Bruno und sagte: „Wir haben Reiseführer für Deutsche im Angebot. Sie sind vor fünf Jahren herausgekommen, aber ich kann Ihnen versichern, dass sie viel besser sind als die neuesten."

„Wie kommen Sie darauf, dass ich Deutscher bin?", fragte Bruno.

„Sie sehen aus wie ein Deutscher, Sie bewegen sich wie ein Deutscher und Sie starren mich an wie ein Deutscher", sagte das Mädchen mit einer Stimme, so seidig wie ein kleiner, schneller Regenschauer im brasilianischen Frühling.

„Danke für Ihr freundliches Angebot, aber ich suche etwas anderes", erwiderte Bruno.

„Wenn Sie glauben, Sie kämen ohne unseren wirklich erstklassigen Reiseführer zurecht, kann ich Ihnen auch ein Taxi rufen. Der Fahrer holt Sie dann hier ab. Und wenn Sie nicht wissen, wo Sie bleiben können, reserviere ich Ihnen ein Hotelzimmer", fuhr das Mädchen unbeirrt fort.

„Nein, das ist es auch nicht, was ich suche", entgegnete Bruno und gab sich einen Ruck. „Ich suche den Stand, an dem man Feuerwerk kaufen kann."

Die zugleich falsche und echte Schönheit wich einen Schritt ins Innere des Kioskes zurück, wobei sie beide Handflächen gegen ihre Wangen drückte, die botoxgespritzten Lippen leicht geöffnet, die künstlichen überlangen Wimpern gesträubt. Ihr Gesicht sah nun aus wie die neo-brasilianische Version von Edvard Munchs berühmten Bild *Der Schrei*.

„Sie wollen Feuerwerk? Hier in der Ankunftshalle des Flughafens? Jeder, der seine Sinne auch nur ein bisschen beieinanderhat, weiß, dass Feuerwerk in Ankunftshallen von Flughäfen strengstens verboten ist!“, sagte die Verkäuferin, wobei sie die Hände von den Wangen löste und mit ihnen die dickste Zeitschrift der ganzen Auslage ergriff und Anstalten machte, Bruno damit gegen die Stirn zu schlagen. „Sie sind vielleicht nicht nur ein Deutscher, sondern auch ein Terrorist! Was meinen Sie, was hier los ist, wenn ich jetzt schreie: Hilfe! Hier ist jemand, der von mir Feuerwerk kaufen will? So schnell könnte Jesus nicht Halleluja rufen, dann wimmelte es hier vor Polizei! Wollen Sie das etwa?“

„Nein, das will ich auf keinen Fall“, erwiderte Bruno.

„Und was glauben Sie, könnte mich davon abhalten, Hilfe zu rufen?“, fragte das Mädchen.

„Ich kaufe Ihren fünf Jahre alten Reiseführer“, entgegnete Bruno.

„Ich habe noch fünf Stück auf Lager“, sagte das Mädchen.

„Gut“, sagte Bruno. „Ich werde noch genug Ärger in diesem Land haben, aber es muss nicht gleich in der Ankunftshalle des Flughafens damit losgehen. Ich nehme drei.“

„Die fünf Stück, sonst schreie ich“, sagte das Mädchen mit großer Bestimmtheit.

Bruno fügte sich in sein Schicksal. Er klemmte die Tüte mit den fünf Reiseführern unter den Arm und schleppte seine schwere Reisetasche in Richtung des nächsten Zeitungskioskes. Er war ein paar Schritte gegangen, als ihn ein dunkelhäutiger, gedrungener Mann, dessen muskulöse Arme unübersichtlich tätowiert waren, am Ärmel zupfte.

„Ihre Tasche scheint sehr schwer zu sein. Ich trage sie dem Herrn nach draußen. Ich besorge Ihnen auch ein schönes Taxi. Einen Luxuswagen. So billig und sicher wie darin kommen Sie sonst nicht in die Stadt.“

Bruno stellte seufzend die große Reisetasche neben sich ab. Als der gedrungene Mann nach ihren Henkeln greifen wollte, packte Bruno die Handgelenke des Mannes, der einem jungen, dürren, baumlangen Kerl, der ein paar Meter abseitsstand, zugezwinkert hatte.

„Tun Sie das nicht", sagte Bruno. „Fassen Sie meine Tasche nicht an. Und vor allem, versuchen Sie nicht, sie zu stehlen. Sie und Ihr langer Freund würden es nicht überleben, ich könnte auch nicht für das Leben Ihrer Mutter und aller Ihrer Verwandten garantieren, wenn Sie die Tasche zu stehlen versuchten."

Der Mann schielte unsicher zu Bruno hoch. Seine Oberlippe war aufgeplatzt, etwas Blut verklebte noch seine Mundwinkel. „Ich wollte doch nur Ihre Tasche nach draußen tragen, das ist doch nicht verboten", sagte er.

„Nein, das ist es nicht, aber es ist die falsche Tasche", entgegnete Bruno und seufzte. „In ihr sind hundert Kilo Kokain. Ich bin nicht der Besitzer, nur der Überbringer. Man braucht nicht viel Phantasie, was die Leute mit den Dieben machen, die ihr Kokain in der Ankunftshalle stehlen."

Der dunkelhäutige Mann war ein paar Schritte zurückgewichen.

„Sie lügen. Wie wollen Sie denn mit einer Tasche voller Koks durch den Zoll gekommen sein?", fragte er.

„Mein Onkel ist ein hohes Tier beim Zoll. Ich würde auch mit einer umgeschnallten Atombombe nicht kontrolliert werden", erwiderte Bruno. Dann versuchte er es mit der herrischen Geste des *Paten*, die tatsächlich Wirkung zeigte und den Mann wieder näher heranrücken ließ. „Vergessen wir die Sache mit meiner Tasche", sagte Bruno. „Vielleicht kommen wir anders ins Geschäft. Ich suche den Stand, an dem man hier Feuerwerk kaufen kann. Wenn Sie ihn für mich finden, gibt es ein angemessenes Trinkgeld. Das ist doch besser als nichts, oder?"

Sie feilschten noch ein Weile um den Preis, und als sie sich handelseinig geworden waren, sagte Bruno: „Ich warte hier. Und bestellen Sie Ihrem baumlangen Freund, dass ich ihm mein Messer ins Auge steche, wenn er sich mir auf weniger als fünf Meter nähert."

„Sie haben ein Messer dabei?", fragte der dunkelhäutige Mann misstrauisch.

„Ich habe immer mein Messer dabei", erwiderte Bruno. „Es ist mein einziger Freund."

Der dunkelhäutige Mann drehte sich um und beschrieb mit seinen Armen einen weitläufigen Halbkreis. „Sehen Sie hier einen baumlangen Kerl? Ich nicht. Ich weiß nicht, wen Sie damit meinen."

„Egal, sagen Sie es ihm trotzdem", erwiderte Bruno.

Er wartete einige Minuten, bis sich der dunkelhäutige Mann plötzlich auf mysteriöse Weise vor ihm materialisierte. Er hatte ihn nicht kommen gesehen.

„Ich weiß jetzt, wo man Feuerwerk kaufen kann", sagte der Mann. „Es ist nicht weit von hier. Soll ich das Feuerwerk für Sie kaufen?"

„Nein, zeigen Sie mir einfach, wo der Stand ist."

Der dunkelhäutige, muskulöse Kerl rieb Daumen und Zeigefinger aneinander. Bruno zählte ihm das vereinbarte Trinkgeld auf die Hand. Der Mann war ein Zauberer, denn er ließ das Geld so schnell verschwinden, dass Bruno sich verblüfft fragte, wie er das angestellt haben könnte. Dann zeigte der Mann auf den Zeitungskiosk, in dessen blütenbunten Tiefen der Schatten des elfengleichen Mädchens umherschwebte.

„Sie sind sicher, dass es in diesem Kiosk Feuerwerk gibt?", fragte Bruno.

Der dunkelhäutige Mann beschrieb mit seinen unübersichtlich tätowierten Armen einen weiten Halbkreis. „Alle haben gesagt, dies sei der einzige Ort in der ganzen Ankunftshalle, an dem man Feuerwerk kaufen kann."

Der Mann machte keine Anstalten, sich zu verziehen, sondern trat von einem Bein auf das andere und kratzte sich dabei ausführlich das krause Haar.

„Wollen Sie vielleicht Feuerwerk für das große Spiel heute im Pacaembu-Stadion kaufen? Die Corinthians gegen FC São Paulo. Sind Sie ein *são-paulino* oder ein Fan der Corinthians?"

„Kommt drauf an", erwiderte Bruno ausweichend.

„Kommt drauf an – das geht nicht", widersprach der Mann empört. „Wenn ich Sie gefragt hätte, sind Sie Katholik, Freikirchler oder *macumbeiro*, könnte ich als Antwort ein Kommt-drauf-an akzeptieren. Aber mit Fußballklubs funktioniert das nicht. Die Liebe zu einem Fußballklub ist das letzte Absolute in unserer Welt, die absurde Hoffnung der Hoffnungslosen."

„Ich bin ein Deutscher aus Deutschland und ein Fan des FC Köln. Da kann ich ja wohl schlecht ein Fan der Corinthians oder des FC São Paulo sein", erklärte Bruno.

Der Mann knöpfte mit großer Selbstverständlichkeit sein Hemd auf und zeigte auf zwei faustgroße tiefschwarze hässliche Narben, die schlecht verheilt waren. „Das sind die sichtbaren Zeichen meiner Liebe zum FC São Paulo, ich trage sie voller Stolz", sagte er mit großer Würde. „Ein paar Fans der Corinthians haben aus drei Meter Entfernung mit Raketen auf mich geschossen. Wenn Sie mal schnuppern möchten, die Narben riechen immer noch nach Pulver. Es hat sich mit meinem Fleisch verbunden."

„Es wird sich auswachsen", erwiderte Bruno. „Verlassen Sie sich drauf. Falls Sie ein alter Mann werden, werden die Narben nicht mehr nach Pulver riechen und kaum noch zu sehen sein."

„Das wäre schade", sagte der Mann und begann, sein Hemd zuzuknöpfen. „Aber vielleicht bleiben die Narben ja doch, wie die blaue Narbe, die ich trage." Er schob das krause Haar aus seiner Stirn, auf der rechts oben ein sternförmiger, fingernagelgroßer dunkelblauer Fleck prangte. „Das habe ich von Maria, einem wunderschönen Mädchen aus der Nachbarschaft, mit der ich zur Schule gegangen bin. Ich war damals zehn und sehr verliebt in Maria. Sie wollte nie, dass ich ihre Hand hielt. Als ich es doch einmal versucht habe, hat sie mir ihren Füller in die Stirn gestoßen. Davon habe ich diesen Fleck. Es wäre schön, wenn er sich niemals auswachsen würde. Manchmal stelle ich mir vor, dass ich in der Stunde meines Todes einen letzten Blick in den Spiegel werfe, den blauen Fleck sehe und an Maria denke."

„Es ist schwierig, mit seinen Niederlagen in der Liebe zu leben. Es ist auch schwierig, mit den Niederlagen seines Vereins zu leben", meinte Bruno und hob anklagend die Hände zum Himmel. „Was ist das für eine Welt, in der die Fixpunkte unseres Lebens eine verlorene Liebe und die Liebe zu einem Fußballverein sind."

Da sind sie wieder, diese irritierenden Geschichten, die in Brasilien aus den Mündern der Menschen sprießen und den Fremden umranken und zu ersticken drohen, und vor denen es kein Entrinnen gibt, dachte Bruno.

Der Mann hatte wieder begonnen, unruhig von einem Bein auf das andere zu treten. Der baumlange Kerl war wieder aufgetaucht und machte heimliche Zeichen, die immer unmissverständlicher wurden.

„Die Maschine aus Lissabon ist gerade gelandet. Es lässt sich immer irgendein dummer Portugiese finden, dem man mit seinem Gepäck behilflich sein kann. Aber die Portugiesen werden immer merkwürdiger. Wissen Sie, was Anfang dieser Woche in der Tasche eines Portugiesen war? Sie war vollgestopft mit *bacalhau*, getrocknetem Stockfisch. Ich meine, auf die Idee kann auch nur ein Portugiese kommen, eine Tasche voll *bacalhau* nach Brasilien mitzubringen, wo man den doch hier an jeder Ecke kaufen kann."

Bruno wartete schon eine ganze Stunde in der Nähe des Kioskes, das Verlangen nach einer Zigarette wurde so stark, dass er zu zittern begonnen hatte. Doch er wusste, wenn er jetzt den Platz in der Nähe des Kioskes aufgäbe, würde sein Onkel unweigerlich hier aufkreuzen und seine Abwesenheit ausnutzen, um sofort wieder zu verschwinden und zwei Tage unauffindbar zu bleiben.

Dann endlich bemerkte er seinen Onkel. Er war unübersehbar in seinem Trikot der Corinthians, fett, riesig, schwitzend, ein großer Dienstausweis der Zollbehörde an einem schwarzen Band baumelte vor seiner Brust, in seinem Hosenbund steckte ein großer Colt. Er war der Lauteste und Größte inmitten einer Schar fetter, schwitzender Männer in Trikots der Corinthians, die Antarctica-Bier aus Dosen tranken.

Als sein Onkel ihn entdeckt hatte, stieß er einen markerschütternden Schrei aus, der das Geplärre der Lautsprecherdurchsagen übertönte, dann brachte er mit einer herrischen Geste, die er dem *Paten* abgeguckt zu haben schien, das biertrinkende Vorwärtsstreben seiner Mitfans zum Stehen und setzte seine Massen in Bewegung. Gespickt mit ehrlicher und zugleich falscher Freundlichkeit, getragen von den Ausdünstungen des Antarctica-Biers, gigantischen Portionen *feijoada*, des brasilianischen Bohneneintopfs, und mehreren Litern getrockneten Körperschweißes, drohte er Bruno plattzuwalzen. Instinktiv machte Bruno einen Satz zur Seite, obwohl ihm klar war, dass es aussichtslos war, seinem Onkel zu entkommen. Er wurde gepackt, seine Füße verloren den Bodenkontakt, sein Onkel drehte auf dem Absatz und stellte ihn seinen Kumpels wie ein Priester eine Reliquie zur Schau.

„Mein Neffe! Ein echter Deutscher aus Deutschland!“, schrie der Onkel ein um das andere Mal, und jeder seiner Ausrufe wurde vom unartikulierten, dafür aber umso begeisterten Gebrüll seiner Freunde beantwortet. Das veranlasste wiederum eine schnell anwachsende Menge in der Ankunftshalle herbei zu eilen, einen Halbkreis zu bilden und zu applaudieren. Selbst die Verkäuferin steckte ihr Engelsgesicht aus dem Zeitungskiosk, sträubte ihre teuflischen Wimpern und bekreuzigte sich bei Brunos Anblick.

Ebenso schnell, wie sich die Menge versammelt hatte, zerstreute sie sich wieder, nachdem der Onkel Bruno zu Boden gelassen hatte. Seine Begleiter hielten einen gebührenden Abstand und beäugten Bruno wie Hühner einen Regenwurm. Erst als der Onkel ihnen zugerufen hatte: „Mein Neffe wird mit uns ins Stadion kommen und helfen, unsere Corinthians triumphieren zu lassen!“, gaben sie ihre Zurückhaltung auf, umringten ihn, dekorierten ihn mit einer Vereinsfahne und schlugen ihm die Schultern wund, was bei Bruno den Verdacht keimen ließ, hier solle ein Opferlamm weichgeklopft werden.

Erst als der Onkel von einem zum anderen trat und Geldscheine in seinem Fan-Käppi eingesammelt hatte, nahm das schmerzhafte Schulterklopfen ein Ende. Während der Onkel die Spenden zählte, erstarrte alles ringsumher, ein Schweigen breitete sich in konzentrischen Ringen vom Mittelpunkt dieser heiligen Handlung aus und erfasste die ganze Ankunftshalle, in der für einen Moment alles geschäftige Treiben zum Erliegen kam. Die eben noch vor Lebendigkeit berstende Halle war für einen Augenblick wie ein Totenschiff.

Dann verkündete der Onkel die Höhe der Spende, eine frohe Botschaft, die einen Jubelsturm auslöste, der sich in der ganzen Halle fortsetzte. Hierbei tat sich ein Mann im Trikot der Corinthians hervor, der ebenso kompakt wie rund war. Das Rundeste an ihm war sein kahl rasierter Kopf. Bruno beobachtete, wie sich die ganze kugelige Gestalt aufblähte, wobei sie mindestens einen Kubikmeter Luft in die Backen sog. Die Haut des Mannes spannte, als dehne sich der darin steckenden Körper ins Unendliche aus, und überzog sich mit einem purpurnen, feuchten Schimmer. Dann stieß er einen quäkenden, unendlich langgezogenen Schrei aus, der alles Gebrüll übertönte und die großen Fenster der Ankunftshalle erzittern ließ.

Bruno beobachtete, wie eine erstaunliche Wandlung im schwammigen, von großen Fettpolstern verunzierten Gesicht seines Onkels vor sich ging. Die Spuren der Verwüstungen des Alkohols, der Drogen, der Gier und der Korruption wurden von einem inneren Glanz überwältigt, ein reinigendes Feuer übergoss seine unreine Haut mit einem feinen Glanz, ein zarter Schimmer großer Herzensgüte verklärte seine lauernden Blicke und das Lächeln der Glückseligkeit umspielte seine Bier getränkten Lippen.

„Eine Rekordsumme! Wir werden den Corinthians ein Feuerwerk bereiten, wie sie es noch nie von ihren Fans erlebt haben!“, rief er, ließ sich von zwei starken Freunden auf die Schultern heben und im Triumphzug zum Kiosk tragen.

Bruno atmete auf und genoss es, der Aufmerksamkeit seines Onkels für eine Weile entronnen zu sein, als der gedrungene muskulöse Farbige sich vor ihm materialisierte. Er zeigte auf Brunos Onkel, der sich breitbeinig vor dem Kiosk aufgebaut hatte und dem Engel mit den teuflischen Wimpern ein lautstarkes Rededuell lieferte, in dem es um die Anzahl der Raketen, des bengalischen Feuers und der Kanonenschläge ging.

„Sie sollten sich von dem Mann fernhalten, er ist einer der korruptesten Menschen in dieser Stadt“, zischte ihm der Farbige zu. „Ich bringe Sie zu einem Taxi, das er nicht herausfinden wird, es fährt Sie zu einem Ort, an dem Sie vor ihm sicher sind!“

„Was reden Sie da? Das ist mein Onkel!“, erwiderte Bruno.

„Die eigenen Verwandten sind die Schlimmsten“, meinte der Farbige. „Ich kann ein Lied davon singen! Mein ältester Bruder, der sich nach dem Tod meines Vaters immer als Familienoberhaupt aufspielte, hat mir voriges Jahr ein Grundstück verkauft. Es war angeblich ein absolutes Schnäppchen und was Feines, an einem schicken Strand gelegen, einem Eldorado für Touristen. Ich habe seinen Worten geglaubt, weil er mein Bruder ist. Aber es hat sich herausgestellt, dass dieses Stück Land am Strand bei jeder Flut zwei Meter hoch überspült wird."

„Ich glaube nicht, dass mein Onkel versuchen würde, mir ein solches Grundstück unterzujubeln", erwiderte Bruno. „Weil er weiß, dass ich ihn, bevor die Flut kommt, auf meinem Grundstück eingraben würde."

„Vielleicht überschätzen Sie sich ein wenig", meinte der Farbige und ließ seine makellos weißen Zähne blitzen. „Jedenfalls steht mein Angebot. Noch halten Sie Ihr Schicksal in der Hand."

„Danke für Ihr Angebot, das ich aber nicht annehmen kann. Für Sie habe ich auch einen guten Rat: Versuchen Sie nie wieder, mit mir in Kontakt zu treten."

„Warum sollte ich das nicht versuchen?", fragte der Farbige herausfordernd.

„Weil ich Sie dann angreifen würde", erwiderte Bruno. „Das gilt auch für Ihren baumlangen Freund, der sich in der Nähe des Ausgangs zwischen den katholischen Nonnen versteckt hält. Sie sollten das auch die Leute wissen lassen, die Sie geschickt haben."

Die Blicke des Farbigen verdunkelten sich und für einen Moment verlor er seine durchtriebene Coolness. Dann drehte er sich auf dem Absatz um und verschwand in der Menge.

Es dauerte eine halbe Ewigkeit, bis Brunos Onkel mit dem Kiosk-Engel handelseinig geworden war. Dann verschwand der Engel in den Tiefen seines Himmels. Mit einer seiner herrischen Gesten winkte der Onkel Bruno zu sich. Er musterte Bruno eine Weile, dann legte er ihm seine beiden schweren Hände auf die Schultern und begann sie mit seinen ungewöhnlich fleischigen Fingern zu kneten, wobei jedes seiner Fingergelenke laut knackte.

„Du siehst aus wie jemand, dem über Nacht das Haus abgebrannt ist", sagte der Onkel.

„Noch schlimmer, ich habe den Flug inmitten einer Horde schwitzender Jesus-Jüngerinnen verbracht, es war die Hölle."

Der Onkel, der nicht aufhörte, Brunos Schultern zu kneten, lachte und zwinkerte Bruno zu. Es war ein gemütliches warmes friedfertiges Lachen, aber Bruno entging nicht, dass sich dahinter Eiseskälte verbarg, jederzeit bereit, ihre Deckung zu verlassen und Bruno zu verschlingen.

„Wir werden dich schon wieder so fit machen, dass du den grandiosen Sieg der Corinthians genießen kannst“, sagte der Onkel. Abrupt stellte er sein Kneten ein und ließ die Eiseskälte frei. „Was hast du mit dem Mulatten besprochen? Woher kennst du den Kerl? Was hast du mit so einem zu schaffen?“

„Ich kenne den Mann nicht. Er wollte mir ein Taxi organisieren“, erwiderte Bruno.

„Das ist kein *malandro*, kein kleiner Ganove, der im Flughafen ankommende Touristen leimt“, meinte sein Onkel. „Das ist ein *capitão*, ein Mörder und Erpresser, den man mit seiner ganzen blutgierigen Meute mieten kann und der dafür bekannt ist, dass er schnell, ohne Spuren zu hinterlassen und verschwiegen arbeitet. Der hat dich nicht zufällig angesprochen. Es muss in einem Zusammenhang mit dem Zweck deiner Reise nach Brasilien stehen.“

„Vielleicht ist es bloß eine ganz harmlose Verwechslung“, erwiderte Bruno ausweichend.

„Ausgeschlossen!“ Der Onkel schüttelte betrübt den Kopf. Dann gab er sich einen Ruck. „Aber mach dir heute keine Sorgen, heute nicht! Denn in diesem Kreis bist du sicher.“ Der Onkel zeigte auf die Schar lärmender biertrinkender schwergewichtiger Männer, deren pure Präsenz allein schon furchteinflößend war. „Für unseren Stadionbesuch werde ich zusätzlich noch ein paar Leute des Sicherheitsdienstes der Corinthians-Supporters anheuern. Die sorgen dafür, dass niemand an uns rankommt. Sie sind nicht ganz billig, aber das bist du mir wert.“

„Danke“, sagte Bruno.

„Und wenn alle Stricke reißen, bleibt noch das“, fügte der Onkel lachend hinzu und klopfte auf den Schaft des Revolvers in seinem Hosenbund.

„Sag bloß, du nimmst die Kanone mit ins Stadion!“, wunderte sich Bruno. „Ist das überhaupt erlaubt?“

„Erlaubt, was heißt schon erlaubt!“, schnaubte sein Onkel verächtlich. „Ein Revolver gehört schon fast zur Standardausrüstung eines Corinthians-Fans. Sie sind mit das Aggressivste, was die brasilianische Fan-Szene zu bieten hat."

„Und darauf bist du auch noch stolz?", fragte Bruno verwundert.

„Worauf soll ich denn sonst noch stolz sein?", fragte sein Onkel und zog Bruno mit sich in Richtung Ausgang. „Die Corinthians waren mal einer der erfolgreichsten und reichsten Fußball-Clubs von ganz Südamerika. Aber der größte Teil ihres Besitzes ist in den Taschen korrupter Präsidenten und den von ihnen eingesetzten Funktionären versickert, ein anderer Teil an alternde, satt und träge gewordene Fußballstars verschleudert worden, die mit ihrem Namen, aber nicht mit ihrer Leistung bezahlt haben."

Der Onkel erging sich in immer ausufernden Klagen über den Niedergang des Vereins, dessen Fan er schon seit Kindesbeinen war, und bugsierte Bruno dabei in die Mitte der schwitzenden Männertruppe, die ein gutes Dutzend blauer Müllsäcke, gefüllt mit Feuerwerkskörpern aller Art, auf den Rücken trugen, bis sie Bruno wie ein lebender Schutzwall umgaben. Dennoch gelang es Bruno, sich von seinem Onkel loszureißen und in die Hocke zu gehen und sich eine Zigarette anzuzünden.

Für einen Moment war der Onkel, aus dessen Blickfeld Bruno so plötzlich verschwunden war, irritiert. Er schrie seinen Kumpels etwas zu, die plötzlich Halt machten. In diesem Augenblick bemerkte Bruno den Farbigen, der hinter einem vorgefahrenen Taxi auftauchte und zur Gruppe der Männer hinüber spähte. Bruno zückte sein Handy, zoomte die Gestalt nahe heran und schoss ein Foto. Dann fühlte er sich von seinem Onkel am Kragen gepackt, hochgerissen und in die Mitte der Herde zurückgezerrt.

„Du weichst mir nicht mehr von der Seite", sagte sein Onkel erbost.

„Ich habe doch bloß ein Foto von diesem *capitão* gemacht!", verteidigte sich Bruno. „Du und deine Jungs habt ihn nicht einmal bemerkt."

„Zeig her!", sagte sein Onkel.

Als Bruno das Foto aufgerufen hatte, war die Gruppe an einer Art Wagenburg, bestehend aus Fahrzeugen des Zolls und Privat-Limousinen angekommen, die ausnahmslos im absoluten Halteverbot standen. Sein Onkel nahm Bruno das Handy aus der Hand, hielt es über den Kopf und sprach ein paar Worte zu seinen Kumpanen. Dann stieß er Bruno auf die Rücksitze des größten Zollfahrzeugs, hinter dessen Steuer ein Uniformierter saß, neben ihm ein zweiter Zollfahnder, eine Maschinenpistole auf den Knien.

„Die Jungs wissen Bescheid", meinte der Onkel, als sich die Fahrzeuggruppe in Bewegung gesetzt hatte. „Die meisten von ihnen sind bewaffnet. Sollte sich der *capitão* uns im Stadion nähern, schießen sie sofort. Also wundere dich nicht. Aber er wird es nicht wagen."

„Was macht dich da so sicher?", fragte Bruno.

„Er weiß, dass ich unter dem Schutz der Hooligans der Corinthians stehe. Und mit denen legt sich niemand gerne an, denn sie haben nicht nur im Stadion das Sagen. Du wirst ein paar kennenlernen. Denn wir bringen das Feuerwerk in ihr Lager im Stadion."

„Die Hooligans der Corinthians haben im Stadion eigene Lagerräume?", fragte Bruno.

„Selbstverständlich", erwiderte sein Onkel. „Die Hooligans sind mittlerweile der Kern des Vereins. Sie besorgen dem Präsidenten die nötigen Stimmen zu seiner Wahl. Sie stellen die meisten Leute des Ordnungsdienstes. Ohne die Hooligans läuft im Verein nichts. Man sagt sogar, dass ihnen Anteile an den Spielern gehören."

„Ich weiß", sagte Bruno. „Ich habe einen von diesen Hooligans kennengelernt. Er nennt sich *Garra* und ist so ein düsterer Bursche, der am helllichten Tag jede Menge Finsternis um sich verbreitet."

Der Onkel riss erstaunt beide Augen weit auf. „Du meinst *Garra*, den Helden von Mogi das Cruzes, der Heimatstadt von Neymar?"

„Wieso der Held von Mogi das Cruzes?", fragte Bruno.

„Du willst *Garra* kennen, aber weißt nicht, was ihn berühmt gemacht hat? Du solltest dich was schämen, Neffe!", empörte sich der Onkel. „Vor vier Jahren war einer dieser alten, klapprigen Busse mit vierzig Fans der Corinthians unterwegs nach Rio zu einem Auswärtsspiel gegen Fluminense. Sie hatten ihre Fahrt geheim gehalten, denn die Anhänger der Corinthians haben viele Feinde. Aber es war ein Verräter unter ihnen, der in der Nähe der Stadt Mogi das Cruzes einen schlimmen Brechdurchfall vortäuschte.

Der Bus steuerte also den Parkplatz in der Nähe der Stadt Mogi das Cruzes an, auf dem sich zweihundert Hooligans des FC Santos in den Hinterhalt gelegt hatten. Kaum war der Verräter ausgestiegen und hatte sich in die Büsche geschlagen, als die Hooligans vom FC Santos angriffen. Zweihundert mit Knüppeln, Macheten und Revolvern Bewaffnete gegen unsere vierzig Jungs. Aber einer der Unseren war der Mann, dem man nach dieser Schlacht den Ehrennamen *Garra* gegeben hat. Er verteidigte den Bus wie ein Löwe. Ihm war es zu verdanken, dass nur vier von unseren Fans durch Revolverschüsse zu Tode kamen. Er selbst kassierte drei Kugeln, sein Oberkiefer, die Nase und ein Bein brach man ihm, aber er kämpfte immer weiter, sogar als man ihm mit einem Machetenhieb drei Finger von der rechten Hand abtrennte, die man ihm im Krankenhaus von Mogi das Cruzes wieder angenäht hat. Aber seine Hand blieb verkrüppelt. Jeder im Verein begegnet ihm mit Hochachtung. Und du bist sicher, dass du ihn kennengelernt hast?“

„Ja“, bestätigte Bruno. „Er hat Lucas Coração begleitet, der bei meinem Heimatverein 1. FC Köln angeheuert hat.“

„Ich habe davon gehört“, meinte sein Onkel. „Ein großes Talent, dieser Lucas. Aber auch ein Junge mit vielen Problemen. Es heißt, die Hooligans der Corinthians hätten Anteile an ihm gehalten.“

„Wenn ihr das Feuerwerk den Corinthians-Fans übergebt, wäre es sehr freundlich von dir, wenn du dich erkundigen könntest, ob dieser *Garra* für mich zu sprechen ist“, sagte Bruno.

Der Onkel schwieg und starrte angestrengt aus dem Seitenfenster. Schließlich zerdrückte er die leer getrunkene Büchse Antarctica-Bier und warf sie in den Fußraum.

„Hör zu, kleiner Bruno“, sagte er, „ich habe dir den Gefallen getan und den Türken, der das Büro deiner Freundin angezündet hat, in Rio verhaften und einbuchten lassen. Ich habe auch nicht gefragt, warum du plötzlich hier in São Paulo auftauchst. Ich habe dich auch nicht gefragt, warum einer der schlimmsten Mörder des Landes am Flughafen auf dich gewartet hat. Im Gegenteil, ich habe mich für deine Sicherheit verbürgt, solange du bei mir bist. Aber das darf nicht lange sein, kleiner Bruno. Ich werde dich morgen zum Flughafen bringen, dann fliegst du zurück nach Deutschland."

„Unmöglich! Ich habe in Brasilien noch einige unaufschiebbare Dinge zu erledigen", widersprach Bruno. „Und dazu zählt, dass ich den Mann, der das Büro meiner Freundin hat abbrennen lassen, morgen im Knast in Rio spreche. Bitte, Onkel, du musst das möglich machen!"

„Vergiss es, kleiner Bruno!", schrie der Onkel sichtlich erbost. „Das ist ganz und gar unmöglich! Ich will dir auch sagen, warum! Weil dieser Türke morgen, am Sonntag, wenn die richtigen Leute in Rio die Aufsicht haben, aus der Haft entlassen wird."

„Schon morgen? Das musst du unbedingt hinauszögern, Onkel", forderte Bruno.

„Alles hat seine Grenzen", erwiderte der Onkel. „Ich wollte dir einen Gefallen tun, weil du zur Familie gehörst. Hätte ich geahnt, welche Leute an diesem Türken sonst noch ein Interesse haben, bei Gott, ich hätte dir diesen Gefallen abgeschlagen!"

„Lass dir erklären, was es mit diesem Türken auf sich hat", sagte Bruno, aber ehe er fortfahren konnte, presste ihm sein Onkel die große Hand auf Mund und Nase.

„Kein Wort über diesen verdammten Türken!", keuchte er. „Ich will nichts über diesen Mann wissen, denn solch ein Wissen ist vergiftet! Mir genügt dieser Anruf, der mich auf verschlungenen Wegen erreicht hat. Ein Anruf von ganz oben, verstehst du, Bruno, von ganz oben! Man hat mir klipp und klar zu verstehen gegeben, dass meine Leiche in den stinkenden Abwässern des Flusses Tietê versinken wird, wenn ich nicht dafür sorge, dass dieser Türke ohne Aufsehen aus dem Gefängnis verschwindet. Das ist kein Spiel, kleiner Bruno, das ist bitterer Ernst. Jetzt verstehst du hoffentlich, warum du morgen nach Deutschland zurück musst, wenn dir dein eigenes Leben und das deines Onkels lieb sind."

Bruno, dem die Luft knapp geworden war, gelang es endlich, die Hand des Onkels von sich zu stoßen, und rang nach Atem.

Der Onkel wartete ab, bis Bruno wieder einigermaßen gleichmäßig atmete. Dann griff er in den Fußraum und hob eine große Plastiktüte auf die Sitzbank. Aus ihr holte er zwei Trikots der Corinthians, zwei Perücken und einen Schminkkasten hervor. „Wir werden uns jetzt gesichtslos machen, kleiner Bruno, uns für das Bad in der Menge vorbereiten. Das gehört zu meinen Wochenendritualen. Und wer seine Rituale in meinem Alter aufgibt, der ist schon so gut wie tot."

Bruno machte noch mehrmals den Versuch, seinen Onkel umzustimmen, ließ sich aber schließlich widerstandslos auf die Prozedur ein, die ihn zu einem gesichtslosen Fan der Corinthians machte, nachdem der Bodyguard seines Onkels Brunos Hand gepackt, gegen die Mündung seines entsicherten Revolvers gepresst und damit gedroht hatte, sie zu durchlöchern.

Wenige Minuten später saß Bruno in der Stimmung eines zum Tode verurteilten Clowns, der am Tag seiner Hinrichtung bei einem letzten Auftritt sein Publikum zum Lachen bringen soll, neben seinem Onkel, der in seiner Corinthians-Maskierung unnahbar und furchterregend wie eine blutrünstige indische Gottheit aussah. Der Bodyguard hatte eine durchdringend nervende Blaulichtsirene aufs Dach des gepanzerten Zollfahrzeuges gesetzt, die ihnen wie der Herold eines mächtigen Herrschers alle Barrieren und Absperrungen vor dem Stadion öffnete.

## 23. Kapitel

Auf einem freien asphaltierten Platz hatten sich zweihundert junge Leute versammelt, die Schilder schwenkten, auf denen sie gegen die Geldverschwendung und Korruption des Fußballbetriebs und für mehr Bildung, eine bessere Gesundheitsversorgung und billigeren öffentlichen Nahverkehr demonstrierten. Sie schienen wie Aussätzige zu sein, mit denen die vorbeiziehenden Fußballfans sogar den Blickkontakt vermieden, als sei allein der schon ansteckend.

„Die Feste beginnen zu bröckeln“, meinte sein Onkel und wies mit dem breiten, weiß geschminkten brutalen Kinn auf die Demonstranten. „Noch wagen sie sich nicht in die Stadien, weil sie dort von der Menge zerrissen würden. Aber sie werden immer stärker.“

Vor einem der Nebeneingänge des Stadions hielten die Zollfahrzeuge an und bildeten wieder eine Art Wagenburg, die zum stählernen Einlasstor hin offen war.

„Komm, jetzt zeige ich dir die Eingeweide des brasilianischen Fußballs. Sie bekommen nur wenige Eingeweihte zu Gesicht. Und wundere dich nicht, denn Eingeweide sind wenig romantisch, eher blutig und unappetitlich“, sagte sein Onkel, entriegelte die hintere Wagentür und stieß Bruno ins Freie.

Der Onkel setzte sich an die Spitze seiner Freunde, die Mülltüten voller Feuerwerk über dem Rücken trugen, sein Zollausweis baumelte unübersehbar am Hals über seinem Fan-Shirt. Den Eingang versperrten sechs kräftige Männer, deren Anführer vortrat und dem Onkel mit einer zeremoniellen Handbewegung Halt gebot.

„Was willst du unter dem Dach der *torcida*, dem Heim der Corinthian-Fans?“, fragte der Anführer der Wächter.

„Ich und meine Freunde bringen das Opferwerk, das den Feuergott Xangô gnädig stimmen wird, damit er den Corinthians den Sieg schenkt“, entgegnete der Onkel und wies mit einer großartigen Geste auf die prall gefüllten Mülltüten, aus einigen ragten die langen hölzernen Stäbe von Feuerwerksraketen hervor.

Die beiden Männer verständigten sich schreiend, denn aus dem Stadion, das erst zu einem Drittel gefüllt sein mochte, drangen der Lärm von Gesängen, Trommeln und die Rufe von Verkäufern, die ihre Waren feilboten, wie das geschäftige Summen aus einem Bienenkorb.

Was sonst noch zwischen seinem Onkel und dem Anführer der Wächter besprochen wurde, blieb Bruno verborgen, denn zwei Freunde seines Onkels packten ihn unter den Armen und rissen ihn zurück. Die Gesten, die beide Männer vor dem Eingang ausführten, erinnerten Bruno an ein zeremonielles Ritual. Dann klopfte der Anführer in einem bestimmten Rhythmus gegen das Eisentor, das sich auftat, und die Männer, Bruno und sein Onkel tauchten ein in das stickige Halbdunkel grell besprayter Betonwände, die ein Gewirr von Gängen, kleinen, mit allerlei Gerätschaften, Bannern und Fahnen vollgestopfter Kammern bildete. Es herrschte ein Kommen und Gehen wie in einem Ameisenhaufen.

Der Onkel schien sich bestens auszukennen und führte seine Begleiter immer tiefer hinab in die Eingeweide des Stadions. Bruno gelang es, zu seinem Onkel aufzuschließen, der ihn am Arm packte.

„Weiche nicht von meiner Seite“, zischte ihm der Onkel zu. „Hier unten herrschen andere Gesetze. Wer sie nicht respektiert, fällt ihnen zum Opfer.“

Die Luft wurde immer schlechter, aus einem verrosteten Rohr sickerte eine schlammige, stinkende Brühe und machte den steil abwärts führenden Gang rutschig. Dann schien die kleine Gruppe auf der untersten Ebene angekommen zu sein und stand unvermittelt in einem niedrigen Gewölbe aus gemauertem Feldstein. Die Decke war feucht und mit kopfgroßen Schimmelpilzen bedeckt. Bruno musste sich bücken, um nicht gegen sie zu stoßen. In einer Ecke des Gewölbes krümmten sich wimmernde Gestalten, eingekesselt von einem guten Dutzend der Corinthians-Hooligans, die sie mit Tritten und Fausthieben traktierten. Die Kleidung hing an den Gestalten in Fetzen herunter, ihre Gesichter waren von den Hieben und Tritten geschwollen, sie bluteten aus zahlreichen Wunden.

„Hör auf, diese Jammergestalten anzustarren!“, zischte der Onkel und zog Bruno in den anschließenden Gang.

„Wer waren diese Leute? Warum quält man sie?", fragte Bruno dort.

„Das waren *são-paulinos*, Anhänger des FC São Paulo, die unsere Hooligans abgefischt haben", meinte sein Onkel. „Man bewahrt sie hier unten als Geiseln auf, damit man sie zur Not gegen gefangene Corinthians austauschen kann."

Aus dem nächsten Gewölbe drang wüstes Geschrei. Bruno gelang nur ein schneller Blick in das Halbdunkel, das von einer einzigen nackten Glühbirne erhellt wurde. Er sah auf dem Boden hockende Gestalten, einige setzten sich Spritzen, andere saugten mittels Papierröllchen Pulver in die Nasen.

„Weiter, weiter, kleiner Bruno. Weg von unseren *drogados*, high sind sie unberechenbar und zu allem fähig."

Ihr Weg führte die kleine Gruppe an engen Kammern vorüber, gefüllt mit Baseballschlägern, mit Nägeln gespickten Zaunlatten, Macheten und anderen Hieb- und Stichwaffen. Schließlich endete der Gang in einem großen Gewölbe, in dem man aufrecht stehen konnte. Ein halbes Dutzend Ventilatoren machte die stickige Luft erträglich. Auf mehrere Flachbildmonitore, um die sich ein Dutzend Hooligans versammelt hatte, wurden von Livecams Bilder aus dem sich langsam füllenden gegnerischen Fanblock übertragen.

„Ich hab Frederico, diesen Bastard und Hurensohn entdeckt", schrie plötzlich einer der Beobachter. „Es ist der Kerl in der rotweiß-schwarzen *baiano*-Maske! Hier, zoomt näher an ihn heran, lasst ihn nicht mehr aus dem Bild, die Kamera muss ihn behalten."

Einer der Hooligans stöpselte ein Mikro ein und gab die Nachricht an den Operateur oben unter dem Stadiondach weiter.

„Wir schicken ihm unsere *drogados*, sie sollen ihn abfischen und nach unten bringen", entschied einer der Hooligans. Dann wandte er sich dem Onkel und seiner Gruppe zu.

„Habt ihr Xangôs-Opfergaben?", fragte er.

Der Onkel nickte und seine Freunde setzten die prall gefüllten Müllsäcke ab. Der Hooligan holte aus einer der Plastiktüten eine Feuerwerksrakete hervor. Sie hatte einen langen geraden Schaft. Der Hooligan zog an einem schwarzen Knopf und am Ende des

Schaftes wurden Stabilisatoren ausgeklappt wie bei einem Marschflugkörper.

„Wenn man ein Ziel genau anvisiert, fliegen die Dinger auch total geradeaus?“, vergewisserte sich der Hooligan.

„Sie fliegen punktgenau“, bestätigte der Onkel. „Die Ladung der Feuerwerksraketen ist hochexplosiv und kann Menschen schwer verletzten!“

„Tod den *são-paulinos*!“, schrien die anderen Hooligans begeistert. Etliche hatten sich um den Onkel geschart und klopften ihm die Schultern.

Bruno nutzte die Gelegenheit, als alle an den Lippen des Onkels hingen, näherte sich einer der Mülltüten und holte aus ihr ein paar armdicke Böller hervor. Er steckte sie unter sein Trikot. Dann wandte er sich an einen abseitsstehenden Hooligan, der neben einer niedrigen Holztür an der Wand lehnte und anscheinend gelangweilt mit einem Messer in seiner Hand spielte.

„Hör zu, mein Freund, ich muss *Garra* sprechen. Sag ihm, der *conselheiro* aus Deutschland ist hier unten und braucht seine Hilfe“, flüsterte Bruno.

„Wer, sagst du, bist du?“, fragte der Hooligan misstrauisch.

„Der *conselheiro* aus Deutschland“, erwiderte Bruno.

„Hast du auch einen Namen?“

„Sag ihm, Bruno ist hier.“

Der Hooligan klopfte an die niedrige Tür und verschwand dahinter.

Der Onkel hatte in eine der anderen Plastiktüten gegriffen und einen armdicken Böller mit einer kurzen Lunte hervorgezogen. „Spezialanfertigung aus China!“, rief er. „Ihr müsst sie schnell weit von euch werfen, sonst sprengen die Dinger euch das Trommelfell!“

Immer mehr Hooligans umringten nun den Onkel und seine Freunde. „Wir werden den *são-paulinos* heute ein solche Feuerwerk bereiten, dass sie glauben, in der Hölle zu sein!“, frohlockte einer der Hooligans.

„Ja, verbrennen wir ihre feigen Ärsche!“, schrie ein anderer.

„Brennen sollen sie, brennen sollen sie!“, stimmte ein Chor in die Rufe ein.

In diesem Moment wurde die niedrige Holztür geöffnet und Bruno in das halbdunkle Gelass dahinter gezogen. Ein halbes Dutzend starker Hände umklammerte ihn, dann wurde eine schwarze Binde über seinen Augen festgezurrt, die Hände zerrten ihn so schnell mit sich, dass Brunos Füße den Halt verloren und hinter ihm her über den Boden schleiften. Schließlich prallte Bruno unsanft gegen eine Wand und fühlte sich zu Boden gedrückt.

„Wischt ihm die Schminke aus dem Gesicht. Ich will sicher sein", vernahm Bruno *Garras* Stimme. Ziemlich unsanft rubbelte jemand mit einem nach Terpentin stinkenden Lappen in seinem Gesicht herum.

„Genug! Es ist der *conselheiro*. Nehmt ihm die Binde ab", hörte er *Garra* sagen.

Die Reste der Schminke brannten in Brunos Augen, er zwinkerte, um im diffusen Halbdunkel ringsumher etwas zu erkennen. Dann schälte sich aus den verschwommenen Konturen mehrerer Männer *Garras* Gesicht hervor. Es schien Bruno wie versteinert und ohne jede menschliche Regung wie das eines Gottes, der über den Ausgang aller Fußballmatches zu entscheiden hat.

„Wie bist du bis hierher vorgedrungen?", fragte *Garra*, ohne seine versteinerte Miene zu verziehen.

Bruno verstand, dass bei diesen Männern hier unten in den blutigen Eingeweiden des Fußballs nur der Hass erlaubt war.

„Mein Onkel hat mich mitgenommen. Er hat das Feuerwerk gebracht", entgegnete Bruno.

„Seht ihr, niemand hat ihn kontrolliert. Selbst ein Kind könnte in das Herz des Vereins vorstoßen", sagte *Garra*. „Früher war das eine Festung, heute geht es hier zu wie auf einem Marktplatz."

„*Garra* hat recht", ergriff ein pockennarbiger Hüne das Wort. „Eines Tages wird die Tür aufgehen und jemand wirft zur Begrüßung ein paar Handgranaten auf uns. Wir sollten das anders organisieren."

„Wie denn? Wir müssen bei den Heimspielen von innen heraus operieren. Nur so behalten wir alles in der Hand", meinte ein anderer.

„Aber man hat uns in die Tiefe abgeschoben, so als schäme man sich, dass es uns gibt. Am liebsten wäre denen, wir wären ganz und gar unsichtbar“, widersprach ein anderer. „Im Vorstand sind in der letzten Zeit Stimmen laut geworden, die uns Abschaum nennen und uns in die Favelas zurückschicken wollen.“

„Jedenfalls stecken wir hier unten in einer Sackgasse, denn es gibt nur einen Weg nach oben und hinter uns ist nur die Wand“, ergriff *Garra* erneut das Wort. „Das ist nicht gut. Hier unten können sie uns ganz leicht an den Arsch kriegen. Die Botschaft ist klar: Wir wollen euch unsichtbar, denn Habenichtse wie ihr stören bloß unsere Geschäfte.“

„Ich meine, wir sollten uns nicht gegen die *torcida*, die Gemeinschaft der Fans, stellen, sie hat der Verlegung ihrer Räume unter das Stadion zugestimmt“, widersprach ein anderer.

„Die *torcida* wird immer mehr zum verlängerten Arm der Vereinsführung“, sagte ein anderer verächtlich.

„Überlegt doch mal, vor einem Jahr hatten wir noch Anteile an fünf Spielern der ersten Mannschaft. Wir waren eine Macht im Verein. Man hat alle fünf Spieler ins Ausland verkauft. Man hat das Geld, das uns aus diesen Verkäufen zusteht, auf einem Sonderkonto, an das wir nicht rankommen, eingefroren. Was ist uns denn geblieben?“, rief einer der Hooligans.

„Wir sollten denen heute zeigen, dass es uns noch gibt und dass wir uns vor denen da oben nicht wegducken!“, rief ein anderer.

„Du denkst an eine Machtdemonstration?“, vergewisserte sich *Garra*. „Ich schlage vor, wir gehen heute mit fünfzig Mann in die VIP-Lounge, fressen das Büfett leer und trinken den feinen Herren den Schampus weg. Was meint ihr?“

„Das hätten wir schon längst machen sollen!“

„Das werden sie nicht zulassen! Sie werden mit zwei Hundertschaften Bullen den Eingang zu der VIP-Lounge abriegeln, sodass wir erst gar nicht reinkommen.“

„Wer ist heute Chef der Security?“, fragte *Garra*.

„Es ist Fernandinho. Er wird die ganze Zeit um den Vereinspräsidenten wieseln und sich einschleimen“, gab einer der Hooligans, der bisher beharrlich geschwiegen hatte, Auskunft. „Die Arbeit überlässt er unseren Leuten.“

„Gut. Wir gehen in kleinen Gruppen zu zweit und zu dritt in die VIP-Lounge. Dort verkrümeln wir uns in die Ecken und benehmen uns möglichst unauffällig. Erst wenn das Spiel angepfiffen ist, treten wir in Aktion. Wer sagt unseren Leuten von der Security Bescheid, damit sie uns durchlassen?“

„Ich übernehme das!“, sagte der Schweigsame.

„Okay! Wir nehmen Baseballschläger und Messer mit, die wir am Leib verstecken können. Zwanzig von uns bleiben draußen vor der VIP-Lounge und halten uns den Weg frei, denn sie werden die Bullen holen, wenn sie erst mal bemerkt haben, was wir vorhaben. Wer übernimmt die Jungs vor der Lounge?“

„Ich erledige das mit meinen Jungs aus dem Morro do Piolho“, meldete sich ein großer Mulatte zu Wort. „Sie sind kampferprobt und schlagkräftig!“

„Ich schlage vor, Eugênio übernimmt das Kommando in der VIP-Lounge. Er fällt unter den Geldsäcken am wenigsten auf. Meine Fresse ist zu bekannt. Da würden sie sofort Lunte riechen.“

Die Taktik war beschlossen, die Rollen waren verteilt, die *assistentes* sammelten sich um ihre Anführer und niemand schien auch nur das geringste Interesse an Bruno zu haben, der ziemlich verloren inmitten des Getümmels stand und Ausschau nach *Garra* hielt, der wie vom Erdboden verschluckt schien.

Als sich die Tür zum niedrigen Gelass, aus dem er sich von seinem Onkel davon geschlichen hatte, das nächste Mal öffnete, bemerkte Bruno den Farbigen, der ihn am Flughafen angesprochen hatte. Reflexartig ließ sich Bruno auf alle viere fallen und kroch zwischen den Beinen der Hooligans bis zur gegenüberliegenden Wand. Dort fühlte er sich plötzlich an den Schultern gepackt und wurde in einen engen Bretterverschlag gezogen.

„Vor wem willst du dich unsichtbar machen, *conselheiro*?“, fragte *Garra* leise, der neben Bruno in die Hocke gegangen war.

Bruno holte sein Handy aus der Hosentasche und rief das Foto auf, das er am Flughafen geschossen hatte. „Vor diesem Mann. Er wollte mich am Flughafen in ein Taxi locken. Mein Onkel meint, es sei ein berüchtigter Auftragskiller. Er hat soeben diesen Raum betreten.“

*Garra* warf einen flüchtigen Blick auf das Display und drückte sein Auge an einen Spalt im Bretterverschlag. Dann nickte er Bruno zu.

„Ich kenne den Mann", sagte er. „Wir nennen ihn den *capitão* und haben schon einige Aufträge für ihn erledigt. Er hat immer pünktlich bezahlt."

„Was wirst du tun? Wirst du mich ausliefern?", fragte Bruno.

„Der *capitão* täuscht sich, wenn er glaubt, uns in der Tasche zu haben", sagte *Garra* düster. „Wir kämpfen ums Überleben. Darin sind wir geübt, denn das tun wir schon seit unserer Geburt. Wir besitzen nichts außer unserer Treue zu den Corinthians. Es heißt, der *capitão* und seine Hintermänner hätten die Finger im Spiel bei der Ausplünderung unseres Vereins."

„Das heißt, du schaffst ihn mir vom Hals?", fragte Bruno.

„Ich kann ihn von hier unten verjagen", erwiderte *Garra*. „Am besten wird sein, ich schicke ihm den *cachorro insano*, den verrückten Hund. Es ist einer unserer *drogados*. Er hat nicht mehr lange und ist zufrieden, wenn wir ihn bis zu seinem Tod mit Drogen versorgen. Er wird dem *capitão* eine *seringa contaminada*, eine verseuchte Nadel an den Hals setzen. Der *capitão* wird diese Drohung verstehen und sich von hier unten verpissen. Aber du musst dem *cachorro insano* etwas geben. Das ist unser Gesetz hier unten. Jeder muss etwas geben. Du gibst so viel, dass er eine Woche seine Drogen kaufen kann."

Bruno gab ihm das Geld, das *Garra* verlangte. Dann wartete *Garra*, bis Bruno sich hinter einen Stapel Kartons geduckt hatte, und verließ den Verschlag. Bruno hörte ihn draußen mit jemandem tuscheln.

Als *Garra* den Verschlag wieder betrat, blieb er an der Bretterwand stehen und äugte schweigend durch eine der Ritzen. Dann drehte er sich um und sein Blick lastete schwer auf Bruno.

„Du scheinst erleichtert, *conselheiro*", sagte er schließlich und verzog abschätzig die Mundwinkel. „Dafür gibt es überhaupt keinen Grund. Der *capitão* arbeitet nie allein. Er hat stets eine Schar williger und skrupelloser Helfer. Eigentlich hast du keine Chance, denn du bist nicht so wie wir. Wir sind es von klein auf gewohnt, unsere Blicke hinter uns zu werfen, nie zweimal den gleichen Weg zu unserer Behausung zu nehmen, niemandem zu vertrauen, denn jeder wird jeden verraten, wenn der Preis stimmt. Wir schwimmen wie Fische im Fluss der Gesetzlosigkeit. Du bist darin ein Fremdkörper. Ich kann dir nur empfehlen, flieg wieder zurück nach Europa."

„Genau das hat mir mein Onkel auch geraten", erwiderte Bruno. „Aber ich kann jetzt nicht zurück. Einer der Gründe ist Lucas. Er hat seine Spielweise von einem Tag auf den anderen total verändert. Er ist vom überragenden Angreifer zum Abwehrstrategen geworden, der Tore verhindert, anstatt sie zu schießen. Den *Paten*, der ihn gekauft hat, stört das gewaltig. Es vermindert seine Wettchancen. Der *Pate* glaubt, es gäbe da irgendeinen Zusammenhang mit Lucas Zwillingsbruder, der ein riesiges Abwehrtalent gewesen sein soll, dann aber in Brasilien spurlos von der Fußballszene verschwunden ist. Ich soll den geheimnisvollen Bruder aufstöbern und herausfinden, was es mit dieser unerklärlichen Veränderung von Lucas auf sich hat."

„Und wenn du den Zwillingsbruder von Lucas nicht findest? Oder Lucas seine neue Spielweise beibehält? Womit hat der *Pate* dann gedroht?", fragte *Garra*.

„Dann will er den Jungen nach Katar verkaufen. Dort kassiert man seinen Pass ein, sodass er nicht außer Landes kann. Das vereinbarte Gehalt fließt auf eines der Konten des *Paten*. Lucas wäre dann einer dieser rechtlosen modernen Fußballsklaven. Ich müsste das Geld, das mir der *Pate* als Vermittlungsprovision gezahlt hat, zurückerstatten und wäre praktisch pleite."

„Gibt es noch andere Gründe für dein plötzliches Auftauchen in Brasilien?", fragte *Garra*.

„Ja, die gibt es", erwiderte Bruno. „Yüce sitzt in Rio wegen eines Zollvergehens im Gefängnis. Ich soll ihn dort besuchen und dazu bewegen, in Deutschland als Kronzeuge gegen die Wettmafia auszusagen. Mein Onkel sagte mir am Flughafen, dass Yüce aber schon morgen früh aus dem Gefängnis in Rio entlassen werden soll, weil sich sehr einflussreiche Leute für ihn verwendet haben. Mein Problem ist, dass ich Yüce unbedingt sprechen muss."

„Das verlangt dein fetter schwitzender Bullenfreund, nehme ich an. Womit hat er dir gedroht?“, fragte *Garra*.

„Wie kommst du darauf, dass er mir gedroht hat?“

„Es ist nun mal die Vorgehensweise von Bullen, die ist überall gleich“, meinte *Garra*.

„Wenn mein Freund bestimmte Dinge aktenkundig macht, könnte mich das meine Zulassung als Anwalt kosten“, erwiderte Bruno.

„Und was erwartest du von mir, *conselheiro*?“, fragte *Garra*.

„Bring mich irgendwie heil nach draußen“, sagte Bruno.

„Und was hast du dann vor?“, fragte *Garra*. Seine Stimme klang gleichmütig und verriet keine Spur von Neugier.

„Ich will nach Rio. Aber ohne die Hilfe meines Onkels werde ich schwerlich die Erlaubnis der Aufseher bekommen, Yüce vor seiner Entlassung sprechen zu können.“

„Nach Rio zu kommen würde dir auch nicht wirklich weiter helfen, *conselheiro*“, meinte *Garra*. „Du kannst sicher sein, dass ihn die Leute, die für seine Entlassung gesorgt haben, am Gefängnis abholen, sobald er einen Fuß nach draußen gesetzt hat.“

„Was würdest du machen?“, fragte Bruno.

„Nun, ich würde ihn vor dem Gefängnis abfischen, bevor ihn die anderen in Empfang nehmen können“, erwiderte *Garra*. „Im Gegensatz zu dir haben wir brasilianischen Hooligans viel Erfahrung im Abfischen von Leuten.“

„Das mag wohl so sein“, stimmte Bruno zu. „Wenn du das mit mir zusammen erledigst, wie viel müsste ich dir geben?“

„Das hängt davon ab, was du sonst noch vorhast, *conselheiro*.“

„Als Nächstes würde ich mich auf die Suche nach Lucas geheimnisvollem Zwillingsbruder machen“, erwiderte Bruno.

„Das wird nicht einfach sein, Brasilien ist so unendlich groß und es gibt unzählige sichere Verstecke, um spurlos unterzutauchen“, meinte *Garra*.

„Jeder hinterlässt Spuren“, widersprach Bruno. „Auch in Brasilien, besonders, wenn man im Fußball nicht ganz unbekannt war.“

*Garra* schien eine Weile über Bruno Einwurf nachzudenken.

„Ich denke, es gibt jemanden, der uns bei der Suche nach Lucas Bruder auf die richtige Spur bringen könnte", sagte er schließlich. Dann starrte er Bruno eine Weile ausdruckslos an. „Du hast mir geholfen, den Jungen in Deutschland unterzubringen. Ich helfe dir bei deinen Vorhaben. Du hast Geld verdient, ich will Geld verdienen. Du musst mir etwas geben. Das ist bei uns Gesetz."

Dann nannte *Garra* seinen Preis. Es würde nur noch die Hälfte übrig bleiben von dem Geld, das ihm der *Pate* überwiesen hatte.

„Ich fahre nicht ohne Startkapital los. Lass dir über Western Union soviel Bares schicken, wie du auf die Schnelle zusammenkratzen kannst", meinte *Garra*. Als Bruno sein Handy zückte, fügte er hinzu: „Keine Chance, hier unten hast du kein Netz. Ich habe noch einige Dinge zu regeln, dann bringe ich dich nach oben."

*Garra* wartete ab, bis sich Bruno erneut hinter die Kartons geduckt hatte, dann schlüpfte er nach draußen. Bruno vernahm, wie der Verschlag von außen verschlossen wurde. Nach einigen Minuten verklangen die Stimmen und Schritte, die aus dem angrenzenden Gewölbe in den Verschlag drangen. Als Bruno in die Stille lauschte, glaubte er, die leise Stimme seines Onkels zu vernehmen, verließ seine Deckung und presste ein Auge an einen Spalt im Verschlag. Am Eingang des Gewölbes stand sein Onkel neben dem Farbigen, der Bruno in der Ankunftshalle des Flughafens angesprochen hatte. Die beiden Männer hatten die Köpfe zusammengesteckt und tuschelten miteinander. Nach einer Weile schienen sie über irgendetwas Einigkeit erzielt zu haben, reichten sich die Hände und verschwanden im Dämmerlicht des größeren Gewölbes dahinter.

Nun war Bruno allein mit dem undefinierbaren Geräuschbrei um sich herum. Er erschien Bruno wie das Echo eines Verdauungsvorgangs, dem ständig neue Nahrung zugeführt wird, beängstigend, gewalttätig und unersättlich. Um nicht dem bedrückenden Gefühl zu erliegen, ein hilf- und wehrloser Gefangener der dunklen Seite des Fußballs zu sein, schaute sich Bruno im Zwielicht des engen Verschlags nach etwas um, mit dem er sein Leben verteidigen konnte. Er entdeckte unter einem halb vermoderten Banner einen Baseballschläger und hieb damit, wie um sich Mut zu machen, durch die Luft.

Es war mehr als eine Stunde vergangen, als Bruno schleppende, schwere Schritte vernahm, die rasch näher kamen. Dann wurde der Verschlag aufgeschlossen und *Garra* trat ein. Er reichte Bruno eine Maske, die man mittels eines einfachen Gummibands über dem Gesicht festmachen konnte. Bruno glaubte, dass die Maske das Gesicht eines Fußballers abbildete, dessen Namen ihm nicht einfallen wollte.

*Garra* verzog spöttisch die Mundwinkel, als er den Baseballschläger bemerkte, den Bruno seitlich in den Hosenbund gesteckt hatte. „Damit machst du hier unten niemandem Angst", sagte er.

„Er soll auch mehr zur Selbstberuhigung als zur Abschreckung dienen", meinte Bruno und setzte die Maske auf. Er überlegte, ob er *Garra* von der Zusammenkunft seines Onkels und des Mulatten, den man den *capitão* nannte, erzählen sollte, doch er entschied sich dagegen.

Dann folgte er dem hünenhaften Mann durch das Gewirr der Gänge und Gewölbe, wobei die Geräusche, die aus dem Stadion in die Tiefe drangen, immer lauter und bedrohlicher anschwollen. Es erschien Bruno, als würde sich die gesamte menschliche Leidenschaft mit allen ihren festlichen Höhen und abgründigen Tiefen fortwährend entladen.

Als sie eines der letzten Nebengewölbe passierten, in dem Bruno auf dem Hinweg die blutig geschlagenen Fans des FC São Paulo bemerkt hatte, blieb Bruno abrupt stehen. Der Anblick, der sich ihm bot, erschien ihm unwirklich und wie aus einer fernen barbarischen Vergangenheit. Man hatte in dem Gelass aus rohen Balken ein Kreuz errichtet, das mit seiner Spitze gegen die Gewölbedecke stieß. Man hatte einen abgefischten Fan des gegnerischen Vereins mit dicken Nägeln ans Kreuz geschlagen. Er blutete aus zahlreichen Wunden und war offensichtlich ohnmächtig, sein Kopf war auf seine rechte Schulter gesunken. Zu seinen Füßen hockten drei Hooligans, die Karten spielten. Als sie die Ankömmlinge bemerkten, sprangen sie auf und griffen zu ihren Macheten, die sie neben sich auf den Boden gelegt hatten.

*Garra* lüftete seine Maske und sprach ein paar Worte mit den Kreuzwächtern, die sich wieder beruhigten und nach einer Weile mit ihrem Kartenspiel fortfuhren.

Als *Garra* Brunos Fassungslosigkeit bemerkte, lachte er spöttisch auf. „Er ist nicht der Erste, den wir ans Kreuz genagelt haben, und er wird nicht der Letzte sein", sagte er gleichmütig.

„Aber warum habt ihr das mit dem armen Kerl gemacht?", fragte Bruno.

„Die *são-paulinos* haben sich geweigert, das geforderte Lösegeld für ihn zu bezahlen", erwiderte *Garra* und zog Bruno weiter.

Der Ausgang, der ins Stadioninnere führte, war durch ein heruntergelassenes Gitter versperrt, vor dem sich eine Reihe Hooligans postiert hatte. Als Insignien ihrer Macht hielten sie, wie Soldaten im Kriegseinsatz die auf den Gewehren aufgepflanzten Bajonette, Baseballschläger in Vorhalte. Bruno konnte einen flüchtigen Blick auf ein wogendes Fahnenmeer, emporgereckte Fäuste und offene Münder erhaschen. Die Lautstärke, die Bruno entgegen schallte, war ohrenbetäubender, ursprünglicher und orgiastischer, als er es aus deutschen Stadien kannte. In diesem Moment schien es ihm, als sei das Lebensgefühl von „Brot und Spiele" aus der Antike unmittelbar in die Neuzeit transplantiert worden.

Doch *Garra* riss ihn weiter bis zum Eisentor, das vor das Stadion führte. Er öffnete es und schob Bruno ins Freie. Das grelle Sonnenlicht, das wie ein Messer durch die schmalen Sehschlitze in seiner Maske schnitt, brannte in Brunos Augen und ließ ihn nichts erkennen. Er fühlte sich an den Schultern gepackt und mit dem Rücken gegen rauen Beton gepresst. Dann vernahm er *Garra*s Stimme und die Fäuste, die ihn gepackt hielten, ließen ihn los.

Es dauerte eine ganze Weile, bis sich Brunos Augen an das gleißende Sonnenlicht gewöhnt hatten. Währenddessen stolperte er wie ein hilfloses Kind an *Garra*s unverletzter Hand, die seinen Oberarm umklammert hielt, über den trostlos vermüllten Vorplatz des Stadions, über dessen oberste Ränge ein Grollen wie kurz vor einem Vulkanausbruch schwappte, durchsetzt von spitzen Schreien und untermalt von dumpfen Trommelschlägen. Als *Garra* vor einem verbeulten, mit einer dicken Schmutzschicht aus rostrotem Staub bedeckten alten Land Cruiser stehen blieb, rang Bruno ein paar Sekunden nach Atem, wobei er die Maske vor dem Gesicht etwas anhob. *Garra* setzte sich hinter das Steuer und stieß die Beifahrertür auf.

„Steig ein, *conselheiro*", forderte er Bruno auf, der unentschlossen draußen stehen geblieben war.

„Bist du sicher, dass dieser Schrotthaufen nicht auf den nächsten hundert Metern auseinanderfällt?", fragte Bruno.

„Du hast keine Ahnung, *conselheiro*", erwiderte *Garra*. „Das Auto ist perfekt. Wenn ich den Motor angelassen habe, wirst du erfahren, warum wir ihn *tigre da Ásia*, den asiatischen Tiger, nennen."

Bruno löste den Baseballschläger aus seinem Hosenbund, legte ihn neben sich auf den zerschlissenen Beifahrersitz und gurtete sich an. Als *Garra* den Motor anließ, vibrierte die ganze Blechkarosse und harte Stöße von Fehlzündungen rüttelten Bruno durch. Dann begann der Motor rund zu drehen und als *Garra* die Kupplung kommen ließ, machte der alte Land Cruiser einen Sprung nach vorne, als wolle er sich auf eine flüchtende Beute stürzen.

Der Wagen passierte drei Absperrungen. Man schien ihn zu kennen, denn die Security-Männer öffneten bei seinem Anblick ohne Zögern die Schranken und grüßten mit erhobener Faust. Als sie in die wie ausgestorben daliegende Zufahrtsstraße, die vom Stadion wegführte, einbogen, reichte ihm *Garra* ein Smartphone und sagte: „Ruf deine schreckliche Sekretärin an, *conselheiro*, und regle, dass sie das Geld durch Western Union schickt."

Bruno wählte Sigrids Handy an und erreichte sie im Supermarkt beim Einkaufen. Als sie das Gespräch angenommen und Bruno seinen Namen genannt hatte, schrie Sigrid: „Wo bist du, Bruno? Stehst du neben einer Bahnlinie für Güterzüge? Sprich lauter!"

„Ich sitze in einem asiatischen Tiger, und was du dir auch immer darunter vorstellen magst, es stimmt!", schrie Bruno in das Smartphone-Mikro.

„Du brauchst Geld. Das ist der einzige Grund, den ich mir vorstellen kann, warum du mich anrufst", entgegnete Sigrid. „Wie viel?"

Bruno nannte die Summe.

„Gut, ich hebe es in fünf Tranchen am Geldautomaten ab und schicke es dir per Western Union. Das Codewort ist *Wennderweißefliederwiederblüht*, in einem Wort geschrieben. Kannst du dir das merken?“

„Kann ich“, schrie Bruno.

„Ich denke, das Geld ist in spätestens drei Stunden bei dir“, sagte Sigrid und drückte das Gespräch weg.

„Wenn rostige Messer reden könnten, würden sie es mit der Stimme deiner Sekretärin tun“, meinte *Garra*, als er ihm das Smartphone reichte. „Wollte sie nicht wissen, wozu du das Geld brauchst?“

„Nein“, erwiderte Bruno. „Das wäre nicht ihre Art. In solchen Situationen ist sie der unsentimentalste Mensch der Welt. Das ist sehr angenehm.“

*Garra* lenkte den asiatischen Tiger kreuz und quer durch ein verwirrendes Labyrinth aus Quer- und Seitenstraßen, wobei er nicht aufhörte, aus zusammengekniffenen Augen in den Rückspiegel zu schauen. Schließlich sagte er: „Jetzt bin ich mir sicher, dass uns niemand gefolgt ist.“ Dann lenkte er den alten Land Cruiser unter das staubige Nadeldach einer brasilianischen Araukarie, die schief und borkig am Straßenrand wuchs. Aus Rissen in ihrer schuppigen Rinde zogen sich Fäden aus brandigem Harz wie die Adern eines verwesenden Leichnams am Stamm herab.

„Schminken wir uns ab“, sagte *Garra*, beugte sich über die Rückenlehne des Fahrersitzes und kramte aus dem Durcheinander auf der Rückbank zwei unangenehm riechende Lappen hervor. Als *Garra* sich gesäubert und sein Corinthians-T-Shirt ausgezogen hatte, beugte er sich zu Bruno vor und holte aus dem Handschuhfach einen großkalibrigen Revolver hervor, den er in den Hosenbund steckte.

„Das ist keine nette Gegend“, sagte er und grinste zum ersten Mal an diesem Tag. Lächeln schien absolutes Neuland für *Garra* zu sein, es gelang ihm nur unvollkommen und gerann zu einer bösartigen Grimasse.

Kaum waren sie ausgestiegen, als sich aus den Schatten eines zugemüllten Hauseingangs die Gestalten vierer Jugendlicher lösten. „Bleib stehen, reagiere nicht aggressiv“, sagte *Garra* zu Bruno.

„Ihr wollt hier parken?“, vergewisserte sich der größte und stämmigste der Jungs. Als *Garra* nickte, zeigte der Junge mit einer großartigen Geste auf die schiefe staubige Araukarie und fuhr fort: „Ihr seid Männer mit gutem Geschmack und habt euch den schönsten Parkplatz des ganzen Viertels ausgesucht.“

„Das mag sein“, entgegnete *Garra* gelassen.

„Er hat nur einen Nachteil“, meinte der Junge. „Oben im Baum leben die Fliegen, die kleinen und großen. Wenn ihr geht, werden sie einen Kundschafter losschicken, und wenn der heil und gesund zurückkehrt, werden sie sich auf euer Auto stürzen, durch Ritzen hinein dringen, sich in den Sitzen verbeißen und im Motorraum allen Gummi wegfressen. Wenn sie wieder wegfliegen, könnt ihr euer Auto vergessen, es wird abgenagt sein wie ein alter Hundeknochen und nur noch vom Fliegenscheiß zusammengehalten werden.“

„Und ihr könnt das verhindern?“, fragte *Garra*.

„Wir sind Meister im Fliegenfangen“, sagte der Junge und ließ seine schmutzige Hand durch die Luft sausen und im Leeren zugreifen. „Wir wissen, wie das geht. Wenn ihr uns das gebt, was uns zusteht, wird euer Auto heil und unversehrt den Angriff der Fliegen überstehen.“

„Gut. Ich vertraue euch das Leben meines Autos an“, sagte *Garra*. „Wisst ihr, wer ich bin?“

Der Junge schüttelte den Kopf.

*Garra* schlug die Seiten seines Hemdes, das er über der Hose trug, zurück, sodass man den Knauf des großkalibrigen Revolvers sehen konnte. „Das ist auch besser so, denn wenn ihr meinen Namen wüsstet, könnte euch das euer Leben kosten. Als fragt nicht herum, wer ich sein könnte. Und wenn ihr eine Plane habt, dann werft sie über das Auto.“

„Die Plane kostet extra“, sagte der Junge. „Es ist die schönste Autoplane des ganzen Viertels. Selbst die Präsidentin würde nicht zögern, ihr Auto darunter abzustellen.“

Nach einigem Handeln zahlte *Garra* die Hälfte des geforderten Preises an und vereinbarte, das restliche Geld zu bezahlen, wenn er sein Auto unversehrt wieder vorfände.

Dann ließen sie die Jungen zurück und gingen bis zur nächsten staubigen Straßenecke, an der sich ein grindiger Straßenköter, dessen Rippen aus dem Fell hervorstachen, zu ihnen gesellte und neben ihnen her trabte. Als sie den Vorhang, auf dem mehr Fliegen als Perlen saßen, einer ärmlichen Bar passieren wollten, überholte sie der Köter, fletschte die Zähne und knurrte sie an.

„Gut, wir befolgen deine Empfehlung", sagte *Garra* zu dem Hund und schob Bruno durch den schmalen Eingang in die halbdunkle Bar.

In der fensterlosen Bar standen drei nackte saubere Holztische, auf einem lag eine umgestürzte schmale Vase, aus der eine überdimensionale Plastikblume quoll. Die Fliegen, von denen der Junge gesprochen hatte, schienen ihr Hauptquartier von der brasilianischen Araukarie auf die langen Blätter eines bewegungslosen Deckenventilators verlegt zu haben. Sie schickten, wie es der Junge beschrieben hatte, einen Kundschafter los, der die Neuankömmlinge umkurvte. Eine alte Frau schlurfte unter zahlreichen demütigen Verbeugungen, so als würde sie sich ihren Richtern nähern, aus einem Nebenraum herbei, wobei sie Unverständliches murmelte. Ob es Verwünschungen oder Segenssprüche waren, konnte Bruno nicht feststellen. Dann fischte sie die enorme Plastikblume aus der Vase und schlug damit den Kundschafter tot, den die Fliegen geschickt hatten.

Unter endlosen Verbeugungen nötigte sie die Gäste, an einem der Tische Platz zu nehmen. Bruno entnahm ihrem Gemurmel, dass es ein einziges Gericht gab. Als sie es anpries, stieg ihre Stimme so in die Höhe, dass es in Brunos Ohren schmerzte. Als sie die Lobpreisungen des Gerichts nicht beenden wollte, riss ihr *Garra* kurzerhand die überdimensionale Plastikblume aus der Hand und schlug ihr damit auf den Mund. Die alte Frau quittierte diese Handgreiflichkeit mit einer Reihe tiefer Demutsverbeugungen, so als habe gerade das hohe Gericht sein Urteil über sie gefällt. Bruno fand, dass diese Verbeugungen der perfekte Ausdruck von Jahrhunderte langer Unterdrückung war. Während *Garra* kaltes Bier und zwei Mal das Mittagsgericht bestellte, fixierte die alte Frau das Fliegenvolk auf den Rotorblättern des Ventilators und bannte es mit ihren Blicken auf seinem Platz. Dann rückte sich *Garra* seinen Stuhl so zurecht, dass er den Perlenschnurvorhang am Eingang im Blick hatte.

Als sie auf ihr Essen warteten, wollte ein Gespräch zwischen Bruno und *Garra* nicht aufkommen. Das Einzige, was *Garra* zur Unterhaltung beitrug, war die Frage: „Ist dein Onkel eigentlich ein Familienmensch?“ Er stellte die Frage abrupt und scheinbar völlig zusammenhanglos.

„Absolut!“, erwiderte Bruno. „Einmal hat sich eine meiner Nichten, die permanent in irgendwelchen Schwierigkeiten steckt, mit einem Drogenhändler eingelassen, als sie in Belo Horizonte Zahnmedizin studierte. Der Kerl hat ihr ein blaues Auge geschlagen und ihr mit seinem Messer einen schlimmen Schnitt quer übers Kinn verpasst. Als mein Onkel davon erfuhr, hat er keinen Moment gezögert, ist nach Belo Horizonte gefahren und hat den Drogendealer mit seiner Dienstwaffe in den Kopf geschossen. Ebenso wenig hat er gezögert, die Tat dem örtlichen Drogenkartell anzuzeigen und es für den bedauerlichen Verlust ihres Mitarbeiters angemessen zu entschädigen.“

*Garra* nickte und grunzte zufrieden. „Ich sehe, dein Onkel ist ein Mann von Welt und kennt sich aus“, bemerkte er und fiel dann zurück in sein Schweigen, das immer schwerer auf Bruno lastete.

Als sie die fettige *feijoada* gegessen und das kalte Bier getrunken hatten, brachte die alte Frau unter zahlreichen Verbeugungen *Garra* unaufgefordert zwei lange Zahnstocher, mit denen er ungeniert und ausführlich minutenlang in den Zahnlücken pulte. Zum Schluss warf *Garra* das Geld für Essen und Getränke mit solch einer Verachtung auf den Tisch, dass es Bruno körperliche Schmerzen bereitete. Aber die alte Frau schien darüber hoch erfreut zu sein und ließ sich nur durch einen Schlag mit der Plastikblume mitten in ihr Gesicht davon abbringen, *Garras* verkrüppelte Hand zu küssen. Als sie die Bar verließen, wandte sich Bruno um und beobachtete, wie der Fliegenschwarm sich vom Deckenventilator stürzte und die alte Frau bedeckte.

Der verbeulte Land Cruiser war mit einer löchrigen Plastikplane bedeckt, die über und über mit Klecksen grauer, schimmelnder Wandfarbe bedeckt war. Sie bot einen so abschreckenden Anblick, dass sogar das Harz sich geweigert hatte, aus der Araukarie auf sie hinab zu tropfen.

Kaum hatten sie sich dem Baum genähert, als der stämmige Junge aus dem Dunkel des nächsten Hauseingangs auftauchte und mit einer großartigen Geste, die jedem Magier, der seinem Publikum sein bestes Zauberkunststück präsentiert, zur Ehre gereicht hätte, die Plastikplane entfernte. *Garra* zahlte das Restgeld, das der Junge gewissenhaft und mit großem Ernst zwei Mal nachzählte, wobei sein Gesicht voller Stolz glänzte.

Bevor er wieder im dunklen Hauseingang verschwand, sagte er noch: „Ein Nachbar wollte mir unbedingt deinen Namen verraten, aber ehe er ihn aussprechen konnte, habe ich ihm sein Maul blutig geschlagen.“ *Garra* nickte ihm anerkennend und mit der Würde eines Königs zu.

Dann fuhren sie in dem alten Land Cruiser eine geschlagene Stunde durch diverse Vororte von São Paulo. Sie kamen an einigen Filialen von Western Union vorbei, doch *Garra* machte keine Anstalten anzuhalten. Als er Brunos fragende Blicke bemerkte, meinte er nur: „Wir suchen eine sichere Filiale, in der man mich kennt und wo niemand versuchen wird, uns das Geld abzunehmen, sobald wir wieder draußen sind.“

Schließlich hielt *Garra* doch noch. Es war in dem heruntergekommensten Viertel von allen, die sie bisher durchquert hatten. Die Filiale der Western Union lag im Souterrain eines festungsartigen einstöckigen Betonklotzes, einem Bunker nicht unähnlich, dessen schmale Fenster mit staubigen Brettern vernagelt waren. Vor der nackten Betontreppe, die nach unten in den Schlund des Klotzes führte, lungerten drei Männer in schwarz-gelben T-Shirts, die im Hosenbund, für jeden sichtbar, großkalibrige Waffen trugen. Als *Garra* Brunos skeptische Blicke bemerkte, meinte er: „Lass dich durch den ersten Eindruck nicht täuschen, kleiner Bruno. Durch deren Finger fließt jeden Tag mehr Geld als durch die Filiale der Deutschen Bank.“

Bruno stutzte. *Kleiner Bruno*, so hatte ihn bisher nur sein Onkel genannt. Und jetzt *Garra*? Hatte er womöglich, nachdem er den Bretterverschlag in den Eingeweiden des Fußballs verlassen hatte, Kontakt mit seinem Onkel gehabt? Und wenn, was hatten die beiden miteinander besprochen? *Garra* ließ in einiger Entfernung von dem Haus den asiatischen Tiger ausrollen und wartete ab, bis zwei der Wachleute gemessenen Schrittes den Wagen erreicht hatten. Er kurbelte das Fahrerfenster herunter und steckte den Kopf hervor, sodass die Wachleute sein Gesicht betrachten konnten.

„Mein *conselheiro* aus Deutschland erwartet eine Summe“, sagte *Garra*.

„Möchtest du ihn hinein begleiten?“, fragte einer der Männer.

„Ja, das möchte ich“, antwortete *Garra*.

„Du bist *Garra*, der Hooligan der Corinthians?“, vergewisserte sich der Wachmann.

Statt einer Antwort strecke *Garra* seine verkrüppelte Hand aus dem Fahrerfenster.

Der Wachmann zückte ein Walky-Talky und sprach ein paar Worte hinein.

„Du und dein *conselheiro* sind willkommen“, meinte er dann und trat von der Wagentür zurück.

Als sie ausgestiegen waren, fragte der andere Wachmann Bruno: „Hast du eine Pistole oder ein Messer dabei?“

Bruno schüttelte den Kopf. Währenddessen hatte *Garra* seinen großkalibrigen Revolver dem anderen Wachmann gereicht, der ihn mit Hilfe eines blütenweißen Taschentuchs entgegen nahm. Dann begleitete er die beiden Männer die kurze Treppe hinab bis zu einer Sicherheitsschleuse, die sie einzeln betreten mussten. Bruno entleerte seine Taschen, bis das Signal zu piepsen aufhörte und sich die Sicherheitsschleuse automatisch öffnete. Hinter der Schleuse wurden sie von einem weiteren Wachmann in Empfang genommen, der an einem breiten Riemen eine Pump-Gun quer über der Brust trug. Er führte sie durch eine schwere Eisentür, die sich nur mithilfe einer Chipkarte öffnen ließ. Nun standen sie in einem schmucklosen kahlen Raum, eine Klimaanlage brummte nervtötend. Die hintere Längsseite des Raumes nahm eine Wand aus dickem kugelsicherem Glas ein, in die eine Schiebevorrichtung eingebaut war. Davor stand ein Stuhl. Auf einem schmalen Vorsprung war ein Mikro mit einem beweglichen Spiralfederbein und ein Board angebracht. Auf der anderen Seite der schusssicheren Glaswand sah man die Rückseite eines modernen Monitors.

*Garra* beugte sich zu dem Mikrofon und sagte mit seiner emotionslosen kalten Stimme hinein: „Kundschaft für dich, *princesa*."

Es dauerte eine halbe Ewigkeit, bis über der Rückseite des Monitors das atemberaubend schöne Madonnengesicht einer jungen Frau auftauchte. Hätte man Bruno nach diesem Anblick gesagt, dies sei in Wahrheit keine Filiale von Western Union, sondern eine Niederlassung von Engeln, er hätte nicht daran gezweifelt. Der einzige Makel in diesem ansonsten makellosen Gesicht waren die dunklen Schatten unter den Augen, die von permanentem Schlafentzug sprachen. Ihre schön geschwungenen, vollen Lippen produzierten ein Lächeln von solchem Liebreiz, dass Bruno der Atem stockte.

„*Garra*, mein Blutpüppchen, mein Arsch bebt vor Entzücken, dich in deiner ganzen Stärke wiedersehen zu dürfen, und ich möchte dir versichern, würde uns diese Glaswand nicht trennen, dann würde ich mit dir auf der Stelle durch die Hölle reiten", ertönte ihre sanfte Stimme aus unsichtbaren Lautsprechern und füllte den ganzen Raum mit ihrer süßen Verderbtheit.

Bruno kam nicht umhin, seinen ersten Eindruck zu korrigieren, wahrscheinlich lag hinter dem Monitor keine Filiale der Engel, sondern eine der gefallenen Engel.

*Garra* quittierte die Begrüßung durch das engelsgleiche Wesen mit einer obszönen Geste der brutaleren Art, die das engelsgleiche Wesen mit einem sanften Lachen quittierte, in dem aber ein Unterton mitschwang, der Bruno glauben machte, er stünde plötzlich nackt da.

„Hast du heute wieder etwas Spielgeld aus der Mördergrube gekratzt und möchtest es von uns verstecken lassen?", fragte der gefallene Engel.

*Garra* schüttelte wie ein Wahnsinniger seinen massigen Kopf und sah dabei aus wie ein wilder Urzeit-Riese.

„Ich begleite nur meinen *conselheiro* aus Deutschland, der sich ein bisschen Spielgeld hat schicken lassen“, sagte er, wobei er die Lippen so dicht an das Mikrofon hielt, dass man befürchten musste, er werde es im nächsten Moment verschlucken.

„Ein bisschen Spielgeld!“, jubilierte der gefallene Engel und erhob sich hinter dem Monitor zu voller Größe. Ihr Körper war makellos, soweit man es durch ihre eng anliegende Seidenbluse erkennen konnte und man die detailgetreue Abbildung einer Dollarnote, die auf ihrer freigelegten rechten Schulter tätowiert war, in Abzug brachte. „Gott würde mal wieder mit einem großen Wunder seine Allmacht bezeugen, wenn dieses Spielgeld nicht in deinen Taschen landen würde, mein Blutpüppchen!“

*Garra* drohte dem gefallenen Engel in der anderen Welt hinter dem schusssicheren Glas mit der verkrüppelten Faust, zog Bruno vor das Mikrofon und drückte ihn auf den Stuhl darunter. Wie durch Zauberhand bewegte sich der Monitor hinter der Glasscheibe ein Stück zur Seite. Der gefallene Engel hatte in einem Bürosessel aus schwarzem Leder Platz genommen und fischte aus einem Ablagekorb ein Formular.

„Mein Herr, Sie erwarten also Geld, aus Deutschland, nehme ich an“, schwebte ihre Engelsstimme in akzentfreiem Deutsch aus der Höhe auf Bruno nieder. Als der gefallene Engel Brunos Erstaunen bemerkte, blickte er von dem Formular auf und drohte Bruno durch die Glasscheibe neckisch mit dem Zeigefinger. „Ich spreche sieben Sprachen fließend, darunter Japanisch und Mandarin, und habe einen Doktor in Wirtschaftswissenschaften von der Stanford-University. Warum eine Frau mit meinen Qualifikationen im Keller eines hässlichen Betonbunkers im verrufensten Viertel von São Paulo sitzt? Weil es eine Goldgrube ist, mein Herr, und das meine ich wortwörtlich.“

Nun wandte sie sich den bei Western Union üblichen Gepflogenheiten zu und äffte beim Wiederholen von Brunos Angaben seinen Tonfall extrem leiernd nach. Dann suchte sie in ihrem Computer den Geldeingang, was eine gewisse Zeit in Anspruch nahm.

„Sind Sie auch im Fußballgeschäft?“, fragte sie, um die Zeit zu überbrücken.

„Ja, mitunter“, antwortete Bruno.

„Das ist klug“, meinte der gefallene Engel und fraß Bruno mit ihrem entzückenden Lächeln auf. „Fußball ist ein Geschäft mit großer Zukunft, denn irgendwann, wenn alles andere zusammengebrochen ist, wird der Fußball die Weltherrschaft übernehmen.“ Sie sagte das ohne jede Spur von Ironie, wie Engel ewige unumstößliche Wahrheiten verkünden.

Schließlich hatte sie Bruno und sein Geld im Computer ausfindig gemacht, bat um das vereinbarte Passwort und tippte es, ohne nachzufragen ein.

Als das Bündel Geldscheine im Schieber lag und die Welten gewechselt hatte, sagte der gefallene Engel: „Ich wünsche Ihnen, mein Herr, dass wir uns irgendwann wiedersehen. Aber ich habe so meine Zweifel, dass Ihnen das gelingen wird.“ Nach diesem Orakelspruch setzte sich der große Monitor wieder in Bewegung und verbarg die Filiale der gefallenen Engel vor den Augen der Welt.

*Garra* nahm das Geldbündel in Empfang, wog es in seiner gesunden Hand und stopfte es mit einem zufriedenen Grunzen in die Hosentasche.

Draußen nahmen zwei Wachmänner die beiden Kunden in Empfang und begleiteten sie bis zum Land Cruiser, der wie ein großer schmutziger Käfer am Straßenrand stand. Dort nahm einer der Wachmänner *Garras* großkalibrigen Revolver aus dem Hosenbund, hielt ihn hoch über den kahl rasierten Schädel und beschrieb damit einen weiten Halbkreis. Es war eine feierliche Geste, so als werde ein so eben geschlossener Bund besiegelt.

## 24. Kapitel

Sie waren die ganze Nacht durchgefahren. Bruno war während der Fahrt vor Erschöpfung in einen unruhigen Schlummer gefallen, aus dem er ständig aufschreckte, wenn der Motor des alten Land Cruisers mal wieder eine seiner zahlreichen Fehlzündungen hatte. Wenn dann das Licht der Scheinwerfer rostbraune Erde, wie eine Wunde eingerahmt von sattem Grün, anstrahlte, schien ihm dieser Anblick bedrohlich wie der eines schlummernden Raubtiers und begleitete ihn hinüber in seine zerrissenen Träume, in denen das Raubtier lebendig wurde. In seinen Träumen war er immer wieder der Ball, den die Raubtiere in einem gewalttätigen Fußballmatch mit ihren messerscharfen Krallen aufschlitzten.

*Garra* sagte während der ganzen Fahrt nur einen einzigen Satz. Das war, als er einen großen Parkplatz an der Autobahn angefahren hatte. Dort kurbelte er das Fahrerfenster herunter, ein endloser Schwall feuchtwarmer Luft drang ins Wageninnere und drohte Bruno zu betäuben. Auf der Autobahn donnerte eine Kolonne von Lastwagen, die lange, tief braune Baumstämme geladen hatten, an ihnen vorüber. Da sagte *Garra*: „Brasilien verkauft jeden Tag seine Unschuld, und das schon seit Jahrhunderten." Dann fiel er zurück in sein dumpfes Schweigen.

Als sie schließlich die Autobahn verließen, kündigte ein dünner Silberstreif am Horizont den nahenden Morgen an. Sie durchquerten ein hügeliges Gewirr von Vorstädten, unansehnlich, im diffusen Dämmerlicht wirkten sie auf Bruno so anziehend wie schmutzige abgemagerte Huren, deren Lächeln aus Zahnlücken und vermoderten Plastikfetzen zusammengesetzt war. Schließlich wurde die Besiedlung dichter, vor einigen Bars wurden die eisernen Rollläden hochgezogen. Menschen, den Schlaf noch unter den Armen, hasteten über die Straßen, das Leben erwachte und tastete sich in den Tag.

Schließlich erreichten sie einen großen Platz, an dessen Stirnseite sich aus der Dämmerung finstere Gebäude erhoben, eingerahmt von hohen, mit Stacheldrahtrollen gekrönten Mauern.

Bruno bemerkte einen Wachturm, darauf ein Scheinwerfer, der wie ein bedrohliches Gestirn seine Lichtbahnen zog. Das musste das Gefängnis sein.

*Garra* schaltete das Fahrlicht aus und ließ den alten Land Cruiser vor einem einzeln stehenden Haus ausrollen, an dem eine breite Garage angebaut war. Er stieg aus und Bruno beobachtete, wie er mit seiner verkrüppelten Faust gegen die schmutzstarrende Haustür schlug. Nach einer geraumen Weile wurde sie geöffnet, ein fetter alter Mann in einem löchrigen viel zu kurzen Unterhemd, das seinen Bauch nur zur Hälfte bedeckte, erschien. Sie wechselten ein paar Worte, die Bruno nicht verstand, und ein paar Geldscheine wanderten in die Tasche des Fetten, der daraufhin zum Anbau watschelte und das Rolltor der Garage aufstemmte und wieder im Haus verschwand.

*Garra* setzte den Land Cruiser in die Garage, stieg aus und zog von innen das Rolltor nicht ganz herab, sodass zwei Handbreit Morgendämmerung durch den Spalt in die Garage fielen. Dann kramte er aus einem mit allerlei staubigem Gerümpel beladenen Regal an der Stirnseite der Garage einen Holzkeil hervor und klemmte ihn in Augenhöhe so zwischen zwei Lamellen, dass ein Sehschlitz entstand. Dann setzte er sich in den Land Cruiser und zündete sich eine Zigarette an.

„Paulino meint, sie würden ihn beim ersten Sonnenstrahl nach draußen schicken", sagte er schließlich. „Jedenfalls haben ihm das seine Kollegen gesagt. Er arbeitet dort drüben im Gefängnis, hat aber am Sonntag seinen freien Tag. Ich denke, die Leute, die deinen Türken in Empfang nehmen wollen, kommen mit dem Auto. Um nicht aufzufallen, werden sie sich nicht so nahe wie wir heranwagen, und wenn doch, dann wird Paulino aus dem Fenster auf sie schießen. Das wird sie ablenken."

*Garra* schwieg eine Weile, dann sagte er Bruno, wie er die Übernahme des Türken geplant hatte, und traf hierzu einige Vorbereitungen. Schließlich kramte er die Masken, die sie auf ihrem Weg aus den Eingeweiden des Fußballstadions getragen hatten, von der Rückbank, sie setzten sie auf und bezogen Posten am Sehschlitz. Nach einigen Minuten vernahmen sie ein Motorengeräusch. Ein staubiger alter Mercedes, kein Fahrlicht eingeschaltet, passierte das Haus, rollte noch ein paar Meter in Richtung des Gefängnistors, hielt an und blieb mit eingeschaltetem Motor auf dieser Position eine Zeit lang stehen. Dann wurde der Rückwärtsgang eingelegt und der alte Mercedes verschwand hinter der nächsten Straßenecke. Dann kam Leben in den düsteren Gefängnisbau. Licht wurde eingeschaltet, das Tor öffnete sich, zwei Uniformierte, Maschinenpistolen über die Brust gehängt, traten hervor und schauten sich eine Weile auf dem menschenleeren Platz um. Dann machten sie kehrt und verschwanden im Wachtrakt, das Tor schloss sich automatisch.

*Garra* nickte Bruno zu, verließ seinen Spähposten, setzte sich hinter das Steuer des alten Land Cruisers und öffnete die Beifahrertür einen Spalt. Es vergingen wieder ein paar Minuten, dann rollte das Tor erneut zur Seite, aus dem Wachtrakt kam ein Mann. Er war bekleidet mit einem zerknitterten weißen Hemd, das mit rostroten faustgroßen Flecken gemustert war, und einer dunkelblauen Freizeithose. Sein dichtes schwarzes Haar schien ungekämmt. Seine ersten unsicheren Schritte erinnerten Bruno an die eines Schlafwandlers. Dann blieb er stehen, die ersten Strahlen der aufgehenden Sonne fielen auf sein Gesicht. Trotz der Schwellungen und einem blauen Auge erkannte Bruno Yüce. Man hatte ihn im Gefängnis ziemlich übel zugerichtet. Dann durchwühlte Yüce mit beiden Händen seine Hosentaschen, und als er das, was er offensichtlich suchte, nicht fand, drehte er sich zum Gefängnis um und schüttelte beide Fäuste.

Bruno hob den Daumen über die Schulter, bückte sich und stemmte mit einem einzigen Ruck das Rollgitter hoch. Den Bruchteil einer Sekunde später rollte der staubige Land Cruiser aus der Garage, Bruno rannte hervor, sprang auf den Beifahrersitz und *Garra* steckte den großkalibrigen Revolver, den er auf das Armaturenbrett gelegt hatte, in den Hosenbund.

Der alte Land Cruiser, dessen Motor brummte und stampfte wie ein böses Tier, nahm schnell Geschwindigkeit auf und raste auf Yüce zu. Der starrte das Auto eine Schrecksekunde lang an, dann kam Leben in den Mann, der eben noch so schläfrig gewirkt hatte. Er rannte zur Seite weg, wobei er Haken schlug wie ein Hase.

Dieser Mann, das war Bruno klar, flüchtete nicht zum ersten Mal. Doch auch *Garra* war kein Anfänger bei der Autojagd auf Menschen. Er schien die abrupten Richtungswechsel des Flüchtenden vorauszuahnen und war in Sekundenschnelle heran. Auch Yüces letzten Haken hatte er richtig eingeschätzt. *Garra* trat das Bremspedal durch, es roch nach verbranntem Gummi, das Heck des alten Land Cruisers schleuderte herum, traf Yüce in der Gegenbewegung an der Schulter und katapultierte ihn meterweit durch die Luft. Als er auf den staubigen Boden knallte, hatte *Garra* den Rückwärtsgang eingelegt und lenkte zu dem leblos daliegenden Körper hin. In den Augenwinkeln sah Bruno den alten staubigen Mercedes, der hinter der Straßenecke hervor schoss. *Garra* stoppte zu spät und überrollte mit den grobstolligen Hinterreifen Yüces Beine, der mit dem Oberkörper hochschnellte, wobei er beide Arme über den Kopf riss, als wolle er sie von sich wegwerfen.

Als Bruno aus dem alten Land Cruiser sprang, vernahm er Yüces hohe Schreie. Er bekam ihn unter den Schultern zu packen und wollte ihn unter dem Wagen hervorziehen, als ihn Yüce wie ein tollwütiges Tier in den Arm biss. Bruno rammte Yüce das Knie gegen den Hinterkopf, sein Kopf klappte nach vorne und baumelte wie eine Frucht am Ast bei starkem Wind hin und her. Währenddessen hatte *Garra* den Oberkörper weit aus dem heruntergekurbelten Fahrerfenster gebeugt und gab mit seinem großkalibrigen Revolver zwei Schüsse ab. Bruno vernahm, wie Glas splitterte, und als Bruno den besinnungslosen Yüce auf die Rückbank des alten Land Cruisers zog, hörte er ein Krachen und harte Schläge, dann ein ohrenbetäubendes Kreischen, mit dem Metall über Stein rutschte.

*Garra* hatte den Wagen gewendet, Bruno sah rechts vor sich einen Haufen zusammengedrücktes Blech, abgerissene Teile der Karosserie lagen im Umkreis von zehn Metern verstreut, als sie das Wrack passierten, kroch einer der Insassen aus dem schwarzen Loch, wo eine der Türen gesessen hatte, sein Gesicht war blutüberströmt, er öffnete den Mund und spuckte einen blutigen Klumpen hervor.

Sekunden später hatten sie den Platz hinter sich gelassen und *Garra* steuerte den Wagen in gemächlichem Tempo in eine der Seitenstraßen und bog nach wenigen Metern sofort in eine andere ab.

Bruno hatte den besinnungslosen Mann, der halb aufgerichtet neben ihm auf der Rückbank lag, nicht aus den Augen gelassen und bemerkte, wie seine Lider zu flattern begannen, dann zuckten seine Finger und er stieß ein hohes schneidendes Wimmern aus. Plötzlich riss Yüce die Augen auf und wollte sich ganz aufrichten, doch Bruno packte seine Kehle über dem Adamsapfel.

„Verhalten Sie sich ganz ruhig, dann passiert Ihnen nichts, Yüce“, sagte Bruno. Er war sich nicht sicher, ob der Mann ihn verstanden hatte, denn er zappelte weiter und trat mit den Füßen nach ihm. Bruno verstärkte den Druck seiner Faust und schnürte Yüce den Atem ab. „Keine weiteren Aggressionen, Mann, wir wollen Ihnen bloß helfen!“

Yüces Atem rasselte, er klopfte mit der flachen Hand gegen das zerschlissene Polster, so als wolle er seine Aufgabe signalisieren. Als Bruno seine Kehle freigab, sackte Yüce in sich zusammen, wobei er seinen Hals massierte. Dann begann er leise zu wimmern. Er murmelte in einer Sprache, die Bruno nicht verstand abgehackte Sätze. Dann hob er plötzlich den Kopf, starrte Bruno an und fragte in Englisch: „Werdet ihr mich jetzt töten?“

„Beruhigen Sie sich, Yüce. Erkennen Sie mich denn nicht? Ich bin es, Bruno Böllmann, der Anwalt aus Köln.“

Der Mann starrte ihn an, als habe er ein Gespenst vor sich, dann hob er schützend die Hände vors Gesicht. „Ja, ja, der Böllmann, jetzt sind sich schon die Anwälte nicht zu schade für die Blutarbeit!“

„Nun kommen Sie mal wieder runter, Yüce, wenn die anderen Sie erwischt hätten, die auf dem Gefängnisvorplatz auch auf sie gewartet haben, hätten Sie schon ein Loch im Schädel und könnten nicht so eine Show abziehen.“

„Show abziehen? Hören Sie auf mit Ihrem anwaltlichen Zynismus, Böllmann! Wie soll ich denn eine Show abziehen? In diesem Gefängnis, das in Wahrheit kein Gefängnis, sondern der Vorhof zur Hölle ist, hat man mir zwei Rippen gebrochen, das Jochbein zertrümmert und die Wärter haben mich ausgeraubt. Und Sie sind mir über die Beine gefahren, bestimmt sind sie gebrochen, und meine Schulter schmerzt so teuflisch, als wäre sie total zertrümmert. Wie soll ich denn unter diesen Umständen eine Show abziehen?"

„Wenn Ihre Schulter zertrümmert wäre, könnten Sie mit Ihren Armen nicht so zappeln, und wenn Ihre Beine gebrochen wären, würden Sie nicht versuchen, mich zu treten", erwiderte Bruno trocken.

„Sie haben gut reden, Sie haben ja auch keine Woche brasilianische Knasthölle hinter sich. Wie kommen Sie überhaupt hierher? Wer hat Sie geschickt? Was wollen Sie von mir?", kreischte Yüce und hampelte wie der Geist aus der Flasche auf der Rückbank.

Jetzt mischte sich *Garra* ein. „Sag dem Türken, dass ich anhalten, ihm den Kiefer brechen und die Zunge aus dem Hals reißen werde, wenn er weiter so herumschreit und sich so auffällig benimmt."

Bruno übersetzte *Garras* Worte. Yüce duckte sich und musterte *Garra* von der Seite, als nehme er ihn zum ersten Mal wirklich wahr.

„Na toll, dieses brasilianische Monster ist auch da!", sagte er dann eingeschnappt, aber in normaler Lautstärke.

„Das übersetze ich lieber nicht", meinte Bruno.

Yüce verdrehte die Augen und zog angeekelt die Mundwinkel herunter. „Wer von Ihnen beiden hat hier eigentlich das Sagen? Ich frage nur, damit ich weiß, auf was ich mich einstellen muss – tot gequatscht oder totgeschlagen zu werden!"

„Machen Sie sich keine Sorgen, Yüce", meinte Bruno, „der Mann, den Sie brasilianisches Monster nennen, und ich haben einen Deal. Er wird mir dabei helfen, Sie heil aus diesem Land nach Deutschland zurückzubringen."

Yüce rutschte nervös auf der Rückbank hin und her. „Ich soll mir keine Sorgen machen, hä? Wenn ein windiger Anwalt wie Sie so etwas zu mir sagt, ist das Grund genug, sich alle Sorgen dieser Welt zu machen! Und überhaupt, was soll das heißen, Sie haben mit diesem Kerl einen Deal? Ich sehe diesem Burschen nur einmal in die Augen und weiß, dass man mit ihm keinen Deal machen kann, genau so wenig wie mit dem Tod."

„Gut, sprechen wir vom Tod", erwiderte Bruno. „Ihr Tod saß in dem alten Mercedes, dessen Windschutzscheibe dieser Mann zerschossen hat. Man hat ein Killerkommando geschickt, um Sie vor dem Gefängnis abzuholen. Wer das geschickt hat, können Sie sich denken. Sie sind den Leuten, für die Sie gearbeitet haben, lästig geworden, weil Sie zu viel von ihrem Geschäft wissen."

„Reden Sie nicht so einen Scheiß!", schrie Yüce erregt. „Ich bin nicht irgendwer in diesem Business! Ich habe die Niederlande und Nordrhein-Westfalen und mehr als die Hälfte der Türkei organisiert. Ohne mich läuft da gar nichts. Mit mir springt man nicht um wie mit einer x-beliebigen Null."

„Sie sollten aufhören, sich etwas vorzumachen", meinte Bruno. „Die Leute, für die Sie gearbeitet haben, wollen Sie entsorgen, weiter nichts. Die haben Sie schon längst fallen gelassen. Für die sind Sie so überflüssig wie eine Schmeißfliege auf dem Kompott. Die einzige Chance, die Sie haben, bin ich."

„Sie, ausgerechnet Sie, ein kleiner windiger Anwalt? Da kann ich mir ja gleich die Kugel geben!"

Diesmal erschien Bruno Yüces Verzweiflung echt und nicht vorgetäuscht, zumal er ganz in sich zusammensackte und wie ein Häufchen Elend hemmungslos zu schluchzen begann.

„Ich ertrag den Kerl nicht mehr!", schnaubte *Garra* und warf finstere Blicke über die Schulter. „Unter dem Beifahrersitz muss eine Rolle Klebeband liegen. Damit kannst du den Türken fesseln und ihm das Maul zukleben. Wenn du das nicht willst, halte ich bei der nächsten Gelegenheit an und kümmere mich selbst darum."

„Darf ich ihm das übersetzen?", fragte Bruno.

„Halten Sie mich nicht für blöd, Böllmann, ich verstehe jedes Wort!", kreischte Yüce in Deutsch. „Schließlich ist das ganze illegale Portugal-Geschäft über mich gelaufen! Wie wäre das möglich gewesen, ohne dass ich Portugiesisch spreche? Aber verraten Sie das dem Burschen hinter dem Steuer nur ja nicht!“

„Nur unter einer Bedingung. Sie spielen nicht länger den Durchgeknallten und verhalten sich ruhig, sonst kommt das Klebeband.“

Das Hin und Her dauerte noch einige Minuten. Der alte Land Cruiser hatte die Vororte von Rio schon längst verlassen und fuhr auf einer staubigen Überlandstraße mit viel Lastwagenverkehr. Yüce verlegte sich aufs Betteln um Wasser, fast konnte man glauben, er sei ein Verdurstender, der sich nach einem tagelangen Marsch durch eine wasserlose Wüste in den Wagen gerettet habe. Ohne die Fahrt zu verlangsamen, kramte *Garra* eine Wasserflasche unter seinem Sitz hervor und reichte sie nach hinten. Yüce trank ein wenig, beklagte sich danach aber wortgewaltig, dass es eine Zumutung sei, solch eine schmuddelig warme Brühe trinken zu müssen, die Schweißausbrüche und Übelkeit verursache.

Bruno fand, dass nun die Zeit gekommen war, Yüce mit Fred Hammersteins Plänen zu konfrontieren. Yüce erhob ein solches Gezeter wie ein Ayatollah, den man zwingen will, in den Jesuitenorden einzutreten. Nach und nach, als Bruno mit Details herausrückte, wurde er stiller. Schließlich, als Bruno glaubte, er habe Yüce so gut wie zu einer Sinnesänderung bewegt, fielen dem Mann die geschwollenen Augen zu, sein Kopf sank zur Seite und er stieß schnaufende Geräusche eines unruhigen Schlafs aus.

Bruno rüttelte ihn mehrmals kräftig an der Schulter, doch Yüce öffnete nur eines seiner geschwollenen Augen und glotzte Bruno an, ohne ihn wirklich zu erkennen, dann schloss sich das Lid wieder.

Bruno gab die Versuche auf. Nach einer geraumen Weile fragte *Garra*: „Hat er was verraten über die Leute, die ihn vor dem Gefängnis abfischen wollten?“

„Nein, ich hatte nicht den Eindruck, dass er weiß, wer das war“, erwiderte Bruno.

„Natürlich weiß er, für wen es wichtig ist, ob er schweigt oder redet“, widersprach *Garra*. „Du hättest ihn danach fragen sollen. Aber man kann das ja nachholen, es ist ja noch viel Zeit, viel Zeit.“

Bruno beobachtete, wie Yüces Lippen anschwollen und sich bläulich färbten. Sein Atem rasselte immer stärker, Schweiß perlte von seiner Stirn und er warf den Kopf im Schlaf hin und her, aber es gelang Bruno nicht, ihn wachzurütteln.

„Irgendwas stimmt mit dem Türken nicht“, sagte er zu *Garra*.

„Sieht ganz so aus“, brummte er. „Vielleicht haben die Wärter ihm was ins Frühstück gemischt, vielleicht war es so mit den Leuten, die ihn abfischen wollten, abgesprochen.“

„Wenn sich sein Zustand verschlechtert, müssen wir mit ihm zu einem Arzt“, meinte Bruno und tupfte dem Türken mit einem Lappen, den er in der Seitentasche der Tür fand, den Schweiß von der Stirn.

„Keine Panik, *conselheiro*, er schläft nur, er wird schon wieder zu sich kommen.“

Eine Stunde später steuerte *Garra* den alten Land Cruiser von der breiten Überlandstraße und fuhr auf einer kurvenreichen schmalen Nebenstraße ins Landesinnere. Als sie die Ausläufer einer verschlafenen Kleinstadt erreichten, hielt *Garra* vor einer Tankstelle. Sie hatte nur zwei Zapfsäulen. Vor der Wellblechhütte mit der Kasse hockte ein Mann in einem zerschlissenen Korbsessel und schnitzte mit einem großen Messer scheinbar sinnlos an einem Stock.

*Garra* ließ seine wachsamen Blicke mehr als eine Minute über das Gelände huschen, dann drehte er sich zu Bruno um und grinste: „Die Tankstelle ist gut, sie ist sicher“, sagte er. „Du gibst dem Mann ein bisschen Extra und er hat dich nie gesehen.“

Bruno verkniff sich die Frage, für *wen* die Tankstelle sicher sei. *Garra* steuerte den Land Cruiser zu einer der Zapfsäulen. „Bleib im Wagen, wenn ich tanke. Du kannst später pissen gehen. Soll ich dir aus der Kassenbude was mitbringen?“

„Eine kalte Cola, wenn sie haben, und eine Packung Zigaretten.“

Als *Garra* ausstieg, stemmte sich der Mann aus dem zerfledderten Korbsessel, doch *Garra* scheuchte ihn mit einer herrischen

Geste seiner verkrüppelten Hand zurück. Bruno beobachtete, wie *Garra* den Wagen volltankte. Als *Garra* die Tankpistole zurückhängte, hievte sich der Mann aus dem Korbsessel, kratzte sich den gewaltigen Bauch und watschelte in die Wellblechhütte. Es dauerte mehr als zehn Minuten, bis *Garra* wieder ins Freie trat, in einer Hand einen hohen Pappbecher mit Cola, im Mund eine Packung Zigaretten. Er setzte den Pappbecher auf das Dach des Wagens und legte die Zigaretten daneben.

„Die Pissrinne ist hinter der Bude. Wenn du dabei rauchst, ist der Gestank nicht so schlimm“, sagte *Garra*. „Und mach dir keine Sorgen wegen Yüce. Ich passe schon auf.“

Als Bruno sich der Wellblechbude näherte, trat der fette Mann ins Freie, kratzte sich wieder den Bauch und spuckte vor Bruno in den Staub. Dann ließ er sich stöhnend in den Korbsessel sinken. Bruno umkurvte die Wellblechbude und zuckte zurück. Die steinerne Pinkelrinne stand unter einem Vordach, das von Fliegen schwarz war. Er ging weiter bis zu einem niedrigen Gebüsch und ließ sein Wasser. Als er an dem Mann im Korbsessel vorbeikam, brach der in ein meckerndes hämisches Gelächter aus.

Der Pappbecher stand auf dem Wagendach, die Packung Zigaretten lag daneben. *Garra* saß hinter dem Steuer, die Fahrertür weit geöffnete, die Hände hinter dem Nacken verschränkt. Bruno nahm einen großen Schluck Cola, die noch gut gekühlt war, aber so süß wie starkes Zuckerwasser schmeckte.

Als *Garra* Brunos Gesicht sah, lachte er gutmütig. „Sie zapfen die Cola aus einer Säule. Wer weiß, was sie in den Tank kippen“, meinte er.

Bruno trank noch einen Schluck, den Rest kippte er in den Staub. Dann zündete er sich eine Zigarette an. Sie schmeckte komisch, der Rauch kratzte, es entwickelte sich ein extrem metallischer Geschmack in seinem Mund. Bruno rauchte die Zigarette nur zu Hälfte, dann zerdrückte er sie mit dem Absatz im Staub und nahm wieder Platz auf der Rückbank. Yüce schwitzte nicht mehr so stark, aber so sehr ihn Bruno auch schüttelte, er wachte nicht auf.

„Es ist noch eine ziemliche Strecke bis zu dem Ort, an dem sich Robson, Lucas Zwillingsbruder, versteckt halten soll. Ruh dich aus, *conselheiro*, und mach dir keine Sorge wegen des Türken. Ich passe auf", sagte *Garra* und startete den Motor.

Bruno spürte, wie ihn eine große innere Unruhe und ein fast noch stärkerer Bewegungsdrang überfielen. Er rutschte auf der Rückbank hin und her, beugte sich über den schlafenden Türken, kniff ihn in die Nase, zündete sich eine Zigarette nach der anderen an, rauchte sie an und schnippte sie nach wenigen Zügen aus dem Fenster. Er konnte seine Arme nicht stillhalten, stellte *Garra* die unsinnigsten Fragen und wartete dessen Antwort nicht ab. Obwohl er es nicht wollte, schienen sich die Worte in ihm zu verselbstständigen und ließen sich nicht zurückhalten, doch kaum hatte er sie gesagt, erlosch in ihm jedes Interesse daran.

Genauso schnell, wie er in seinen aufgekratzten Zustand geraten war, wurde dieser abgelöst von einer erst schleichenden, dann immer bleierner werdenden Müdigkeit, die seine Sinne vernebelte und seine Bewegungen lähmte. Er wollte etwas sagen, doch sein Mund schien ihm mit einem klebrigen zähflüssigen Brei gefüllt zu sein, in dem die Worte stecken blieben und sich auflösten. Dann fielen ihm die Augenlider zu, sein Kopf sank auf die Schulter, in der nächsten engen Kurve kippte er zur Seite, sein Kopf prallte hart gegen Blech, doch er spürte keinen Schmerz. Das kleine Feuerzeug, mit dem er die Zigaretten angezündet hatte, hielt er in der rechten Faust. Sie krampfte sich so zusammen, dass man ein Stemmeisen gebraucht hätte, um sie zu öffnen. Es war, als hielte er einen Rettungsanker umklammert.

Dann versank er in einen unruhigen Schlaf, in dessen Tiefen ziellos die Bruchstücke von Albträumen trieben wie Trümmer eines Schiffswracks in den Grundseen am Meeresboden. Einmal war es ihm, als sei er aus den Tiefen seines Schlafes in die unteren Regionen des Wachseins emporgetaucht, er sah vor sich Teile eines Gesichts und ein Auge, das ihn fixierte, dann floss eine lauwarme Brühe durch seine Kehle und der metallische Geschmack in Mund und Rachen wurde so schwer, dass er ihn wieder in den tiefen Schlaf hinabdrückte.

## 25. Kapitel

Ganz unten in den Tiefen seines Schlafes, wo die Nacht des finsteren Nichts mit dem schwarzen Ungeheuer eins ist, geschah etwas. Das schwarze Ungeheuer presste und presste und stieß Bruno aus seinem Geburtskanal. Die Strömung der langatmigen Grundseen seiner Träume, in denen sich jede Form von Bewusstsein verdünnte, trugen ihn in einer sanften Schaukelbewegung nach oben. Je höher Bruno stieg, desto härter wurden die Schaukelbewegungen und rührten die Bruchstücke seiner Träume zu einem Surrogat der Wirklichkeit zusammen. Der letzte Traum dieses Schlafes war sehr real. Bruno träumte, ein Spieler des FC zu sein. Er stürmte, den Ball am Fuß, auf den gegnerischen Torwart zu. Die ganze Südtribüne hatte wie ein Mann die Arme zum Torjubel hochgerissen, doch Bruno schoss den Ball nicht knapp, sondern viele Meter weit nahe der Eckfahne neben das Tor. Er ganz allein hatte es versemmelt. Ein gellendes Pfeifkonzert ertönte, Gegenstände flogen von der Tribüne und trafen ihn am Kopf. Er sank auf die Knie. Plötzlich stand der Trainer vor ihm und schoss ihm in den Kopf, legte Brunos Leichnam über die Schulter und trug ihn unter den Hassgesängen der Fans aus dem Stadion.

Das Erste, was Bruno wahrnahm, war ein strenger Geruch nach kaltem abgestandenen Schweiß. Er öffnete ein Auge, ein steiniger, steiler Pfad kam näher und entfernte sich wieder, sein Kopf baumelte nach unten, nahe an einer Hüfte, die leise beim Gehen knirschte. Ringsumher wuchs ab und zu ein trostloser Grasbüschel. Er fühlte etwas in seiner Hand, das sich tief in sein Fleisch eingedrückt hatte. Er wollte es fallen lassen, doch er konnte seine Faust nicht öffnen.

Der Mann, der Bruno über der Schulter trug, mochte nicht mehr als zehn Schritte gegangen sein, doch Bruno erschien es, als habe er die Stationen eines unendlich langen Kreuzwegs passiert, bis sie eine hohe Mauer aus glattem, mit spitzen Glasscherben besetztem, unverputzten Beton erreichten, auf deren Spitze gerollter Natodraht wie eine gefährliche Dornenkrone grüßte. Der Mann betrat durch einen schmalen Durchlass einen gefliesten Innenhof, an den die weiß getünchten Mauern eines großen Hauses mit einer hohen Terrasse anschlossen. Im Schatten der Terrasse sah er eine Gestalt auf den Fliesen liegen, Arme und Beine mit Klebeband an den Leib gefesselt. Es war der Türke. Sein Gesicht war so verquollen, dass es nicht viel Menschliches mehr an sich hatte.

Als der Mann, der ihn bis hier hin getragen hatte, ihn von der Schulter hob, bemerkte er die verkrüppelte riesige Hand und schloss die Augen. Er kam ziemlich nahe dem Türken zu liegen und konnte dessen Ausdünstungen riechen. Dann entfernten sich *Garras* Schritte und er vernahm, wie er im Haus verschwand.

Bruno öffnete die Augen, es war früher Morgen. Welcher Morgen? Wie lange waren sie gefahren? Er spähte um sich. Rechts von sich in einigen Metern Entfernung endete der Innenhof jäh. Hier öffnete sich die sonst von Mauern versperrte Aussicht auf ein mehr als zweihundert Meter tiefer gelegenes Land, dessen Details von feinem Morgendunst verhüllt waren.

Jetzt schallte *Garras* Stimme aus dem Haus. „Wo ist mein Vater?“, hörte er ihn barsch fragen. Die Stimme, die ihm antwortete, war undeutlich, so als könne sie die Worte nicht richtig artikulieren, und dennoch kam Bruno diese Stimme seltsam bekannt vor. „Ich habe dir jemand zur Gesellschaft mitgebracht“, fuhr *Garra* fort. „Eigentlich sind es zwei. Aber einen kann ich nicht gebrauchen. Er ist ein windiger Anwalt, der sich ständig zwischen alle Stühle setzt. Er ist nichts wert. Den anderen werde ich melken, wie ich dich melke.“

Die Stimme verlegte sich aufs Betteln, was Bruno nicht aus den unverständlichen Worten, sondern dem Tonfall schloss. Dann hörte er ein dumpfes Klatschen und einen unartikulierten Schrei. *Garra* hatte wohl zugeschlagen. Er rumorte noch eine Weile im Haus, dann näherten sich seine schweren Schritte dem Hauseingang und Bruno schloss seine Augen.

Unter halb geschlossenen Lidern sah Bruno, wie *Garra* den Türken an den Füßen packte, ihn über die Fliesen bis zu einem steinernen Tisch zog und ihn dort aufrecht auf einen hochlehnigen Stuhl setzte. Dann kehrte er zu Bruno zurück.

*Garra* war vor ihm stehen geblieben. Er fühlte am feinen Temperaturunterschied, dass *Garras* Schatten ihn ganz bedeckte. Dann trat ihn *Garra* voll in die Seite, ein stechender Schmerz durchfuhr ihn und Bruno spürte, wie eine Rippe brach. Er wälzte sich stöhnend auf die andere Seite, seine Augenlider flatterten, doch er schlug sie nicht auf. Vielleicht war das sein einziger, letzter Schutz. Er spürte *Garras* Atem im Gesicht, dann schob ihm ein Daumen, der aus dieser kurzen Distanz so groß wie der eines Riesen erschien, das Augenlid zurück, und er starrte *Garra* aus nächster Nähe an.

„Verstell dich nicht, kleiner Bruno!“, sagte *Garra*. „Dein Blick verrät, dass du mich erkannt hast und wieder bei Besinnung bist.“

Als *Garra* den Daumen wegzog, ließ Bruno das Augenlid wieder zuklappen. Er hatte den Schmerz erwartet, als sich *Garras* Faust in Brunos gebrochene Rippe bohrte, er sprengte ihm mit seiner heißen Flut beide Augenlider auf, doch er konzentrierte sich darauf, nicht mit dem Oberkörper hochzuzucken, sondern den Kopf nur leicht anzuheben, um ihn dann kraftlos wieder sinken zu lassen.

„Jetzt bist du wach, kleiner Bruno“, sagte *Garra*, „aber wie ich sehe, sind deine Glieder noch gelähmt.“ *Garra* ging in die Hocke und spuckte Bruno verächtlich ins Gesicht. „Gut, wenden wir uns erst mal wichtigeren Dingen zu, Dinge, mit denen echte Profis ihr Geld verdienen wie diesem Ding da oben.“

*Garra* fasste in Brunos verschwitztes Haar, riss seinen Kopf hoch und drehte ihn so, dass Brunos Blicke auf die Terrasse fielen, die drei Meter über ihnen aufragte und an deren hüfthohem Geländer eine merkwürdige Gestalt lehnte. Sie hatte keine Beine und nur einen Arm, mit dessen Hand, an der zwei Finger fehlten, sie sich an das Geländer klammerte, sonst wäre sie von den beiden schlecht vernarbten, eiternden Beinstümpfen gefallen. Das rechte Auge war leer und die Augenhöhle mit groben Stichen zugenäht, die Lippen waren aufgequollen und konnten die Spucke nicht halten, die sich wie Fäden von den Mundwinkeln lösten und von der leichten Morgenbrise davongetragen wurden.

„Das ist Robson, Lucas Zwillingsbruder", sagte *Garra*. „Er hat das Spiel der Wettmafia nicht mitgespielt, nicht, weil er nicht wollte, sondern weil er nicht konnte. Es steckt in seinen Genen, Tore zu verhindern. Es ist sein Instinkt, der ihm befiehlt: *köpf den Ball von der Linie!* Er hat sich nicht an die Regeln gehalten und das Gesetz der Wettmafia gebrochen. Sie wollte ihn tot, um ein Zeichen zu setzen. Aber Robson, genau wie sein Bruder, gehört meinem Vater. Er hat die beiden als Kinder aus ihrem trostlosen Kaff mitgenommen und ihnen den Weg zum Profifußball gebahnt. Ich habe Robson der Wettmafia weggeschnappt und hierher gebracht. Sein Bruder verdiente schon gutes Geld als Profi. Da habe ich Robson erst einen Finger abgeschnitten und ihn Lucas geschickt. Er hat gezahlt. Dann war es eine ganze Hand, ich habe Druck gemacht, immer wieder Druck gemacht, wie du siehst. Beide haben geblutet."

*Garra* schüttelte sich vor Lachen, die Erinnerung schien ihm großes Vergnügen zu bereiten. Dann ließ er Brunos Kopf auf die Fliesen fallen. „Ich muss Lucas eine Pause gönnen! Das letzte Video, das ich ihm gemailt habe, auf dem ich Robsons linken Arm oder das, was von ihm noch übrig war, mit der Machete von der Schulter gehauen habe, war wohl etwas viel für ihn. Da hat er sich zurückgezogen in die Seele seines Bruders, der Idiot!"

*Garra* erhob sich aus der Hocke, bohrte mit der Schuhspitze in Brunos gebrochener Rippe und Bruno brauchte seine ganze Konzentration, um nicht vor Schmerz auf den Fliesen umher zu kullern, sondern nur schwach mit den Lidern zu klimpern.

„Mach dir keine falschen Hoffnungen, kleiner Bruno! Für dich wird niemand zahlen. Dein Onkel, der Familienmensch auch nicht. Er wird heilfroh sein, wenn du von der Bildfläche verschwunden bist. Da erspart er sich jede Menge Unannehmlichkeiten von ganz oben, wie er es ausdrücken würde. Deine Sekretärin? Die ist so hart wie Stein, das weißt du selbst am besten. Und deine Ex? Die schlägt drei Kreuzzeichen, wenn sie dich für immer und ewig nicht mehr am Bein hat. Und der *Pate*? Der würde nicht mal ein Blatt Klopapier spendieren, um deinen Arsch zu retten." *Garra* spuckte neben Brunos Gesicht auf die

Fliesen. „Du bist nichts wert, *conselheiro*, deine Ratschläge taugen nichts. Was ich von dir kassieren konnte, habe ich eingesteckt. Der *capitão*, der dich verschwinden lassen sollte, hat mir die Hälfte vom Blutgeld abgedrückt, damit ich seine Arbeit erledige. Jetzt bist du nackter, als eine Stripperin es je sein kann."

Dann verschwand *Garra* aus seinem Blickfeld. Bruno hörte ihn im Haus rumoren. Er schielte hinauf zur Terrasse. Robson Coração oder das, was von ihm übrig war, hielt sich nur noch mit einem Finger am Geländer fest, die anderen beiden Finger deuteten hinab in die Tiefe und wippten wie der Stoß eines Vogels. Wollte ihn Robson verhöhnen?

Bruno vernahm wieder *Garras* schwere schleppende Schritte. Als er vor ihm Halt machte, hatte sich die Sonne in vollem Umfang über den Horizont gewälzt. In ihrem Strahlenkranz erschien Bruno die Gestalt wie die eines Heiligen, bevor sie zum Himmel auffährt, hätte sie nicht die Schneide einer großen Machete mit dem Daumen geprüft. *Garra* ließ sie in der Luft eine Pirouette drehen, fing sie am Heft auf und hieb mit ihr durch die Luft. Dann zeigte *Garra* auf den Türken, der steif wie eine Puppe am steinernen Tisch saß.

„Der ist was wert. Er ist nicht so dumm wie du, *conselheiro*, er hat sein Geld gemacht und wird es gut gebunkert haben. Ich werde seine Konten und den Zugang dazu aus seinem Leib herausschneiden, Stück für Stück. Er hat also noch Zeit zu leben und zu leiden. Du aber nicht, kleiner Bruno. Der Wind hat dich hier her geweht, er wird dich nicht weiter tragen."

Bruno hob unter Mühen den Kopf. Das Spiel war erst aus, wenn der Schiedsrichter abgepfiffen hatte. Und in der letzten Sekunde konnte immer noch etwas Entscheidendes geschehen. Er räusperte sich und spuckte einen Klumpen gelben Schleim zur Seite. Er wunderte sich, dass er Worte hervorbrachte, denn als er aus seinem tiefen Schlaf erwacht war, hatte er geglaubt, nie wieder sprechen zu können.

„Und Deborah? Wer hat sie getötet?", hörte er sich krächzen. Seine Stimme war die eines halbtoten Fremden und machte ihm Angst.

„Du hast es die ganze Zeit über geahnt, kleiner Bruno. Ich bin einen Tag früher in Amsterdam gelandet als Lucas und der Anwalt. Ein sauberer Schnitt, keine große Sache“, erwiderte *Garra*. „Sie hatte die Wettmafia betrogen und Geld in die eigene Tasche gewirtschaftet. Für ihren Tod hat man mir den üblichen Preis bezahlt. Wenn man mir gibt, dann nehme ich.“

„Und wer hat dir die Karnevalsperücke des FC-Profis besorgt?“, fragte Bruno, als *Garra* mit der Machete Schwung holen wollte.

„Das war dieser *advogado*, dieser Schierle“, erwiderte *Garra* und holte mit der Machete Schwung.

Robson Coração war ein Verhinderer, es steckte in seinen Genen. Wie er seinen Torso über das Geländer gebracht hatte, würde für immer sein Geheimnis bleiben, denn Bruno hatte nur Augen für die Schneide der Machete. Im Fallen streckte sich der Torso und traf *Garra* mit großer Wucht in den Nacken. Die Machete entglitt *Garras* Händen, er stürzte, und sein Oberkörper kam auf Bruno zu liegen. Robson hatte den Ball von der Torlinie geköpft. Sein Torso kullerte über die Fliesen.

Bruno tastete an seinem Leib und zog einen der Böller, die er dort versteckt hatte, hervor. Seine Hülle war feucht von Brunos Körperschweiß. Dann öffnete er unter Qualen seine Faust, es fühlte sich an, als müsse er dabei seinen ganzen Körper zerbrechen. Der Notanker war geworfen, die Lunte glimmte.

Robson kreischte und versuchte, seinen Torso heranzuschlängeln, als *Garras* Gesicht vor Bruno auftauchte.

„Keiner, für den man mir gegeben hat, ist davongekommen, kleiner Bruno“, sagte er. „Du wirst nicht der Erste sein.“

Der Schiedsrichter hatte die Pfeife im Mund, es war die Sekunde vor dem Abpfiff, dann würde alles entschieden sein. Bruno rammte *Garra* den Böller in den Mund und tief in den Rachen hinein. Er wollte *Garras* Blick nicht sehen, aber die Viertelsekunde, bevor er sich zur Seite wälzte, genügte, um diesen Blick bis an sein Lebensende nicht zu vergessen.

Dann explodierte der Böller mit einem infernalischen Donnerschlag. *Garras* Gesicht wurde auseinander gesprengt, Gehirnflüssigkeit spritzte in Brunos Augen, die abgesprengte blutige Nase landete in Brunos Faust, die im tiefen Schlaf das Feuerzeug umklammert gehalten hatte. *Garras* Jochbein und seine Schädeldecke flogen bis auf den steinernen Tisch, an dem der gefesselte Türke saß. Als er die blutigen Bruchstücke vor sich bemerkte, quollen seine Augen aus dem Kopf.

Bruno wusste nicht, wie lange er im Blutbrei von *Garras* Gesicht gelegen hatte, unfähig zu jeder Regung wie ein Stein, der schon immer an seinem Ort geruht hat. Dann nahm er wahr, wie etwas an seinen Haaren zog. Es war Robson, der sich über ihn gebeugt hatte, und etwas sagte, das Bruno nicht verstehen konnte. Als der lebende Torso seine Laute wiederholte, sah Bruno, dass man dem Torso die halbe Zunge aus dem Mund geschnitten hatte. Jetzt löste Robson seine letzten drei Finger aus Brunos Haar und zeigte mit ihnen zum Tor, dann näherte er seine aufgequollenen Lippen Brunos Ohr. *Pai, pai,* Vater, Vater, glaubte Bruno zu verstehen.

Bruno dämmerte es, das Spiel war noch nicht entschieden und ging in die Verlängerung. Robson hörte nicht auf, an Brunos Schulter zu zupfen. Schließlich gelang es Bruno, unter *Garras* Leichnam hervorzukriechen. Als er den großkalibrigen Revolver aus *Garras* Hosenbund zog, hatten sich schon die ersten Fliegen auf den blutigen Rest des Kopfes gesetzt. Er tastete die Hosentaschen ab, fischte die Geldbörse und eine Schachtel Patronen hervor und steckte sie ein. Dann kroch er auf allen vieren auf das Eingangstor zu. Robson stieß unartikulierte flehende Laute aus und versuchte ihm zu folgen, doch nach ein paar Metern gab er auf und seiner Kehle entwich ein langgezogener Klageruf, der Bruno an die Laute erinnerte, die Tiere aus sich hervorpressen, wenn sie den Tod nahen fühlen.

Er erreichte den alten Land Cruiser, und als er sich am Türgriff hochzog, schlug ihm der Schmerz mit bunten Fäusten gegen die Augen, sein Atem stockte, seine Knie wurden weich und er sank auf den Boden zurück. Er suchte in Gedanken nach irgendetwas, das ihn würde aufrichten können, und fand das Bild des jungen Wolfgang Weber, in den 60er Jahren Spieler des FC, der im legendären Entscheidungsspiel gegen den FC Liverpool trotz gebrochenen Wadenbeins die Partie zu Ende gespielt hatte. Er zog sich an dieser fußballmythischen Erinnerung hoch und schaffte es bis hinter das Steuer. Jetzt begann der lebende Torso im Innenhof wieder mit seinen Klagelauten. Bruno drehte den Zündschlüssel um und stieg aufs Gas. Als er die Kupplung abrupt kommen ließ, durchbrach der alte Land Cruiser das Eisengitter, die Stoßstange und der linke Kotflügel brachen ab und schepperten über die Fliesen.

Es war, als ob der Motor etwas von seiner Kraft auf Bruno übertragen hätte. Zwar schmerzte die gebrochene Rippe höllisch und die Glieder waren noch schwer vom langen betäubenden Schlaf, doch als er ausstieg, blieb er auf den Beinen.

„Alles wird gut, du wirst deinen Bruder wiedersehen", sagte er zu dem lebenden Torso. Er holte tief Luft, und als er Robson hob, fühlte er, wie eine Ader auf seiner Stirn wie wild pumpte und hämmerte, ihm wurde schwarz vor Augen und er musste Robson fallen lassen. Erst beim dritten Versuch gelang es ihm, den Torso in die Ecke der Rückbank zu setzen und ihn mit den Sicherheitsgurten zu fixieren.

Als er sich dem Steintisch näherte, stieß Yüce aus tiefer Kehle heisere Laute aus. Bruno beugte sich über ihn und riss ihm mit einem Ruck den Klebebandstreifen vom Mund. „Böllmann, dieser Schweinefresser wollte mich verstümmeln!", keuchte der Türke, als er die Lippen wieder bewegen konnte. „Schneiden Sie das Klebeband durch. Ich will seinen Leichnam in so viele Stücke hacken, dass es selbst Allah nicht gelingen wird, ihn wieder zusammenzusetzen und in einem Stück in die Hölle zu verdammen!"

„Schweigen Sie, Yüce!", schrie Bruno. „Sie schweigen oder ich lasse Sie an diesem Tisch sitzen!"

Yüce kniff die verklebten Lippen zusammen, aber seine Gesichtsmuskeln arbeiteten wie im Fieber und zermahlten die Worte, die er nicht herauslassen durfte, zum zornigen Knurren eines wilden Tiers.

„Stellen Sie sich neben den Stuhl", befahl Bruno und machte es ihm vor. Dann setzte er den Land Cruiser so zurück, dass er den Türken durch die Tür einfach auf die Rückbank kippen konnte.

„Das Messer, das große blutige Messer!“, kreischte Yüce. „Damit können Sie später das Klebeband um Hände und Füße zertrennen. Die Hitze hat die Lagen zusammengebacken. Es wird sich nicht abwickeln lassen!“

Bruno machte ein paar unsichere Schritte auf den entsetzlich entstellten Leichnam zu, hob die Machete aus einer Blutlache und wischte die Schneide an *Garras* Hosenbein sauber. Er stützte sich mit der Machete ab und humpelte zum Land Cruiser. Beim Versuch, ihn auf dem Innenhof zu wenden, knallte das Heck gegen den Steintisch und warf ihn um. Die rechte Halterung der hinteren Stoßstange brach ab und sie schepperte über die Fliesen, riss im engen Durchbruch nach draußen vollends ab.

Bruno fuhr der Sonne entgegen, die ihr morgendliches Licht auf die staubige, von zahllosen Fliegenleichen verklebte Windschutzscheibe warf. Der ausgefahrene staubtrockene Weg, unregelmäßig gemustert mit kürbisgroßen glatt geschliffenen Steinbuckeln, führte in engen Serpentinen talwärts, eingerahmt von undurchdringbaren Wällen mannshohen Dornengestrüpps, das den Blick auf das verdeckte, was hinter der nächsten Kurve lag.

Der alte Land Cruiser kroch hinter der letzten Kurve hervor, die den Blick öffnete auf eine Ebene. Aus dem Morgendunst ragten in einigen Kilometern Entfernung die Dächer einer kleinen Siedlung. Die Ebene erschien Bruno wie das Gelobte Land. Der Wegrand fiel zur rechten Seite hin zwanzig Meter in die Tiefe. Ein alter verbeulter und mit vielen Staubschichten bedeckter Ford kroch von der Ebene in das erste Steilstück des Weges.

Der lebende Torso auf der Rückbank kreischte auf und stieß dann wieder die unartikulierten Schreie aus, die Bruno schon kannte und dechiffrieren konnte: *pai, pai,* Vater, Vater.

Der Weg war nicht breit genug, dass beide Autos aneinander vorbei kämen, eines musste weichen. Bruno drückte das Gaspedal bis zum Bodenblech durch, die Reifen mahlten im Staub, Fehlzündungen ließen die Karosse erbeben, dann machte der Wagen einen Satz vorwärts und nahm Geschwindigkeit auf. Bruno beobachtete, wie der alte Ford stoppte, ein alter Mann, das graue strähnige Haar mit einer schwarzen Schnur im Nacken zusammengebunden, streckte seinen Oberkörper weit aus dem heruntergelassenen Fahrerfenster hervor, verschwand Sekundenbruchteile später wieder im Innenraum, um dann erneut mit einer doppelläufigen Jagdflinte im Fenster aufzutauchen, die er im nächsten Moment abfeuerte.

Zwei Kugeln durchlöcherten die Windschutzscheibe, über die sich mit einem scharfen Knirschen ein wie ein Blitz geformter Riss ausbreitete, der die ganze Diagonale des Frontfensters einnahm. Der lebende Torso auf der Rückbank stieß gellende Schreie aus, der alte Land Cruiser schrammte mit dem Bodenblech über einen hohen Steinbuckel, rammte den alten Ford vorne rechts und katapultierte ihn vom Weg. Der Wagen überschlug sich im Steilhang dreimal, wobei erst die rechte Tür, dann die linke und beim Aufprall am Fuße des Steilhangs die Motorhaube abgesprengt wurden. Er kam auf dem Dach zu liegen.

Der Land Cruiser bockte und schlingerte, etwas Scharfes schlitzte einen Teil des Bodenblechs auf, die Beifahrerseite kam dem Steilhang gefährlich nahe und Robson auf der Rückbank hörte nicht auf zu schreien. Bruno steuerte gegen, das Auto rutschte mit den Rädern der rechten Seite in eine tief ausgefahrene Fahrrinne, Dornenranken verhakten sich an den scharfen Kanten der eingerissenen Karosserie und zerrissen wie zu straffe Bogenbespannungen mit lautem Peitschenknall. Dann fand der alte Land Cruiser wieder zurück in die richtige Fahrspur, der Weg verbreiterte sich und erreichte die Ebene.

Bruno hielt an und drehte sich um. Yüce saß aufrecht neben dem schreienden Torso, in seiner Stirn klaffte ein faustgroßes, an den geschwärzten Rändern stark ausgefranstes Loch, aus dem Blutblasen und Gehirn quollen und Gesicht und Brust befleckten. Seine mit dem Abrieb des Klebebandes besprenkelten Lippen hatten sich zu einem breiten Grinsen verzogen, als habe er im Augenblick des Sterbens den Tod verlacht.

Bruno beugte sich zur Rückbank und legte dem schreienden Torso die Hand auf den Mund. „Alles wird gut, alles wird gut“, versuchte er ihn zu beruhigen. „Du wirst deinen Bruder wiedersehen, das verspreche ich.“

Nach einer Weile ebbte das starke Zittern ab und Bruno löste die Hand von Robsons Mund, der leise und kaum vernehmbar zu wimmern begann. Hier unten auf der steinigen Ebene wuchsen weder Strauch noch Baum, die Sonne hatte das Land an manchen Stellen aufgebrochen, was auf Bruno den Eindruck machte, als sei die Erde in stummen Schreien erstarrt. Er konnte kein Versteck entdecken, wo er die Leiche des Türken ablegen konnte.

Er stieg aus und taumelte zur verbogenen und stark eingedellten Hecktür, die er nur unter großer Mühe öffnen konnte. Im hinteren Laderaum fand er unter allerlei merkwürdigen Dingen eine zusammengerollte blaue Plastikplane, die er neben dem Land Cruiser ausbreitete. Dann zog er den Leichnam des Türken von der Rückbank und wickelte ihn in die Plane ein. Als er das schwere und sperrige Bündel im Laderaum verstaut hatte, fühlte er sich erschöpft und setzte sich in den Staub. Seine gebrochene Rippe hatte sich in ein glühendes Eisen verwandelt und brannte in sein Fleisch. Die Schmerzen ließen nach einer Weile nach. Bruno tastete im Laderaum herum und zog einen schmalen langen Streifen knallgelben Stoffs hervor, der mit kleinen roten Herzen gemustert war. Er wickelte sich den Stoffstreifen mehrfach stramm an der Stelle um den Leib, unter der die gebrochene Rippe nach außen drückte. Danach fühlte er sich besser und es gelang ihm, die verbogene Hecktür zu schließen.

Die Staubwolke um den alten Ford hatte sich gelegt. Das auf dem Dach liegende Wrack begann zu schaukeln, dann beobachtete Bruno, wie sich der alte Mann, auf dem Rücken liegend, aus dem eingedrückten Einstiegsloch hervor und in den Staub schob. In seinem rechten Oberschenkel steckte ein dreieckiges Stück Blech. Das Gesicht des Mannes war blutüberströmt. Er ruderte wie ein Rückenschwimmer mit den Armen im Staub und bewegte sich so einige Meter vom Wrack weg.

Bruno hinkte um den alten Land Cruiser herum und setzte sich hinter das Steuer. Nach etlichen Fehlzündungen setzte sich der Motor in Gang, als der Wagen anrollte, merkte Bruno, dass etwas mit der Kupplung nicht stimmte, sie bot nur wenig Widerstand und machte beim Fahren seufzende Geräusche. Kurz vor der

Siedlung verbreiterte sich der Weg und löchriger Asphalt bedeckte ihn. Vor dem ersten heruntergekommenen Haus, dessen Farbe von der Fassade abblätterte, saß auf einem Lehnstuhl eine dicke Frau. In ihrem dunkelgrünen Kleid hätte man sie auch für eine überdimensionale Frucht halten können. Als sie den alten Land Cruiser bemerkte, schlug sie die Hände schützend vors Gesicht. Als das den Spuk, der da heranknatterte, nicht vertrieb, bekreuzigte sie sich und watschelte ins Haus. Katzen, die in der Morgensonne gedöst hatten, legten die Ohren flach an den Kopf und verkrochen sich. Zwei kleine Mädchen, die gerade ein windschiefes, baufälliges Haus verlassen hatten, begannen zu schreien, sodass ihre Mutter ins Freie stürzte, die Kinder von der Straße zerrte und dem davonfahrenden qualmenden Auto mit der Faust drohte.

Als der Wagen die letzten Häuser der kleinen Siedlung passiert hatte, gabelte sich die Straße. Die Namen auf den beiden Richtungsschildern besagten Bruno nichts. Er wählte die breitere der beiden Straßen. Hier war der Asphalt zwar nicht so löchrig, dafür hatte die Sonne tiefe Fahrspuren in ihn gebrannt.

Die seufzenden Geräusche der Kupplung ließen nicht nach, und nachdem er einige Kilometer auf der breiten Straße gefahren war, gesellte sich ein schleifendes Geräusch hinzu. Die Landschaft änderte sich langsam. Aus der Ebene wuchsen sanft ansteigende Hügel, die immer zahlreicher und höher wurden, dann erreichten sie das erste Feld, auf dem nächsten Hügelkamm reckte eine Baumgruppe ihre grünen Wipfel in den Himmel.

Dann gabelte sich die Straße erneut. Als Bruno das Auto anhalten wollte, griffen die Bremsen nur wenig, es zog scharf nach links, sodass er ziemlich hart gegenlenken musste. Die Bremse hatte also auch einen Schlag abbekommen.

## 26. Kapitel

Mittlerweile war Bruno schon mehr als vier Stunden gefahren, ohne auf eine größere Stadt gestoßen zu sein. Die Gänge ließen sich nur noch schwer wechseln, zu den anderen Geräuschen hatte sich ein Quietschen gesellt, wenn es laut wurde, begann der Motor zu stottern. Bruno schätzte, dass es von der Benzinpumpe kam. Als der alte Land Cruiser sich einem Feldweg näherte, an dessen Einmündung ein Bauer sein Ochsengespann weiden ließ, schaltete er herunter und ließ den Wagen ausrollen. Der Mann schien sich über das arg demolierte Gefährt nicht sonderlich zu wundern. Bruno stellte den Motor nicht ab, lehnte sich aus dem Fenster und erkundigte sich nach dem Weg. Der Bauer gab langatmig und ausführlich Auskunft, offensichtlich erfreut, mit jemand anderem als mit seinen beiden Ochsen sprechen zu können. Bruno war erleichtert, wenigstens die grobe Richtung, in die er gefahren war, hatte gestimmt. Als Bruno sich zum Schluss erkundigte, welcher Tag heute sei, lachte der Bauer laut auf. „Wer mit einem feurigen Mädchen oder mit dem Tod tanzt, vergisst leicht das Datum“, sagte er. Es war Dienstag, Bruno hatte also fast zwei Tage in seinem betäubten Schlaf gelegen.

Eine Stunde später warf Bruno einen Blick auf die Tanknadel und stellte fest, dass sie sich bedenklich dem roten Bereich näherte, und beschloss, an der nächsten Tankmöglichkeit anzuhalten. Die Morgenkühle hatte sich längst schon in flirrende Hitze aufgelöst, die das Meer der grünen Hügelkämme vor seinen Augen tanzen ließ. Unter der Plane begann der Leichnam auf der Ladefläche zu riechen. Er drehte beide Fenster im Fonds herunter, aber das brachte keine Erleichterung, denn der Staub der Landstraße drang herein und verklebte seine Augen.

Er hatte einen der zahllosen Hügelkämme erreicht, als die spärliche Asphaltdecke plötzlich wie abgeschnitten endete und die Straße aus tief ausgefurchten Fahrrinnen aus rotem, staubigem Lehm bestand, in denen der Geländewagen heftig hin und her schlingerte. Die ausgeleierten Blattfedern quietschen und kreischten, die abgefahrenen Bremsen ergossen ihren Funkenregen in den Staub und nach einigen Metern begann der Motor zu stottern, und jedes Mal, wenn er sich verschluckte, musste Bruno die Kupplung treten, sonst wäre der Wagen ausgegangen. Dann hörte er das Summen von Fliegen, die ihren Weg in den Wagen gefunden hatten und auf ihrer Suche nach einem Durchlass über die Plane mit dem Leichnam krabbelten. Robson schien auf der Rückbank eingeschlafen zu sein.

Als Bruno den Kamm des nächsten Hügels erreicht hatte, entdeckte er im letzten Moment am Straßenrand die heruntergekommene Wellblechhütte mit der einsamen, staubbedeckten Benzinpumpe davor. Da er nicht wagte, den Rückwärtsgang einzulegen, lenkte er eine weiten Bogen auf dem mit allerlei rostigem Gerümpel bedeckten Vorplatz und brachte den alten Land Cruiser vor der verstaubten Benzinpumpe zum Stehen. Er ließ den Motor an, ging am Heck des Wagens in die Knie und lauschte auf das Quietschen der Benzinpumpe, das wie der eintönige Singsang einer heiseren, unmusikalischen Sirene in den Ohren klang. Dann öffnete er den Tankverschluss, steckte die Tankpistole hinein und begann, den Pumpenschwengel auf und nieder zu drücken. Das Zählwerk der Pumpe kreischte, die Benzinpumpe quietschte, der heiße Wind aus Nordwest stieß ein loses Stück Wellblech gegen die Hüttenwand und schlug den klappernden Takt dazu.

Das Pumpen fiel Bruno immer schwerer, denn seine gebrochene Rippe schmerzte bei jeder Bewegung. Nach dreißig Litern hörte er zu pumpen auf und lehnte sich für einen Augenblick an die staubbedeckte, aufgeheizte Karosse des Wagens. Nach der ausführlichen Beschreibung des Bauern mussten es zur nächsten Großstadt noch hundertzwanzig Kilometer sein. Dort würde er an einer automatischen Pumpe volltanken. Aus dem Laderaum im Heck drang lautes Summen. Eine blau schillernde Wolke Schmeißfliegen schwirrte um die Plane, in der die Leiche eingewickelt war.

Bruno beeilte sich und stolperte aus dem gleißenden Licht in das Halbdunkel der Hütte, in der er zunächst nur verschwommene Konturen wahrnahm. Als sich seine Augen an das diffuse

Dämmerlicht gewöhnt hatten, bemerkte er mitten in dem staubbedeckten Raum eine blank geputzte gläserne Coca-Cola-Kühlvitrine. Sie stand da wie der herausgeputzte Altar einer Kirche, war aber gänzlich leer. Das Kabel schlängelte sich durch den Schmutz, der im ganzen Raum verstreut war, bis in die hinterste Ecke, in der sich im tiefen Schatten etwas bewegte. Bruno duckte sich unwillkürlich zur Seite weg, als er die Mündung einer Schrotflinte bemerkte, die im Rhythmus des Auf und Nieder eines quietschenden Schaukelstuhls sich in Richtung seiner Knie und umgekehrt bis in Höhe seiner Stirn bewegte.

„Tritt näher, mein Sohn", vernahm Bruno eine jungenhaft frisch und unternehmungslustig klingende Stimme, die so gar nicht zu dem alten Mann passen wollte, der trotz der stickigen Hitze eine staubige, mit Flecken übersäte Decke bis zur Brust hochgezogen hatte. Bruno ging ein paar Schritte seitwärts und beobachtete, wie ihm die Mündung der Schrotflinte folgte.

„Wie viel Liter hast du gepumpt, mein Sohn?", fragte ihn der Greis mit seiner Kinderstimme.

„Dreißig Liter", antwortete Bruno, nestelte einen verschwitzten Geldschein aus *Garras* Geldbörse und wedelte damit in der Luft.

„Leg das Geld auf die Theke hinter dir", sagte die Kinderstimme.

Bruno wagte es nicht, dem zahnlosen Greis, dessen kahler Schädel mit eiternder Schuppenflechte überzogen war, den Rücken zuzukehren, sondern setzte seine Schritte seitwärts, bis er mit dem Rücken gegen die staubige und mit eingetrockneten Essensresten bedeckte Theke stieß, und legte den Geldschein darauf.

„Ich bekomme noch Geld zurück", sagte er.

„Es gibt kein Geld zurück, ich kann nicht wechseln", widersprach der Greis und kicherte. „Aber wenn du willst und nicht zu große Schmerzen dabei hast, kannst du noch mal dreißig Liter tanken."

Bruno überlegte. Bis nach Olinda würde die Tankmenge reichen, aber das Risiko war die eiernde Benzinpumpe. Wenn sie undicht wurde, würde der alte Land Cruiser saufen wie ein finnischer Alkoholiker in der Mitsommernacht.

„Gut“, sagte er, „dann tanke ich noch dreißig Liter.“

„Wenn deine Schmerzen das aushalten“, erwiderte der alte Mann und deutete mit der Mündung der Schrotflinte auf den Stoffstreifen, den Bruno um den Leib gewickelt hatte. „Ich nehme an, es sind die Rippen.“

Bruno vernahm hinter der Theke ein leises Rascheln, dann zuckte eine breite braune Hand aus der Tiefe und zog den Geldschein hinab.

„Und wenn es dich nicht stört, dass die Fliegen in deinem Auto immer mehr werden“, fügte der alte Mann hinzu und brach in ein hohes, kreischendes Gelächter aus, an dem er sich verschluckte und das dann in das Husten eines Sterbenden überging. „Warum hast du die Leiche nicht auf dem Dach befestigt?“, fragte der alte Mann, nachdem er wieder zu Atem gekommen war.

„Wer fährt schon gern mit einer Leiche auf dem Dach herum“, erwiderte Bruno.

„Woran ist denn die Person gestorben?“, fragte der alte Mann, dessen Interesse geweckt zu sein schien. „War es eine ansteckende Krankheit?“

„Nein, keine ansteckende Krankheit“, erwiderte Bruno, hob die Hand, streckte den Zeigefinger aus und krümmte den Mittelfinger. „Eine Explosion in seinem Kopf“, fügte er hinzu. „Der Mann hatte scheußlich viel Gehirnflüssigkeit, die ausgelaufen ist.“

„Ein Verwandter von dir?“, fragte der Greis.

Bruno schüttelte den Kopf.

„Ein Freund?“

Bruno schüttelte erneut den Kopf.

„Willst du die Leiche loswerden?“

Bruno nickte.

„Gut“, sagte der Greis. „Das kann dir viel Ärger ersparen. Ich kenne da eine gute Stelle. Aber die Auskunft kostet soviel wie dreißig Liter tanken.“

„Geht in Ordnung“, erwiderte Bruno nach einer Weile.

„Du fährst von hier aus bis auf den siebten Hügel, dort wachsen links drei Guave-Bäume. Du hältst genau auf sie zu. Zehn Schritte vor ihnen stoppst du. Hinter den Guave-Bäumen ist ein Morastloch. Geh nicht zu nah heran, sonst versinkst du darin. Wirf die Leiche hinein, niemand wird sie dort finden."

„Gut", sagte Bruno. „Wenn dort kein Morastloch ist, komme ich zurück und töte dich."

„Du würdest wegen dreißig Liter *gasolina* einen alten Mann umbringen?", fragte der Greis ungläubig.

„Nicht wegen der dreißig Liter", erwiderte Bruno, „sondern weil ich eure verdammten Lügengeschichten satthabe." Er wischte mit dem Handrücken den Schweiß von der Stirn und seufzte. „Also überleg es dir gut, alter Mann, ob hinter den drei Guave-Bäumen wirklich ein Morastloch liegt."

Bruno sah im staubigen Dämmerlicht, wie der Greis seinen faltigen Kopf hin und her wiegte, wobei Schuppen von den Flechten, die seinen Schädel bedeckten, flogen und wie feiner Schneegriesel zu Boden sanken.

„Es kann bei so großer Hitze, wie sie jetzt schon seit Wochen anhält, vorkommen, dass das Morastloch austrocknet", sagte der alte Mann nach einer Weile leise.

„Also gut, es gibt dieses Morastloch gar nicht", erwiderte Bruno. „Du hast es erfunden. Du wirst verstehen, dass mich das ziemlich wütend macht."

„Ich sagte nicht, dass es das Morastloch nicht gibt, sondern dass es bei so großer Hitze manchmal austrocknet", versuchte der alte Mann sich zu rechtfertigen.

„Das läuft auf das Gleiche hinaus", erwiderte Bruno. „Aber ich will nicht darüber streiten, sonst verspüre ich große Lust, dich auf der Stelle zu erschießen."

„Vielleicht erzählst du jetzt selbst eine dieser Lügengeschichten, die dich angeblich so aufregen", kicherte der alte Mann und die Mündung seiner Schrotflinte wanderte langsam höher, bis sie auf Brunos Kinn zeigte. „Vielleicht hast du gar nichts dabei, womit du mich totschießen kannst."

Bruno sah im stumpfen, staubbedeckten Glas die verschwommene Zwergengestalt, die hinter der Theke ein armlanges Messer, wie man es zum Schneiden des Zuckerrohrs benutzt, gepackt hielt und damit in die Höhe schnellte. Er bekam den Zwerg zu packen und warf ihn mit aller Kraft auf den alten Mann in der Ecke. Seine gebrochene Rippe schmerzte, als wühle ein glühendes Brandeisen in seinem Brustkorb. Der Schaukelstuhl kippte um, die Spitze des armlangen Messers bohrte sich in den morschen, staubigen Holzboden, wobei die Klinge unternehmungslustig nachfederte. Mit zwei Sätzen war Bruno heran und entriss dem Greis, der bäuchlings im Staub lag und sich hoffnungslos in seiner vor Schmutz starrenden Decke verheddert hatte, die Schrotflinte und setzte ihm die Mündung auf die Brust.

„Ich könnte dich mit deiner eigenen Schrotflinte totschießen", schlug Bruno vor. Er bemerkte in den Augenwinkeln, wie der Zwerg, der zwar von kleiner Gestalt, aber ziemlich muskulös war, die Entfernung zum nachwippenden Messer abschätzte. Da sie ihm zu groß erschien, duckte er sich zusammen, bleckte sein enormes Gebiss und sprang los, um es in Brunos Bauchdecke zu graben. Bruno traf ihn im vollen Flug mit dem plumpen Kolben der Schrotflinte unter dem Kinn und schickte ihn besinnungslos zu Boden.

„Du hast Pedrinho erschlagen", zeterte der alte Mann mit seiner hohen Kinderstimme. „Du hättest genauso gut mich erschlagen können, denn ohne den Zwerg bin ich hilflos wie ein neugeborenes Kind."

„Sorge dich nicht, alter Mann, ich erschlage auch dich, es sei denn, dir fällt hier und jetzt ein, wo ich die Leiche verschwinden lassen könnte", entgegnete Bruno. „Kannst du diese Dreißig-Liter-Frage nicht beantworten, schlage ich dir den Schädel ein."

„Fahr mit deiner verdammten Schrottkarre, bis du im sechsten Talgrund von hier aus eine kleine Kapelle siehst. Gleich hinter ihr führt ein breiter Schotterweg in eine Sandgrube. Der Hang ganz rechts besteht aus fließendem Sand, der alles verschluckt, was man ihm übergibt."

Bruno winkelte ein Knie an, knickte den Lauf der Schrotflinte und warf sie hinter die schmutzige Theke. „Ich komme wieder, wenn es die Sandgrube nicht gibt oder der Sand die Leiche nicht verschluckt", sagte Bruno, zog die großkalibrige Pistole aus dem Hosenbund und richtete sie auf den alten Mann. „Und dann erschieße ich dich."

„Du wirst den fließenden Sand finden, wenn du an der Kapelle den Schotterweg nimmst“, beteuerte der alte Mann.

Bruno verließ die Wellblechhütte und erstarrte. Wo kamen bloß all die Fliegen her? Es waren so viele, dass der ganze Innenraum blau und schwarz von ihnen schillerte. Er fand neben der Benzinpumpe einen ölverschmierten Lappen, wickelte ihn um eine rostige Eisenstange und zündete ihn an. Dann öffnete er die Türen des alten Land Cruisers und schwenkte den brennenden Lappen durch den Innenraum. Robson wachte auf und begann kläglich zu schreien. Es stank nach verbranntem Öl und verschmorten Fliegen.

Die nächsten beiden Hügel waren sehr steil und genauso steil war der Abstieg von ihnen. Bruno musste in den ersten Gang herunter schalten, weil die ausgeleierte Kupplung den Wagen im zweiten Gang nicht mehr hielt. Im Anstieg zum dritten Hügel begann der Asphalt unvermittelt wieder, er war glatt und von solch hervorragender Qualität, dass ihn selbst die große Hitze, die mittlerweile auf dem ganzen Land lastete, nicht aufzuweichen vermochte.

Im Anstieg zum vierten Hügelkamm vernahm Bruno ein dumpfes Hämmern und Klopfen und glaubte zuerst, es dringe aus dem Motorraum. Dann mischte sich in den schnellen Takt das tiefe Raunzen einer Tuba und der quäkende Klang verstimmter Hörner. Er spähte zum Kamm des Hügels und aus dem Flirren der heißen Luft schälten sich die zitternden, ineinander zerfließenden Konturen von Musikanten. Sie nahmen oben auf dem Kamm des Hügels die ganze Breite der Fahrstraße ein. Als Bruno näher kam, konnte er als Erstes den Musikanten mit der Tuba erkennen. Es war ein baumlanger schwarzer Mann in einer zerfetzten Kapitänsuniform, der Schalltrichter seines enormen Instruments war verbogen und ganz schief. Neben ihm hatte ein breitschultriger, bärtiger Kerl in einer Art seidenem Bademantel eine große Sambatrommel am breiten Lederriemen umgehängt und schlug darauf mit einem Paukenschlegel den dumpfen Takt. Ein spindeldürrer Mensch in einer Art Frack, dessen lange grell roten Schöße eingerissen und ausgefranst waren, blies die Querflöte, wobei er seine nackten dünnen Beinchen so hoch hinaus in die flimmernde Luft warf, dass man glaubte, sie würden einfach davonfliegen. Dann gab es noch zwei Trompeter mit lächerlich kleinen Instrumenten, die wie Kinderspielzeug aussahen, einen *cavaquinho*-Spieler und zwei fette Mulattinnen, die mit ihren Tamburins in der Luft fuchtelten.

Bruno drückte auf die Hupe, damit die seltsame Musikgruppe Platz machte, doch die Hupe gab nur ein klägliches, heiseres Winseln von sich, das den anschwellenden Lärm der Musikanten nicht durchdrang.

Bruno wollte auf jeden Fall den Hügelkamm erreichen, denn das letzte Stück hinauf war so steil, dass er dort unmöglich anhalten konnte, ohne zurückzurollen, denn die schwache Handbremse und die defekte Fußbremse allein würden ihn nicht halten können. Um den Wagen vor dem Hügelkamm zum Halten zu bringen, musste er den Motor abstellen und den ersten Gang einlegen. Ob er dann die Benzinpumpe wieder zum Laufen bringen würde, war mehr als zweifelhaft.

Er rollte also die letzten Meter der Steigung im Schneckentempo hinauf, und erst jetzt schienen ihn die seltsamen Musikanten bemerkt zu haben, denn sie drehten ihm ihre angestrengten, verschwitzten Gesichter zu, gaben aber keineswegs die Straße frei, sondern wichen Schritt für Schritt vor dem verbeulten alten Land Cruiser zurück. Als Bruno den Hügelkamm erreicht hatte, stemmte der spindeldürre Flötist eines seiner Beinchen gegen die eingedellte Front und zwang Bruno, wenn er den Mann nicht überrollen wollte, zum Anhalten.

Kaum hatte Bruno das Fahrzeug zum Stehen gebracht, als sich die Musikanten von ihm abwandten und wieder in Richtung Tal blickten, ohne mit ihrer schnellen, sich immer wieder selbst überholenden Marschmusik aufzuhören.

Bruno stand vielleicht zehn Sekunden allein und unbeachtet auf dem Hügelkamm und hatte gerade den in den Augenwinkeln brennenden Schweiß abgewischt, als der baumlange Tubaspieler und der breitschultrige Trommler eine Lücke freigaben, durch die sich eine wild wogende, zuckende, vielgliedrige Tanzschlange hervor wand, angeführt von einem schwitzenden, halbnackten Kerl mit einer fast einen Meter hohen, fleckigen Kochmütze auf dem breiten Schädel, in einer Hand einen Kochlöffel und in der anderen eine verbeulte Suppenkelle, die er im schnellen Rhythmus des schmetternden Marsches in stolpernden Synkopen aneinanderstieß. Ihm folgten grell bemalte Gesichter, nackte Schultern, Arme in weißen Handschuhen, blutrot geschminkte Lippen, Lappen und offene Jäckchen aus billigstem Seidenimitat, die große und kleine Brüste kaum zu verbergen mochten. Und diese züngelnde, kreischende, schwänzelnde, klappernde, jauchzende Schlange wälzte sich genau auf Bruno zu.

Die kurze Zeit, die der Wagen mit stotterndem Motor auf dem Hügelkamm stand, hatte genügt, dass durch das heruntergelassene Fahrerfenster mehr als hundert Schmeißfliegen gedrungen waren und sich auf der Plane mit dem übelriechenden Leichnam niedergelassen hatten, und von allen Seiten schwirrten weitere Schmeißfliegen heran. Doch die sich in züngelnden Bewegungen heranschlängelnde Tanzgruppe schien die vielen Fliegen, die um den alten Land Cruiser schwirrten, nicht zu beachten.

Bruno sah das Unheil kommen und klammerte sich mit beiden Händen an das große Lenkrad, als schon die Fahrertür aufgerissen wurde und er in das breite Gesicht des Kochs blickte, der ihm seinen *cachaça*-Atem in die Augen blies, sodass vor ihnen alles verschwamm. Er fühlte, wie viele Arme ihn umschlangen, Fingernägel sich in seine Hände gruben und sie vom Steuerrad lösten, dann wurde er aus dem Wagen gezogen. Seine gebrochene Rippe biss schmerzhaft in Brunos Bauchdecke, und er fand sich als Teil der zuckenden, vielgliedrigen Schlange wieder, die sich unter den Peitschenhieben der schnellen Musik zurück durch die Lücke in der Musikgruppe schlängelte. Nackte Schultern, schweißperlende Rücken, verklebtes, eingeöltes Kraushaar gaben nur Ausschnitte der Fahrstraße frei, die vom nächsten Tal gute hundert Meter zum Hügelkamm hinaufführte. Und die Steigung hinan tanzte in einer Art Springprozession eine Gruppe von gut drei Dutzend Tänzern und Tänzerinnen, gekleidet in kurze Bolerojäckchen, pludrige, knielange Hosen, die Gesichter grell geschminkt, die Männer schwenkten Knüppel und Messer im Takt, die Frauen kleine, grellbunte Schirme. In der flirrenden Hitze, die vom Asphalt aufstieg, erschienen Bruno diese aus der Hocke hochschnellenden Tänzer und Tänzerinnen, die groteske Luftsprünge vollführten und dabei Arme oder Beine kreiseln ließen, wie eine Gruppe fliehender afrikanischer Springböcke.

Bruno versuchte, sich links oder rechts aus der Schlange zu lösen, doch immer wieder rissen ihn Arme in sie zurück, umschlangen seine Hüften, Knie bohrten sich in seine Geschlechtsteile, Fäuste trommelten gegen seine Rippen, bis ihm der Schmerz fast die Besinnung raubte.

Dann war die Gruppe der springenden Tänzer auf der Hügelkuppe angekommen und mischte sich mit der zuckenden Schlange, von der Bruno ein Teil war, und alle zusammen ergossen sich die Straße wieder hinab ins Tal, dem sie entsprungen waren.

Bruno fühlte sich von Armen in die Hocke niedergedrückt und von anderen Armen den Bruchteil einer Sekunde später wieder so hoch emporgerissen, dass seine Füße den Kontakt mit dem Boden verloren. Im Scheitelpunkt eines dieser erzwungenen Sprünge ruderte er wie wild mit den Armen und stieß sich mit den Füßen von den wogenden Brüsten einer fetten Mulattin ab, sodass er seitwärts in einen Dornbusch fiel, dessen Stacheln seine Kleidung und seine Haut zerschlitzten. Für einen langen Augenblick spürte Bruno nur noch einen alles erstickenden Schmerz. Als er nachließ, schob er einige der staubigen, fingernagelgroßen Hartlaubblätter zur Seite und spähte zur Straße. Die Springflut der Tänzer, gefolgt von der im tänzelnden, ungeordneten Marschtritt daher schreitenden Musikband, wälzte sich dem Talgrund zu.

Bruno wartete ab, bis die letzten Takte der schnellen Musik verhallt waren, und kroch langsam aus dem Dornbusch hervor. Er lauschte in den Wind, der vom Hügelkamm blies, und vernahm das tuckernde Geräusch des alten Land Cruisers und die Schreie des lebenden Torsos. Dann begann er, die langen, spitzen Stacheln aus seinem Fleisch zu ziehen. Als er erneut ins Tal hinab spähte, war der Spuk der tanzenden Springflut verschwunden.

Es kostete Bruno viel Überwindung, sich hinter das Steuer zu zwängen, denn der ganze Innenraum war wieder voll mit schillernden Schmeißfliegen. Er verstellte den Fahrersitz so, dass er sein Gesicht gegen die rissige Windschutzscheibe pressen konnte, sonst hätte er vor lauter Fliegen die Straße nicht erkennen können. Im Talgrund des übernächsten Hügels erstrahlte im gleißenden Sonnenlicht eine schneeweiße Kapelle, vor der ein breiter Schotterweg von der Straße in eine Senke führte. Er steuerte den alten Land Cruiser in den Schotterweg. Als einige staubige Büsche den Blick auf die Straße versperrten, hielt er bei laufendem Motor an, öffnete unter Schmerzen die Hecktür und zog die mit Fliegen übersäte Plane heraus. Dann schleifte er sie zwischen zwei Büschen hindurch bis an den Rand einer steil abfallenden sandigen Grube. Die Fliegen umschwirrten ihn als schillernde Wolke. In einer letzten Kraftanstrengung, die seinen Leib zu sprengen drohte, schob er das große Bündel in den Sand. Dann sank er auf die Knie und beobachtete unter Höllenqualen, wie die Plane mit dem Leichnam des Türken darin ins Rutschen geriet, dann begann der Fließsand die Plane mit den Fliegen darauf zu bedecken, bis sie samt ihrer Fliegenfracht im Sand versank. Das Nachrieseln des Sandes zog eine abwärts führende Spur durch den Hang, die der heiße Wind nach einiger Zeit verwischte. Auch die Fliegen hatte der heiße Wind verweht.

Am späten Nachmittag erreichte Bruno die Außenbezirke von Olinda und steuerte auf den Parkplatz einer großen modernen Tankstelle und hielt in einer Entfernung von einem mit gepressten Altpapierballen beladenen Lastwagen bei laufendem Motor an. Die Benzinpumpe quietschte und röchelte wie ein Todkranker, und als Bruno sich unter den Wagen schob, bemerkte er, dass sie ganz schief saß und aus ihr Benzin auf den Boden tröpfelte. Er erschrak, als sich plötzlich und wie aus dem Nichts der Kopf eines Mulatten neben ihm unter dem Wagen materialisierte.

„Das ist ein interessantes Problem, aber es erscheint mir lösbar", sagte der Mulatte nach einer Weile. Dann verschwand sein Kopf auf ebenso geheimnisvolle Weise, wie er unter dem Wagen erschienen war.

Als Bruno unter dem Wagen wieder auftauchte, sah er den Mulatten im Führerhaus des Lastwagens kramen. Dann kam er mit allerlei Gerätschaften, darunter ein Stemmeisen, eine Dose Silikon, Lappen, Putztücher, ein Ölkännchen und eine Rolle Klingeldraht zurück und breitete seine Mitbringsel vor dem Wagen aus.

„Ich muss hier noch zwei Stunden auf meine Ablösung warten, und ehe ich mich langweile", meinte er entschuldigend. Dann musterte er Bruno eine Weile. „Haben Sie sich die Rippen verletzt?", fragte er und berührte mitfühlend Brunos Arm. Als er Brunos Erstaunen bemerkte, fügte er hinzu: „Ich hatte selbst mal eine gebrochene Rippe und weiß, wie schmerzhaft das ist." Dann rieb er sich die Hände und seine freundliche Miene erstrahlte in Vorfreude. „Darf ich?", fragte er. „Ich breche auch nichts ab. Ehrlich, ich versichere Ihnen, ich werde Ihre Benzinpumpe behandeln wie ein Kavalier eine Dame aus gutem Haus. Aber den Motor müssen Sie schon ausschalten."

Bruno drehte den Zündschlüssel im Schloss, dann schaute er eine Weile auf die Beine des Mulatten, die unter dem Auto hervorragten und sich kaum bewegten, und schlenderte gemächlich wie ein Mann mit viel Zeit zum kleinen Supermarkt neben der Tankstelle.

Niemand fragte ihn wegen des gelben Stoffbands mit den roten Herzen, das er um den Leib gebunden hatte, niemand schienen seine verschwitzten Haare, die tiefen schwarzen Ringe unter seinen Augen und das eingetrocknete Blut auf seinem Hemd zu stören, jeder schien hier auf seine eigene Weise mit seinen eigenen Unvollkommenheiten beschäftigt zu sein. Bruno kaufte Wasser, Früchte und Snacks ein und zog am Automaten zwei Becher Kaffee.

Dann setzte er sich auf die Rückbank neben Robson, gurtete ihn los und gab ihm zu essen und zu trinken. Nach ein paar Minuten tauchte der freundliche Mulatte unter dem Wagen hervor. „Die Benzinpumpe steht wieder gerade wie ein Soldat beim Besuch des Generals“, sagte er. „Ich habe sie mit Silikon abgedichtet. Es braucht noch eine Stunde zum Trocknen. Als Nächstes möchte ich noch die hinteren Bremsbacken richten, wenn Sie gestatten. Ich frag mal herum, ob mir jemand etwas Werkzeug leihen kann.“

Wenig später schleppte er einen Werkzeugkoffer von enormen Ausmaßen herbei. „Den hat mir ein Kollege ausgeliehen“, meinte er, wählte eine Rohrzange, einen großen Hammer, ein Stecheisen und mehrere Schraubenschlüssel aus und verschwand wieder unter dem Wagen, unter dem er rumorte, hämmerte und schraubte. Es verging fast eine ganze Stunde, bis er wieder unter dem Wagen auftauchte.

„Ich bin sehr zufrieden“, sagte er zu Bruno. „Jedenfalls blockieren die Bremsen nicht mehr. Aber bei Gelegenheit brauchen sie unbedingt neue Beläge.“ Dann nahm er dankend die Wasserflasche, die Bruno ihm reichte und trank. „Wissen Sie, ich helfe gerne“, meinte er und wischte sich mit dem Handrücken den Mund ab. „Ich fühle mich danach besser.“ Dann schüttelte er sich, als wolle er eine Last abwerfen. „Das war nicht immer so“, fügte er nachdenklich hinzu.

„Was haben Sie denn früher gemacht?“, fragte Bruno.

Der Mann neigte seinen Mund dicht an Brunos Ohr. „Früher habe ich Leute umgebracht“, flüsterte er. „Das war viel schwieriger, als freundlich zu sein und zu helfen.“

„Das kenne ich“, erwiderte Bruno, rollte sein T-Shirt auf und klopfte auf den Schaft des großkalibrigen Revolvers, den er in seinem Hosenbund trug. „Ich mag auch das leichtere Leben und die Freundlichkeit lieber.“

Dann zeigte der Mulatte auf den lebenden Torso, den Bruno in der Ecke auf der Rückbank fest gegurtet hatte. „Ist das Ihr Junge?“, fragte er.

„Nein“, erwiderte Bruno. „Ich bringe ihn bloß zurück zu seinem Zwillingsbruder.“

„Lebt der Bruder weit entfernt?“, fragte der Mulatte.

„Ziemlich weit weg“, antwortete Bruno. „Auf der anderen Seite des Meeres.“

„So weit weg?“, wunderte sich der Mulatte. „Und warum tun Sie das?“

„Weil ich es versprochen habe“, sagte Bruno.

Der Mulatte nickte Bruno zu. Dann beugte er sich weit in das Innere des Wagens hinein und wechselte ein paar Worte mit Robson. Offensichtlich hatte er keine Schwierigkeiten, dessen unartikulierte Laute zu verstehen.

Nach einer ganzen Weile tauchte sein Kopf wieder vor Bruno auf. „Der Junge muss mal“, sagte er. „Ich schlage vor, ich trage ihn zur Tankstelle. Dort gibt es eine Toilette und einen Waschraum für uns Fernfahrer. Man kennt mich dort, und man wird mir keine Fragen stellen.“

„Das ist wirklich sehr freundlich“, erwiderte Bruno. „Ich selbst kann ihn mit meiner gebrochenen Rippe nicht tragen. Aber ich möchte Sie gerne begleiten. Das ist kein Misstrauen gegen Sie, aber ich möchte den Jungen ungern verlieren.“ Dann klopfte er gegen den Schaft des Revolvers.

„Das verstehe ich“, erwiderte der Mulatte.

Als sie den Jungen aufs Klo gesetzt hatten, verschwand der Mulatte und tauchte nach einer Weile mit zwei Verbandspäckchen wieder auf. Dann wuschen sie Robson, und der Mulatte verband die eiternden Beinstümpfe. Als er den Jungen zum Auto zurückgetragen und in der Ecke auf der Rückbank festgeschnallt hatte, blickte er auf seine Armbanduhr und meinte: „Nun dürfte das Silikon einigermaßen durchgehärtet sein. Meine Ablösung kommt auch gleich. Wissen Sie, ich bin kein besonders gläubiger Mensch, aber das Einzige, was ich jetzt noch für Sie tun kann, wäre zu beten, dass Sie den Jungen sicher bei seinem Bruder abliefern.“

„Schaden kann's nicht“, meinte Bruno.

Der Mulatte wandte sich ab und starrte eine Weile zu einem imaginären Punkt im dämmrigen Himmel. Dann umarmte er Bruno flüchtig und schleppte die schwere Werkzeugkiste davon. Bruno schaute ihm lange nach, das freundliche Gesicht Brasiliens hatte ihm heute zugelächelt.

Das letzte Tageslicht hatte sich schnell wie ein Dieb auf der Flucht davongestohlen, der alte Land Cruiser war vollgetankt, die Benzinpumpe surrte kaum hörbar, die Bremsen quietschten nicht mehr und der Wagen, dem Bruno zwei Liter Öl zu fressen gegeben hatte, tuckerte auf der vierspurigen Überlandstraße dahin. Robson schlief auf der Rückbank und der stechende Schmerz in Brunos Brustkorb war einem dumpfen schabenden Schmerz gewichen. Bis nach São Paulo waren es annähernd zweitausend Kilometer.

## 27. Kapitel

Am darauffolgenden Tag spät in der Nacht erreichte Bruno die Vororte von São Paulo. In einem der guten Stadtviertel stand das Haus seines Onkels ganz oben auf einem Hügel. Es war das größte und schönste Haus weit und breit, erbaut aus weißem Marmor, der im Licht des runden, geröteten brasilianischen Vollmonds glänzte und weit hinaus ins Land verkündete, zu was es der oberste Zollfahnder des Bundesstaates São Paulo bringen konnte, wenn er nur korrupt und gewissenlos genug war. Umgeben war die Villa von hohen Mauern, deren Kronen mit handspannengroßen, messerscharfen Glassplittern bestückt waren, an Masten drehten sich automatische Videokameras, rote Warnlampen flackerten allerortens kurz auf und signalisierten dem Fremden: Diese Villa ist in Wahrheit eine Festung.

Bruno hatte den alten Land Cruiser in einer der verschwiegenen Seitenstraßen unterhalb des Hügels abgestellt, Robson auf die Rückbank gebettet und eine Decke über den Schlafenden ausgebreitet. Als die Müdigkeit Bruno einholen wollte, hinkte er ihr davon und schritt langsam, aber ohne Pause eine steile, schmale Treppe hinauf, die an der Rückseite der Marmorvilla vor einem Hintereingang aus poliertem Aluminium endete.

Ein Mann im Alter seines Onkels, der den *cachaça* liebte und fünf Mal in der Woche frisch gegrilltes *picana* aß, würde seine Gewohnheiten nicht so schnell ändern. Bruno griff unter einen blühenden Magnolienbusch, ertastete einen handgroßen Stein, hob ihn an und holte darunter eine säuberlich zugeklebte Folie hervor. Er öffnete sie und entnahm ihr einen Schlüssel und eine Chipkarte. Die Chipkarte steckte er in ein Lesegerät, tippte den einfachen Code ein, den er von seinem letzten Besuch bei seinem Onkel noch in Erinnerung hatte, der Schlüssel ließ sich im Schloss drehen, die schwere Aluminiumtür glitt lautlos zur Seite und schloss sich hinter ihm wieder.

Alles war hier oben angenehm, die Luft war nicht so stickig und aufgestaut wie in den engen Straßen und Gassen am Fuße des Hügels, eine leichte Brise wehte den Duft von Blüten, frischem Obst und würzigen Kräutern herbei, auf dem gepflegten, kurz geschnittenen Rasen glänzte der Tau. Bruno beeilte sich nicht sonderlich, stellte sich in den Schatten eines Mate-Baums, beobachtete eine Weile die weiße Villa und sog den Geruch des Reichtums ein, der von ihr her wehte. Unten links im Haus brannte ein schwaches Licht. Dort würde der Wachmann sitzen, neben sich auf dem Tisch die geladene Maschinenpistole, vor sich die Monitore, auf die die zahlreichen Videokameras ihre Bilder schickten. Vielleicht hatte er Glück und der Mann hatte sich vom großen *cachaça*-Vorrat des Onkels bedient und schlief, den Kopf auf dem Tisch seinen Rausch aus.

Bruno entriegelte mit der Chipkarte die Hintertür und schlüpfte ins Haus. Bruno ließ sich Zeit, lauschte ins Dunkel und ließ die Sekunden verstreichen, dann schlich er zum Kontrollraum, dessen Tür einen Spalt geöffnet war. Der Wachmann hatte den Kopf vor sich auf den Tisch neben die Maschinenpistole gelegt. Auf dem Boden lagen zwei leere Flaschen *cachaça*. Bruno betrat den Kontrollraum, löste das Magazin aus der Maschinenpistole und warf es aus dem Fenster in die Büsche. Dann klinkte er ein Paar Handschellen vom Gürtel des Schläfers und kettete dessen Hände an einem der Eisenpfosten des Monitortischs fest.

Bruno schloss den Kontrollraum von außen ab, steckte den Schlüssel ein und stieg langsam die große Freitreppe in die oberen Gemächer hinauf. Vom Ende der Treppe zweigten drei Flure ab. Bruno wählte den mittleren und blieb an seinem Ende vor einer schön geschnitzten Tür stehen. Sie hatte eine goldene Klinke.

Dann erreichte Bruno das Bett des Onkels. Es war ein altmodisches Bett, wie es vor zweihundert Jahren in den Palästen der reichen Plantagenbesitzer gestanden hatte, breit wie eine Wiese, an den Ecken mit vier langen Pfosten, über die kunstvoll weiße, durchschimmernde Schleier gespannt waren. Nahe dem Bett stand ein Servierwagen aus Glas und Gold, darauf eine geschälte angebissene Ananas in einer Pfütze aus eigenem Saft, eine volle und eine halb leer getrunkene Flasche *cachaça*. Der Onkel lag nicht allein im Bett. Am äußeren, Bruno zugewandten Bettrand, ruhte eine nackte Mulattin, ein dünnes Mädchen, das mit einer schlanken Hand einen ihrer großen Brüste festhielt, als könne das Silikon darin sich lösen und über die Bettkante rollen. Bruno wunderte sich nicht, er kannte den Geschmack seines Onkels, der sich immer diese Sorte von Huren ins Haus holte, seitdem vor vielen Jahren seine Frau fett geworden und er sie aus dem Haus gejagt hatte.

Der Onkel, bekleidet mit einer altmodischen Feinrippunterhose, lag auf dem Rücken, die Arme über dem Bauch gekreuzt, und schnarchte leise. Wenn der Onkel vor dem Zubettgehen weniger als eine Flasche *cachaça* getrunken hatte, war sein Schlaf leicht, war es mehr als eine Flasche, hätte man ihm, ohne ihn zu wecken, den Bettbezug unter dem fetten Hintern wegziehen können.

Bruno teilte die Vorhänge, setzte sich auf die Bettkante, legte die Hand über den Mund der Hure und rüttelte an ihrer Schulter. Sie schnaufte im Schlaf, wachte aber nicht auf. Dann angelte er mit dem Fuß einen seidenen Bettvorleger nah ans Bett und legte die Hure darauf. Er zog den Bettvorleger an einem Ende über den weißen Marmorboden ins große Badezimmer, dessen Tür halb geöffnet war. Das Badezimmer hatte ein großes ovales Fenster, durch das der brasilianische Mond schien und seinen roten Schimmer auf den goldenen Luxus legte. Bruno bettete die Hure in den Whirlpool, der die hintere Querseite des Badezimmers einnahm. Sie röchelte im Schlaf und wälzte sich auf den Rücken.

Dann schlich Bruno ins Schlafzimmer zurück, nahm die volle und die halb leere *cachaça*-Flasche vom Servierwagen und trug sie zurück ins Badezimmer, dessen Tür er hinter sich schloss. Er hockte sich neben die Hure, öffnete ihren Mund, der im Schlaf schlaff und willenlos war, und trichterte ihr in dünnem Rinnsal den *cachaça* in den Schlund. Danach verschloss er das Badezimmer, steckte den Schlüssel ein, ging zum Bett, setzte sich auf die Kante, löste den großkalibrigen Revolver aus dem Hosenbund und hieb dem Onkel mit der Faust auf den Bauchnabel.

Der Onkel stöhnte und setzte sich mit einem Ruck aufrecht, schlug die Augen auf und starrte Bruno ungläubig und wie einen Geist an.

„Ich bin zurück, Onkel“, sagte Bruno.

Der Onkel schloss die Augen und rieb sie mit den Fingerknöcheln. Nachdem er Bruno ein zweites Mal ins Gesicht gestarrt hatte, bekreuzigte er sich und sagte: „Du siehst furchtbar aus, kleiner Bruno.“

„Wenn du mich noch einmal kleiner Bruno nennst, werde ich wütend und schieße dir ins Knie“, sagte Bruno.

Der Onkel kniff ein Auge zu. „Das ist nicht dein Ernst, Junge“, meinte der Onkel und leckte mit seiner Zunge über die spröden Lippen. „Ich bin dein Onkel, das Oberhaupt der Familie, du kannst nicht auf mich schießen.“

Bruno nahm das zerwühlte Kopfkissen, auf dem die Hure gelegen hatte, knüllte es zusammen, drückte es auf das rechte Knie des Onkels und steckte den Revolver in den Kissenwulst. „Es wird nicht lauter sein als eine Ananas, die vom Servierwagen fällt“, sagte Bruno.

Der Onkel seufzte schwer. „Ich gebe zu, wenn du unbedingt willst, kannst du selbstverständlich schießen“, sagte der Onkel. „Obwohl es nicht nett wäre und gegen die Familienehre.“ Dann schielte er neben sich. „Was hast du mit meiner kleinen Freundin gemacht?“

„Ich habe der dünnen Hure anderthalb Liter *cachaça* nachgeladen, sie liegt im Whirlpool und wird uns nicht stören.“

„Du hast sie wenigstens nicht umgebracht, Junge. Ich mag es nämlich nicht, wenn in meinem schönen weißen Haus Menschen umgebracht werden“, sagte der Onkel.

„Ich weiß“, erwiderte Bruno. „Du hast es lieber, wenn die Leute irgendwo weit weg im Dreck getötet und ihre Leichen von wilden Tieren gefressen werden.“

„Hör zu, Neffe, egal wo du gesteckt hast und was dir dort widerfahren ist, ich habe damit nichts zu tun“, sagte der Onkel.

„Halt mich nicht für blöd, Onkel“, erwiderte Bruno. „Du hast dich mit dem *capitão* dort unten in den Eingeweiden des Fußballs geeinigt. Der Preis dafür, dass du keine Unannehmlichkeiten bekommst, war, dass du die Kette nicht unterbrichst, an deren Ende mein Tod stehen sollte."

„Sieh das bitte mal von meiner Seite", sagte der Onkel vorwurfsvoll. „Ich bin hier wer, wohne in einem schönen Haus, um das mich so mancher beneidet, und habe gute Einnahmen. Ich habe schließlich etwas zu verlieren, das musst du zugeben. Und wer bist du? Ein Niemand aus einem fremden Land. Was hätte ich denn tun sollen?"

„Du hast ein paar mögliche Beeinträchtigungen deines guten Lebens gegen meinen Tod getauscht. Aber ich lebe, und jetzt hast du ein echtes Problem", sagte Bruno.

„Ja, ich habe ein Problem", musste der Onkel zugeben, „aber es ist nicht so groß. Schließlich bist du ein *advogado*, ein Mann des Wortes und der klugen Verhandlungen. Du kannst nicht aus deiner Haut, deswegen fürchte ich deine Waffe nicht."

Bruno zuckte mit den Achseln, knüllte das Kopfkissen zusammen, legte es erneut auf das Knie des Onkels, steckte den Revolver in die Kissenmulde und drückte ab. Trotz des Kissens war der Knall so laut, dass die Fenster im Schlafzimmer klirrten. Der Onkel starrte Bruno eine Sekunde ungläubig an, als sei sein Neffe nicht wirklich, sondern ein Wesen aus seiner Einbildung, dann warf er beide Arme in die Höhe, stieß wie eine alte Frau hohe zittrige Schreie aus und wälzte sich wie ein Besessener. Die Bettwiese färbte sich rot von seinem Blut.

Bruno holte aus einem der vergoldeten Spiegelschränke zwei lange Badehandtücher, faltete sie zu Streifen zusammen und hieb dem Onkel, als er nicht stillhalten wollte, die Faust unters Kinn. Der Onkel verdrehte die Augen, die Lider fielen zu, seine Glieder zappelten noch ein wenig, dann lag er stumm und ruhig wie ein riesiger toter Käfer auf der Bettwiese.

Bruno wickelte die Handtücher fest um das Knie und verknotete ihre Enden, damit sie nicht abrutschen konnten. Dann ging er ins Badezimmer, kramte in einem der vergoldeten Badezimmerschränke und kehrte mit einem Glas Wasser und zwei Tablettenröhrchen zurück.

Als der Onkel aus seiner Ohnmacht erwachte, begann er sofort wieder mit seinen hohen Schreien, aber als Bruno ausholte, presste der Onkel die Lippen zusammen und beschränkte sich auf ein leises Wimmern und Stöhnen.

Bruno ergriff eine Hand des Onkels und schüttete aus den Röhrchen Tabletten darauf. „Gegen die Schmerzen, und damit du nicht am Wundfieber stirbst", sagte Bruno, riss den Oberkörper des Onkels ziemlich unsanft an dessen schütteren Haupthaar hoch und wartete ab, bis die Tabletten geschluckt waren.

„Jetzt weißt du, dass ich es ernst meine", sagte Bruno. „Und rechne nicht mit dem Wachmann, der schläft einen schweren Rausch aus und ist mit Handschellen an ein stabiles Gestänge gekettet. Wenn du das Problem, das du mit mir hast, nicht noch schlimmer machen willst, dann verrätst du mir jetzt das Versteck, wo du die Blankopässe und die Stempel aufbewahrst."

Es verging eine ganze Weile, bis der Onkel in der Lage war, seine Gedanken zu ordnen und Bruno Auskunft zu geben. Bruno fand die Blankopässe und Stempel in einem Geheimfach unter einer Schublade eines der vergoldeten Kleiderschränke. Er holte ein Passfoto, das er am frühen Abend in einer großen Raststätte von Robson an einem Automaten gemacht hatte, aus der Hosentasche und befestigte es. Er trug mit Hilfe einer kleinen Maschine Robsons Daten ein.

Der Onkel hatte die ganze Zeit über leise gejammert oder gotteslästerliche Flüche ausgestoßen. Er fesselte ihn mit einem in zwei Streifen gerissenen Bettlaken an die Bettpfosten und holte aus einer Abstellkammer im Keller seine Reisetasche, die der Onkel dort aufbewahrt hatte. Dann zwang er den Onkel, auf dem Handy für Robson und sich zwei Flüge in der Frühmaschine nach Paris zu buchen.

„Es ist mitten in der Nacht, wie soll das möglich sein?", protestierte der Onkel, als er nach dem dritten Versuch niemanden erreicht hatte.

„Lass dir etwas einfallen, sonst ist dein zweites Knie dran", meinte Bruno gelassen und zeigte auf das blutige Kopfkissen.

Als die beiden Flüge gebucht waren, sperrte er den Onkel im Badezimmer ein, programmierte im Wachzimmer die Schließanlage um, damit die Hausangestellten, die um sechs Uhr ihren Dienst antraten, nicht ins Haus konnten, und verließ das weiße Haus auf dem Hügel.

Als er die enge Treppe hinunter stieg, wehte ihm aus den engen Gassen und verschwiegenen Straßen am Fuße des Hügels der Geruch der Armut entgegen.

Er hatte den alten Land Cruiser, dessen Benzinpumpe auf den letzten Kilometern wieder zu quietschen begonnen hatte, auf dem Parkplatz des Flughafens abgestellt und schaute sich nach einem Gepäckwagen um, als sich ein athletisch gebauter junger Mann vor Bruno aus dem Nichts materialisierte. „Brauchen Sie einen Gepäckwagen? Nicht irgendeinen, sondern einen sauberen, der nicht quietscht und über den niemand gekotzt hat? Gegen einen kleinen Aufpreis bringe ich den Wagen mit Ihren Sachen auch sicher zum Abflugschalter und garantiere, dass Ihnen kein Dieb zu nahe kommt."

„Was kostet der Service?", fragte Bruno. Als der Mann seinen Preis genannt hatte, holte Bruno ein paar Geldscheine so umständlich aus der Hosentasche, dass der Mann den großkalibrigen Revolver sehen musste, der in Brunos Hosenbund steckte.

Der Mann verschwand zwischen den abgestellten Autos und kam wenig später mit einem Gepäckwagen zurück. Bruno hob Robson auf den Gepäckwagen und verkeilte seine Reisetasche so, dass der Junge nicht herunterfallen konnte. Dann breitete er eine Decke über ihn aus.

„Wie halten wir es mit Ihrem Revolver?", fragte der Mann, lächelte und ließ einen goldenen Eckzahn blitzen. „Den können Sie schlecht durch die Sicherheitsschleuse bringen."

„Er gehört Ihnen, aber erst, wenn ich den Sicherheitsbereich betrete. Vorher stellen Sie sich neben mich, damit der Revolver den Besitzer wechseln kann."

„Kein Problem", erwiderte der Mann. „Wollen Sie die Waffe wiederhaben, wenn Sie nach São Paulo zurückkehren?"

„Nein", antwortete Bruno. Dann reichte er dem Mann die Autoschlüssel. „Sie können auch den alten Land Cruiser nehmen. Die

Wagenpapiere stecken hinter der Sonnenblende. Die Benzinpumpe eiert und leckt. Auch die Kupplung funktioniert nicht mehr richtig."

„Sie wollen mir also auch das Auto geben", sagte der Mann.

„Ich habe keine Verwendung mehr dafür", erwiderte Bruno. Als der Mann den Gepäckwagen anschieben wollte, hielt Bruno ihn an der Schulter zurück. „Kennen Sie den *capitão*?", fragte er.

„Sie meinen *den capitão*?", vergewisserte sich der Mann, und als Bruno nickte, fügte er hinzu: „Solche Leute wie ich, die auf dem Flughafen ihren Service anbieten, arbeiten alle für ihn. Warum?"

„Haben Sie ein Handy?", fragte Bruno.

„Ja, warum?"

„Geben Sie mir Ihr Handy", sagte Bruno und klopfte auf den Revolverknauf. „Ich stecke es neben den Revolver in den Hosenbund. Bevor ich den Sicherheitsbereich betrete, können Sie es wiederhaben."

Der Mann wollte den Gepäckwagen anschieben, da sagte Bruno: „Wenn ich merke, dass Sie jemandem ein Zeichen geben, töte ich Sie."

„Mit dem Revolver?", fragte der Mann.

„Nein. Wenn Sie es darauf ankommen lassen wollen, werden Sie sehr überrascht sein."

„Seien Sie sicher, ich werde es nicht darauf ankommen lassen", meinte der Mann und ließ seinen goldenen Eckzahn aufblitzen.

Es warteten erst wenige Reisende vor dem Abflugschalter der Fluglinie. Das freundliche Mädchen brauchte ein paar Minuten, bis es die Buchung im Computersystem gefunden hatte. Es quälte sich ein Lächeln ab, als Bruno die Decke von dem lebenden Torso zog.

Vor dem Sicherheitsbereich hob der Mann ihn auf Brunos Rücken. Robson schlang seinen einzigen Arm um Brunos Hals, dann fühlte Bruno, wie der Mann das Handy und den Revolver aus seinem Hosenbund zog.

Bruno betrat den Sicherheitsbereich und ging auf das Laufband mit der dahinter liegenden Sicherheitsschleuse zu. Als er sich umdrehte, sah er, wie der Mann den großen Revolver auf